वारुणेय क्षेत्र का पुरातात्त्विक इतिहास

वारुणेय क्षेत्र का पुरातात्त्विक इतिहास

सुरेन्द्र कुमार यादव

SHARADA

शारदा पब्लिशिंग हाउस

दिल्ली

प्रथम प्रकाशन 2010

ISBN : 978-81-88934-71-3

SHARADA ₹ 250/-

प्रकाशक :

शारदा पब्लिशिंग हाउस

111, विद्या विहार अपार्टमैंट,

सैक्टर-9, रोहिणी, दिल्ली-110085

दूरभाष : +91-11-2755 2102, 3292 1560

ई-मेल : bansal_sph@rediffmail.com

वैबसाईट : www.sharadabooks.com

भारत में प्रकाशित

समर्पित

श्रद्धेय माता-पिता

एवं

सद्‌गुरु

के चरणों में

प्राक्कथन

विश्व की प्राचीनतम सांस्कृतिक नगरियों में एक काशी का अतीत गौरवशाली रहा है। सदा से ही विद्या, धर्म, अर्थ, कला एवं संस्कृति के महान केन्द्र के रूप में इसकी यशोगाथा हम सुनते आ रहे हैं। अनेकानेक परिवर्तनों के पश्चात् भी अन्य नगरों से इतर काशी आधुनिक दौर में भी अपनी प्राचीन पारम्परिक विरासत से अलग नहीं है और अपनी मूल सांस्कृतिक जड़ों को आज भी जीवित रखे हुये है। काशी और वाराणसी अति प्राचीन काल से एक-दूसरे के पर्याय के रूप में प्रयुक्त होते रहे हैं। जहाँ काशी एक क्षेत्र अथवा नगर का नाम है, जिनकी प्रारम्भिक कल्पना वरुणा नदी के नाम पर हुयी। बाद के ग्रन्थों में वाराणसी को वरुणा और असी नदियों के बीच में स्थित स्थल के रूप में पहचान की जाने लगी।

मूलतः पुरातात्त्विक सर्वेक्षणों एवं उत्खननों से उपलब्ध सामग्री पर केन्द्रित होते हुये भी ग्रन्थ में साहित्यिक साक्ष्यों एवं यात्रा विवरणों आदि को भी पर्याप्त महत्त्व दिया गया है। वारुणेय क्षेत्र के व्यक्तित्व को उसकी समग्रता में उभारने के लिये इनका पूरक एवं पुष्टिपरक सामंजस्य उपस्थित किया गया है। वैसे भी पुरातत्त्व को यथार्थ धरातल पर रेखांकित करने के लिये अन्य साक्ष्यों एवं विधाओं का आश्रय अपरिहार्य होता है। अतः इस क्षेत्र पर जिस भी विधा से जानकारी उपलब्ध हो सकी उनका यहाँ समायोजन किया गया है। यथासंभव इस ग्रन्थ के अध्ययन से काशी महाजनपद के इस अछूते भू-भाग के इतिहास के विविध आयामों को सुधीजनों के समक्ष रखने की यथासंभव चेष्टा की गयी है।

इस क्षेत्र में स्थित सारनाथ एवं राजघाट के उत्खनन से प्राप्त विभिन्न प्रकार के पुरावशेष अपने स्वर्णिम अतीत के रूप में सभी को आकर्षित करते हैं। इन पुरावशेषों एवं साहित्यिक साक्ष्यों के आधार पर काशी के इतिहास का वर्णन समय-समय पर विद्वज्जनों द्वारा उसके व्यक्तित्व के भिन्न-भिन्न आयामों को केन्द्र में रखकर किया गया है, जिनमें डॉ.

मोतीचन्द्र का काशी का इतिहास, पण्डित कुबेरनाथ सुकुल का काशी वैभव, डाइना इक का बनारस : सिटी ऑफ लाइट, डॉ. बीरेन्द्र प्रताप सिंह का लाइफ इन एंशियंट वाराणसी एवं डॉ. ईश्वरशरण विश्वकर्मा का काशी का ऐतिहासिक भूगोल आदि ग्रन्थ (विस्तृत विवेचन भूमिका के अन्तर्गत) उल्लेखनीय है। इसमें से अधिकांशतः ग्रन्थ बहुधा वाराणसी नगरी को केन्द्र में रखकर रचे गये हैं, किन्तु काशी की सभ्यता एवं संस्कृति का स्वरूप अपेक्षाकृत और व्यापक क्षेत्र में व्याप्त है। इतना ही नहीं अलग-अलग काल खण्डों में परिवर्तन भी हुये, जो एक प्रवाहमान जीवन्त संस्कृति के लक्षण हैं।

काशी क्षेत्र के व्यक्तित्व को रेखांकित कर उसके स्वरूप को निखारने में इस क्षेत्र में प्रवाहित अजस्र जल धाराओं की महत्त्वपूर्ण भूमिका रही होगी, इनमें तनिक भी संदेह नहीं। गंगा श्रेष्ठतम नदियों में गिनी जाती है, जिसको काशीवासी देवी और माता के रूप में पूजते हैं, जो अराध्य है, वन्दनीय है। गंगा लहरी के छन्द उसकी परिणति है।

गंगा के अद्वितीय माहात्म्य की छवि ने वरुणा के महत्त्व को पूर्णतः आच्छादित कर लिया, किन्तु वरुणा के स्वरूप को रेखांकित किये बिना वाराणसी अथवा काशी क्षेत्र का चित्रण अधूरा ही रह जायेगा।

प्रस्तुत ग्रन्थ वरुणा नदी को केन्द्र में रखकर निरूपित है। वरुणा के उद्‌गम स्थल से लेकर गंगा में उसके विलय तक का प्रदेश संस्कृति के अमूल्य मोतियों से बिखरा पड़ा है, जिसका प्रमाण समय-समय पर आकस्मिक रूप से प्राप्त पुरावशेषों से होता है। साथ ही विभिन्न ग्रन्थों में इस क्षेत्र से संबंधित विभिन्न प्रकार के शिल्प ग्रामों, निगमों, पत्तनों आदि का उल्लेख मिलता है। इस क्षेत्र के गाँव-गाँव में प्रचलित लोककथाओं व किंवदन्तियों, वीरों, डीहों एवं चौरों में स्थापित प्रतिमाओं एवं मन्दिरों की अधिकता जहाँ एक ओर समृद्धि एवं सम्पन्नता को इंगित करता है, वहीं दूसरी ओर इसके गहन अध्ययन एवं यथार्थ ऐतिहासिक महत्त्व को ज्ञात करने को विवश करता है।

वारुणेय क्षेत्र के ग्रामीण अंचलों में अधिकांश लोगों का पुरातत्त्व के प्रति अभिरुचि, जिज्ञासा एवं रुझान केवल कला-कृतियों का संचय एवं टीलों के अन्दर संचित अथाह धन राशि से है, जिन्हें वे पीढ़ी-दर-पीढ़ी अपने पूर्वजों से सुनते आ रहे हैं। साथ ही स्थापत्य शिल्प के अवशेष जो टीलों एवं उसके आसपास है, इकट्‌ठा करके वीर, वरम अथवा डीह के रूप में पूजे जा रहे हैं। इन टीलों को उनका थान (निवास) मानकर उनके प्रति श्रद्धा

एवं निष्ठा तथा डर ही इन पुरास्थलों को अब तक बचाये रखा। किन्तु बढ़ती हुयी जनसंख्या, गाँवों का तेजी से आधुनिकीकरण, प्राकृतिक कारण तथा शिक्षा व जागरुकता ने विगत कुछ दशकों से टीलों के कटाव उन पर बस्ती का बसाव तथा उनके ईंटों द्वारा अपने मकान के निर्माण के कारण ये पुरास्थल (टीले) बड़ी तेजी अपने अन्दर हजारों वर्षों का इतिहास लिये हुये खत्म हो रहे हैं। साथ ही वरुणा नदी भी अपने मूल स्वरूप को बनाये रखने के लिये संघर्ष कर रही है।

यदि इन पुरास्थलों का सर्वेक्षण कर जानकारी प्राप्त नहीं किया गया तो वरुणा के ये प्राचीनतम धरोहर, अज्ञात ही रह जायेंगे। एक पुरातत्त्व का विद्यार्थी होने के कारण इस विषय की महत्ता को समझना तथा अपनी जन्मभूमि काशी के प्रति अगाध प्रेम ने जब गुरु प्रो. विभा त्रिपाठी द्वारा इस विषय के चयन की सुविचारित सम्मति प्राप्त हुयी तब अत्यन्त श्रमसाध्य व व्ययसाध्य कार्य होने पर भी इस विषय पर लेखन कार्य कर वारुणेय क्षेत्र के इतिहास के नवीन स्पन्दन का सांगोपांग विवरण प्रस्तुत करने का एक प्रयास किया गया।

प्रस्तुत ग्रन्थ प्रणयन की दिशा में, मैं अपने गुरुवर्या श्रद्धेया प्रो. विभा त्रिपाठी (पूर्व अध्यक्ष, प्राचीन भारतीय इतिहास संस्कृति एवं पुरातत्त्व विभाग, काशी हिन्दू विश्वविद्यालय) का कृतज्ञ हूँ, जिनके कुशल निर्देशन, उदार प्रोत्साहन, स्नेह-सिक्त निरीक्षण एवं अपार स्नेह सौजन्य के परिणामस्वरूप ही प्रस्तुत अनुसंधान-कृति पूर्णता को प्राप्त की।

प्राचीन भारतीय इतिहास संस्कृति एवं पुरातत्त्व विभाग, काशी हिन्दू विश्वविद्यालय के वरिष्ठ गुरुवर्य डॉ. बीरेन्द्र प्रताप सिंह, प्रो. पुरुषोत्तम सिंह एवं प्रो. विदुला जायसवाल के महत्त्वपूर्ण सुझाव, सहयोग एवं सान्निध्य सतत् श्रेष्ठ कार्य सम्पादन करने के लिये उत्प्रेरित करते रहे हैं, जिनके लिये मैं उनका अनुगृहीत हूँ। इसी क्रम में विभाग के प्रो. पृथ्वी कुमार अग्रवाल, प्रो. पारसनाथ सिंह, डॉ. हरिहर सिंह, डॉ. ओंकार नाथ सिंह, डॉ. सुमन जैन, डॉ. रवीन्द्र नाथ सिंह, डॉ. अशोक कुमार सिंह व डॉ. अनिल कुमार दुबे के प्रति हार्दिक आभार प्रकट करता हूँ। डॉ. नीलकण्ठ पुरुषोत्तम जोशी एवं स्वर्गीय (डॉ.) रमेशचन्द्र शर्मा के प्रति कृतज्ञ हूँ, जिन्होंने अमूल्य सुझाव दिये। डॉ. निधि पाण्डेय का अनेक विधि सहयोग निरन्तर स्मरणीय रहेगा। अपने प्रिय मित्र डॉ. सुभाषचन्द्र यादव को सहयोग के लिये धन्यवाद देता हूँ।

यह ग्रन्थ परम पूजनीया माता श्रीमती धिराजी देवी एवं पिता श्री (डॉ.) भाईराम यादव के महत्त्वाकांक्षाओं एवं आंशीषों का प्रतिफल है। अग्रज डॉ. जयप्रकाश यादव (प्रवक्ता, बुन्देलखण्ड विश्वविद्यालय, झाँसी), श्री विजय कुमार यादव, बहन श्रीमती सुमन देवी एवं भाभी श्रीमती निवेदिता एवं शैल देवी का आभारी हूँ जिनके कारण स्वतंत्र रहकर इस कार्य को पूर्ण कर सका।

रेखाचित्रण में सहयोग एवं सुझाव के लिए श्री अरुण कुमार पाण्डेय धन्यवाद के पात्र हैं। साथ ही सर्वेक्षण जैसे दुरुह कार्य में सहयोग देने के लिए जिन महानुभावों का सहयोग प्राप्त हुआ उनमें भ्राता श्री रामकृष्ण यादव (मरजादपट्टी, भदोही), श्री अवधेश यादव (सरवनपुर, वाराणसी), श्री भोलानाथ यादव (दताँव, जौनपुर), श्री महेन्द्र यादव (कालिकाबारा, वाराणसी) एवं श्री विनोद मिश्रा (ओदरहा, वाराणसी) हैं। उनके प्रति आभार प्रकट करना अपना दायित्व समझता हूँ।

प्रस्तुत ग्रन्थ की पूर्णता में भारतीय इतिहास अनुसंधान परिषद्, नई दिल्ली का अत्यन्त आभारी हूँ, जिसने शोध के दौरान छात्रवृत्ति प्रदान करके मुझे आर्थिक सहाय्रता प्रदान की। साथ ही उन सभी लोगों का आभार प्रकट करता हूँ, जिन्होंने प्रत्यक्ष या परोक्ष रूप से सहयोग प्रदान किया।

प्रस्तुत ग्रन्थ के सुन्दर एवं शुद्ध टंकण सहित प्रकाशन के लिए मैं शारदा पब्लिशिंग हाउस, रोहिणी, दिल्ली के प्रति आभारी हूँ।

प्रत्येक रचनाकार को अपनी रचना में स्वोद्देश्य साफल्य का दर्शन होना स्वाभाविक है, तथापि मानसी कृति कभी भी पूर्ण नहीं हो सकती। अतः प्रस्तुत कृति में त्रुटि होना स्वाभाविक है। इसके लिए समस्त उदारमना विद्वज्जनों से क्षमा प्रार्थी हूँ।

सुरेन्द्र कुमार यादव

विषय-सूची

यह ग्रन्थ परम पूजनीया माता श्रीमती [illegible] देवी एवं पिता श्री (डॉ.) [illegible] यादव के आशीर्वचनों एवं शुभाशीषों का प्रतिफल है। अग्रज डॉ. [illegible] यादव (प्रवक्ता, पूर्वांचल विश्वविद्यालय, जौनपुर), श्री [illegible] कुमार यादव, [illegible] देवी एवं भाभी श्रीमती निवेदिता एवं [illegible] देवी का आभारी हूँ जिनके कारण [illegible] रहकर इस कार्य को पूर्ण कर सका।

रेखाचित्रण में सहयोग एवं सुझाव के लिए श्री राकेश कुमार पाण्डेय धन्यवाद के पात्र हैं। साथ ही सर्वेक्षण जैसे दुरूह कार्य में सहयोग देने के लिए जिन महानुभावों का सहयोग प्राप्त हुआ उनमें प्रमुख श्री रामकृष्ण यादव (मरजादपट्टी, भदोही), श्री अवधेश यादव (फरजन्दपुर, वाराणसी), श्री भोलानाथ यादव (दतौंव, जौनपुर), श्री महेन्द्र यादव (कालिकाधारा, वाराणसी) एवं श्री विनोद मिश्रा (ओदरहा, वाराणसी) हैं। उनके प्रति आभार प्रकट करना अपना दायित्व समझता हूँ।

प्रस्तुत ग्रन्थ की पूर्णता में भारतीय इतिहास अनुसंधान परिषद्, नई दिल्ली का अत्यन्त आभारी हूँ, जिसने शोध के दौरान छात्रवृत्ति प्रदान करके मुझे आर्थिक सहायता प्रदान की। साथ ही उन सभी लोगों का आभार प्रकट करता हूँ, जिन्होंने प्रत्यक्ष या परोक्ष रूप से सहयोग प्रदान किया।

प्रस्तुत ग्रन्थ के सुन्दर एवं शुद्ध टंकण सहित प्रकाशन के लिए मैं शारदा पब्लिशिंग हाउस, रोहिणी, दिल्ली के प्रति आभारी हूँ।

प्रत्येक रचनाकार को अपनी रचना में स्वोद्देश्य साफल्य का दर्शन होना स्वाभाविक है, तथापि मानसी कृति कभी भी पूर्ण नहीं हो सकती। अतः प्रस्तुत कृति में त्रुटि होना स्वाभाविक है। इसके लिए समस्त उदारमना विद्वज्जनों से क्षमा प्रार्थी हूँ।

सुरेन्द्र कुमार यादव

हिन्दी-अंग्रेजी रूपान्तरण

अर्चनाकुण्ड	Votive Tanks
अधिवास (आवासीय विन्यास)	Settlement
टवठ	Rim
अवठकूप	Ring well
उत्खनन	Excavation
उन्नतोदर	Convex
इत्रदानी	Sprinkalar
कंठेदार अवठ	Collared rim
कटोरा	Bowl
कृष्णीय मृद्भाण्ड	Black Ware
कृष्णमार्जित मृद्भाण्ड	Black Slipped Ware
कृष्ण लोहित मृद्भाण्ड	Black and Red Ware (B&W)
गढ़न	Fabric
गदादार अवठ	Cubbed rim
घड़ा	Vase
घुनघुना	Rattle
झाँवा	Skin Rubber
टेकुआ	Spindle Whorl
डट्टा	Stoppers
थपुआ	Dabber
थाली	Dish
द्रोणी	Basin
धातुमल	Iron slage

धूसर मृद्भाण्ड	Grey Ware
नतोदर	Concave
नितल	Deep
पार्श्व	Side
पाक् उत्तरी कृष्णमार्जित मृद्भाण्ड	Pre Northern Black Polished Ware (Pre NBPW)
मण्डल	Disc
मनका	Bead
मुहरा	Gamesmen
मृत्तिका	Terracotta
रज्जुछाप मृद्भाण्ड	Corded Ware
लटकन	Pedant
लोहित मृद्भाण्ड	Red Ware
वलय	Ring
शलाखा	Antimony Rod
शुण्डाकार अवठ	Tupering Rim
स्कन्ध नौतली	Carinated
स्तम्भ गर्त	Post Hole
सर्वेक्षण	Exploration

मानचित्र, तालिका, रेखाचित्र, मृद्भाण्ड एवं छायाचित्र

मानचित्र

तालिका

रेखाचित्र

मृद्भाण्ड

छायाचित्र

अध्याय – 1

भूमिका

विषय एवं महत्त्व

प्राचीन भारतीय महाजनपदों में काशी महाजनपद का महत्त्वपूर्ण स्थान रहा है। वाराणसी इसकी राजधानी रही है, जो वरुणा एवं गंगा नदी के पवित्र संगम पर स्थित है। जहाँ गंगा भारत की सर्वाधिक पवित्र एवं महत्त्वपूर्ण नदी मानी जाती है, जिसके महत्त्व को उजागर करते हुये अनेकानेक ग्रन्थों की रचना हुयी, वहीं वरुणा इस दृष्टि से अपेक्षाकृत उपेक्षित प्रतीत होती है। वाराणसी (वारुणेय क्षेत्र) के विशेष संदर्भ में ये तथ्य न्याय संगत नहीं हैं। काशी नगरी के व्यक्तित्व को संवारने में वरुणा का अमूल्य योगदान माना जा सकता है। अतः इस नदी की उपेक्षा अक्षम्य है।

पुरातात्त्विक अध्ययनों की दृष्टि से भी वारुणेय क्षेत्र (वाराणसी) उपेक्षित कहा जा सकता है। इस तथ्य को ध्यान में रखते हुये वरुणा के क्षेत्र का पुरातात्त्विक सर्वेक्षण कर इसमें पुष्पित-पल्लवित हुयी प्राचीन संस्कृतियों का समग्रता से अध्ययन करना समीचीन जान पड़ा। इसी उद्देश्य से प्रस्तुत ग्रन्थ की परिकल्पना की गयी।

वाराणसी की आज की भौगोलिक स्थिति को देखते हुये बहुधा यह शंका विद्वज्जनों द्वारा उठायी गयी कि इस क्षेत्र में प्राचीन मानव अधिवास के अवशेष शायद ही मिले; किन्तु इन शंकाओं पर ध्यान न देते हुये इस क्षेत्र की सर्वेक्षण की योजना बनायी गयी। प्रस्तुत ग्रन्थ इसी परिकल्पना की परिणति है। कहना अतिश्योक्ति न होगी कि सर्वेक्षण में सैकड़ों पुरास्थल प्रकाश में आये, जिनके माध्यम से वरुणा क्षेत्र के धार्मिक, सांस्कृतिक एवं पुरातात्त्विक इतिहास की पुनर्व्याख्या की जा सकी है।

प्रस्तुत ग्रन्थ 'वारुणेय क्षेत्र का पुरातात्त्विक इतिहास' विषय से संबंधित है। प्राचीन काशी के क्षेत्र विस्तार में सम्पूर्ण वारुणेय क्षेत्र के साथ-साथ अन्य बड़ा भू-भाग भी

सम्मिलित था; किन्तु आधुनिक वारुणेय क्षेत्र में वाराणसी के अलावा संत रविदास नगर (भदोही), जौनपुर एवं इलाहाबाद के कुछ भू-भाग भी सम्मिलित हैं।

पौराणिक आख्यानों में वाराणसी क्षेत्र की सीमा वरुणा एवं अस्सी नदियों के मध्य मानी गयी है; लेकिन यह कल्पना बाद की है उससे भी पूर्व वाराणसी ही वरुणा थी, जैसा कि महाभारत के भीष्म पर्व की नदी सूची में उल्लिखित है।[1] अथर्ववेद का वरणावती एवं वरणासी नदी को एक माना जा सकता है।[2] ऐसी संभावना व्यक्त की जा सकती है कि वाराणसी नगर का नामकरण वरणासी नदी पर स्थित होने के कारण ही किया गया होगा, जो सम्भवतः वरुणा नदी था।

वरुणा उन प्राचीनतम नदियों में से एक है, जिनके नाम पर नगर का नामकरण हुआ है। वरुणा नदी वैदिक काल से लेकर आज तक सतत् प्रवाहित होती आ रही है। यह क्षेत्र जहाँ भगवान बुद्ध की प्रथम धर्मस्थली के रूप में विख्यात है, वहीं जैन तीर्थंकरों के जन्मस्थली के रूप में भी जाना जाता है। शैव एवं वैष्णव धर्म तो वारुणेय क्षेत्र में अपनी पैठ सदैव से ही बनाये रखे हुए है। यह क्षेत्र इतना प्राचीन, ऐतिहासिक एवं धार्मिक होते हुये भी पुरातात्त्विक दृष्टि से अछूता रह गया। केवल कुछ पुरास्थल ही इस क्षेत्र में अपनी महत्ता को बतलाते हैं। सम्पूर्ण वारुणेय क्षेत्र में पुरातात्त्विक कार्यों का लगभग अभाव-सा था।

वारुणेय क्षेत्र पर जितने भी कार्य प्रकाश में आये हैं, वे मुख्य काशी क्षेत्र के परिक्षेत्र के अधीन हैं, जिनमें अधिकांश कार्य धार्मिक हैं।

विषय क्षेत्र का इतिहास

पूर्व में भी विद्वानों ने इस क्षेत्र की महत्ता को पहचानते हुए इसका अध्ययन विविध दृष्टियों से किया है। कुछ महत्त्वपूर्ण कार्यों में 'एनुअल रिपोर्ट ऑफ द आर्कियोलॉजिकल सर्वे ऑफ इण्डिया' के अन्तर्गत 'एक्सकेवेशन ऑफ सारनाथ' पर विभिन्न विद्वानों ने अपनी रिपोर्ट प्रस्तुत किया है, इनमें एफ.ओ. ओर्टल (1904-05), स्टेन कोनो (1907-08), जॉन मार्शल (1914-15), डी.आर. साहनी (1919-20), एच. हरग्रीब्स (1927-28), बी. मजुमदार (1927) एवं मेजर किट्टो (1952) प्रमुख हैं।

इसके अतिरिक्त सारनाथ पर दयाराम साहनी का 'केटलाग ऑफ दि म्यूजियम ऑफ आर्कियोलॉजी एट सारनाथ' (1914), उन्हीं की 'ए गाइड टू बुद्धिस्ट रुइन्स एट सारनाथ' (1933), वृन्दावन भट्टाचार्य का 'सारनाथ का इतिहास' (1921), बी.सी. भट्टाचार्य का 'हिस्ट्री ऑफ सारनाथ ऑन द क्रेडिल ऑफ बुद्धिज्म' (1924), मदनमोहन नागर का 'सारनाथ का संक्षिप्त इतिहास' (1941), बी. मजुमदार की 'ए गाइड टू सारनाथ' (1947),

वासुदेव शरण अग्रवाल की 'सारनाथ' (1958), धर्मरक्षित भिक्षु की 'सारनाथ का इतिहास' (1961), सीताराम चटर्जी का 'दी कैपिटल ऑफ बुद्धिज्म सारनाथ' (1968), देवला मित्रा का 'बुद्धिस्ट मोनुमेण्ट्स' (1971) तथा ओमप्रकाश एवं मीरा शर्मा का शोध प्रबन्ध क्रमशः 'सारनाथ की कला' (1986) एवं 'सारनाथ के संदर्भ में पूर्वी उत्तर प्रदेश एवं बिहार में बुद्ध प्रतिमाओं का विकास' (1988) के अतिरिक्त अनेक लघु शोध लेख उल्लेखनीय हैं।

राजघाट पर काशी हिन्दू विश्वविद्यालय के प्रो. ए.के. नारायण एवं उनके सहयोगियों द्वारा विस्तृत उत्खनन (1957-58 एवं 1960-65) से प्राप्त पुरावशेषों पर 'एक्सकेवेशन एट राजघाट' शीर्षक से चार खण्डों में पुस्तक के रूप में प्रकाशित किया गया। प्रथम खण्ड प्रो. ए.के. नारायण एवं टी.एन. राय कृत 'द कटिंगस, स्ट्रेटीफिकेशन एण्ड स्ट्रक्चर्स' (1976) में राजघाट के आवासीय स्वरूप का वर्णन किया गया है। द्वितीय खण्ड भी प्रो. ए.के. नारायण एवं टी.एन. राय द्वारा 'द पॉटरी' (1977) शीर्षक से सम्बन्धित है, जिसमें मृद्भाण्डों का विस्तृत विवरण किया गया है। तृतीय खण्ड प्रो. ए. के. नारायण एवं डॉ. पुरुषोत्तम सिंह का 'स्माल फाइंड्स' (1977) से सम्बन्धित है, जिनमें उत्खनन से प्राप्त विभिन्न प्रकार से पुरावशेषों का वर्णन किया गया है। चतुर्थ खण्ड प्रो. ए.के. नारायण एवं डॉ. पृथ्वी कुमार अग्रवाल द्वारा 'टेराकोटा ह्यूमन फिगिरिंस' (1978) पर आधारित है, जिसमें मिट्टी की बनी स्त्री-पुरुष, पशु, पक्षी, नाग, नैगमेश आदि का वर्णन है। यह खण्ड दो उपभागों में विभक्त है। प्रथम भाग में मृण्मूर्तियों का लेखन तथा द्वितीय भाग में उनका छायाचित्र है।

राजघाट के पुरावशेषों के आधार पर ही श्री रायकृष्ण दास की 'काशी-राजघाट की खुदाई' (1940), श्रीकृष्ण देव जी की 'क्वाइन डिवाइसेस ऑन राजघाट सील्स' एवं 'एक्सकेवेशंस एट राजघाट नियर बनारस' (1940), डॉ. वासुदेव शरण अग्रवाल की 'राजघाट के खिलौनों का एक अध्ययन' एवं 'वाराणसी सील्स एण्ड सीलिंग्स' (1940), डॉ. विश्वम्भरशरण पाठक की 'रिलीजियस सीलिंग्स फ्रॉम राजघाट' (1958-59), श्री अद्रीश बनर्जी का 'रेयर एण्ड यूनिक एन्टीक्विटिज फ्रॉम राजघाट' (1965), डॉ. बी.सी. छाबरा का 'राजघाट डबल सील' (1968), डॉ. के.के. थपलियाल का 'ग्रीक डिवाइसेस ऑन सम राजघाट सीलिंग्स' (1969), डॉ. रामचन्द्र सिंह का 'राजघाट की मृण्मूर्तियाँ' (1978) एवं डॉ. पुरुषोत्तम सिंह का 'राजघाट का पुरातात्त्विक उत्खनन' (1981) आदि लेख एवं पुस्तकें महत्त्वपूर्ण हैं, जो मृण्मूर्तियों, खिलौनों एवं मिट्टी के मुहरों पर लिखे गये हैं।

राजघाट के पुरावशेषों के आधार पर ही डॉ. बीरेन्द्र प्रताप सिंह का 'लाइफ इन एंशियेन्ट वाराणसी एन एकाउन्ट बेस्ड ऑन आर्कियोलॉजिकल एविडेन्स' (1985) एवं राजघाट से प्राप्त हड्डियों के विश्लेषण के आधार पर डॉ. भूपेन्द्र पाल सिंह का 'ऑस्टियो आर्कियोलॉजिकल इन्वेस्टीगेशन एट राजघाट' (2001) जैसे ग्रन्थ महत्त्वपूर्ण

है। प्रो. विदुला जायसवाल की 'फ्रॉम स्टोन क्वैरी टू स्कल्पचरिंग वर्क्सशाप' (चुनार, वाराणसी, सारनाथ रीजन : एक्सप्लोरेशन ऑफ द रूट ऑफ ट्रान्सपोर्टेशन, 1998) उन्हीं की 'अकथा : ए सेटेलाइट सेटेलमेन्ट ऑफ सारनाथ, वाराणसी' (2002), डॉ. बीरेन्द्र प्रताप सिंह एवं डॉ. अशोक सिंह का 'एक्सक्वेशन एट सरायमोहाना' (2002-2003) एवं डॉ. संतोष कुमार का शोध प्रबन्ध 'ए स्टडी ऑफ ड्रेनेज पैटर्न इन एंशियेन्ट इण्डिया इन मिडिल गैंगेटिक प्लेन्स : इट्स कल्चरल कोरिलेशन' (1999) प्रमुख हैं।

वारुणेय क्षेत्र के एक महत्त्वपूर्ण भू-भाग जौनपुर जिले पर पुरातत्त्व से सम्बन्धित कुछ महत्त्वपूर्ण कार्य हुये हैं। यद्यपि ये कार्य, वरुणा नदी क्षेत्र की परिसीमा से बाहर हैं, किन्तु यहाँ उल्लेख करना समीचीन होगा। तिलकधारी सिंह का शोध प्रबन्ध 'आर्कियोलॉजी ऑफ जौनपुर', डॉ. राजदेव दुबे एवं प्रमोद सिंह का 'जौनपुर का ऐतिहासिक एवं पुरातात्त्विक व्यक्तित्व' (1988) तथा डॉ. अनिल कुमार दुबे का 'मध्य गंगा घाटी में अधिवास प्रक्रिया, जौनपुर जिले के विशेष संदर्भ में' (2005) उल्लेखनीय है।

ऐतिहासिक दृष्टि से वारुणेय क्षेत्र पर सर्वाधिक महत्त्वपूर्ण पुस्तक डॉ. मोतीचन्द्र लिखित 'काशी का इतिहास' (1962) है, जिनमें वैदिक काल से लेकर 19वीं शताब्दी ईस्वी तक काशी के राजनैतिक, सामाजिक, आर्थिक एवं धार्मिक इतिहास का विवेचन किया गया है।

इन पुस्तकों के अतिरिक्त वारुणेय क्षेत्र पर अद्यावधि जितने भी कार्य प्रकाश में आए हैं, उनमें अधिकांशतः धार्मिक इतिहास से संबंधित हैं, किन्तु उनमें विवेचन के प्रसंग में आर्थिक, राजनैतिक, सामाजिक एवं कला आदि पक्षों का भी विवरण मिलता है। महत्त्वपूर्ण ग्रन्थों में एम.ए. शेरिंग का 'द सेक्रेड सिटी ऑफ दी हिन्दूज, एन एकाउन्ट ऑफ बनारस' (1868), जेम्स प्रिन्सेस का 'बनारस इलेस्ट्रेटेड' (पुनर्संस्करण 1996), एडविन ग्रीव्स का 'काशी द सिटी, इलसट्रीयस आर बनारस' (1909), ई.वी. हेवल का 'बनारस द सेक्रेड सिटी' (1933), कुबेर नाथ सुकुल का 'वाराणसी डाउन द एजेज' (1974) उन्हीं का 'वाराणसी वैभव' (1979), राजेन्द्र पाण्डेय का 'काशी थ्रू द एजेज' (1979), विश्वनाथ मुकर्जी का 'यह वाराणसी है' (1978) एवं 'काशी अतीत एवं वर्तमान', उमा पाण्डेय का 'वाराणसी, भारत के सांस्कृतिक केन्द्र' (1980), रामवचन सिंह का 'वाराणसी : एक परम्परागत नगर' (1973), ईश्वर शरण विश्वकर्मा का 'काशी का ऐतिहासिक भूगोल' (1987), केदारनाथ व्यास का 'काशी खण्डोक्त पंचक्रोशात्मक ज्योर्तिलिंग, काशी माहात्म्य एवं काशी का प्राचीन इतिहास' (1987) सरित किशोरी का 'वाराणसी के स्थानमानों का सांस्कृतिक अध्ययन' (1995), कमलगिरी, मारुतिनन्दन तिवारी एवं विजयप्रकाश सिंह का 'काशी के मन्दिर एवं मूर्तियाँ' (2000) के अतिरिक्त काशी या वाराणसी पर संक्षिप्त या विस्तृत रूप से अनेक लेखकों ने पुस्तकें प्रकाशित

कीं, जिनका स्वरूप वारुणेय क्षेत्र के परिप्रेक्ष्य में मात्र सर्वेक्षणात्मक है। डॉ. ए.एस. अल्तेकर (1937) का 'हिस्ट्री ऑफ बनारस' ग्रन्थ में वाराणसी के राजनैतिक एवं सांस्कृतिक पक्षों को साहित्यिक स्रोतों के आधार पर ठोस रूप में प्रस्तुत किया गया है। यह सभी ग्रन्थ शोधार्थियों के लिये अमूल्य हैं।

इसके अतिरिक्त ग्रन्थ में विषयानुसार विभिन्न साहित्यिक एवं पुरातात्त्विक साक्ष्यों का समावेश किया गया है, जिनमें वैदिक, ब्राह्मण, उपनिषद्, महाकाव्य, पुराण, बौद्ध एवं जैन ग्रन्थों, चीनी यात्रियों के यात्रा विवरण, मूर्तिशिल्प से संबंधित पुस्तकों, अभिलेखों एवं विभिन्न उत्खनन रिपोर्ट आदि का चयन किया गया है।

अध्ययन का औचित्य

गंगा-यमुना के मैदानी भागों में नदियों का जो संजाल है, उनमें प्रमुख नदियाँ ही शोधार्थियों को आकृष्ट कर सकी हैं। यद्यपि छोटी नदियाँ भी अपने-अपने क्षेत्र के विकास में महत्त्वपूर्ण भूमिका निभाती हैं। प्राचीन वत्स एवं काशी जनपदों को जोड़ने वाली वरुणा भारत की प्राचीनतम नदियों में गिनी जाती है, जिसकी प्राचीनता वैदिक काल तक कही जाती है। यद्यपि अपनी प्राचीनता एवं महत्ता के बावजूद अभी तक इस नदी क्षेत्र के अध्ययन पर उतना बल नहीं दिया जा सका था, जितना अभीष्ट है। वरुणा नदी क्षेत्र के अन्तर्गत अधिकांश कार्य किसी विशेष पुरास्थल के संदर्भ में ही हुये हैं; किन्तु सम्पूर्ण वरुणा नदी क्षेत्र पर समग्रता के साथ अध्ययन का अभी तक पूर्णतया अभाव था।

वारुणेय क्षेत्र के विभिन्न भागों में समय-समय पर मानव के क्रिया–कलापों एवं प्राकृतिक कारणों से अकस्मात् रूप से मूर्तियाँ, सिक्के, अभिलेख एवं अनेकानेक पुरावशेष प्रकाश में आते रहे हैं, जो इस क्षेत्र की समृद्धि की मूक साक्षी के रूप में अपने महत्त्व को इंगित करते हैं तथा वहीं दूसरी ओर पुराविदों को अपनी ओर आकृष्ट भी करते रहे हैं।

काशी महाजनपद के विस्तार में छोटी-बड़ी ग्रामीण बस्तियों का योगदान रहा है, जिनका उल्लेख साहित्यिक साक्ष्यों विशेष रूप से जातकों में मिलता है, जिनमें बढ़ई, कुम्भकार, लुब्धक एवं लोहारग्राम आदि का उल्लेख है। निश्चित रूप से ऐसी संभावना व्यक्त की जा सकती है कि ये प्राचीन ग्राम आज भी वारुणेय क्षेत्र के आंचलिक भू-भागों में छिपे उजाड़ डीहों, कोटों एवं टीलों आदि के रूप में बचे रह गये हैं। सर्वेक्षण द्वारा इन प्राचीन बस्तियों के अवशेषों को ज्ञात कर काशी महाजनपद में इसके महत्त्व का अंकन करना आवश्यक है।

वारुणेय क्षेत्र में जनसंख्या के बढ़ते दबाव एवं औद्योगिक कारणों से अनेक पुरास्थल, जो टीले के रूप में हैं, काटकर कृषि योग्य भूमि में परिवर्तित किये जा रहे हैं। यदि इन टीलों एवं पुरास्थलों का सर्वेक्षण नहीं किया जाता तो ये पुरास्थल, जो वारुणेय क्षेत्र के धरोहर के रूप में इस क्षेत्र में विद्यमान हैं, अपने अस्तित्व को खो देते। साथ ही वर्तमान समय में वरुणा नदी भी अपने मूल स्वरूप को बनाये रखने के लिये संघर्ष कर रही है। उपरोक्त कारणों से वरुणा नदी क्षेत्र का पुरातात्त्विक सर्वेक्षण कर अध्ययन किया गया, जिससे इस क्षेत्र की प्राचीनतम सभ्यता एवं संस्कृति का बहुआयामी स्वरूप उजागर हो सका।

अध्ययन के प्रमुख बिन्दु/अध्ययन का उद्देश्य

प्रस्तुत ग्रन्थ का मूल उद्देश्य वरुणा नदी क्षेत्र के तटवर्ती एवं उसके समीपवर्ती पुरास्थलों को पुरातात्त्विक सर्वेक्षण द्वारा सांस्कृतिक मानचित्र पर स्थापित करना है। इसके साथ ही इस नदी का गंगा घाटी विशेष कर काशी जनपद के आर्थिक-सामाजिक जीवन के विकास में इसके महत्त्व को आंकना है। उसके कुछ अनुत्तरित पहलू जैसे सारनाथ से वरुणा का सम्बन्ध, उसके विकास में नदी का योगदान तथा विन्ध्य क्षेत्र एवं मैदानी भागों के अन्योन्याश्रित स्वरूप आदि का मूल्यांकन किया गया है।

पुरातात्त्विक अध्ययन के विशिष्ट संदर्भ में वरुणा नदी क्षेत्र के प्रारम्भिक काल से लेकर पूर्व मध्यकाल तक इसके समग्र इतिहास के विभिन्न आयामों का अन्वेषण एवं क्रमबद्ध स्वरूप प्रस्तुत किया गया है तथा उन आयामों को साहित्यिक एवं पुरातात्त्विक साक्ष्यों के आधार पर कालक्रमानुसार विवेचित एवं विश्लेषित किया गया है, जिनसे सर्वेक्षित पुरास्थलों का सांस्कृतिक आरोह एवं अवरोह परिलक्षित हो सका। इस नदी के दोनों किनारों पर अवस्थित भू-भाग सभ्यता एवं संस्कृति के विकास के कारण जनपद एवं नगर के रूप में किस प्रकार आबाद हुआ तथा इस सम्बन्ध में यहाँ की जलवायु, वनस्पतियाँ, आवागमन के संसाधन किस सीमा तक उत्तरदायी रहे आदि अध्ययन के प्रमुख बिन्दु हैं।

अध्ययन पद्धति

प्रस्तुत ग्रन्थ मूलतः पुरातात्त्विक सर्वेक्षण पर आधारित है; किन्तु सम्यक् अध्ययन के लिये साहित्यिक, अभिलेखीय, मौद्रिक एवं कला साक्ष्यों पर पर्याप्त बल दिया गया है। अध्ययन की सुविधा की दृष्टि से इसको निम्नलिखित प्रकार से तैयार किया गया है।

पुरातात्त्विक सर्वेक्षण

सर्वेक्षण द्वारा किसी भी प्राचीनतम सभ्यता को खोजकर उससे सम्बन्धित अतीत की झाँकी प्रस्तुत की जा सकती है। अध्ययन, प्रशिक्षण एवं अनुभव के सहारे योजनाबद्ध ढंग से पुराविद सर्वेक्षित कर पुरास्थलों को खोजते हैं, जिस काल से सम्बन्धित पुरास्थलों को खोजने का लक्ष्य होता है, उसी के अनुरूप क्षेत्र का चुनाव किया जाता है। ऐतिहासिक काल के मानव अधिकांशतः ग्राम एवं नदियों के किनारे मैदानी क्षेत्र में स्थित होते थे, अतः नदी तटों एवं उनके प्रवाह क्रम का अध्ययन ऐतिहासिक एवं पुरातात्त्विक दृष्टि से अति महत्त्वपूर्ण है।

प्रस्तुत ग्रन्थ में वरुणा नदी क्षेत्र का पुरातात्त्विक सर्वेक्षण किया गया है। वरुणा क्षेत्र के अन्तर्गत वाराणसी, जौनपुर, संत रविदास नगर (भदोही) एवं इलाहाबाद का कुछ भाग सम्मिलित है, जहाँ से वरुणा नदी प्रवाहित होती है। नदी क्षेत्र के संदर्भ में स्कन्द पुराण में सामान्यतया नदी के दोनों ओर एक गव्यूति (दो कोस) का क्षेत्र 'नदी क्षेत्र' कहा गया है।[3]

तीराद् गव्यूति मात्रं तु परितः क्षेत्रमुच्यते।

एक गव्यूति में लगभग 4.52 मील (लगभग 7.5 किमी.) माना गया है।[4]

वारुणेय क्षेत्र से सम्बन्धित भू-भागों का सर्वेक्षण कार्य पाँच परिमार्गण सत्रों 2000-2006 के मध्य किया गया। इनमें वरुणा के साथ-साथ उनकी सहायक बसुही एवं मोरवा नदियों का भी सर्वेक्षण किया गया हैं। वरुणा नदी से जुड़े हुये कुछ महत्त्वपूर्ण नालों का भी सर्वेक्षण किया गया, जो 10-15 किमी. दूर तक विस्तृत है।

सर्वेक्षण कार्य स्थानीय पथ प्रदर्शकों एवं गाँव के लोगों के सहयोग से किया गया। कुछ क्षेत्र विशेष से सम्बन्धित पुरास्थलों से जुड़ा हुआ लोक कथाओं में स्थानीय व्यक्तियों का महत्त्वपूर्ण योगदान रहा। सर्वेक्षण कार्य वारुणेय क्षेत्र के प्रत्येक गाँवों में जाकर किया गया। कुछ ऐसे पुरास्थलों का पुनः सर्वेक्षण किया गया, जिनकी रिपोर्ट पहले की जा चुकी थी। पुरास्थलों को खोजने में टोपोशीट संख्या (63K/2, 63K/6, 63/7, 63K/11 एवं 63K/15) स्केल 1:63360 को माध्यम बनाया गया, जो सर्वे ऑफ इण्डिया से प्रकाशित है। इन टोपोशीट में सर्वेक्षित पुरास्थलों को एक बड़े स्केल 1:250000 के टोपो शीट (63K) में दर्शाया गया।

सर्वेक्षण से प्रारम्भिक काल से लेकर, पूर्व मध्यकाल तक के पुरास्थल प्रकाश में आये।

उत्खनन कार्य

वारुणेय क्षेत्र के सर्वेक्षित पुरास्थलों की प्रकृति एवं विस्तार के साथ-साथ इसके स्वरूप को और अधिक उभारने के लिये कुछ महत्त्वपूर्ण पुरास्थलों के उत्खनन की योजना बनाई गयी, जिसमें अनेई नामक पुरास्थल को उत्खनन के लिये चुना गया। यह पुरास्थल वारुणेय क्षेत्र के ग्रामीण परिवेश का प्रतिनिधित्व करता है। सर्वेक्षण से इस प्रकार से सम्बन्धित पुरास्थलों की सर्वाधिक संख्या प्रकाश में आयी है।

पुरावशेषों का संग्रह

सर्वेक्षण के दौरान विभिन्न पुरास्थलों से मृद्भाण्ड के ठीकरे, प्रस्तर मूर्तियाँ एवं स्थापत्य अवशेष, सिक्के, मनके, मुहरें, मृण्मूर्तियाँ (जिसमें मानव एवं पशु आकृतियाँ), लौह एवं हड्डी के बने पुरावशेष आदि प्राप्त हुये। साथ ही कुछ ऐसे पुरावशेष, जिनका संग्रह नहीं किया जा सका, उनका छायांकन किया गया। इनमें बड़े आकार की प्रस्तर प्रतिमाएँ, स्तम्भ, अवठकूप एवं कोल्हू आदि प्रमुख हैं, ये पुरावशेष प्राक् उत्तरी कृष्ण-मार्जित सांस्कृतिक चरण से लेकर पूर्व मध्यकाल या उसके बाद के सांस्कृतिक चरण से सम्बन्धित है। इन पुरावशेषों के आधार पर वारुणेय क्षेत्र के सांस्कृतिक एवं आर्थिक इतिहास की व्याख्या की गयी।

पुरावशेषों का परिरक्षण एवं वैज्ञानिक विश्लेषण

सर्वेक्षण से प्राप्त पुरावशेषों का रासायनिक परिरक्षण किया गया। यह परिरक्षण पुरावशेष के प्रकृति एवं बनावट के आधार पर हुआ। विभिन्न प्रकार के पुरावशेष जो प्रस्तर, मृत्तिका, लौह, ताम्र, रजत एवं हड्डी के बने हुये हैं, भिन्न-भिन्न प्रकार से रासायनिक परिरक्षण कर उन्हें संरक्षित किया गया।

कुछ पुरावशेषों का वैज्ञानिक विश्लेषण भी किया गया, जिससे उनके बनावट में विभिन्न धातु का स्वरूप ज्ञात हो सका। इन पुरावशेषों को तीन श्रेणियों में विभक्त कर उनका छायांकन, रेखांकन एवं विवरण प्रस्तुत किया गया।

लोक किंवदन्तियाँ

वारुणेय क्षेत्र के कुछ महत्त्वपूर्ण पुरास्थल लोक किंवदन्तियों से जुड़े हैं। इनका पुरास्थल के संदर्भ में अपना विशिष्ट महत्त्व है। यद्यपि ग्रन्थ में इनका विस्तृत रूप से

उल्लेख, नहीं किया गया है, क्योंकि इनमें अतिरंजना एवं कल्पना का पुट अधिक है तथा पुरावशेषों से इनका तादात्म्य स्थापित नहीं हो पाया है।

सर्वेक्षित पुरावशेषों का अध्ययन एवं विश्लेषण

वारुणेय क्षेत्र के सर्वेक्षित पुरास्थलों का गहन अध्ययन विश्लेषण किया गया। सर्वेक्षण से सर्वाधिक मात्रा में मृद्भाण्ड के ठीकरे मिले, जिनका चित्रण, रेखांकन किया गया तथा उनके रंगरूप, गढ़न, बनावट के आधार पर उत्खनित पुरास्थल के मृद्भाण्डों से तुलनात्मक अध्ययन कर संस्कृति एवं काल निर्धारण किया गया। इसी प्रकार प्रस्तर मूर्तियाँ, सिक्के, मृण्मूर्तियाँ तथा अन्य पुरावशेषों का छायांकन कर शिल्पग्रन्थों, संग्रहालयों तथा विद्वानों से व्यक्तिगत सम्पर्क कर उनकी शैलीगत विशेषता, तिथि एवं विकास पर प्रकाश डाला गया।

प्रकाशित पुस्तकों का अध्ययन

ग्रन्थ के प्रणयन में विभिन्न प्रकार के पुस्तकों का अध्ययन किया गया, जिनमें साहित्यिक एवं पुरातात्त्विक पुस्तकें प्रमुख हैं। साहित्यिक ग्रन्थों में ब्राह्मण ग्रन्थों, जैन एवं बौद्ध ग्रन्थों, ऐतिहासिक ग्रन्थ, शोध पत्रिकाएँ, शिल्प ग्रन्थों आदि। पुरातात्त्विक अध्ययन के अन्तर्गत विभिन्न उत्खनन रिपोर्टों, पुस्तकों, शोध पत्रिकाओं आदि का अध्ययन किया गया।

यद्यपि ग्रन्थ में लिखित साक्ष्यों की प्रमुखता से व्याख्या की गई है लेकिन अलिखित साक्ष्यों जो अनुमानपरक तथ्यों पर आधारित हैं उन्हें भी यथासम्भव समाविष्ट किया गया है। इन साक्ष्यों की अपनी संभावनाएँ एवं सीमाएँ हैं। ये दोनों साक्ष्य वारुणेय क्षेत्र के इतिहास निर्माण में महत्त्वपूर्ण भूमिका का निर्वहन करते हैं। उपरोक्त आधार पर संकलित सामग्री को यथाशक्ति योजनाबद्ध कर प्रस्तुत किया गया है।

अध्ययन की सुविधा की दृष्टि से ग्रन्थ को सात अध्यायों में विभक्त किया गया है। प्रथम अध्याय 'भूमिका' है। द्वितीय अध्याय 'साहित्यिक साक्ष्यों में वरुणा' से संबंधित है, जिनमें विभिन्न युगों में वरुणा नदी के विवरणों का उल्लेख किया गया है। इस नदी का विवरण विभिन्न ग्रन्थों यथा– वेद, उपनिषद्, महाकाव्य, बौद्ध एवं जैन ग्रन्थ, विभिन्न पुराणों, ऐतिहासिक ग्रन्थों, यात्रा विवरणों तथा अभिलेखों आदि में काशी के परिप्रेक्ष्य में मिलता है, जिसका उल्लेख कर युग-युगों में वरुणा के स्वरूप, माहात्म्य एवं महत्त्व को उजागर किया गया है।

तृतीय अध्याय 'वारुणेय क्षेत्र का अध्ययन : विविध आयाम' से संबंधित है। इस अध्याय को निम्नलिखित तीन खण्डों में विभक्त कर अध्ययन किया गया है :

प्रथम खण्ड भौगोलिक पृष्ठभूमि से संबंधित है, जिनमें वारुणेय क्षेत्र के सीमा-विस्तार, प्राकृतिक वनस्पतियाँ, मिट्टी, जलवायु एवं जीव-जन्तुओं आदि का अध्ययन किया गया है।

द्वितीय खण्ड ऐतिहासिक पृष्ठभूमि से संबंधित है, जिनमें वारुणेय क्षेत्र (विशेषतः काशी क्षेत्र) के पारम्परिक एवं राजनैतिक इतिहास का प्रारम्भिक काल से लेकर 13वीं शताब्दी ईस्वी तक क्रमानुसार विवरण दिया गया है।

तृतीय खण्ड पुरातात्त्विक पृष्ठभूमि से संबंधित है, जिनमें वारुणेय क्षेत्र के उत्खनित एवं पूर्व में सर्वेक्षित पुरास्थलों का वर्णन किया गया है। उत्खनित पुरास्थलों में सारनाथ, राजघाट, अकथा एवं सरायमोहाना उल्लेखनीय है।

चतुर्थ अध्याय 'वारुणेय क्षेत्र के सर्वेक्षित एवं उत्खनित पुरास्थल' है, जिनमें वारुणेय क्षेत्र के पुरास्थलों को ज्ञात करने के लिए सर्वेक्षण की पृष्ठभूमि तथा उसके आधार पर सर्वेक्षित पुरास्थलों का विवरण दिया गया है। इन सर्वेक्षित पुरास्थलों के विवरण में पुरास्थलों की वर्तमान स्थिति, नदी से दिशा एवं दूरी, वहाँ से प्राप्त पुरावशेष तथा उसके आधार पर संस्कृति का क्रम निर्धारण किया गया है। उत्खनित पुरास्थल के अंतर्गत अनेई नामक पुरास्थल के उत्खनन का वर्णन किया गया है। आवासीय विन्यास के अंतर्गत सर्वेक्षित पुरास्थलों के आधार पर वारुणेय क्षेत्र में मानव अधिवास के बसाव एवं उनके विकास, कालक्रम, क्षेत्र की परस्पर समानताएँ एवं विषमताएँ तथा उजड़ने जैसे पहलुओं के साथ-साथ काशी को क्रमशः जनपद एवं महाजनपद के रूप में प्रतिस्थापित करने के कारणों पर प्रकाश डाला गया है।

पंचम अध्याय 'वारुणेय क्षेत्र की मृद्भाण्ड परम्परा' है। इस अध्याय में वारुणेय क्षेत्र के सर्वेक्षित पुरास्थलों से प्राप्त संस्कृति विशेष से संबंधित मृद्भाण्ड परम्पराओं का अध्ययन किया गया है, जिनमें मृद्भाण्डों की संस्कृति, विशेष बनावट, अलंकरण उनके बनाने की तकनीकी आदि के आधार पर वर्गीकृत कर उत्खनित पुरास्थलों से प्राप्त मृद्भाण्डों से तुलनात्मक अध्ययन कर काल निर्धारण किया गया है।

षष्ठ अध्याय 'वारुणेय क्षेत्र का धर्म एवं संस्कृति' है, जिनमे मूलतः वारुणेय क्षेत्र से सर्वेक्षण के दौरान उपलब्ध पुरासामग्री के आधार इस क्षेत्र के धर्म एवं संस्कृति विवरण है, जिसे तीन खण्डों में विभक्त कर अध्ययन किया गया है। प्रथम खण्ड मूर्ति शिल्प से संबंधित है, जिनमें वैष्णव, शैव, शाक्त, बौद्ध एवं लोकधर्म से जुड़ी प्रतिमाओं का वर्णन किया गया है।

द्वितीय खण्ड मृत्तिका पुरावशेषों से संबंधित है, जिनमें स्त्री, पुरुष एवं खिलौना (पशु-पक्षी) का वर्णन किया गया है तथा तृतीय खण्ड, लघु पुरावशेषों से संबंधित है, जिनमें मृत्तिका, प्रस्तर, लौह एवं हड्डी के पुरावशेषों का वर्णन किया गया है।

सप्तम अध्याय 'समीक्षा एवं उपसंहार' से संबंधित है। इस अध्याय में पूरे ग्रन्थ पर समीक्षात्मक टिप्पणी की गयी है। अध्ययन की यह संक्षिप्त रूप-रेखा उसकी पृष्ठभूमि तैयार करती है जो ग्रन्थ की आधारशिला है। तत्पश्चात् संदर्भिका प्रस्तुत की गयी है।

संदर्भ

1. महाभारत, आलोचनात्मक संस्करण, भण्डारकर ओरिएण्टल रिसर्च इनस्टीट्यूट, पूना, 1966
   सुनसां तमसां ढासी त्रसामन्यां, वाराणसी।
   लालोद्धतं करां चैव पूर्णाशां च महानदीम्।।
   — महाभारत, भीष्मपर्व, 6/10/30
2. पृष्ठ 19 पर संदर्भ 1
   सातवलेकर वसन्त, त्रीपाद, अथर्ववेद
3. अवस्थी, ए.वी.एल. (सम्पादक), स्कन्दपुराण (रेवाखनु), वेंकटेश्वर स्टीम प्रेस, बम्बई, वि.सं. 1986
4. विश्वकर्मा, ईश्वर शरण, काशी का ऐतिहासिक भूगोल, रामानन्द विद्या भवन, दिल्ली, 1987, पृ. 210

अध्याय – 2

साहित्यिक साक्ष्यों में वरुणा

प्राचीन भारतीय इतिहास एवं संस्कृति के स्रोत के रूप में भारतीय साहित्य की परम्परा अत्यन्त समृद्ध रही है। इसी साहित्यिक परम्परा के प्रवाह की कड़ी में युग-युगान्तर से वरुणा नदी के बहुआयामी स्वरूप का वर्णन विभिन्न ग्रन्थों, यात्रा विवरणों एवं अभिलेखों आदि में काशी के परिप्रेक्ष्य में मिलता है। वाराणसी के गौरव को प्रस्फुटित करने के अनेकानेक कारणों में वरुणा भी एक महत्त्वपूर्ण कारण रही है। इस क्षेत्र के सांस्कृतिक, आर्थिक एवं भौगोलिक निरुपण में यह नदी वैदिक काल से ही निर्वाध रूप से महती भूमिका निभाती आयी है। प्रस्तुत अध्याय में विभिन्न युगों में काशी एवं वरुणा के विवरणों का उल्लेख संक्षेप में यहाँ किया जा रहा है।

संहिता साहित्य में वरुणा

संहिता साहित्य में वरुणा नदी का सर्वप्रथम उल्लेख अथर्ववेद के शौनकीय शाखा के एक मन्त्र में मिलता है,[1] – जहाँ इसके जल से विष-हरण का उल्लेख है– ''वरणावती का जल विष को दूर करे। इसके जल में द्युलोकस्य अमृत विद्यमान है, वह अमृत रूप जल से तेरे विष को दूर करता है।''

सायणाचार्य वरुणा के जल को औषधि तुल्य मानते हैं। वस्तुतः औषधि वरणावती नहीं बल्कि वरण है, जिसका उल्लेख एक मन्त्र में राजयक्ष्मा के नाशक के रूप में किया गया है[2] – ''यह वरण वृक्ष की मणिराज यक्ष्मादि रोगों को भगावे। इस पुरुष में जो क्षय रोग है, उसका इन्द्रादि देवता नाश करें।'' इसलिए वरणावती को औषधि नहीं माना जा सकता है, हाँ सम्भव है कि वरण वृक्ष की अधिकता वाले क्षेत्र में प्रवाहित होने के कारण इसका नाम 'वरणावती' पड़ा होगा।

रॉथ के अनुसार यह (वरणावती) एक नदी का नाम प्रतीत होता है, वहीं लुडविंग ने इसे गंगा नदी माना है। ब्लूमफील्ड इसे एक पौधे का आशय ग्रहण करते हुये, नदी के संदर्भ में होने की संभावना व्यक्त करते हैं।[3] कुछ विद्वान इसे परवर्ती ग्रन्थों में वर्णित वरणावत नगरी या उसके समीप प्रवाहित कोई नदी मानने के पक्ष में हैं, किन्तु यह मान्यता उचित नहीं है, क्योंकि वरणावत सर्वथा नवीन नगरी है, जिसका संहिता साहित्य में कोई उल्लेख नहीं मिलता है।[4] वही कतिपय अन्य विद्वान उक्त ''वरणावती'' को वरणा से समीकृत कर वरणा एवं असी के मध्य वाराणसी के स्थित होने की कल्पना करते हैं, क्योंकि काशी का उल्लेख संहिता-साहित्य में उपलब्ध है, इसलिए इसे वाराणसी के समीप प्रवाहित वर्तमान 'वरुणा नदी' से समीकृत किया जा सकता है।[5]

उपनिषदों में वरुणा

जबालोपनिषद् में जिज्ञासा समाधान की प्रश्नोत्तर शैली में वरुणा का उल्लेख वाराणसी की व्याख्या करते समय आया है। इस व्याख्या में प्रश्न उठाया गया है कि अविमुक्त कहाँ प्रतिष्ठित है, उत्तर में वरुणा और नासी के बीच में। वरुणा और नासी क्या है? उत्तर है सभी इन्द्रियों के दोषों का वारण करने वाली वरुणा और सभी इन्द्रियों के द्वारा किये गये पापों का नाश करती है, वह नाशी है।[6]

मुक्तिकोपनिषद् में उल्लिखित है कि ''वाराणसी के दक्षिण में असी नाम और उत्तर में वरुणा नाम की नदी है, इन दोनों नदियों के बीच में वाराणसी है। असी का काम है कि जन्तुओं के शुभ-अशुभ कर्मों को बाहर निकाल कर फेंक देना और वरुणा का काम है कि जीव के कर्मों को जीव के साथ रहने से रोक दे। अर्थात् वरुणा के प्रभाव से तो जीव के कर्मों का फल जीव के पास आ नहीं पाता और असी के प्रभाव से यदि कोई फल किसी जीव तक पहुँच जाये तो हटाकर दूर कर दिया जाता है। अतः दोनों नदियों में बसी हुई वाराणसी अपनी ऊषरता के प्रभाव से जीव के सब कर्म निश्शेष कर देती है, उसी से उसकी मुक्ति हो जाती है।''[7]

महाभारत में वरुणा

महाभारत के भीष्म पर्व की नदी सूची से प्राप्त वाराणसी को वरुणा से समीकृत कर यह कहा जा सकता है कि प्रथम वाराणसी वरुणा के आस-पास स्थित थी, जहाँ कपिलाह्द एवं देव-देव महादेव के मन्दिर का भी विवरण प्राप्त होता है।[8]

महाभारत में पाण्डवों को काशी के तीर्थों में जाने का उपदेश करते समय यह कहा गया कि काशी में जाकर कपिलाह्द में स्नान करके वृषभध्वज की पूजा करनी चाहिए तथा गंगा में स्नान करके अविमुक्त की भी पूजा करनी चाहिये।[9]

उस समय काशी के इन्हीं दो तीर्थों के नाम आते हैं। कपिलाह्द, कपिलधारा के नाम से वरुणा के पूर्वी तट पर स्थित है, जहाँ वृषभध्वज का मन्दिर अभी भी है। अविमुक्त का मन्दिर वरुणा के पश्चिमी तट पर राजघाट के टीले पर कहीं स्थित रहा होगा, जिसको बारहवीं शताब्दी के अन्त में काशी के गहड़वाल नरेशों के पराजय के बाद नष्ट कर दिया गया।

पाणिनि के अष्टाध्यायी में वरुणा

पाणिनि के 'वरणादिभ्यश्च सूत्र' के अनुसार वरणा नाम के वृक्षों के पास का स्थान भी वरणा कहा जाता था। इन वृक्षों से घिरी नदी वरणासी कहलायी। वरणासी का ही रूपान्तरण वाराणसी हुआ।[10]

एम. जूलियन ने वरणा का प्राचीन नाम ही वरणासि माना, परन्तु इसके लिये उन्होंने कोई प्रमाण नहीं दिया।[11] विद्वानों ने इस मत की पुष्टि नहीं की, पर इस मत के पक्ष में बहुत से प्रमाण हैं।[12]

बौद्ध साहित्य में वरुणा

बौद्ध ग्रन्थ महावस्तु में वाराणसी को वरुणा नदी के तट पर स्थित बताया गया है।[13] अश्वघोष रचित बुद्धचरित में गंगा एवं वरुणा संगम के समीपवर्ती भू-भाग में काशी के स्थिति का परिज्ञान होता है।[14] बुद्धचरित में ही एक स्थान पर लिखा है कि बुद्ध वणारा के पास एक वृक्ष की छाया में पहुँचे।[15] संभवतः अश्वघोष द्वारा वर्णित यह वणारा आधुनिक वरुणा नदी हो।

बौद्ध ग्रन्थों में प्राप्त वाराणसी की भौगोलिक स्थिति संबंधी साक्ष्यों के विश्लेषण से यही प्रतीत होता है कि बुद्धकाल में सर्वप्रथम वरणा नदी के दोनों किनारों पर ही बस्तियों का विकास प्रारम्भ हुआ, जो क्रमशः गंगा नदी के किनारे-किनारे बढ़ता गया।

बौद्ध जातकों में कहीं भी स्पष्ट रूप से वरुणा नदी का उल्लेख नहीं मिलता; किन्तु अप्रत्यक्ष रूप से वाराणसी में गंगा के अलावा अन्य नदी का उल्लेख मिलता है, जो वाराणसी में ही बहती है, बहुत संभव है कि यह वरुणा नदी हो।

मच्छुद्दान जातक में नदी तीर्थ का उल्लेख मिलता है।[16] अम्ब जातक में गंगा के अतिरिक्त एक अन्य नदी का उल्लेख मिलता है।[17] मनोज जातक[18] एवं दब्भपुष्प जातक[19] में वाराणसी में नदी का उल्लेख है।

पदकुसलमाणव जातक में वाराणसी से थोड़ी दूर एक नदी का उल्लेख मिलता है। संदर्भानुसार काशी ग्राम में एक गृहस्थ के घर के पश्चिम और कठोर घड़ियाल नदी है।[20]

अकित्ति जातक में विवरणानुसार वाराणसी के जिसे दरवाजे से भिक्षु निकला वह अकिर्त्ति-द्वार और जिस तट से नदी पार की वह अकीर्ति-तीर्थ कहलाया।[21]

जैन साहित्य में वरुणा

जिनप्रभसूरि द्वारा विचरित विविधतीर्थकल्प (कल्पप्रदीप) में उल्लिखित है कि दक्षिणार्द्ध भरत क्षेत्र के मध्य खण्ड में काशी जनपद स्थित है, जिसकी राजधानी वाराणसी उत्तरवाहिनी गंगा के तट पर बसी हुई है। वरुणा और असी की दो नदियाँ यहाँ गंगा में मिलती हैं, इसलिये इसका नाम वाराणसी पड़ा।[22]

पुराणों में वरुणा

पुराणों में वरुणा नदी का उल्लेख विभिन्न संदर्भों में हुआ है, जिनमें इसके उद्भव, तीर्थ स्थल एवं सीमा निर्धारण आदि प्रमुख हैं।

वामन पुराण में वरुणा नदी के प्रयाग में विष्णु के दाहिने-चरण से निकलकर काशी तक की यात्रा का विवरण मिलता है। प्रसंगवश विष्णु के अनुसार पवित्र प्राङ्मण्डलान्तर्गत प्रयाग में मेरे अंश से उत्पन्न योगशायी नाम से प्रसिद्ध अन्यय पुरुष नित्य निवास करते हैं, उनके दाहिने चरण से वरुणा नाम से विश्रुत श्रेष्ठ नदी निकलती है, वह सर्वपापहारिणी तथा पवित्र है एवं उसके वाम (पाद) से असी नाम से प्रसिद्ध एक दूसरी नदी निकलती है। ये दोनों नदियाँ लोकपूज्य हुई हैं, उन दोनों के मध्य का प्रदेश योगशायी का क्षेत्र है। वह त्रैलोक्य में सर्वश्रेष्ठ तथा सभी पापों से मुक्त करने वाला तीर्थ है, उसके सदृश अन्य कोई तीर्थ आकाश, पृथ्वी एवं रसातल में नहीं है। वहाँ शुभप्रद विख्यात वाराणसी नगरी है।[23]

ब्रह्मपुराण में अरुणा एवं वरुणा नामक दो नदियों का उल्लेख मिलता है, जिनका संगम गंगा नदी में मिलने से बनता है। यह अत्यन्त एुण्य देने वाला है। वहीं देवताओं और अन्य तीर्थों के आने से पृथक्-पृथक् सताइस सहस्त्र पुण्यप्रद तीर्थ हो जाते हैं।[24]

विभिन्न पुराणों में अनेकानेक संदर्भों में वाराणसी एवं उसके साथ वरुणा का उल्लेख प्राप्त होता है।

पुराणों में वरुणा नदी का उल्लेख वाराणसी क्षेत्र के सीमा निर्धारण के लिये हुआ है। अग्निपुराण में वरुणा और असी के मध्य अवस्थित वाराणसी क्षेत्र का विवरण प्राप्त होता है।[25] पद्म पुराण में भी इसी तरह का उल्लेख मिलता है।[26] पद्म पुराण में ही एक स्थान पर वाराणसी क्षेत्र के चतुर्दिक सीमाओं का विवेचन भिन्न प्रकार से मिलता है।[27]

कूर्मपुराण में वरुणा और असी के मध्य अवस्थित वाराणसी क्षेत्र का विवरण प्राप्त होता है।[28] मत्स्य पुराण में काशी क्षेत्र के दो सीमाओं के निर्धारण के लिये वाराणसी (वरुणा) नदी का उल्लेख मिलता है–

प्रथम विवरण के अनुसार पूर्व तथा पश्चिम में ढाई योजन तथा उत्तर-पश्चिम में अर्द्धयोजन एवं वाराणसी (वरुणा) नदी से शुष्क नदी (असी) तथा वाराणसी क्षेत्र का विस्तार है।[29]

द्वितीय विवरण के अनुसार पूर्व एवं पश्चिम में दो योजन, दक्षिण से उत्तर अर्द्धयोजन तथा वाराणसी (वरुणा) से लेकर शुष्क नदी तक एवं भीष्म चण्डी से पर्वतेश्वर तक वाराणसी क्षेत्र का विस्तार है।[30]

ब्रह्म पुराण में काशी का परिमाप दूरियाँ योजन एवं गव्यूति में न कहकर वरुणा एवं असी बताई गयी है। इन दोनों नदियों के बीच की भूमि में यह काशी क्षेत्र है, जो देवताओं तक को अतिप्रिय हैं। यह पंचक्रोशात्मक है, जिसके मध्य से होकर गंगाजी समुद्र में मिलती हैं।[31]

अन्य साक्ष्यों में वरुणा

चीनी यात्री ह्वेनसांग ने वाराणसी के उत्तर-पूर्व वरुणा नदी की स्थिति बतलाई है।[32]

तीर्थचिन्तामणि में ''वराणसी'' नदी का उल्लेख किया गया है, जिसका पाठ ''वरुणा'' पढ़ा जाता है।[33]

लक्ष्मीधर विचरित 'कृत्यकल्पतरु' में वाराणसी नदी को वरुणा बतलाया गया है, जो महाभारत के वराणसी नदी से तुलनीय है।[34]

गहड़वाल अभिलेखों से ज्ञात होता है कि वाराणसी के उत्तर, वरुणा एवं गंगा के समीप (संगम के समीप) स्थित आदिकेशव घाट तत्कालीन वाराणसी का एक प्रमुख

भाग समझा जाता था, सम्प्रति आदिकेशव घाट गंगा-वरुणा संगम पर गंगा के बायें किनारे पर अवस्थित राजघाट का टीला है।[35]

इस प्रकार वैदिक साक्ष्यों से लेकर पुराणों तक एवं अभिलेखीय साक्ष्यों के आधार पर वरुणा एवं वाराणसी के अभिन्न सम्बन्धों पर प्रकाश पड़ता है। उत्तर वैदिक काल में वरुणा का जल अमृत तुल्य औषधि एवं विषहरण के रूप में मान्य था। कुछ विद्वानों[36] ने इसकी सहायक बसुही नदी का तादात्म्य विषहनी से किया और ऐसी सम्भावना व्यक्त किया कि वरुणा नदी के जल में विष हरने की शक्ति उसकी सहायक नदी के नाम में सुरक्षित हो। आज भी वरुणा के कुछ तटवर्ती क्षेत्रों में औषधि वाले पौधे मिलते हैं, जो परोक्ष रूप से इस तथ्य की पुष्टि करते हैं।

उपनिषदकाल में वरुणा के महत्त्व को गूढ़ आध्यात्मिक रूप में वर्णित किया गया है, जो जीव के सभी इन्द्रियजन्य दोषों एवं सब कर्म निश्शेष कर मोक्ष प्रदान करती है। इस काल के लोगों ने इस नदी को प्रत्युत (आध्यात्मानं विधि) एवं दैवीय स्वरूप माना। इसी कारण सदाशिव ने इस क्षेत्र को अविमुक्त के रूप में मान्यता दी। महाकाव्य युग में वारुणेय क्षेत्र तीर्थ रूप में स्थापित हो चुका था।

छठी शताब्दी ईसा पूर्व (पाणिनिकाल) में इस नदी का तटवर्ती क्षेत्र सघन वनों एवं सुरम्य उद्यानों से आच्छादित था, जिसमें वरणा नामक वृक्षों की अधिकता थी, जिसके कारण यह क्षेत्र वरणासी एवं कालान्तर में वाराणसी के रूप में मान्यता प्राप्त की। प्राचीन काल में वृक्षों के नाम पर नगरों के नामकरण की परम्परा रही है।

बुद्ध के समय तक यह क्षेत्र वाणिज्य, व्यापार, शिक्षा एवं धार्मिक केन्द्र के रूप में स्थापित हो चुका था। वैदिक चिन्तन की अन्तर्धारा शताब्दियो से इस क्षेत्र के लोगों को रसप्लावित कर रही थी । संभवतः इसी कारण भगवान बुद्ध ने अपने धर्म को मान्यता देने के लिये प्रथम उपदेश स्थली के लिऐ वरुणा की शान्त उपत्यका को चुना। यहाँ उनके धर्म के पल्लवित होने के पूर्ण अवसर थे। जैनधर्म को भी इसी कारण यह क्षेत्र आकर्षित किया ।

पुराणों में वरुणा को वाराणसी के सीमा निर्धारण के रूप में प्रयोग किया गया। यह वह काल था जब वरुणा एवं असी के बीच बसी वाराणसी धार्मिक रूप से समृद्धि की पराकाष्ठा को प्राप्त कर चुकी थी। संभवतः यह सीमा निर्धारण इसके धार्मिक स्वरूप के कारण किया गया था। इसकी पुष्टि पौराणिक ग्रन्थों में सहस्रों ब्राह्मण धर्म के मन्दिरों के वर्णन से होता है।

इस प्रकार विलक्षण गुणों वाली वरुणा हर कालखण्ड में वन्दनीय एवं लोक कल्याणकारी रही । भारतीय साहित्य में उसकी भौतिकता एवं आध्यात्मिकता की गरिमा

ने वाराणसी को एक नया आलोक प्रदान किया। आज भले ही वरुणा अपने अस्तित्व के साथ संघर्ष कर रही हो लेकिन उसकी अन्तर्यात्रा के कलरव की गूँज सदैव ही भारतीय साहित्य में बनी रहेगी।

संदर्भ

1. सातवलेकर वसन्त श्रीपाद, अथर्ववेद संहिता, भारत मुद्रणालय, बम्बई, 1943, पृ. 57

   वारिदं वारयातै वरणावत्यामधि।
   तत्रामृतस्यासिक्तं तेना ते वारये विषम्।।

   —अथर्ववेद 4/7/1
2. उपरोक्त, पृ. 133

   वरणो वारयाता अयं देवो वनस्पतिः।
   यक्ष्मो यो अस्मिन् नाविष्ट स्तमु देवा अवीवरन।।

   —अथर्ववेद 6/85/1
3. मैक्डानल एवं कीथ, वैदिक इन्डेक्स, (हिन्दी अनुवाद – रामकुमार राय) भाग-2, पृ. 271
4. कश्यप, राजेन्द्र प्रसाद, अथर्ववेदकालीन भारत का भौगोलिक अध्ययन, शोध प्रबन्ध, संस्कृत विभाग, काशी हिन्दू विश्वविद्यालय, 1983, पृ. 64
5. लाहा विमलचन्द्र, हिस्टोरिकल ज्योग्राफी ऑफ एंशियेंट इण्डिया, एशियाटिक डी पेरिस, फ्रांस, 1954, पृ. 95
6. जबालोपनिषद्, खण्ड- 2, श्लोक- 2, पृष्ठ 14

   सर्वानिन्द्रिय कृतान्दोषान्वारययीति तेन वरणा भवतीति।
   सर्वानिन्द्रिय कृतान्पापान्नाशययीति तेन नाशी भवतीति।।
   अविमुक्तः वरणायां नाश्या च मध्ये प्रतिष्ठितः।।2।।
7. ब्यास, केदार नाथ, पंचक्रोशात्मक ज्योतिर्लिंग काशी महात्म्य एवं काशी का प्राचीन इतिहास, वाराणसी, 1987, पृ. 307

   अस्यत्ये सिवरियति प्रवेशे कर्माणि जन्तोवर्रणा वरेण्या।
   वाराणसी मध्यगता तयोश्च निश्शेषयल्यूषरता प्रभावात्।।

   —मुक्तिकोपनिषद्
8. महाभारत, आलोचनात्मक संस्करण, भण्डारकर ओरिएण्टल रिसर्च इन्स्टीट्यूट, पूना, 1966

   सुनसां तमसां दासी त्रसामन्यां वराणसी।
   लालोद्धतं करां चैव पूर्णाशां च महानदीम्।।

   —महाभारत, भीष्मपर्व 6/10/30
9. उपरोक्त

   ततो वाराणसी गत्वा देवमर्व्य वृषध्वजम्।

   —महाभारत, वनपर्व 82/76

   कपिलाह्दमूप स्पृश्य राजसूय फलं लभेत्।।
   अविमुक्त समासाद्य तीर्थ सेवी कुरुद्वह।

दर्शनाद् देव देवस्य मुच्यते ब्रह्महत्यया।।

— 84/18

10. अग्रवाल, वासुदेवशरण, पाणिनीकालीन भारतवर्ष (अष्टाध्यायी का सांस्कृतिक अध्ययन) चौखम्बा विद्याभवन, वाराणसी, 1969, पृ. 54

वरणानामदूर भवं नगरं वरणा।

— वरणादिभ्यश्च सूत्र 4/2/82

11. जूलियन एम., लाइफ एंड पिलिग्रिमेज ऑफ युवानच्वांड, 6, 133; 2, 354
12. मोतीचन्द्र, काशी का इतिहास, विश्वविद्यालय प्रकाशन, वाराणसी, 1985 (द्वितीय संस्करण) पृ. 3
13. जॉन, जे.जे. (अंग्रेजी अनुवाद), महावस्तु, भाग-3, सेक्रेड बुक ऑफ द बुद्धिस्ट, लुजाक एण्ड कम्पनी लिमिटेड, लंदन, 1949, पृ. 401-402
14. अश्वघोष विचरित बुद्धचरित (रामचन्द्र दास शास्त्री रचनाकार एवं व्याख्याकार) भाग 1, 2 चौखम्बा विद्याभवन, वाराणसी, 1963

काशी ददर्श तां बुद्धस्ततो ज्ञानस्य वा खनिः।
जाह्नवीवरुणाभ्यान्य सखीभ्यां मिलितामिव।।

—बुद्धचरित 15/18-20

15. उपरोक्त, बुद्धचरित, सर्ग 21 श्लोक 24-25।
16. कौसल्यायन भदन्त आनन्द, जातक (हिन्दी अनुवाद) हिन्दी साहित्य सम्मेलन, प्रयाग, 1946, भाग-3, सख्या- 288।
17. उपरोक्त, भाग-3, संख्या-344
18. उपरोक्त, भाग-3, संख्या-397
19. उपरोक्त, भाग-3, संख्या-400
20. कौसल्यायन भदन्त आनन्द, जातक हिन्दी साहित्य सम्मेलन प्रयाग, संवत्-2008, भाग-4, संख्या-432।
21. उपरोक्त, भाग-4, संख्या-480
22. जिन प्रभसूरि विचरित विविधतीर्थकल्प (सम्पादक) जिन विजय, सिंधी जैन ज्ञानपीठ, शान्ति निकेतन (बंगाल), 1934, पृ. 72, 38. वाराणसी नगरी कल्पः

अस्त्यत्रैव दक्षिणे भारतार्धे मध्यम खण्डे काशि
जनपदालङ्क तिरुत्तर वाहिन्या त्रिदश वाहिन्यालङ्कृत
धनकनक रत्नसम्पदा वाराणसी नाम नगरी
गरीय सामभ्युतानां निधानम्। वरणा नाम्नी
सरिदसिनाम्नी च द्वे अपि सरितावस्यां
गंगा मनु प्रतिष्ठे इति वाराणसीति नैरुक्तं
नामास्याः प्रसिद्धम्।।

23. गोपाल चन्द्र (अनुवादक)– श्री वामन पुराण, आनंद स्वरूप गुप्त (सम्पादक) सर्वभारतीय काशीराज व्यास दूर्गरामनगर, वाराणसी, 1968।

यो सौ प्राङ्मण्डले पुण्ये मदंशप्रभवो व्ययः।

प्रयागे वसते नित्यं योगशायीति विश्रुतः।। 26
चरणाद् दक्षिणात्तस्य विनिर्याता सरिद्वता।
विश्रुता वरणेत्येव सर्वपापहरा शुभा।। 27
सन्यादन्या द्वितीया च असिरित्येव विश्रुता।
ते उभे तु सरिच्छ्रेष्ठे लोक पूज्ये वभूवतुः। 28
ताभ्यां मध्ये तुयो देशस्तत्क्षेत्रं योगशायिनः।
त्रैलोक्य प्रवरं तीर्थ सर्वपाप प्रमोचनम्।
न ताहशोस्ति गगने न भूम्यां न रसातले।। 29
तत्रास्ति नगरी पुण्या न ख्याता वाराणसी शुभा। 30

24. तारणीश झा (अनुवादक), ब्रह्मपुराण, हिन्दी साहित्य सम्मेलन प्रयाग, 1976, 89/1, 45-46।

अरुणा वरुणा चैव नद्यौ पुण्यतेर शुभे।
तयोश्च संगमः पुण्यो गंगायां मुनिसत्तम।।1।।
अरुणा वरुणा नद्योर्गङ्गायां संगमः शुभः।
देवानां तत्र तीर्थनामागतानां पृथक्पृथक्।।45।।
नव त्रीणि सहस्राणि तीर्थानि गुणवन्ति च। तत्र
स्नानं च दानं च सर्वमक्षय पुण्यदम् ।।46।।

25. खेमराज श्री कृष्ण दास, अग्निपुराण (मूल संस्कृत) श्री वेंकेटेश्वर स्टीम मुद्रणालय, बम्बई, 11/6

द्वियोजन तु पूर्व स्याद्योजनार्द्ध तदन्यथा।
वरणा च नदी चासी मध्ये वाराणसी तयोः।।

—अग्निपुराण 11/6

26. भट्ट नारायण, त्रिस्थली सेतु (पद्म पुराण), आनन्दाश्रम संस्कृत ग्रन्थावली, ग्रन्थांक-78, 1915, पृ. 102

वरुणा चाप्यसिश्चैव द्वै नद्यौ सुरनिर्मिते।
अन्तराले तपोः क्षेत्रं वध्या न विशते क्वचित्।।

27. भट्ट नारायण, त्रिस्थली सेतु (पद्म पुराण), आनन्दाश्रम संस्कृत ग्रन्थावली, ग्रन्थांक-78, 1915, पृ. 100

दक्षिणोत्तरयौनद्यौ वरणासिश्च पूर्वतः।
जाह्नवी पश्चिमे चापि पाशपाणिर्गणेश्वरः।।

28. आनन्द स्वरूप गुप्त (सम्पादक), श्री कूर्म पुराणम्, सर्वभारतीय काशिराज व्यासः दुर्ग रामनगर वाराणसी सं. वि. 2028, 1971, 1/29/62

वरणायास्तथैवास्या मध्ये वाराणसी पुरी।

29. भट्टाचार्य, जीवानन्द विद्यासागर, मत्स्य पुराण संस्कृत प्रकाशन, कलकत्ता, 1876, 183/39-40

द्वियोजनमथार्द्ध च तत्क्षेत्रं पूर्व पश्चिमम्।

अर्द्धयोजन विस्तीर्ण तत्क्षेत्रं दक्षिणोत्तरम्।।
वाराणसी तदीया च यावच्छुष्कनदी तु वै।
एष क्षेत्रस्य विस्तारः प्रोक्तो देवेन धीमता।।

30. वही, मत्स्य पुराण, 183/61-62
31. ब्रह्म पुराण, त्रिस्थली सेतु, वही, पृ. 101

वरणा चाप्य सिश्चैव द्वे नद्ये सुरवल्लभे।
अन्तराले तयोः क्षेत्रं भूमावपि विशेषतः।।
पंचक्रोश प्रमाणं तु क्षेत्र दत्तंमया तव।
क्षेत्र मध्ये यदा गंगा गमिष्यति सरित्पतिम्।

32. बील, एस., ट्रेवल्स आफ ह्वेनसांग, वोल्यूम-तृतीय, सुशील गुप्ता लिमिटेड, कलकत्ता, 1958, पृ. 291
33. वाचस्पति मिश्र, तीर्थचिन्तामणि, विब्लियौथिका इण्डिका एशियाटिक सोसायटी ऑफ बंगाल, कलकत्ता, न्यू सिरीज नं.- 1256, 1912, पृ. 351-52

वाराणसी जाह्नवीभ्यां संगमे लोक विष्युते।

34. लक्ष्मीधर, कृत्यकल्पतरु (तीर्थ विवेचना कांड), गायकवाड़ ओरिएण्टल सीरीज, बड़ौदा, 1942, पृ. 39
35. जर्नल ऑफ रायल एशियाटिक सोसायटी ऑफ ग्रेट ब्रिटेन एण्ड आयरलैण्ड लंदन, 1896, पृ. 787-788

    –जर्नल ऑफ द एशियाटिक सोसायटी ऑफ बंगाल, कलकत्ता-56, प्लेट-I, पृ. 106-13
36. मोतीचन्द्र, काशी का इतिहास, विश्वविद्यालय प्रकाशन, वाराणसी, 1965 (द्वितीय संस्करण,) पृ. 14

अध्याय – 3

वारुणेय क्षेत्र का अध्ययन : विविध आयाम

वारुणेय क्षेत्र के पुरातात्त्विक अध्ययन, समुचित विवेचन एवं विश्लेषण के लिये भौगोलिक एवं ऐतिहासिक पृष्ठभूमि का अध्ययन वांछनीय है, क्योंकि मानव प्रकृति से पूर्णतः आबद्ध है, उसके सारे क्रिया-कलाप प्राकृतिक वातावरण के विभिन्न अवयवों पर निर्भर हैं तथा ये अवयव किसी भी क्षेत्र विशेष के ऐतिहासिक पृष्ठभूमि के निर्माण में महत्त्वपूर्ण भूमिका निभाते हैं। वस्तुतः इतिहास एवं पुरातत्त्व का भौगोलिक सम्मिलन किसी भी क्षेत्र विशेष के अध्ययन का आधार बिन्दु है। अतः प्रस्तुत अध्याय में तीनों बिन्दुओं का अध्ययन कर इन्हें यथोचित स्थान दिया गया है। प्रस्तुत अध्याय में विषय क्षेत्र की भौगोलिक, ऐतिहासिक एवं पुरातात्त्विक पृष्ठभूमि तैयार की गयी है। प्रथम खण्ड भौगोलिक, द्वितीय खण्ड ऐतिहासिक एवं तृतीय खण्ड पुरातात्त्विक पृष्ठभूमि का है। ऐतिहासिक दृष्टि से काशी क्षेत्र से वरुणा नदी क्षेत्र को अलग करके देखना संभव नहीं हो सका है। काशी क्षेत्र में वरुणा एवं गंगा दोनों ही महत्त्वपूर्ण जल धाराएँ हैं, अतः इनका मिला-जुला स्वरूप ही यहाँ प्रस्तुत है।

वारुणेय क्षेत्र : भौगोलिक पृष्ठभूमि

मानव सभ्यता के विकास में किसी भी क्षेत्र विशेष की भौगोलिक स्थिति की बहुत ही महत्त्वपूर्ण भूमिका होती है। मनुष्य के क्रिया-कलाप, आहार-विहार एवं रहन-सहन पर पर्यावरण का प्रभाव स्पष्ट रूप से परिलक्षित होता है। वारुणेय क्षेत्र के भौगोलिक अध्ययन के विशिष्ट संदर्भ में ऐसे तथ्यों का विवेचन किया गया है, जिसके प्रारम्भिक विश्लेषण से इस क्षेत्र की पृष्ठभूमि निर्मित हो जाती है। इनमें सीमा एवं विस्तार, उच्चावच, जलवायु, मिट्टी एवं वनस्पतियाँ आदि प्रमुख हैं, जिनका विवरण निम्नलिखित है –

सीमा एवं विस्तार

वरुणा, गंगा की सहायक नदी के रूप में जानी जाती है, जिसका उद्गम इलाहाबाद जिले के फूलपुर तहसील के निकट मैलहन ताल (अक्षांश 25^0 36′ 49″ उत्तर, देशान्तर 82^0 7′ 3′′ पूर्व) है (छायाचित्र - 1, 2)। कुछ स्थलों पर इसे जिंगना अथवा झिंगना ताल के नाम से उल्लिखित किया गया है।[1] यहाँ से निकलकर यह वाराणसी में राजघाट के समीप गंगा में मिल जाती है। इस नदी की पूरी लम्बाई लगभग 128 किमी. है। वरुणा नदी का बहाव सदैव पश्चिम से पूर्व दिशा की ओर बना हुआ है। यद्यपि बीच-बीच में कई वक्र एवं घुमावदार रूप लेने से इसकी प्रवाह दिशा बदल जाती है। चौधरीपुर गाँव में मोरवा के वरुणा नदी में मिलने से पूर्व वरुणा का अत्यधिक घुमाव दिखायी देता है। कोचारी गाँव में संगोनाथ के समीप बसुही नदी उत्तर दिशा की ओर से आकर वरुणा नदी में मिलती है। यहीं से वरुणा नदी का बृहद् रूप उजागर होने लगता है। इससे पहले वो सिर्फ बड़े नाले जैसे ही दिखती है। वरुणा नदी में अनेक छोटे-बड़े नाले मिलते हैं, जिनमें कुछ नाले (बहरीखास, मटुका, अकथा आदि) अत्यधिक महत्त्वपूर्ण प्रतीत होते हैं।

इन नालों के किनारे प्राचीन बस्तियों के प्रमाण मिलते हैं। ऐसी संभावना व्यक्त की जा सकती है कि इनमें से कुछ नाले वरुणा नदी के प्राचीन प्रवाह पथ रहे होंगे। वरुणा की सहायक बसुही एवं मोरवाँ नदियाँ हैं। बसुही नदी का उद्गम मछली शहर तहसील में गड़वारा एवं मुगरा परगनों की सीमाओं पर स्थित करनौली झील है तथा उद्गमकारी मोरवाँ नदी का उद्गमकारी गाँव (संत रविदास नगर) स्थित ताल है।

वरुणा क्षेत्र के अन्तर्गत वाराणसी, संत रविदास नगर (भदोही), जौनपुर एवं इलाहाबाद जिले का भाग सम्मिलित है। वरुणा नदी मुख्यतः काशी जनपद में ही प्रवाहित होती है। हाल ही में अस्तित्व में आया संत रविदास नगर (भदोही) जिला, वाराणसी जिले का ही भू-भाग रहा है। प्राचीन काल में मच्छिकासण्ड नामक स्थल काशी जनपद का ही एक प्रमुख निगम तथा ऋषिपत्तन मृगदाय (सारनाथ) के पश्चात् दूसरा महत्त्वपूर्ण बौद्ध स्थल था,[2] जिसकी पहचान आधुनिक मछली शहर (जौनपुर) से की गयी है।[3] मैलहन ताल का क्षेत्र भी काशी जनपद की सीमा से बहुत दूर नहीं रहा होगा, अतः अध्ययन की सुविधा के लिए तथा अलग साक्ष्यों के अभाव में इसे भी काशी क्षेत्र के अंश के रूप में माना गया है। अतः प्रस्तुत ग्रन्थ इसी क्षेत्र पर केन्द्रित है।

वरुणा क्षेत्र के प्राकृतिक भूगोल के अध्ययन के संदर्भ में यहाँ की जलवायु, वन, उद्यान, नदियाँ एवं मिट्टी आदि उल्लेखनीय हैं। यद्यपि प्राकृतिक संरचना में भी समय-समय पर परिवर्तन होते रहते हैं। प्राकृतिक भूगोल के कतिपय अवयवों के लिये

यद्यपि प्राचीन भारतीय साहित्य से कोई विशेष सूचना नहीं प्राप्त होती है, तथापि भौमिकी एवं भौगोलिक अध्ययनों में इस विषय पर कुछ प्रकाश डाला है। प्राकृतिक वनस्पतियों के विवरण हमें मूलतः बौद्ध, जैन, पुराणों एवं निबन्ध ग्रन्थों से प्राप्त होते हैं। मिट्टी एवं जलवायु के सम्बन्ध में स्पष्ट साहित्यिक विवरण प्राप्त नहीं होता है, किन्तु प्रकारान्तर में उनका विवरण प्रस्तुत किया गया है।

जलवायु

किसी भी क्षेत्र की जलवायु उसकी भौगोलिक स्थिति और प्राकृतिक बनावट पर निर्भर करती है। भूमध्य रेखा से दूर उत्तरी कटिबन्ध में स्थित होने के कारण वरुणा क्षेत्र (वाराणसी) की जलवायु समशीतोष्ण है। यहाँ की जलवायु शीत ऋतु में ठण्डी एवं ग्रीष्म ऋतु में बहुत गर्म रहती है।[4] ग्रीष्म ऋतु में यह तापमान 47^0 सेन्टीग्रेड तक (116. 6^0 फा.) हो जाता है।[5] विभिन्न ऋतुओं में यहाँ की जलवायु स्थिति के अनुसार परिवर्तित होती रहती है।

वैज्ञानिक विश्लेषण इस बात की पुष्टि करते हैं कि गंगा घाटी में कम से कम पिछले दस हजार वर्षों में जलवायु में कोई विशेष परिवर्तन नहीं हुआ। अतः वारुणेय क्षेत्र की जलवायु भी पिछली सदियों में आज के ही समान रही होगी। काशी की जलवायु संबन्धी विवरण मुख्यतया चीनी यात्री युवानच्वांग की यात्रा विवरण में प्राप्त होती है। उसने यहाँ की जलवायु समशीतोष्ण बतायी हैं, जहाँ गर्मी एवं शीत का समान प्रभाव होता है।[6] वाराणसी के जलवायु के संबन्ध में प्रत्यक्ष विवरण अन्यत्र दृष्टिगत नहीं होता है। प्रकारान्तर से उनकी जलवायु सम्बन्धी विवरणों का ज्ञान प्राप्त किया जा सकता हैं। यहाँ की जलवायु में अद्यावधि कोई परिवर्तन परिलक्षित नहीं होता है।

पालि, त्रिपिटकों, जैन साहित्य एवं बौद्ध संस्कृत साहित्य में ऋतु संबन्धी कतिपय विवरण वारुणेय क्षेत्र (वाराणसी) के संदर्भ में प्राप्त होता है। बौद्ध ग्रन्थ महावग्ग[7] मे तीन ऋतुओं ग्रीष्म, वर्षा एवं शरद का वर्णन मिलता है। जैन ग्रन्थ आचारांग सूत्र[8] में भी ऋतुओं का वर्णन मिलता हैं। साहित्य में मुख्यतया चार ऋतुओं का वर्णन मिलता है - ग्रीष्म, वर्षा, शरद एवं बसन्त ऋतु।

वर्षा ऋतु

जातकों में अनेकशः वर्षा सम्बन्धी प्रमाण प्राप्त होते हैं। अलीनचित्त जातक[9] एवं मृदुपाणि जातक[10] में घनघोर वर्षा का उल्लेख मिलता है। गहपति जातक[11] में वृष्टि का

उल्लेख मिलता है, जिसमें बताया गया है कि वर्षा के कारण जब बीज बह गये तो अकाल पड़ गया था। जैन ग्रन्थ उक्तिव्यक्तिप्रकरण[12] में अनेकशः ऐसे उदाहरण मिलते हैं, जिससे विदित होता है कि इस ऋतु में यहाँ घनघोर वर्षा होती थी। अनेक स्थलों पर मेघों के तीव्र गर्जन एवं वर्षा के कारण भित्ति के गिरने का विवरण प्राप्त होता है। आश्वयक चूर्णि[13] एवं आश्वयक निर्युक्ति[14] से विदित होता है कि धम्मघोष और धम्मयश नामक दो जैन साधु वर्षा ऋतु में वाराणसी आये थे। इससे इस तथ्य का परिज्ञान होता है कि भीषण वर्षा के कारण मार्गावरोध, आवास, भोजन आदि की असुविधा पर दृष्टिपात करते हुये, उस समय लोग वर्षा काल तक एक जगह ही वास करते थे। संभवतः आवागमन स्थगित हो जाता था। भगवान बुद्ध ने अपना प्रथम वर्षावास काशी जनपद के 'ऋषिपत्तन मृगदाय' में धर्मचक्रप्रवर्तन करते हुये किया था। महावग्ग[15] से विदित होता है कि वर्षा ऋतु में वृष्टि अधिक होती थी, फलतः मनुष्य इन चार महीनों में एक स्थान पर रहता था। अनेकशः हम बौद्ध भिक्षुओं को वर्षावास करते हुए पाते हैं।

भीषण वर्षा के कारण उस समय के घने जंगल एवं अन्य प्राकृतिक वनस्पतियों का बाहुल्य था, क्योंकि प्राकृतिक वनस्पतियाँ वर्षा में अधिक योगदान देती हैं, विशेषतः समीपवर्ती भू-भागों में अधिक वर्षा होती है। वर्तमान समय में वाराणसी में सामान्य वर्षा का विवरण तालिका-1 से स्पष्ट होती है।

ग्रीष्म ऋतु

इस ऋतु का उल्लेख जैनग्रन्थ उक्तिव्यक्तिप्रकरण[16] एवं बौद्ध ग्रन्थ महावग्ग[17] में प्राप्त होता है। वाराणसी एवं उसके आस-पास के क्षेत्रों में ग्रीष्म ऋतु में तापमान अधिकतम रहता था। इस ऋतु में अधिक गर्मी के बाद तीव्र गर्म हवायें चलती थी। वर्तमान समय में वाराणसी में अधिकतम, न्यूनतम एवं औसत तापमान तथा आर्द्रता का विवरण तालिका-2 एवं तालिका-3 से स्पष्ट होती है।

शरद ऋतु

काशी जनपद मे शरद ऋतु का विवरण बौद्ध ग्रन्थ दिव्यावदान[18] एवं महावग्ग[19] में प्राप्त होता है। जैन ग्रन्थ उक्तिव्यक्तिप्रकरण[20] में अनेक स्थलों पर वाराणसी के प्रसंग में यहाँ की तत्कालीन ऋतुओं का विवरण मिलता है। साथ ही इस ऋतु में नदियों में पानी भरे रहने का उल्लेख भी है। काक जातक[21] धूप में धान सुखाने का उल्लेख करता है। इससे यह समझना चाहिए कि वह शरद ऋतु ही रहा होगा। इसके साथ ही ठण्डक के कारण कदाचित् सर्दी का भी प्रभाव दृष्टिगत होता है। वर्तमान

परिवेश में इस ऋतु में औसत तापमान 16–18 सेंटीग्रेट (60 से 65 फा. हा.) के मध्य रहता है।[22]

वसन्त ऋतु

बौद्ध संस्कृत साहित्य अवदान शतक[23] में इस ऋतु का स्पष्ट विवेचन उपलब्ध होता है। इस काल में वनस्पतियाँ पुष्पित, पल्लवित हो जाती थी तथा सर्वत्र हरियाली दृष्टिगत होती थी। ऐसा वर्णन मिलता है कि सभी पुष्पों, लताओं, वृक्षों एवं तद्वासी जीव-जन्तुओं में मस्ती एवं खुशहाली का वातावरण रहता था। यह ऋतु सम्प्रति ग्रीष्म के पूर्व आता है। सभी वृक्ष अपने नये पत्ते छोड़कर नयी पंखुड़ियाँ धारण कर पुष्पित एवं फलित होते हैं।

उच्चावच

प्राचीन ग्रन्थों में उच्चावच सम्बन्धी सूचनाएँ प्राप्त नहीं होती हैं। वाराणसी की ऊँचाई समुद्रतल से 76.9 मी. है। राजघाट का मैदान समुद्र के धरातल से 90 मी. ऊँचा है। अपने सीमावर्ती भागों से इसकी अधिकाधिक ऊँचाई 16 मी. तक है। चौका घाट के आस-पास ऊँचाई 79 मी. तथा चौकाघाट के पूर्व-उत्तर में यह ऊँचाई 80 मी. है। वरुणा नदी के उस पार न्यायालय क्षेत्र की ऊँचाई 83 मी. है।

जलाशय

वरुणा क्षेत्र के भौगोलिक स्वरूप के प्रसंग में जलाशयों का महत्त्व उल्लेखनीय है, जिसकी पुष्टि सारनाथ के भौगोगिक स्वरूप के संदर्भ में ग्रन्थों में मिलता है। ह्वेनसांग ने सारनाथ के समीप एक तालाब देखा था, जिसे उसने पुष्करिणी की संज्ञा से अभिहित किया। उसने यह भी कहा कि वर्षा काल में छोटे-छोटे तालाब पानी से भर जाते थे तथा वही नदी का रूप ले लेती थी।[24] सारनाथ से लगभग सौ फीट दूर उत्तर दिशा में एक नाले का आकार दिखाई देता है। वर्षा काल में इस नाले से पानी का बहाव तेज रहता है। यह नाला अकथा ग्राम से दक्षिण दिशा से होते हुए वरुणा नदी की तरफ मुड़ता है।

कनिंघम ने अपने सर्वेक्षण में सारनाथ के तीन तालाबों का विवरण दिया है, इसमें से उन्होंने सारंग ताल को सबसे बड़ा ताल स्वीकार किया है। कनिंघम द्वारा तीन-तालाबों का वर्णन निम्न लिखित है।[25]

नरोखर या सारंगताल

कनिंघम ने नरोखर ताल को ही सारंग ताल कहा है। यह तालाब उत्तर-पूर्व दिशा में एक लम्बे क्षेत्र में फैला था। उस समय इस ताल की लम्बाई तीन हजार फीट तथा चौड़ाई एक हजार फीट थी।[26] इस तालाब के तट पर एक शिव मन्दिर था, जिसे सारंग महादेव कहते थे। संभवतः यह यहाँ का सबसे बड़ा तालाब रहा होगा। बाद में मिट्टी पट जाने से समतल हो गया, पर वर्षा काल में अब भी इसमें पानी भर जाता है।

चन्द्रोकर या चन्द्रताल

यह तालाब सारनाथ के उत्तर में स्थित था। इसे कनिंघम ने चन्द्रोकर ताल कहा है।[27] अब यह सूख गया है और नाम मात्र ही दिखाई पड़ता है। इसके ऊपर आस-पास के ग्रामवासी कृषि करने लगे हैं।

नया ताल

सारनाथ से उत्तर एवं पश्चिम दिशा में यह तालाब लगभग 5000 फीट लम्बा तथा तीन सौ फीट चौड़ा था। बाद में इस तालाब के आसपास ग्राम बस गये, जिनमें घूरहूपुर, खजुरी आदि उल्लेखनीय हैं। कनिंघम ने सारनाथ के जंगलों के आस-पास छोटे-छोटे तालाबों का भी उल्लेख किया है। कनिंघम के समय इन तालाबों के होने से इनकार नहीं किया जा सकता। पर इनके पूर्व केवल ह्वेनसांग के ही उल्लेख से इस क्षेत्र में एक ताल के होने का अनुमान होता है। संभवतः यह ताल प्राकृतिक ही रहे होंगे और यह असंभव नहीं कि ये बुद्ध के समय में ही यहाँ उपस्थित रहे होंगे।

मिट्टी

वारुणेय क्षेत्र के समीपवर्ती भागों की मिट्टी के प्रकार तथा उपजाऊपन के संबंध में उल्लेख प्राप्त नहीं होता, इस विषय में केवल अनुमान ही किया जा सकता है। यह अनुमान यहाँ पैदा होने वाले फसलों आदि के आधार पर किया जा सकता है। तुण्डिल जातक[28] में वाराणसी एवं आस-पास के क्षेत्रों में कपास के खेतों का वर्णन मिलता है। गहपति जातक[29] एवं सहीचम्म जातक[30] में धान पैदा होने का विवरण प्राप्त होता है। महावस्तु[31] एवं धम्मपद्द अट्ठकथा[32] में गन्ने की खेती का विवरण प्राप्त होता है।

यह विदित है कि कपास के लिये काली मिट्टी, धान के लिये मटियार एवं गन्ने के लिये मुख्यतया दोमट मिट्टी अपेक्षित होती है। अतः जनपद के विभिन्न भागों में इस

प्रकार की मिट्टी पायी जानी चाहिये। यत्किञ्चिद् परिवर्तन के साथ सम्प्रति वाराणसी जनपद के विभिन्न भागों में इस प्रकार की मिट्टियाँ पायी जाती हैं।

वारुणेय क्षेत्र की वर्तमान मिट्टी को तीन वर्गों में वर्गीकृत कर सकते हैं:[33] (i) दूम-चिकनी मिट्टी एवं बालू का मिश्रण, (ii) भूर या बलुआ (रेतीली) तथा (iii) मटियार।

वारुणेय क्षेत्र, मध्य गंगा घाटी में अवस्थित है, इसलिए इसके भूगर्भिक स्तरों में मिट्टी के अतिरिक्त और कुछ उपलब्ध नहीं होता है, कारण कि सम्पूर्ण क्षेत्र में पहाड़ियों का पूर्णतया अभाव है। प्राकृतिक बनावट की दृष्टि से इस क्षेत्र को दो वर्गों में वर्गीकृत किया जा सकता है– उपवार और तरी। सतह की ऊँचाई-निचाई का प्रभाव सतह की बनावट पर काफी पड़ा है। वरुणा क्षेत्र (काशी जनपद) के पश्चिमी भाग की समतल जमीन अच्छी है। जल विभाजकों के पास यह मूर सवई कहलाती है, बाद में यह मूर अर्थात् बलूई (रेतीली) हो जाती है। जनपद (काशी) की निचली जमीन मटियार कहलाती है, और उसमें झीलों तथा तालाबों की सिंचाई से धान अधिक होता है।[34] वस्तुतः इस सम्पूर्ण भूमिखण्ड का निर्माण नदियों द्वारा बाढ़ से प्रतिवर्ष लायी गयी मिट्टी (Alluvial Soil) द्वारा हुआ है, जिनमें बालू, चिकनी मिट्टी तथा जैव मलवे के अनेक स्तर हैं।

वनस्पतियाँ

मानव जीवन की समस्त आर्थिक एवं सामाजिक आवश्यकताएँ प्राकृतिक वनस्पतियों से प्रभावित होती है। प्राचीन साहित्य के अनुशीलन से विदित होता है कि पुरातन काल में छिट-पुट आवासीय क्षेत्रों को छोड़कर अधिकांश भू-भाग सघन वनों एवं सुरम्य उद्यानों से आच्छादित था। प्राचीन काशी जनपद एवं उसकी राजधानी वाराणसी भी इस सुयोग से वंचित नहीं थी। बौद्ध साहित्य, जैन साहित्य एवं पुराणों के विपुल साक्ष्य यह दर्शाते हैं कि प्राचीन काल में काशी जनपद एवं वाराणसी का विस्तृत भू-भाग सघन जंगलों एवं रमणीक उद्यानों से भरा-पुरा था, जिन भागों में आज घनी बस्तियाँ हैं, गहड़वाल युग तक वहाँ सघन वन थे। क्रमशः सभ्यता एवं तकनीकी विकास तथा बढ़ती आबादी के कारण उन्हें काट-काटकर बस्तियाँ बनती गयीं। परिणामतः आज हम उन स्थानों पर वनरहित आबादी आदि का विकास पाते हैं।

यहाँ तक कि वाराणसी नगर में भी केवल उत्तर-पूर्व अर्थात् वर्तमान राजघाट के क्षेत्र को छोड़कर सर्वत्र वनों का प्रमाण हमें पुराणों एवं इतर ग्रन्थों में मिलता है। कृत्यकल्पतरु[35] में वाराणसी के लिए 'उद्यान' एवं अन्यत्र 'आनन्द कानन' शब्द का प्रयोग हुआ है।

इस क्षेत्र की वनस्पतियों में आम, जामुन, शीशम, नीम, बेर, महुआ, पीपल, बाँस इत्यादि प्रमुख वृक्ष हैं। प्राचीन काल में काशी जनपद में निम्नलिखित वनों एवं उद्यानों का विवरण साहित्यिक साक्ष्यों में मिलता है, जिसका विश्लेषण एवं विवेचना ध्यातव्य है–

मृगदाव वन

सारनाथ को 'इसिपतन मिगदाय' भी कहा गया है। जहाँ बुद्ध ने 'धम्मचक्क पवत्तन सुत्त' का उपदेश दिया और पंचवर्गीय भिक्षुओं को त्रिरत्न शरणागति की प्राप्ति हुई। बुद्ध काल में यहाँ घना जंगल था, जिसमें मृगों का प्राधान्य था।[36] यह काशी जनपद में पड़ता था एवं वाराणसी से कुछ ही दूर उत्तर-पूर्व में स्थित था। महावस्तु अवदान[37] में इसे 'महावन खण्ड' कहा गया है एवं इसकी दूरी वाराणसी से अर्द्धयोजन बताई गई है। चीनी यात्री फाहियान[38] एवं ह्वेनसांग[39] ने भी मृगदाव वन का उल्लेख किया है।

मिगाचिर वन (मृगाचिर)

महाकपि जातक[40] में इस वन का उल्लेख मिलता है। इस जातक में कहा गया है कि काशी राष्ट्र की वृद्धि करने वाला वाराणसी में एक राजा था। वह मित्रों तथा अमात्यों सहित मृगाचिर नामक वन में गया। शब्द से स्पष्ट होता है कि इस जंगल में मृगों का बाहुल्य था, जिसके शिकार के लिये लोग जाया करते थे।

अंबसाल वन

जैन ग्रन्थ निर्यावलियाओं[41] में उल्लिखित है कि अंबसाल में जैन तीर्थंकर पार्श्वनाथ ने निवास किया था। इस ग्रन्थ में वन के साथ-साथ चैत्य का भी वर्णन मिलता है।

खेमियम्ब वन

बौद्ध साहित्य मज्झिमनिकाय[42] के छोटमुखसुत्त में इस वन का उल्लेख मिलता है। यह भी काशी जनपद में ही कहीं पर स्थित था।

महाश्मशान वन

बौद्ध जातकों में महाश्मशान वन का उल्लेख मिलता है। यह वाराणसी नगर के समीप ही स्थित था। काक जातक[43], सिगाल जातक[44] एवं पुचिमन्द जातक[45] में इसका विवरण मिलता है। महाश्मशान का उल्लेख पुराणों में भी मिलता है, किन्तु यहाँ वन के रूप में भिज्ञ नहीं है। एक क्षेत्र विशेष के रूप में जहाँ शव अन्त्येष्टि की जाती है, के रूप में वर्णित है।

अम्बाटक वन

बौद्ध त्रिपिटकों एवं अट्ठकथाओं में काशी ज़नपद के अम्बाटक वन के उल्लेख मिलते हैं। संयुक्त निकाय[46] के संयोजन सूत्त में भिक्षुओं को इस वन में विहार करते पाते हैं। यह मच्छिकासण्ड (आधुनिक मछलीशहर, जौनपुर) के समीप स्थित था।

काम महावन

जैन ग्रन्थ अन्तगडदसाओ[47] में इस वन का विवरण मिलता है। इसकी भी स्थिति वाराणसी नगर में ही थी। इस वन में भी एक चैत्य था।

महसेण वन

जैन ग्रन्थ विशेषावश्यक भाष्य[48] में इस वन का उल्लेख मिलता है, यह काशी जनपद में स्थित था।

जातकों एवं अट्ठकथाओं में वाराणसी से सम्बन्धित वनों के अनेक विवरण दृष्टिगत होते हैं, किन्तु उन वनों का नामोल्लेख नहीं मिलता है। सतनुजातक[49] एवं धम्मपद्दठकथा[50] में घने वनों का विवरण मिलता है। उक्तिव्यक्ति प्रकरण[51] में अनेकशः आखटेक वनों का उल्लेख मिलता है, जिनमें जीव-जन्तु निवास करते थे एवं कदाचित् लोगों को त्रस्त भी करते थे। समुद्रवणिज जातक[52] एवं बड्ढकी सूकर जातक में[53] प्राप्त बढ़ईगिरी के विवरण से हम यह निष्कर्ष निकाल सकते हैं कि इन वनों में इमारती लकड़ियाँ भी प्राप्त होती थीं। तक्कारिय[54] एवं कौसिय जातक[55] में वनों के उल्लेख के अतिरिक्त प्राकृतिक वनस्पतियों में बाँस के झुण्डों का भी उल्लेख मिलता है, जिससे यह विदित होता है कि बाँस के झुण्ड भी पर्याप्त मात्रा में नगर के चतुर्दिक थे। अलीनचित जातक[56] में वाराणसी नगर के पत्तन पर एक सघन झाड़ी का उल्लेख मिलता है। ध्यातव्य है कि नगर के चतुर्दिक वनों के अतिरिक्त झाड़ियाँ भी थीं।

उद्यान

बौद्ध, जैन एवं पुराणों में वाराणसी के वनों के अतिरिक्त उद्यानों का विवरण भी मिलता है किन्तु ध्यातव्य है कि जैन ग्रन्थों एवं पुराणों में वर्णित उद्यानों का नामोल्लेख नहीं है। कृत्यकल्पतरु[57] में यद्यपि आनन्द कानन का प्रयोग नहीं मिलता, परन्तु वाराणसी के लिये 'उद्यान' शब्द का प्रयोग हुआ है। मत्स्यपुराण[58] तथा लिंगपुराण[59] में यह उल्लेख है कि भगवान शंकर जब काशी में आये तक पार्वती जी को अपना उद्यान तथा उपवन दिखाया।

अश्वघोष ने वाराणसी के 'शंखमेधीय उद्यान' का वर्णन किया है।[60] पउमचरियम[61] में काशी नगरी के 'सुस्थित' नामक उद्यान का वर्णन मिलता है।

उत्तराध्ययन सूत्त में वाराणसी के बाहर एक मनोहर उद्यान का वर्णन मिलता है[62] इसी प्रकार उक्तिव्यक्तिप्रकरण में भी अनेकशः उद्यानों का उल्लेख मिलता है।[63]

उपरोक्त उद्धरणों से यह विदित होता है कि प्राचीन काल में काशी विशेष रूप से वाराणसी नगर एवं उसके चतुर्दिक सुरम्य, मनोहर, उद्यानों की एक सुन्दर गुम्फित लड़ी थी, जो सम्प्रति अदृश्य है। प्रकृति की सजीवता के साथ-साथ इन उपवनों एवं वनों में कृत्रिमता की पराकाष्ठा भी दृष्टिगत होती है। अतएव पुराणों का आनन्द कानन उपनाम यथार्थ प्रतीत होता है।

जीव जन्तु

वारुणेय क्षेत्र में उपवन के शोभावर्धक पक्षियों एवं जीव-जन्तुओं का विवरण मत्स्य[64] एवं लिंगपुराण[65] में द्रष्टव्य होता है, जिनमें सारस, पपीहा, जलकाक, चक्रवाक, कलहंस, हारीतपक्षी, सिंह, मृग, हाथी, मयूर, कबूतर आदि प्रमुख हैं। गुरैनी (Guraini) एवं प्रह्लादपुर (वाराणसी जिला अब चंदौली) से स्टेगोडान मोलर का प्रमाण मिला है, जो हाथी के प्राचीनतम प्रजाति से सम्बन्धित है।[66] यह प्रजाति प्रातिनूतन काल से संबंधित है। राजघाट के उत्खनन से पशुओं के हड्डियों के रासायनिक विश्लेषण से निम्नलिखित पशु प्रजातियों का पता चला[67] (दृष्टव्य- तालिका 4)। अनुमानतः है कि आज भी वही जीव-जन्तु पाये जाते हैं, जो प्राचीन काल में पाये जाते होंगे, क्योकि पिछले 3-4 हजार वर्षों में जलवायु परिवर्तन जो प्राणि जगत को प्रभावित करने वाले हों नहीं प्रकाश में आए हैं।

कहा जाता है कि भूगोल इतिहास का आधार है। अतः भौगोलिक पृष्ठभूमि के पश्चात् अध्येय क्षेत्र की ऐतिहासिक पृष्ठभूमि का अध्ययन अपेक्षित है।

वारुणेय क्षेत्र : ऐतिहासिक पृष्ठभूमि

वारुणेय क्षेत्र को काशी के इतिहास से पृथक् कर देख पाना सम्भव नहीं है, अतः प्रस्तुत अध्याय में काशी से सम्बन्धित सामग्री, जो विभिन्न स्रोतों से प्राप्त हो सके उसका उपयोग किया गया है। ब्राह्मण, बौद्ध एवं जैन साहित्य से उपलब्ध साक्ष्यों के अतिरिक्त प्रचलित किंवदन्तियों, लोक-धर्म की मान्यताओं का भी आदर करते हुए उन्हें यथास्थान समाहित किया गया है।

वारुणेय क्षेत्र विशेषतः वाराणसी जिले में अभी तक कोई भी प्राक् ऐतिहासिक पुरास्थल की खुदाई नहीं हुयी है। इस क्षेत्र के पुरातात्त्विक खोजों में सारनाथ, राजघाट, कमौली, सराय मोहाना एवं अकथा जैसे पुरास्थल प्रकाश में आये हैं, जिनकी प्राचीनतम तिथि प्रथम सहस्राब्दी ईसापूर्व के आसपास है। इन पुरास्थलों का अध्ययन इस क्षेत्र के इतिहास की पुनर्रचना में सहायक तो है, लेकिन बुद्ध के पूर्व इस क्षेत्र के इतिहास में साहित्यिक स्रोतों का अभाव सा है। कुछ महत्त्वपूर्ण ग्रन्थ, जिनमें अथर्ववेद के पिप्पलाद शाखा[68], शतपथ ब्राह्मण[69], बृहदारण्यक[70], शांखायन श्रौतसूत्र[71] एवं बौधायन श्रौतसूत्र[72] में काशी का उल्लेख मिलता है, जिससे यह प्रतीत होता है कि उत्तरवैदिक काल (अथर्ववेद) तक काशी भारत के महत्त्वपूर्ण नगर के रूप में प्रतिष्ठित हो चुका था, जो आर्यों के मत को शनैः-शनैः आत्मसात कर रहा था। साथ ही यहाँ के निवासियों के प्रबल विरोध का उल्लेख मनुस्मृति (300 ई.पू.) में देखने को मिलता है, जिसमें वाराणसी को मध्य देश के बाहर बतलाया गया है, जो उस समय वैदिक धर्म का केन्द्र था।[73] पुराणों में भी वाराणसी को महत्त्वपूर्ण अनार्य केन्द्र के रूप में बतलाया गया है, जिसमें महादेव (प्रारम्भ में अनार्य देवता ?) को वाराणसी का आश्रयदाता कहा गया। बाद में आर्यों ने सभी देवी-देवताओं के साथ-साथ शिव मन्दिर का निर्माण भी किया। शिव पूजा अनार्यों में बहुत लोकप्रिय था। कदाचित् आर्यों ने भी इसको अपनाया।[74] इसमें संदेह है कि वैदिक लोगों द्वारा काशी के प्रति श्रद्धा थी। इनमें से कुछ शासकों की दार्शनिक रुचि का उल्लेख उपनिषदों में मिलता है।[75]

वारुणेय क्षेत्र का प्रारम्भिक राजनैतिक इतिहास बड़ा ही जटिल है। इसका मुख्य स्रोत महाकाव्य (विशेषतः महाभारत), पुराण, प्रारम्भिक जैन, बौद्ध तथा संस्कृत ग्रन्थ हैं। भारतीय साहित्यिक स्रोतों के आधार पर काशी के प्रारम्भिक इतिहास पर कुछ प्रकाश डाला जा सकता है। पारम्परिक इतिहास के आधार पर वाराणसी पर शासन करने वाला प्राचीनतम राजवंश अयु का पुत्र क्षत्रवृद्ध था[76] इसी क्रम में सातवाँ राजा काश या काश्या (सुनहोत्र का पुत्र) के नाम पर ही इस क्षेत्र का नाम काशी पड़ा।[77] वह एक प्रभावशाली राजा था। कुछ पीढ़ी के बाद धन्वंतरि नामक राजा हुआ, जिसे वायु पुराण में आयुर्वेद का जनक बतलाया गया है।[78] धन्वंतरि के बाद केतुमंत-प्रथम एवं भीमरथ का

नाम एक-दूसरे के बाद आता है। अगला महत्त्वपूर्ण राजा दिवोदास-प्रथम था, जिसके काल में राज्य विस्तार के लिये चेदि के हैहयों के साथ युद्ध हुआ, जिसमें हैहयों का राजा भद्रसेन अपने सभी पुत्रों के साथ मारा गया, लेकिन उसका सबसे छोटा पुत्र दुर्दम अपने बाल्यावस्था के कारण बच गया।[79]

दिवोदास के उत्तराधिकारी अष्टरथ के समय युद्ध शान्त रहा, लेकिन हर्यश्व के समय युद्ध की पृष्ठभूमि पुनः बनी। हैहय नरेश दुर्दम ने अपनी स्थिति में सुधार कर वाराणसी की ओर प्रस्थान किया। गंगा-यमुना दोआब में दोनों तरफ की सेनायें आमने-सामने आयीं, भयंकर युद्ध में हर्यश्व पराजित हुआ और मारा गया। उसके उत्तराधिकारी पुत्र सुदेव की भी यही गति हुई। इस विजय से उत्साहित होकर हैहयों ने कौशाम्बी के निकट छावनी बनायी, जिससे वाराणसी के शासकों को बराबर प्रताड़ित किया जा सके।[80] सुदेव के पुत्र दिवादोस-द्वितीय ने इस कारण अपनी राजधानी को त्यागकर गंगा-गोमती के संगम पर नयी राजधानी बनायी।[81] सम्भवतः आज का मार्कण्डेय महादेव के निकट का स्थल वहीं रहा होगा। इसके बावजूद स्थिति में सुधार नहीं हुआ, हैहयों ने पीछा जारी रखा और दिवोदास-द्वितीय की सेना को कुचल दिया। इसी समय वाराणसी को क्षेमक (जंगली जनजाति) ने हथिया लिया, जिससे यह प्रतीत होता है कि युद्ध की विभीषिका ने जनपद को तहस-नहस कर दिया। हैहय नरेश दुर्दम द्वारा जंगली जनजातियों से पुनः इस नगर का उद्धार हुआ।[82] दिवोदास-द्वितीय के उत्तराधिकारी प्रतर्दन ने हैहय नरेश वीतहव्य को पराजित किया। पुराणों में प्रतर्दन के बाद लगभग एक दर्जन शासकों के नाम आते हैं, लेकिन उनसे संबंधित एक भी घटना का उल्लेख नहीं मिलता है।[83]

प्रतर्दन के पुत्र वत्स ने कौशाम्बी में वत्स राज्य की नींव डाली तथा उसके ज्येष्ठ पुत्र अलर्क ने राक्षसों (जंगली जनजाति) को वाराणसी से बाहर किया, किन्तु धार्मिक प्रवृत्ति के कारण उसने अपने भाई को राज्य सौंप दिया। 12 या 15 राजाओं के बाद वंश का अन्त हो गया।[84] कुछ विद्वानों के अनुसार काशी के ये प्रारम्भिक नरेश अनार्यों से संबंधित थे।[85]

महाभारत काल में काशी, मगध नरेश जरासंध का आधिपत्य में रहा। काशीराज की पुत्री का विवाह कौरव राजकुमार विचित्रवीर्य से हुआ था, जो भीष्म का सौतेला भाई तथा पाण्डवों का दादा था।[86] महाभारत युद्ध के समय काशी का राजा वीर्यवान था, जिसने युद्ध में कौरवों के विरुद्ध पाण्डवों का साथ दिया। इससे यह ज्ञात होता है कि काशीराज ने मगध से अपना संबंध- विच्छेद महाभारत युद्ध के दौरान कर लिया था।[87] महाभारत युद्ध काल से ईसा पूर्व सातवीं शताब्दी तक मगध में शैशुनाग वंश का

आधिपत्य था। इस युग के पालि वाङ्मय से प्रकट होता है कि बुद्ध के जन्म के कुछ शताब्दी पहले काशी पर ब्रह्मदत्त वंश का राज्य था।[88]

जातकों में ब्रह्मदत्त एवं उसके उत्तराधिकारियों के नामों का उल्लेख मिलता है। ऐसा संभवतः उनके पारिवारिक नामकरण के कारण लिया गया हो।[89] मत्स्य पुराण के अनुसार इस राजवंश के सौ राजाओं द्वारा वाराणसी में शासन किया गया। इनमें से एक से ज्यादा राजाओं ने चक्रवर्ती उपाधि धारण की।[90] वृहक्षत्त जातक के अनुसार काशीराज ने कोसलराज पर आक्रमण कर उसकी राजधानी श्रावस्ती को अपने अधीन कर लिया।[91] सोमनन्दा जातक के अनुसार काशी के मनोज राजा ने कोशल, अंग एवं मगध राज्य को अपने अधीन कर लिया था। कमानिया जातक वाराणसी के एक ऐसे शासक त उल्लेख करता है, जो इन्द्रप्रस्थ, उत्तर पांचाल एवं केक्काक को अपने अधीन क . को इच्छुक था। अशाका जातक में विन्ध्य क्षेत्र के अश्मक ने भी वाराणसी की अधीनता स्वीकार कर लिया था। धोमशाखा जातक में वाराणसी की सेना द्वारा भारत के सौ राजाओं को जीता हुआ बतलाया है।

जैन साहित्य में काशी के राजा अश्वसेन का उल्लेख है, जो तीर्थंकर पार्श्वनाथ के पिता के रूप में जाने जाते हैं।[92] यहाँ यह उल्लेखनीय है कि जैन परम्परा में अन्तिम चक्रवर्ती राजा ब्रह्मा का पुत्र ब्रह्मदत्त था, जो महाभारत के पटापेक्ष एवं पार्श्व के जन्म के मध्य वाराणसी से संबंधित थे।[93] जरासंध, विश्वसेन, धनंजय, जनक, दल्हधम्म, मालातिया एवं एक सूरी नामक वाराणसी राजाओं का उल्लेख जातकों में मिलता है। इनमें विश्वसेन एवं भालातिया का उल्लेख पुराणों में भी मिलता है।[94]

सातवीं-आठवीं शताब्दी ईसापूर्व में काशी के राजाओं द्वारा पड़ोसी राज्य कोशल पर शासन किया जाता था। पहले के साहित्यों में दोनों राज्यों को जोड़कर काशी-कोशल कहा जाता था, लेकिन छठी शताब्दी ईसापूर्व के अन्तिम शताब्दियों में काशी राज्य, कोशल युद्ध में पूरी तरह धराशायी हो गया और उसका एक प्रान्त बनकर रह गया तथा एक समय काशी, कोशल एवं मगध के बीच नियन्त्रित होने लगा। इसका श्रेय कोसलराज कंस को है, क्योंकि उन्हें वाराणसिग्गहो अर्थात् वाराणसी का विजेता कहा गया है।[95]

एक ऐसा समय भी आया जब वाराणसी ने सांस्कृतिक इतिहास में एक नया आयाम प्राप्त किया। भगवान बुद्ध ने अपना प्रथम धर्मोपदेश सारनाथ (ऋषिपत्तन) में दिया, जो उस समय अपनी धार्मिक क्रिया-कलापों के कारण महत्त्वपूर्ण केन्द्र के रूप में विकसित था।[96]

छठी शताब्दी ईसा पूर्व के तीसरे चरण में कोशल नरेश महाकोशल ने अपनी पुत्री महाकोशला अथवा कोशलादेवी का विवाह मगध नरेश बिम्बसार से किया। इसमें उन्होंने वाराणसी के एक लाख की वार्षिक आय वाले गाँव दहेज में दिया। बौद्ध परम्परा के अनुसार 50 वर्षों तक राज्य करने के बाद बिम्बसार की हत्या उसके पुत्र अजातशत्रु द्वारा कर दी गयी, जिसके कारण उसकी पत्नी कोशलादेवी की भी दुःख से मृत्यु हो गयी। महाकोशल के पुत्र एवं उत्तराधिकारी प्रसेनजीत ने अजातशत्रु के विरुद्ध युद्ध छेड़ दिया तथा काशी पर पुनः अधिकार कर लिया। संयुक्त निकाय में इस दीर्घकालीन संघर्ष का विवरण मिलता है। पहले तीन लड़ाइयों में प्रसेनजीत पराजित हुआ तथा उसने भाग कर श्रावस्ती में शरण ली, किन्तु चौथी लड़ाई में विजय प्रसेनजीत के हाथ लगी और उसने काशी ग्राम जीत लिया। बाद में दोनों नरेशों के बीच सन्धि हो गयी तथा प्रसेनजीत ने अपनी पुत्री वाजिरा का विवाह अजातशत्रु से कर दिया तथा पुनः काशी ग्राम के ऊपर उसका अधिकार स्वीकार कर लिया।[97]

ऐसा प्रतीत होता है कि अजातशत्रु के समय में काशी का प्रान्त अन्तिम रूप से मगध में मिला लिया गया। इसका मुख्य कारण मगध में नाग वंश (हर्यंक) का उदय माना जाता है तथा वाराणसी को एक बार फिर महत्त्वपूर्ण राजनैतिक स्थान प्राप्त हो गया। जब बिम्बसार कुल का अन्तिम राजा अयोग्य साबित हो गया तो मगध के उच्च अधिकारियों ने शिशुनाथ को आमन्त्रित किया, जो उस समय काशी का गवर्नर था। वह मगध की गद्दी पर बैठा। उसने काशी एवं मगध को संयुक्त कर अपने पुत्र को वहाँ का राज्यपाल बनाया तथा उत्तर भारत के बहुत बड़े भाग पर शासन किया।[98] नन्दों के विस्तार ने शैशुनाग को पीछे छोड़ दिया तथा काशी राज्य उनका एक हिस्सा बन गया। आगे मौर्यों ने इस पर शासन किया तथा इस कुल को तीसरे शासक अशोक के समय काशी ने अपने सर्वोच्च प्रसिद्धि को प्राप्त किया।[99]

ब्राह्मण शासक शुंग एवं कण्वों ने मौर्यों के बाद क्रमशः काशी पर राज्य किया। लेकिन इन काल-खण्डों की कोई महत्त्वपूर्ण जानकारी प्राप्त नहीं होती। राजघाट की खुदाई से प्राप्त स्थापत्य संबंधित अवशेष इस काल का बोध कराती है।[100] कण्वों (लगभग 27 ई.पू.) के पतन के बाद काशी को कौशाम्बी के वत्सों द्वारा ग्रहित कर लिया गया, जैसा कि सारनाथ के अशोक स्तम्भ से विदित होता है, जिस पर अश्वघोष का नाम मिलता है। इसके सिक्के कौशाम्बी राज्य के शासकों के सिक्कों से मिलते हैं।[101] पहली शताब्दी ई. के समय का इतिहास विशेष ज्ञात नहीं है।

पहली शताब्दी के अन्तिम चरण में कुषाणों ने उत्तर भारत में स्थायी राज्य स्थापित कर लिया था। सारनाथ से प्राप्त दो अभिलेखों से यह ज्ञात होता है कि वाराणसी कनिष्क के तीन वर्ष पहले ही कुषाणों के अधीन हो गया था। महाक्षत्रप

खरपल्लान और क्षत्रप वैनस्पर (दोनों विदेशी) की नियुक्ति अधिकारी के रूप में हुयी थी, जो नगर एवं काशी प्रान्त की देखरेख करते थे।[102]

तीसरी शताब्दी ईस्वी के प्रारम्भ में कुषाण शासकों का वाराणसी में अन्त हो गया। यह संभवतः पहले से दबाये गये नाग शक्ति के अभ्युदय के कारण हुआ हो। इनकी ही एक शाखा भारशिव के नाम से जानी जाती है, जिसका केन्द्र कान्तिपुरी (वर्तमान में मिर्जापुर का कान्ती) में था। इन्हीं भारशिव नागों ने इस क्षेत्र को जीतकर अपने अधिकार में कर लिया।[103] भारशिव नागों ने 10 अश्वमेध यज्ञ गंगा के किनारे पूरा किया।[104] वर्तमान में यह स्थान दशाश्वमेध घाट है।[105]

लगभग दो शताब्दियों (325 ईस्वी से 535 ईस्वी) तक वाराणसी गुप्तों के अधीन रहा। महान विजेता समुद्रगुप्त ने अश्वमेध यज्ञ का प्रचलन संभवतः भारशिवों से लिया था। उसके पुत्र एवं उत्तराधिकारी चन्द्रगुप्त विक्रमादित्य ने भारशिवनाग की राजकुमारी कुबेरनागा से विवाह किया था, लेकिन भारशिव जो शैव थे, गुप्त वैष्णव होने के कारण वाराणसी जो शैव संस्कृति का केन्द्र था, उतनी ख्याति अपने ऐतिहासिक या अभिलेखों में नहीं पा सका। वाराणसी में ब्राह्मण, बौद्ध एवं जैन धर्मों से संबंधित गुप्तकालीन मूर्तियाँ गुप्त शासकों के धर्मसहिष्णु होने का प्रमाण व्यक्त करती है। साथ ही राजघाट से प्राप्त गुप्तकालीन मुद्राएँ इस बात का स्पष्ट प्रमाण है कि गुप्तकाल में वाराणसी वाणिज्य, व्यापार एवं शिक्षा का एक प्रमुख केन्द्र था।[106]

छठी शताब्दी ईस्वी के चौथे चरण में मालवा के यशोधर्मन् ने पूरे उत्तर भारत को अधीन कर लिया तथा काशी भी उसके साम्राज्य के प्रभुत्व से नहीं बचा।[107] इसके बाद वाराणसी कन्नौज के मौखरियों के अधीन आ गया।[108] बाद में मगध के गुप्त वंश ने मौखरियों के अधिकार का विरोध किया और इस वंश के कुमारगुप्त, दामोदरगुप्त और महासेनगुप्त ने यहाँ पर अपना अधिकार जमाया।[109] सातवीं शती के मध्य में काशी प्रत्यक्ष रूप से हर्ष के अधीन था, जिसने 'कान्यकुब्जभुक्ति' की उपाधि धारण की।[110] यद्यपि उसके द्वारा काशी के संदर्भ में किये गये कार्यों का वर्णन नहीं मिलता है, लेकिन उसके दरबारी कवि बाण ने दो राजकीय ताम्रपत्र लेख का उल्लेख किया, जो उसके राज्य ने जारी किया। इसी अवधि में चीनी यात्री ह्वेनसांग ने भारत भ्रमण किया (629-643 ईस्वी)। उसने वाराणसी की समृद्धता के साथ-साथ सारनाथ का रोचक वर्णन किया है।[111]

हर्ष की मृत्यु के बाद उत्तर भारत में राजनैतिक अस्थिरता बनी रही। सातवीं शताब्दी के उत्तरार्द्ध में वाराणसी मगध के गुप्तों (उत्तर-गुप्त) के अधीन हो गया, जिनमें से एक आदित्य सेन गुप्त (672 ई.) या उसके उत्तराधिकारी देवगुप्त को सम्पूर्ण उत्तर

भारत का शासक माना गया[112], जिसे चालुक्य अभिलेख के अनुसार विनयादित्य (चालुक्य नरेश) द्वारा पराजित किया गया।[113]

आठवीं शताब्दी के प्रारम्भ में कन्नौज शासक यशोवर्मन् (लगभग 700-740 ईस्वी) ने गौड़ नरेश एवं कश्मीर नरेश (ललितादित्य) को पराजित किया तथा उत्तर भारत के एक बहुत बड़े भाग को अपने राज्य में मिला लिया। यद्यपि इसका कोई साक्ष्य नहीं मिलता कि काशी के ऊपर उसकी शक्ति का क्या प्रभाव पड़ा।[114] यशोवर्मन् के पतन और धर्मपाल के अभ्युदय के मध्य वाराणसी के इतिहास के बारे में सही जानकारी प्राप्त नहीं होती है। धर्मपाल बंगाल का पाल शासक था। संभवतः उस समय कोई स्थानीय आमात्य द्वारा शासन किया जाता था।

शैलवंशोद्भव जयवर्द्धन द्वितीय (आठवीं शताब्दी का मध्य) के राघोली ताम्रपत्र से ज्ञात होता है कि उसके बड़े पितामह ने काशी को अपने अधीन किया। यह कार्य उसने काशी के निर्दयी एवं घमण्डी राजा को मार कर किया।[115] सन् 770 ईस्वी में धर्मपाल ने वाराणसी को अपने अधिकार में लिया। अपने अभियान के तुरन्त बाद ही कन्नौज पर अधिकार के लिये इसने इसको अपना आधार शिविर बनाया। यह अभियान गुर्जर-प्रतिहार एवं राष्ट्रकूटों के मध्य चला।[116] किसी भी प्रतिस्पर्द्धी ने वाराणसी को अपने राज्य में मिलाने का प्रयास नहीं किया, जिससे यह देवपाल के शासन में बना रहा (810-850 ईस्वी)।[117]

गुर्जर-प्रतिहार शासक भोज देव-प्रथम (836-882 ई.) ने उत्तर भारत के बड़े भू-भाग पर अधिकार कर लिया। काहल अभिलेख से ज्ञात होता है कि गोरखपुर का एक स्थानीय शासक गुनामबोधि देव उसका करद था। इससे यह पता चलता है कि बनारस के आसपास वाले क्षेत्रों में प्रतिहारों की सत्ता स्थापित हो चुकी थी।[118] इसमें संदेह नहीं कि वाराणसी गुर्जर-प्रतिहारों के अधीन रहा। यह लगभग 9वीं शताब्दी के मध्य हुआ। वह प्रतिष्ठान (जिसकी पहचान इलाहाबाद के निकट झूँसी), भुक्ति (राज्य) का विषय (जिला) था।[119] और इसकी निरन्तरता 1027 ई. तक बनी रही। इस वंश का अन्तिम शासक त्रिलोचनपाल था, जिसकी पुष्टि झाँसी अभिलेख से होती है।[120] इस प्रकार वाराणसी इस काल में प्रयाग की तुलना में कम महत्त्वपूर्ण हो गयी। ऐसा प्रतीत होता है कि 10वीं शताब्दी के अन्त तक गुर्जर-प्रतिहारों का प्रभाव वाराणसी पर नाम मात्र रह गया। संभवतः बुन्देलखण्ड के जेजाजभुक्ति शासक धंग ने वाराणसी में सैन्य अभियान किया। एक तामपत्र[121] में इस बात का उल्लेख है कि एक गाँव उसने काशी के भट्ट यशोधर को प्रदान किया।

यहाँ यह संभावना है कि धंग ने वाराणसी को अपनी सैनिक छावनी बनाया, जब उसने अंग (भागलपुर-बिहार) एवं राधा (पश्चिमी बंगाल) पर विजय अभियान किया, जो क्रमशः पाल एवं सुरास के अधीन थे।[122] कुछ समय के लिये वाराणसी पाल शासक महीपाल- प्रथम (लगभग 992-1040 ई.) के अधीन आ गया। इसका प्रमाण सारनाथ से प्राप्त अभिलेख (1026 ई.) जिसमें गौड़ाधिपति ने अपने गुरु वामाराशी को काशी में मन्दिर निर्माण की अनुमति दी तथा अपने दो भाइयों स्थिरपाल एवं बसन्तपाल को धर्मराजिका एवं धर्मचक्र (सारनाथ) बिहार की मरम्मत को कहा।[123]

ग्यारहवीं शती के प्रथम चरण में काशी, कलचूरि वंश के शासन के अन्तर्गत आ गई। कलचूरि शासक गांगेयदेव (1019-1041 ई.) के राज्यकाल की सबसे प्रमुख घटना अहमद नियालतिगिन द्वारा 1033 ई. में बनारस की लूटपाट थी।[124] गांगेयदेव का पुत्र एवं उत्तराधिकारी कर्णदेव (1042-1080 ई.) था, जिसने अपने पिता का पहला श्राद्ध 1042 ई. में प्रयाग में किया तथा ताम्रपत्र वाराणसी में जारी किया।[125] वहाँ उसने भव्य मन्दिर का निर्माण करवाया, जो कर्णमेरू के नाम से जाना जाता है।[126] वर्तमान में यह कर्णघण्टा से संबंधित है। सन् 1058 ईस्वी का नाथ से प्राप्त अभिलेख में उसके द्वारा सारनाथ में सद्धर्मचक्र प्रवर्तन विहार का उल्लख मिलता है। अन्तिम समय में यह शासक बहुत शत्रुओं द्वारा पराजित हुआ और वाराणसी को खो बैठा।[127] शती के अन्तिम चरण में इसका पटापेक्ष गहड़वाल वंश के संस्थापक चन्द्रदेव द्वारा किया गया, जिसने 1090 ई. में वाराणसी और कन्नौज पर अधिकार कर लिया और गंगा के मैदान में एक स्थायी शासन की नींव डाली।[128] उसके उत्तराधिकारियों ने पवित्र काशी, कुशिक, उत्तर कोशल और इन्द्रप्रस्थ की रक्षा की।[129] बाद में गहड़वालों ने अपनी राजधानी वाराणसी की जगह कन्नौज में स्थानान्तरित कर दी, लेकिन वाराणसी को दूसरी सांस्कृतिक राजधानी बनाये रखा। मुस्लिम लेखों में गहड़वालों को वाराणसी के शासक के रूप में दर्शाया गया है।[130] कुछ चन्देल अभिलेख भी इसको काशी का शासक बतलाते हैं।[131]

चन्द्रदेव के पश्चात् मदनपाल (1100-1114 ई.) शासक बना। उसे मदनविनोदनिघंटु का लेखक बतलाया गया है, जो औषधि से संबंधित है। इस वंश का तीसरा महत्त्वपूर्ण शासक गोविन्दचन्द्र (1114-1154 ई.) हुआ। उसने पालों एवं मालवा के गौड़ों पर विजय प्राप्त किया तथा कश्मीर एवं चोल मण्डल जैसे दूरस्थ राजाओं से राजनैतिक संबंध बनाये रखा।[132] साथ ही उसने सफलतापूर्वक मुस्लिम आक्रान्ताओं को अपने राज्य से खदेड़ दिया।[133] सारनाथ से प्राप्त एक अभिलेख में उसकी रानी कुमारदेवी (बौद्ध धर्मावलम्बी) को 'धर्मचक्रजिनविहार' बनाने का उल्लेख मिलता है, इसमें उसे हरि के रूप में कहा गया है, जिसे हर द्वारा वाराणसी को दुष्ट तर्कों से बचाव के लिये अधिकार दिया गया था।[134] गोविन्दचन्द्र का पुत्र एवं उत्तराधिकारी विजयचन्द्र

(1154-1170 ई.) भी मुस्लिमों के विरुद्ध एक दुर्ग की दीवार की तरह खड़ा था। अगले शासक जयचन्द्र ने बहुत समय तक सफलतापूर्वक शासन किया, लेकिन 1194 ई. के चन्दावर के युद्ध में पराजित हुआ और मार डाला गया। शहाबुद्दीन गोरी की सेनाओं ने यह अभियान कन्नौज को लूटने के तुरन्त बाद किया। इसके तुरन्त बाद उसके सेनापति कुतुबुद्दीन ऐबक ने आक्रमण किया और वाराणसी शहर पर अधिकार कर लिया। ऐसा कहा जाता है कि एक हजार से ज्यादा मन्दिर (जिसमें आदि विश्वेश्वर भी है) नष्ट कर दिये गये।[135] वाराणसी में गहड़वालों के ऐश्वर्य की थोड़ी झलक कुछ बरसों तक बची रही। जयचन्द्र के पुत्र हरिश्चन्द्र के 1197 ई. 'जौनपुर के पास मछलीशहर' के लेख से पता चलता है कि 1194 ईस्वी के बाद भी उसका राज्य वाराणसी के आसपास बना रहा।[136]

गुप्त एवं गुप्तोत्तर काल में वाराणसी अपने शैक्षणिक क्षेत्र में चरमोत्कर्ष में था। यहाँ के प्रसिद्ध शिक्षकों द्वारा छोटे एवं गरीब विद्यार्थियों को धार्मिक कर्त्तव्य समझकर निःशुल्क शिक्षा प्रदान की जाती थी। वास्तव में गहड़वाल शासकों के अलावा पारम्परिक पण्डितों का भी इसमें सहयोग होता था।[137] गोविन्दचन्द्र का काल शैक्षणिक क्रिया-कलापों के लिये उल्लेखनीय था। इसके मन्त्री लक्ष्मीधर रचित 'कृत्यकल्पतरु' में कानून एवं शास्त्रोक्त विधि का विस्तृत विवरण मिलता है। उसी प्रकार जयचन्द्र का नाम संस्कृत साहित्य में अतिस्मरणीय है। उसके राजकवि श्रीहर्ष ने नैषधचरित की रचना की। ये विद्वान प्रत्यक्ष या परोक्ष रूप से वाराणसी से जुड़े रहे। कृष्णमित्र के प्रबोध चन्द्रोदय (12वीं शती) से पता चलता है कि यह नगरी हिन्दू धर्म के केन्द्र के रूप में विख्यात था।[138] जैसा कि 6वीं से 12वीं शताब्दी के अन्त तक यह दिखता है कि वाराणसी संभाग प्रायः उन राजाओं के अधीन रहा, जिनका प्रधान (सर्वोच्च) कार्यस्थल कन्नौज रहा है। ऐसा प्रतीत होता है कि उनकी प्रभुसत्ता जिले के अन्दरी भाग तक नहीं पहुँची थी और ज्यादातर भागों पर भरों एवं सोइरियों तथा दूसरे कबीले, जो स्वतंत्र रूप से यहाँ रहते थे, का अधिकार था। जैसा कि पूर्वी उत्तर प्रदेश के जिलों में था।[139] भर आज भी बहुतायत में संत रविदास नगर जिला (भदोही) में पाये जाते हैं। ये लोग राजभर एवं हेला उपजाति से संबंधित हैं।[140] उनके अवशेष आज भी पुराने टीले एवं तालाबों के रूप में दिखते हैं। भरों के नाम पर ही भदोही का नामकरण हुआ है। जो उनकी राजधानी थी। भरराज कन्नौज राज्य के एक शाखा थे।[141]

गंगा के पूर्व और दक्षिण के भागों पर सोइरियों का अधिकार था, जिनमें धुस, मझवार एवं अठगाँव परगना सम्मलित था। ये स्वयं को सूर्यवंशी बतलाते थे। शराब की बुरी लत के आदी थे, राजपूतों द्वारा बहिष्कृत कर दिये गये थे।[142]

जयचन्द्र की हार के बाद गहड़वालों की एक शाखा पूरब की तरफ भाग गयी और मिर्जापुर जिले के कांतित (कांतिपुरी) में जाकर बस गयी। राजा बनार संभवतः इसी शाखा से संबंधित थे, जिन्होंने वाराणसी शहर को पुनः बसाया तथा अपना नाम दिया।[143] भरों ने मुसलमान आक्रमणकारियों से डटकर लोहा लिया। इनके अन्त के संबंध में विभिन्न प्रकार की किंवदन्तियाँ हैं। चौदहवीं सदी के लगभग पुराने जयपुर (अम्बरपुर) के कुछ मौनस जाति के लोग काशी तीर्थयात्रा हेतु आये। जब ये भदोही राज्य में आये तो भर राजा से प्रार्थना किया कि हम लोगों को भी अपने राज्य मे शरण दीजिये। भर राजा ने इन लोगों की प्रार्थना स्वीकार कर अच्छे-अच्छे पदों पर नियुक्त कर दिया। कालान्तर में जब विवाह का अवसर आया तो दोनों जातियों में विवाद उत्पन्न हुआ। क्रमशः मौनस लोग अपनी शक्ति का विस्तार करने लगे तथा अचानक भर राजा एवं सरदारों की धोखे से मारकर भदोही राज्य पर अपना अधिकार कर लिया।

दूसरी किंवदन्ती के अनुसार भरों एवं मुसलमानों की शत्रुता दिनोंदिन बढ़ती गयी। मुसलमानों से द्वेष के कारण 'भर' लोग सुअर खाने लगे। भदोही में चन्दन के वृक्ष बहुत थे। भर लोग सुअर को मारकर नहीं खाते थे, बल्कि इसके शरीर का माँसल अंश काट लेते थे। सूअर चन्दन वृक्ष की शीतलता में लेटकर और उसकी लकड़ी से घाव को घिसकर ठीक कर लिया करते थे। बाद में भरों ने इसे भी कटवा दिया, जिससे घायल सुअर चिल्लाते रहते। धीरे-धीरे यह बात मुसलमान जाति में फैली। अन्त में मुसलमानों ने तैयारियाँ करके इन पर आक्रमण किया और इस राज्य को नष्ट-विनष्ट करके वहाँ से भरों को निर्मूल कर दिया। तब से इसका नाम भरद्रोही पड़ा। आज भी भदोही खास में भरों की आबादी बिलकुल नहीं है।[144]

गहड़वालों के अन्त के बाद मुहम्मद गोरी ने सैय्यद जमालुद्दीन को वाराणसी का प्रथम मुस्लिम गवर्नर नियुक्त किया,[145] जो जीवन-पर्यन्त वाराणसी में रहा। उसके मजार को शाही मजार के नाम से जाना जाता है, जो जमालुद्दीनपुर मुहल्ले के रूप में आज भी है। उसके बाद कुतुबुद्दीन ऐबक के राज्य में मुहम्मद वाकर नियुक्त हुआ, जो मुहल्ला वाकराबाद का संस्थापक था। सुल्तान इल्तुतमिस ने 1217-18 ई. में वाराणसी पर अपना अधिकार किया तथा हाजी इदरीस को यहाँ का गवर्नर नियुक्त किया, जिसके नाम पर हाजीपुर मुहल्ला बसा है।

उपरोक्त वर्णन इस बात की पुष्टि करता है कि काशी राजनीतिक सत्ता के रूप में कभी बहुत सबल नहीं था। सम्भवतः व्यावसायिक-व्यापारिक केन्द्र के रूप में यह एक समृद्ध क्षेत्र था, जिसने समय-समय पर विभिन्न प्रभुता-सम्पन्न राजसत्ताओं को आकृष्ट किया। निकटस्थ विन्ध्यक्षेत्र के सबल जनजातियों ने भी इस पर अधिकार जमाया। इस

पृष्ठभूमि में सर्वेक्षण के दौरान प्राप्त पुरातात्त्विक साक्ष्यों को समझना सरल हो पाया है। सर्वेक्षण में बौद्ध (महायान, तंत्रयान आदि), जैन, ब्राह्मण एवं लोकधर्म से सम्बन्धित साक्ष्य स्थान-स्थान से प्राप्त हुए हैं। इनको वारुणेय क्षेत्र के सांस्कृतिक-ऐतिहासिक परिप्रेक्ष्य में समझने का प्रयास किया गया है। इन सबका प्रभाव यहाँ की सभ्यता-संस्कृति एवं लोक-संस्कृति पर व्यापक रूप से पड़ा होगा इसमें तनिक भी संदेह नहीं। काशी अनेक झंझावातों को झेलते हुए भी गंगा एवं वरुणा की अजस्र धाराओं से अभिसिंचित् होते हुए व्यापार, वाणिज्य एवं सांस्कृतिक नगरी के रूप में आज भी अपना विशिष्ट स्थान बनाए हुए विश्व की प्राचीनतम जीवित नगरी के रूप में अपना पृथक् महत्त्व रखती है। उपरोक्त ऐतिहासिक समीक्षा पुरानिधियों में कहाँ तक प्रतिबिंबित होती है यह निम्न खण्ड में देखने का प्रयास किया गया है।

वारुणेय क्षेत्र : पुरातात्त्विक पृश्ठभूमि

स्वतन्त्रता प्राप्ति के बाद गांगेय क्षेत्र के पुरातात्त्विक अन्वेषणों एवं शोध की कड़ी में महत्त्वपूर्ण पुरास्थल प्रकाश में आये। इसी प्रक्रिया में वारुणेय क्षेत्र से सम्बद्ध कुछ पुरास्थल भी सम्मिलित थे। इस संदर्भ में वाराणसी स्थित सारनाथ एवं राजघाट का विशेष उल्लेख किया जा सकता है। कालान्तर में कुछ अन्य पुरास्थलों का भी उत्खनन किया गया, यद्यपि वे पुरास्थल अपने आकार-प्रकार एवं महत्त्व में उतने उल्लेखनीय नहीं माने जा सकते, फिर भी इस सांस्कृतिक क्षेत्र के इतिहास की दृष्टि से उनका महत्त्व कम भी नहीं माना जा सकता। वरुणा के उद्गम स्थल से लेकर काशी के निकट राजघाट में उसके विलय हो जाने के मध्य, क्षेत्र में अब तक अनेकानेक पुरास्थल प्रकाश में आ चुके हैं, अध्ययन की पृष्ठभूमि के रूप में उनमें से प्रमुख पुरास्थलों का विवरण देना (पूर्व में उत्खनित एवं सर्वेक्षित पुरास्थल) यहाँ अनिवार्य है। इन स्थलों से प्रकाश में आए पुरावशेषों के आधार पर सर्वेक्षण में मिले अवशेषों, यथा- मृद्भाण्ड, मृण्मूर्ति, मनके, सिक्के एवं स्थापत्य जैसे अनेकानेक पुरावस्तुओं की तुलना करके उन्हें यथासम्भवतः उचित सांस्कृतिक परिवेश में वर्गीकृत करने का प्रयास किया गया है।

वारुणेय क्षेत्र के प्रमुख उत्खनित पुरास्थल

वारुणेय क्षेत्र से संबंधित उत्खनित पुरास्थलों की संख्या अत्यन्त सीमित है। इनमें से केवल कुछ ही पुरास्थलों का उत्खनन हुआ है, जिनमें मुख्य रूप से सारनाथ, राजघाट, सरायमोहाना, अकथा एवं अनेई आदि प्रमुख हैं, जिनका संक्षिप्त विवरण निम्नलिखित है–

सारनाथ (अक्षांश $25^0 25'$ उत्तर, देशान्तर $83^0 2'$ पूर्व)

बौद्ध धर्म का प्राचीनतम तीर्थ स्थल सारनाथ है, जो वरुणा नदी से 3 कि.मी. उत्तर दिशा में स्थित है। प्राचीन बौद्ध ग्रन्थों तथा बाद की शताब्दियों में सारनाथ का प्राचीन नाम इसीपत्तन मिगदाय[146] (मृगदाव) मिलता है। कुछ ग्रन्थों में सारनाथ को 'ऋषिपत्तन' के नाम से भी उल्लिखित किया गया है। बुद्धघोष के पपंच सूदनी के अनुसार यहाँ हिमालय से ऋषि लोग वायु मार्ग द्वारा उतरते थे।[147] इसलिए इसका नाम ऋषिपत्तन पड़ा। दिव्यावदान[148] व बाद में चीनी यात्रियों[149] के अनुसार इस स्थान पर प्रत्येक बुद्ध ने निर्वाण प्राप्त किया था, क्योंकि उनको यह ज्ञात था कि यहाँ गौतम बुद्ध का आविर्भाव होगा, जिसके आधार पर इसका नाम इसीपत्तन (ऋषिपत्तन) पड़ा। कनिंघम ने सारनाथ के आधुनिक नाम की व्याख्या मृगों के नाथ "सारंगनाथ" गौतम बुद्ध के आधार पर की है।[150]

बौद्ध धर्म के महातीर्थों में चार प्रमुख तीर्थ हैं, उनमें सारनाथ भी एक है। इसकी महत्ता इससे भी प्रस्थापित होती है कि प्रतिदिन यहाँ सहस्त्र बौद्ध भिक्षु और भिक्षुणियों की बैठक होती थी और 500 बौद्ध नियमित निवास करते थे।[151]

गौतम बुद्ध ने ईसा पूर्व 588 में आषाढ़ पूर्णिमा के दिन यहीं पर भिक्षुओं को दीक्षा दी थी, जिसे धर्मचक्रप्रवर्तन कहा गया।[152] तब से लेकर वर्तमान समय तक बौद्ध धर्म के अभिकेन्द्र एवं प्रमुख बौद्ध तीर्थस्थल के रूप में सारनाथ प्रसिद्ध है। इस स्थान की उन्नति में मौर्य, शुंग, कुषाण, गुप्त एवं पालवंशीय राजाओं का महत्त्वपूर्ण योगदान रहा है।

सारनाथ में सबसे प्राचीन अवशेष सम्राट अशोक के काल के उपलब्ध होते हैं। अशोक के बौद्ध धर्मानुराग के कारण प्राचीन समय में सारनाथ बौद्ध धर्मावलम्बियों का मुख्य केन्द्र बन गया था। बुद्ध के निर्माण के लगभग 200 वर्ष बाद अशोक ने सारनाथ का भ्रमण किया था तथा उसने कई स्मारकों का निर्माण करवाया था, जिनमें धर्मराजिका स्तूप, सिंह स्तम्भ एवं संभवतः धम्मेख स्तूप आदि प्रमुख हैं। इसके अतिरिक्त अशोक ने सारनाथ में बौद्ध धर्म की शिक्षाओं से संयुक्त एक शिलालेख भी स्थापित किया था।[153] अशोक के बाद शुंग शासकों की अवधि में धर्मराजिका स्तूप के चारों ओर एक सुन्दर पत्थर की वेदिका बनायी गयी। इनमें कुछ पट्टिकाओं पर दाताओं द्वारा दिये गये दान का उल्लेख है। इस पर पालि भाषा एवं ब्राह्मी लिपि में ईसा पूर्व दूसरी शताब्दी का लेख अंकित है।[154] यह मूलगंधकुटी के पास मार्शल को उत्खनन करते समय प्राप्त हुयी थी।[155] यह पत्थर की वेदिका जो शुंगकाल की कृति है, साँची, भरहुत एवं बोधगया की कला के समान है।[156]

प्रथम शताब्दी ईस्वी के लगभग उत्तर भारत में कुषाण सम्राट कनिष्क के साम्राज्य की स्थापना से बौद्ध धर्म में धार्मिक एवं कलात्मक कार्य एक नये दौर में प्रवेश करते हैं। इस काल में सारनाथ की पुनः उन्नति हुई। भगवान बुद्ध के चक्रमण स्थल पर कनिष्क के राज्यकाल के तीसरे वर्ष में मथुरा के त्रिपिटकाचार्य भिक्षुबल ने एक विशाल बोधिसत्त्व प्रतिमा की स्थापना की। यह मूर्ति धर्मराजिका स्तूप से प्राप्त हुई थी। मूर्ति के लेख में क्षत्रप वनस्पर एवं महाक्षत्रप खरपल्लान की सहायता का उल्लेख है, जो उस समय यहाँ के प्रान्त प्रबन्धक थे।[157]

गुप्तकाल में सारनाथ अपने चरमोत्कर्ष पर था। धर्मचक्र मुद्रा में बनी भगवान बुद्ध की मूर्ति न केवल सारनाथ का गौरव है; वरन् गुप्तकालीन समस्त भारतीय मूर्तियों में मूर्धन्य स्थान रखती है।[158] हरग्रीव्स को कुमारगुप्त एवं बुद्धगुप्त के शासन काल की कलाकृतियाँ प्राप्त हुईं।[159] बुद्धगुप्त के एक लेख[160] से उसके शासन की तिथि पर प्रकाश पड़ता है। लेख पर अंकित तिथि गुप्त संवत् 157 में है।[161] कुमारगुप्त-द्वितीय के शासन काल की भी एक बुद्ध प्रतिमा प्राप्त हुई है, जिस पर "देवधर्मायम् कुमारगुप्तस्य" लिखा है।[162]

सातवीं शताब्दी ईस्वी में हर्ष के राज्य में चीनी यात्री युवानच्वांग ने सारनाथ की यात्रा की थी और उसका वर्णन किया था। उसने यहाँ सम्राट अशोक द्वारा निर्मित धर्मराजिका स्तूप और स्तंभ को देखा था। युवानच्वांग (ह्वेनसांग) के अनुसार स्तम्भ 21.33 मी. ऊँचा और शीशे के समान चमक रहा था। यहाँ के संघाराम में हीनयान की सम्मितीय शाखा के 1500 भिक्षु रहते थे। मूलगंध कुटी 65.96 मी. ऊँची थी, जिसमें धर्मचक्रप्रवर्तन मुद्रा में भगवान बुद्ध की एक धातु की मूर्ति थी।[163]

हर्ष के बाद और महमूद गजनवी के आक्रमण के बीच कई सौ वर्षों का इतिहास उपलब्ध नहीं है। महमूद गजनवी ने वाराणसी की लूट के समय (1017 ई.) सारनाथ पर भी धावा किया था। इसके 9 वर्ष बाद 1026 ई. में पाल शासक महिपाल के शासन काल में स्थिरपाल और बसन्तपाल नामक दो भाइयों ने धर्मराजिका स्तूप और धर्मचक्र स्मारकों का पुनरूद्धार किया था। यह लेख एक बुद्ध मूर्ति के पादपीठ पर है।[164]

ग्यारहवीं शताब्दी में यह स्थान कलचूरि नरेश कर्णदेव के प्रभाव में आ गया था। धम्मेख स्तूप के पूर्व में स्थित एक विहार से प्राप्त अभिलेख से ज्ञात होता है कि एक महायानी भिक्षु ने 1058 ई. में अष्टसहस्रिका प्रज्ञापारमिता ग्रन्थ की प्रतिलिपि सधर्मचक्र-प्रवर्तन महाविहार में रहने वाले भिक्षुओं को भेंट की थी।[165]

सारनाथ का अन्तिम स्मारक गहड़वाल वंश के महाराजा गोविन्दचन्द्र देव (1114-1154 ई.) के काल का है, उनकी रानी कुमारदेवी बौद्ध उपासिका (वज्रयानी) थी।

उन्होंने धर्मचक्रप्रवर्तन नामक एक विहार का निर्माण करवाया था।[166] उसके बाद बौद्ध केन्द्र के रूप में सारनाथ की प्रतिष्ठा समाप्त हो गयी। तेरहवीं शताब्दी के प्रारम्भ तक इस पवित्र स्थान के विहार, स्तूप तथा मन्दिर मुस्लिम आक्रमणकारियों द्वारा विध्वंस कर दिये गये थे।

लगभग छः शताब्दियों (600 वर्षों) तक सारनाथ के संदर्भ में लोगों का ज्ञान शून्य था। अट्ठारहवीं शताब्दी के अन्तिम दशक (1794 ई.) में बनारस के राजा चेत सिंह के दीवान बाबू जगत सिंह ने काशी की प्रसिद्ध मुहल्ला जगतगंज बनाने में ईंटों के लिये धर्मराजिका स्तूप को खोदकर बिलकुल ध्वस्त कर दिया।[167] मि. डंकन के अनुसार इस स्तूप में 18 हाथ की गहराई पर एक प्रस्तर पात्र के भीतर संगमरमर की मंजूषा में कुछ हड्डियाँ एवं सुवर्णपत्र, मोती के दाने और रत्न मिले पर किसी अर्थ के न होने से उन्हें गंगा में प्रवाहित कर दिया गया, लेकिन मंजूषा कलकत्ता के संग्रहालय में सुरक्षित हैं।[168]

अट्ठारहवीं शताब्दी के उत्तरार्द्ध से सारनाथ की खुदाई प्रारंभ की गयी। सारनाथ की प्राचीनता के संबंध में यहाँ के भग्नावशेषों की खुदाई करने पर जो शिला स्तम्भ प्राप्त हुये, उनसे यह स्पष्ट है कि अशोक के शासनकाल में यह स्थल अत्यन्त उन्नत स्थिति में था। उन्नीसवीं शताब्दी की खुदाई कर्नल मेकेंजी, सर कनिंघम, मेजर किट्टो, ई. थामस, एफ. ए. हाल और सी. हार्न आदि द्वारा की गयी, जिनमें चौखण्डी स्तूप, धम्मेख स्तूप, धर्मराजिका स्तूप, उसके पास स्थित एक विहार और एक मन्दिर का ज्ञान हुआ। साथ ही खुदाई से कई मूर्तियाँ भी प्राप्त हुईं, जो कलकत्ता संग्रहालय में प्रदर्शित है। बीसवीं शताब्दी (1904-05 ई.) में सर्वप्रथम ओर्टल द्वारा मूलगंध कुटी, अशोक स्तम्भ, बुद्ध की धर्मोपदेश मुद्रा वाली मूर्ति प्राप्त हुयी है। सन् 1907 ई. में सर जॉन मार्शल ने उत्तरी एवं दक्षिणी भागों की खुदाई करके कुषाणकालीन विहार और बारहवीं शताब्दी के कुमारदेवी के विहार के अवशेषों को ढूँढ निकाला। सन् 1914-15 ई. में एच. हरग्रीव्स ने मूलगंध कुटी के पूर्व एवं पश्चिम में खुदाई करवायी, जहाँ से कुमारगुप्त-द्वितीय एवं बुद्धगुप्त के अभिलेखों को प्राप्त किया। अन्त में दयाराम साहनी द्वारा धम्मेख स्तूप, मूलगंध कुटी और विहार संख्या-दो के मध्य समस्त क्षेत्रों की खुदायी करवायी गयी।[169]

पुरातत्त्वविदों द्वारा सारनाथ के इस क्षेत्र के भग्नावशेषों की खुदाई के बाद तीन स्तूप, दो मन्दिर, अशोक द्वारा स्थापित सिंह स्तम्भ और सात विहार आदि प्रमुख स्मारक पाए गए। साथ ही साथ प्राचीन कलाकृतियाँ भी पायी गयीं। प्राचीन सारनाथ के भग्नावशेषों से प्राप्त इन स्मारकों का विवरण निम्नलिखित है–

धर्मराजिका स्तूप

सारनाथ के प्राचीन भग्नावशेषों में धर्मराजिका स्तूप प्रमुख है। इस स्तूप की केवल बुनियाद बची है। सन् 1794 ई. में जगत सिंह द्वारा इसकी खुदाई कराकर इसे नष्ट कर दिया गया।[170] सन् 1815 ई. में मैकेंजी द्वारा खुदायी की गयी;[171] किन्तु इस खुदायी से प्राप्त वस्तुओं का विवरण उपलब्ध नहीं है। दयाराम साहनी के अनुसार मैकेंजी को जो भी वस्तुएँ प्राप्त हुईं, उन्हें कलकत्ता के एशियाटिक सोसाइटी को प्रदान कर दिया।[172]

जॉन मार्शल द्वारा 1907-08 ई. में इस स्तूप का पुनः उत्खनन करवाया गया, जिससे पता चला कि अशोक द्वारा बनवाये इस स्तूप का मूल व्यास 44 फुट 3 इंच था।[173]

पाँचवीं और छठीं शताब्दी में कुषाण काल के बाद दूसरी बार धर्मराजिका स्तूप का जीर्णोद्धार किया गया और इसके चारों ओर 16 फुट चौड़ा प्रदक्षिणा पथ जोड़ा गया था।[174] तीसरी बार सातवीं शताब्दी में संभवतः हर्ष के शासन काल में उपर्युक्त प्रदक्षिणा पथ को पाट दिया गया तथा उसके चारों ओर पत्थर की चार सीढ़ियाँ लगा दी गयीं।[175] नौवीं-दसवीं शताब्दी में इसका पुनः पुनरूद्धार हुआ था। सन् 1027 ई. के एक अभिलेख से ज्ञात होता है कि स्थिरपाल एवं बसंतपाल नामक दो भाइयों ने धर्मराजिका एवं धर्मचक्र स्तूप का मरम्मत करवाया था।[176] इसी अभिलेख से इस स्तूप का नाम धर्मराजिका ज्ञात हुआ।[177] बारहवीं शताब्दी में पुनः स्तूप पर आवरण चढ़ा और यही आवरण इस स्तूप का अन्तिम आवरण था, क्योंकि इसके बाद ही मुसलमानों ने सारनाथ को नष्ट कर दिया।[178] इस स्तूप के नींव को देखने से जान पड़ता है कि यह स्तूप धान्याकार ही रहा होगा, जिस पर एकाश्मक वेदिका रही होगी।[179] इस स्तूप के पास से धर्मचक्रमुद्रा में बैठी बुद्ध प्रतिमा तथा कनिष्क के समय की बोधिसत्त्व की एक विशाल प्रतिमा ओर्टल क़ो प्राप्त हुयी थी।[180]

धमेख स्तूप (धम्मेक)

धमेख स्तूप धर्मराजिका के पास स्थित है। विभिन्न विद्वानों ने इस स्तूप के नामकरण के संबंध में भिन्न-भिन्न मत प्रकट किये हैं। कनिंघम का अनुमान है कि धमेख धर्मोपदेश का बिगड़ा हुआ रूप है।[181] साहनी[182] एवं स्मिथ[183] के अनुसार धमेख का संस्कृत रूप धर्मेक्षा है। मजुमदार अपने मत की इस बात से पुष्टि करते हैं कि धामेख शब्द पालि शब्द का धम्मेख का है। संस्कृत साहित्य में इसको धर्मेक्ष की संज्ञा दी गयी है।[184]

यह स्तूप ठोस गोलाकार बुर्ज की भाँति है, जिसका व्यास 28.35 मी. तथा ऊँचाई 39.01 मी. है। सन् 1935 ई. में जनरल कनिंघम ने इसके सिरे से कुआँ खुदवा कर इसका सत्यापन किया था।[185] खुदाई में सबसे नीचे पहुँचने पर सम्राट अशोक के समय की ईंटें भी पायी गयीं, जिससे स्पष्ट होता है कि अशोककालीन स्तूप के ऊपर यह स्तूप निर्मित किया गया है।[186] इस स्तूप के मध्य में निदान गृह नहीं है, इसकी नींव का भाग मोटी एवं चौड़ी ईटों से निर्मित है। यह 36'×9" तक ऊपर लोहे की कील से जुड़े हुये पत्थरों से बना है। इसमें आठ बड़े ताखे बनाये गये हैं। किसी समय इन ताखों में बुद्ध की मूर्तियाँ स्थापित रही होंगी, जो अब सारनाथ के संग्रहालय में सुरक्षित है।[187] इस स्तूप का निचला हिस्सा एक चौड़ी पट्टी के द्वारा सुन्दर अलंकृत पट्टिकाओं से सज्जित है। इस स्तूप के अलंकरण को देखकर अनुमान होता है कि यह स्तूप गुप्तकालीन कृति है।[188]

चौखण्डी स्तूप

सारनाथ से 200 मी. दक्षिण-पश्चिम दिशा में यह स्तूप ईंटों का एक ढूआ जैसा दिखता है। सन् 1589 ईस्वी में राजा टोडरमल के पुत्र राजा गोवर्धन ने सम्राट अकबर के आदेशानुसार इसके ऊपर एक अठपहल बुर्जी बनवायी थी।[189] सारनाथ से मिले फारसी लेख से स्पष्ट होता है कि हुमायूँ ने इस पवित्र स्थान पर एक रात विश्राम किया था।[190] यह स्तूप मूलतः गुप्तकालीन है, क्योंकि उत्खनन में गुप्तकाल के ईंटें प्रकाश में आई हैं।[191] स्तूप को मूल भाग की ऊँचाई 52 फुट 8 इंच है।[192] स्तूप के ऊपर बने इमारत के आकार से अनुमान होता है कि कभी इस पर चौकोर मंजिल, जो ठोस ईंटों से बनायी गयी होगी।[193] डॉ. वासुदेव शरण अग्रवाल का अनुमान है कि इस पर किसी समय शिव प्रतिमा की स्थापना हुई होगी।[194]

हाल ही में इस स्तूप का उत्खनन भारतीय पुरातत्त्व सर्वेक्षण द्वारा कराया गया, जिसमें ईंटों से निर्मित सीढ़ीनुमा स्तूप, जो चार खण्डों में निर्मित था, प्रकाश में आया। इसका नामकरण इसी कारण चौखण्डी पड़ा होगा।

अशोक स्तम्भ

सारनाथ के उत्खनन से अशोक का एक लिपियुक्त स्तम्भ प्राप्त हुआ है। स्तम्भ पर अशोक के शिलालिपि के अतिरिक्त दो अन्य लिपियाँ भी हैं। पहला ब्राह्मी लिपि में दूसरा कुषाणकालीन तथा तीसरा गुप्तकालीन लिपि में है। अशोक के अभिलेख में, ब्राह्मी लिपि में उल्लिखित है कि "संघ में फूट डालने एवं संघ की निन्दा करने वाले

भिक्षु या भिक्षुणी को सफेद वस्त्र पहनाकर संघ से बाहर कर देना चाहिए।" कुषाण-कालीन अभिलेख में राजा अश्वघोष से संबंधित विवरण दिया गया है, जबकि गुप्तकालीन लिपि में सम्मितीय शाखा के आचार्यों का उल्लेख है।[195]

अशोक स्तम्भ के शीर्ष पर चार सिंह बने हुए हैं। इनके सिरों के मध्य में पत्थर के एक छोटे स्तम्भ पर धर्मचक्र था, जिसमें 32 आरें हैं। सिंह शीर्षक की ऊँचाई 2.31 मी. है। इसे एक ही पत्थर से काटकर बनाया गया है। इस प्रस्तर प्रखंड में शिल्प कला की दृष्टि से चार प्रभाग दिखलाई देते हैं। पहले प्रभाग में पलटी हुयी कमल की पंखुड़ियों से ढका हुआ कुंभिका भाग है। गोल अण्डाकार भाग, जिसमें चार धर्मचक्र एवं चार पशु क्रमशः हाथी, वृषभ, अश्व व सिंह बने हुए हैं। तृतीय भाग में उससे ऊपर पीठ सटाकर अकुड़ु बैठे चार दिशाओं में मुँह किए चार सिंह हैं और सबसे ऊपरी भाग में धर्मचक्र है। धर्मचक्र खण्डित हो गया है।[196]

मनौती स्तूप

इस प्रकार के स्तूपों को उत्तर भारत के अनेक स्थलों से प्राप्त किया गया है। बुद्ध के महापरिनिर्वाण के बाद बौद्ध धर्मानुयायियों ने इस प्रकार के स्तूपों का निर्माण आरम्भ किया था। इन स्तूपों की ऊँचाई एक जैसी नहीं है, छोटे-बड़े दोनों ही रूपों में देखे जा सकते हैं। इस स्तूप में से कुछ पर 9वीं-12वीं शताब्दी के लेख अंकित हैं, जिस पर बौद्ध सम्प्रदाय का लेख होने का अनुमान है।[197] सारनाथ में इस प्रकार के स्तूप अनुमानतः गुप्तकाल से ही आरम्भ हुये होंगे। धमेख स्तूप के पास कुछ छोटे स्तूप आज भी विद्यमान है, इनमें बनी बुद्ध की मूर्तियों की मुद्राओं में सम्बोधि, धर्मचक्रप्रवर्तन, भूमिस्पर्श एवं व्याख्यान मुद्राएँ उपलब्ध होती हैं। इस तरह के स्तूप के नीचे का भाग वर्तुलाकार गुंबद की तरह बना है।[198]

चैत्य

सारनाथ से मौर्यकाल का चैत्यावशेष प्राप्त हुआ है, पर ऐसे अवशेषों की संख्या कम है। डॉ. परमेश्वरी लाल गुप्त ने सारनाथ के चैत्य के अवशेष पर यह मत दिया है कि यहाँ मात्र छेकन के ही रूप में चैत्य उपलब्ध हुए हैं।[199] हरग्रीब्स ने सन् 1914-15 ई. में अपने उत्खनन में सारनाथ के पश्चिमी भाग से एक चैत्यागार की खोज की थी, जिसकी ईंटें 21×13×4 इंच हैं।[200] यह चैत्यागार 28 फुट 6 इंच लम्बाई और 38 फुट 10 इंच चौड़ाई का है, उत्खनन से ज्ञात होता है कि इस भाग के विहार सर्वथा ही नष्ट हो गये थे। मौर्यकाल से लेकर गुप्तकाल तक ये पूर्ण रहे, बाद में ध्वस्त हो गये। कुछ

खण्डित चैत्य भी प्राप्त हैं, जो संभवतः गुप्तकाल के हैं; किन्तु हरग्रीब्स महोदय इसे मध्यकाल का मानते हैं।[201] यह सभी चैत्यगृह बौद्ध अनुयायियों के द्वारा पूजा करने की दृष्टि से बनाये गए थे। चैत्यगृह को वस्तुतः इस धर्म का देवालय कहना चाहिये, क्योंकि बौद्ध भिक्षु इसमें अपने धर्मावलम्बियों के साथ उपासना करते थे।

विहार

विहार बौद्ध भिक्षुओं के निवास के लिये होता था, इसे मठ भी कह सकते हैं।[202] सारनाथ के उत्खनन से 7 विहार प्रकाश में आयें।

विहार संख्या-1

कन्नौज की महारानी कुमारदेवी ने धर्मचक्र जिन विहार बनवाया था।[203] यह गहड़वाल राजा गोविन्द चन्द्र देव की पत्नी थी तथा संभवतः बौद्ध धर्म मानने वाली थी। यह प्रधान मन्दिर से उत्तर दिशा में 4'4'' मोटी एक दीवार पश्चिम से पूर्व तक फैली हुई है, जिसकी लम्बाई 760 फुट तथा इसकी कुर्सी 8'5'' मी. ऊँची थी।[204] इसमें अलंकृत ईंटों का प्रयोग हुआ है। इसका प्रांगण पूर्व, उत्तर और दक्षिण की ओर घिरा है तथा पश्चिम की ओर खुला है।[205] विहार के तीन तरफ से कोठरियाँ हैं तथा प्रांगण के पूर्वोत्तर कोने में एक कुआँ है, जिसका व्यास 5 फुट है। इसमें भिक्षु वर्ग के स्नान करने एवं उनके चीवर रखने के सोहावटी युक्त स्तम्भ थे।[206] ऐसा ज्ञात होता है कि धर्मचक्र जिन विहार के निर्माण के पूर्व भी इस क्षेत्र में विहार थे, इसी से विहार संख्या द्वितीय, तृतीय तथा चतुर्थ के भी भग्नावशेष प्राप्त हुये हैं, जो इस विहार से प्राचीन लगता है। इस विहार से अनेकशः कलाकृतियाँ प्राप्त हुई थीं, जिन्हें स्थानीय संग्रहालय में रखा गया है। इस आधार पर कहा जा सकता है कि यह विहार तीन अन्य पूर्वकाल के विहारों को तोड़कर अथवा उनके टूट जाने के बाद उसी स्थान पर बनाया गया होगा।

विहार संख्या-2

उपरोक्त विहार के पश्चिमोत्तर दिशा में इस विहार के भग्नावशेष है।

विहार संख्या-3

धर्मचक्र जिन विहार के ठीक पूरब दिशा में स्थित था।

विहार संख्या-4

यह विहार संख्या तृतीय के दक्षिण पूर्व एवं द्वितीय प्रांगण के मध्य स्थित था।

विहार संख्या-5

इस विहार से बौद्ध गाथा में खुदे मिट्टी की मुद्रा प्राप्त है, जिस पर 'ये धर्म्मा हेतु प्रभवा' मन्त्र खुदा है।

विहार संख्या-6

धमेख स्तूप के पास पश्चिम दिशा में यह विहार स्थित था।

विहार संख्या-7

पंचम विहार के पश्चिम और धर्मराजिका विहार के दक्षिण में स्थित था।

धर्मराजिका स्तूप से कुछ दूर उत्तर दिशा की ओर मूलगंध कुटी है, जो वर्तमान में मुख्य मन्दिर के रूप में जाना जाता है।

अन्य प्रमुख पुरावशेष (मूर्ति अवशेष)

सारनाथ से स्थानक बोधिसत्त्व की कुषाणकालीन प्रतिमा मिली है, जो 9 फुट 5 इंच ऊँची है। यह मथुरा के लाल पत्थर से निर्मित एवं त्रिपिटकाचार्य भिक्षुबल के द्वारा कनिष्क के शासन के तीसरे वर्ष में सारनाथ में स्थापित की गयी थी।[207] मूर्ति विशालकाय है, कान में किसी प्रकार का आभूषण नहीं है दाहिना हाथ खण्डित तथा बायाँ हाथ कमर पर है। कटि प्रदेश के नीचे अन्तरवासक अत्यन्त सुन्दर ढंग से बना है और काय बन्धन से बँधा दिखाई पड़ता है। मूर्ति के ऊपरी भाग पर उत्तरासंग है।[208]

गुप्तकाल से सारनाथ में ब्राह्मण मूर्तियाँ, जिनमें शिव की अर्द्धनारीश्वर, हरिहर, विष्णु, कार्तिकेय, सूर्य, अग्नि एवं कुछ जैन मूर्तियाँ भी प्राप्त हुयीं।[209] साथ ही बुद्ध की विभिन्न मुद्राओं में मूर्तियाँ प्राप्त हुईं, जिनमें बुद्ध की वरद मुद्रा, ध्यान मुद्रा, भूमि स्पर्श मुद्रा, मैत्रेय, मंजुश्री, मंजुश्रीसिद्धैकबीर, अवलोकितेश्वर, हारीति एवं बुद्ध के जीवन से संबंधित घटनाओं का एक ही फलक पर अंकन प्राप्त हुआ है।[210] इन बुद्ध प्रतिमाओं में धर्मचक्रप्रवर्तन मुद्रा वाली बुद्ध की पद्मासन प्रतिमा गुप्तकाल ही नहीं, वरन् सम्पूर्ण भारतीय कला की एक अद्वितीय रचना है।

प्रस्तुत मूर्ति में बाह्य (कायिक) और अभ्यंतर (आध्यात्मिक) मान्यताओं को पूर्ण संतुलित रूप से संयोजित और अभिव्यक्त किया गया है। भारतीय मान्यताओं और स्वरूपात्मक लक्षणों का संतुलन तथा आध्यात्मिक चिन्तन का भाव बुद्ध के लोक कल्याणकारी स्वरूप की सशक्त अभिव्यक्ति है। बुद्ध के मुख पर आध्यात्मिक शक्ति एवं करुणा का भाव है। आसन पर मध्य में स्थित धर्मचक्र के दोनों पार्श्वों में दान दाताओं की एवं अन्य आकृतियाँ बनी हैं। पारदर्शी वस्त्र बुद्ध के शारीरिक सौष्ठव की अभिव्यक्ति में पूर्णतया समर्थ है। इस मूर्ति में गंधर्वद्वव से वेष्ठित अलंकृत प्रभामण्डल अलौकिक है।[211]

पूर्व मध्यकाल में भी सारनाथ में ब्राह्मण, जैन एवं बौद्ध मूर्तियाँ प्रकाश में आयीं। ब्राह्मण मूर्तियों में उमा-महेश्वर[212], अर्द्धनारीश्वर[213], नटराज[214], अन्धकासुर वध[215] के अतिरिक्त महिषासुरमर्दिनी, सरस्वती, दुर्गा, सूर्य, अग्नि, वामनावतार, कार्तिकेय आदि की प्रतिमाएँ प्राप्त की गयी हैं। ये मूर्तियाँ जॉन मार्शल द्वारा प्रकाश में आयी थीं, जो चुनार के बलुएँ पत्थरों द्वारा निर्मित हैं।[216]

इस काल से संबंधित जैन तीर्थंकरों की प्रतिमाओं में आदिनाथ, शान्तिनाथ, अजितनाथ तथा विमलनाथ की मूर्तियाँ प्राप्त की गयीं। इनमें से विमलनाथ को छोड़कर अन्य सभी मूर्तियाँ खण्डित एवं अस्पष्ट है। तेरहवें तीर्थंकर विमलनाथ की यह मूर्ति चुनार के बलुए पत्थर से बनी है, जिनमें जिन, पद्म पर कायोत्सर्ग मुद्रा में खड़े हैं। इनका लांक्षन चिह्न वराह है तथा वक्ष पर श्री वत्स बना है। मूर्ति के दोनों ओर एक-एक चंवरधारी सेवक खड़े हैं। इस मूर्ति का सिर खण्डित है।[217]

पूर्व मध्यकाल में प्रचुर मात्रा में बौद्ध मूर्तियाँ बनीं, जिनमें बोधिसत्त्व, मैत्रेय, अवलोकितेश्वर, षडाक्षरी, लोकेश्वर, जम्भल, लोकनाथ, वसुन्धरा, तारा आदि मूर्तियाँ सारनाथ संग्रहालय में सुरक्षित हैं।[218]

भूमिस्पर्श मुद्रा में बुद्ध की मूर्ति (9वीं शताब्दी), जिसकी ऊँचाई 3′8″ तथा चौड़ाई 2′5″ है, संग्रहालय में प्रदर्शित है।[219] सर जॉन मार्शल को सन् 1907-08 ई. के उत्खनन में प्रधान मन्दिर के पूर्वी सोपान के नीचे एक प्रस्तर मिला, जिस पर धन देवता जम्भल और पूर्णतया की देवी वसुन्धरा की मूर्ति प्राप्त हुयी।[220]

राजघाट (अक्षांश 25^0 19′ 30″ उत्तर, देशान्तर 83^0 1′ 30″ पूर्व)

यह पुरास्थल वाराणसी जिले में वरुणा एवं गंगा नदी के मुहाने (गंगा के बायें तट) पर स्थित है। इसकी खोज आकस्मिक रूप से हुयी, जब 1939 ई. में आधुनिक राजघाट पर काशी रेलवे स्टेशन का विस्तार करते समय खुदाई से प्राचीन वस्तुएँ प्राप्त

हुयीं।[221] राजघाट से मिली इन वस्तुओं से आकर्षिक होकर भारतीय पुरातत्त्व विभाग ने 1940 ई. में कृष्णदेवजी के नेतृत्व में यहाँ सीमित क्षेत्र में उत्खनन करवाया। उत्खनन से मन्दिर के अवशेष, मृद्भाण्डों के साथ-साथ अन्य पुरावशेष प्राप्त हुये। इनमें एक मुहर पर गुप्तकालीन ब्राह्मी लिपि में 'वाराणस्याधिष्ठानाधिकरणस्य' लेख उत्कीर्ण मिला, जिससे इस स्थान की पहचान प्राचीन वाराणसी (काशी) के रूप में की गयी।[222]

राजघाट में पुनः विस्तृत रूप से उत्खनन काशी हिन्दू विश्वविद्यालय के प्राचीन भारतीय इतिहास, संस्कृति एवं पुरातत्त्व विभाग द्वारा प्रो. ए.के. नारायण एवं उनके सहयोगियों टी.एन. राय एवं डॉ. पुरुषोत्तम सिंह के निर्देशन में क्रमशः सन् 1957-58 से 1968-69 में हुआ। बाद में प्रो. के. के. सिन्हा के निर्देशन में डॉ. बीरेन्द्र प्रताप सिंह (1977-78) ने उत्खनन कार्य करवाया।[223, 224]

विभिन्न कालों में किये गये उत्खननों से छः सांस्कृतिक चरणों के प्रमाण उपलब्ध हुये, जो प्राक् उत्तरी कृष्ण मार्जित संस्कृति से लेकर मध्यकाल तक की निरन्तरता का प्रतिनिधित्व करते हैं, जिनका संक्षिप्त विवरण निम्नलिखित हैः

प्रथम सांस्कृतिक काल

प्रथम सांस्कृतिक काल को 800 ईसा पूर्व से लेकर 200 ईसा पूर्व के मध्य रखा गया है। इसे तीन उपकालों, प्रथम- 'अ', प्रथम- 'ब' एवं प्रथम- 'स' में विभाजित किया गया है, जिसका काल क्रमशः 800-600 ईसा पूर्व, 600-400 ईसा पूर्व तथा 400-200 ईसा पूर्व निर्धारित किया गया है।

प्रथम सांस्कृतिक उपकाल 'अ' (800-600 ई. पू.)

लगभग आठवीं शताब्दी ईसा पूर्व में यहाँ के लोगों ने दलदली क्षेत्रों को साफ करके अपने आवास को सर्वप्रथम यहाँ बनाया, जिनकी आजीविका का मुख्य स्रोत कृषि था। प्रारम्भिक अवस्था से ही वे लोहे के औजारों का प्रयोग करते थे। साथ ही हड्डी के बने औजार और बड़ी मात्रा में पकी मिट्टी की बनी वस्तुएँ, जिनमें पहिया, गेंद, कान के आभूषण, झावें (Skin Rubbers), रोकने का डट्टा (Stopper) एवं विभिन्न आकार के गेंद व मनके के उपयोग के साक्ष्य मिले हैं। हाथ से बनी हुयी मातृदेवी की मृण्मूर्ति प्राप्त हुई, जिसे चिपकवाँ पद्धति से एवं ठप्पे से गोल आकृति से अलंकृत किया गया है। इसके अलावा ये लोग विभिन्न प्रकार के पात्रों का उपयोग करते थे, जिनमें कृष्ण मार्जित (सादा एवं चित्रित), कृष्ण-लोहित पात्र (सादा एवं चित्रित) एवं मार्जित व सादा

लोहित रंग के पात्र प्रमुख है। गंगा एवं वरुणा के तट उनके आवास के लिए महत्त्वपूर्ण स्थल साबित हुये। उनका आवासीय स्वरूप बिखरा था। एक स्थल पर इस चरण का सांस्कृतिक जमाव 2.87 मी. था। कोई भी भवन निर्माण के साक्ष्य नहीं मिले हैं।[225]

प्रथम सांस्कृतिक उपकाल 'ब' (600-400 ईसा पूर्व)

इस उपकाल में उत्तरी कृष्ण-मार्जित पात्र का प्रयोग मिलना प्रारम्भ हो जाता है। कृष्ण-लोहित एवं कृष्ण मार्जित पात्र के जारी रहने के साथ-साथ नये प्रकार के पात्रों की शुरूआत हो गयी। प्रारम्भिक उपकाल का 2 मी. संचय के ऊपर लकड़ी के तख्ते का पाया जाना निश्चित रूप से उपकाल 'ब' में प्रथम निर्माण का प्रमाण है। अनुप्रस्थ काट से इस लकड़ी के अवशेष की मोटाई 5 सेमी. थी। 34 मी. लम्बा लकड़ी का तख्ता गंगा के किनारे एक मंच के रूप में फैला हुआ था।

गंगा में आने वाले बाढ़ से लकड़ी का बना मंच अनुप्रायोज्य हुयी और बाढ़ से शहर को खतरा हुआ होगा। इस उपकाल में द्वितीय रचना मिट्टी की बनी ठोस दीवाल थी, जिसका निर्माण बाढ़ से रोकने के लिए किया गया। 25 सेमी. मोटी यह जमाव राख, चारकोल एवं मृद्भाण्ड के टुकड़ों को मिलाकर किया गया। इसकी नींव उत्तर-दक्षिण तक फैली हुयी थी, जो 5.10 मी. ऊँचा तथा 19.80 मी. चौड़ा आँका गया। इस उपकाल की तीसरी रचना 1.10 मी. मोटी कीचड़ की बनी दीवाल का ऊपरी हिस्सा, जो शोषक गर्त से जुड़ा हुआ है। साथ ही इस उपकाल में एकमात्र फर्श एवं गर्त मिले हैं।

इस उपकाल में भूरे एवं लाल रंग से बनी विभिन्न आकार की मृण्मूर्तियाँ प्राप्त हुयी हैं, जिनमें हाथी, वृषभ, बकरा, कुत्ता, साबर, घोड़ा, गदहा, भेड़-बकरी, भैसा एवं सुअर उल्लेखनीय हैं। इस उपकाल की अन्तिम तिथि चौथी-तीसरी शताब्दी ईसा पूर्व निर्धारित किया गया है।[226]

प्रथम सांस्कृतिक उपकाल 'स' (400-200 ई. पूर्व)

इस उपकाल में आकस्मिक रूप से रुक्ष धूसर पात्र मिलते हैं। वही उत्तरी कृष्ण-मार्जित पात्रों के अवनति का प्रमाण मिलता है। नये प्रकार के लोहित रंग के पात्रों की प्राप्ति होती है, जिनमें अहिक्षत्र 10A, कढाई, कोखदार हाण्डी, चौरस पेंदी वाला छिछला कटोरा एवं गहरी पेंदी वाली थाली प्रमुख है। इस काल में कृष्ण-लोहित पात्र पूर्ण रूप से अनुपस्थित है।

डेढ़ मी. की लम्बाई में मिट्टी की दीवाल एवं क्षतिग्रस्त कच्चे फर्श के अवशेष एवं वलय कूप के प्रमाण मिले हैं। पहली बार इस उपकाल में साँचे में ढली हुयी मानवाकृतियाँ मिली हैं। साथ ही हाथ से बनी हुयी मातृदेवी की प्रतिमा, जिसका मुख पशु आकृति का है। अलिखित ढलुआ सिक्के भी प्राप्त हुये हैं।[227]

द्वितीय काल (200 ईसा पूर्व से 100 ई.)

तीसरी शताब्दी ईसा पूर्व के लगभग राजघाट में गाँवों का नगरीकरण प्रारम्भ हो गया था। जनसंख्या वृद्धि के कारण आवासीय क्षेत्र का फैलाव बड़े पैमाने पर हुआ। लोगों ने पूर्व में प्रचलित मृदभाण्डों, यथा कृष्ण-लोहित, कृष्ण मार्जित एवं उत्तरी कृष्ण मार्जित पात्रों को पूर्णतया त्याग दिया। उनके स्थान पर लोहित रंग के पात्र प्रयोग में आए। मृद्भाण्ड उद्योग का पतन शुरु हो गया। धातु के पात्रों का प्रचलन बढ़ा। इस काल में प्रथम बार पकी ईंटों के प्रमाण मिलते हैं। बड़ी मात्रा में ईंटों का प्रयोग यह दर्शाता है कि तकनीकी ज्ञान की वृद्धि के साथ-साथ लोगों की आर्थिक स्थिति सुदृढ़तर हुई। मुहरों के अलावा सिक्कों का निर्माण होने से व्यापार में वृद्धि होने लगी।

इस काल में मकान पकी ईंटों से बनने लगे, यद्यपि कहीं-कहीं कच्ची ईंटों का भी प्रयोग होता रहा। इन मकानों के निर्माण में नींव के प्रमाण दिखाई देते हैं, जो कंकड़, पकी ईंटों के टुकड़ें एवं मिट्टी को कूट-कूटकर बनाये गये हैं। उत्खनन में एक स्थान पर ईंटों तथा कंकड़ की तली, भट्टियाँ तथा गोलाकार कुँओं से युक्त कंकरीट की नींव प्राप्त हुयी हैं। दीवालें पूर्ण रूप से ईंटों की बनी। छत के लिये पक्की मिट्टी के खपड़े, जो एक दूसरे से छिद्रों के द्वारा जोड़े जाते थे, प्रयोग में लाए जाते थे। ये खपड़े लोहे की कीलों से छिद्रों के द्वारा जोड़े जाते थे। बहुधा प्रत्येक मकान में गर्त स्तम्भ (Post Hole) मिले हैं, जिससे ऐसा प्रतीत होता है कि छत को टिकाने के लिए लकड़ी या बाँस के धरन (बाँस के कड़ियों) का प्रयोग होता था।

प्रथम चरण में उत्खनन से प्राप्त कमरों का औसत आकार 2.56×2.26 मी. तथा द्वितीय चरण से 1.90×2.90 मी. प्राप्त हुआ है। प्रत्येक परिवार के पास दो कमरे थे, जिनमें एक या दो द्वार, एक प्रकोष्ठ, एक कुआँ, स्नानार्थ जगती तथा साथ में लगी हुयी एक नाली सम्मिलित था। सफाई की व्यवस्था अवठ कूप (Ring Well) द्वारा पूरी की जाती थी, जिसका तल छिद्रयुक्त होता था। एक दृष्टान्त में मकान के अन्दर अवठ कूप का निर्माण हुआ है, जिसका पूर्ण खुदाई के अभाव में यह कहना कठिन है कि इसका उपयोग किस रूप में हुआ होगा; किन्तु अन्दर पाये जाने के कारण इसका उपयोग शौच के लिए हुआ होगा। ऐसी संभावना व्यक्त की जा सकती है।[228]

मकानों का निर्माण एक सीध में एक-दूसरे से सटाकर बनाये जाने का प्रमाण है। जल निकासी के लिये पकी ईंटों से बनी नाली का प्रमाण दिखता है, जो 2.75 मी. लम्बा होता था, जिसके सिरे बृहदाकार ईंटों से ढके थे। इस प्रकार यह आंशिक रूप से खुला एवं आंशिक रूप से ढका हुआ था। इसका सम्मिलन उत्तर से दक्षिण की ओर होता था। नाली के अन्दर दो लम्बाकार ईंटें मिली हैं, जो संभवतः सफाई के लिए रखी गयी थी। इसकी रचना इस प्रकार हुयी है कि उनके मध्य में केवल द्रव पदार्थ का ही प्रवाह हो।

इस प्रक्रिया के द्वारा नाली किसी भी ठोस अपशिष्ट द्रव्य, जैसे- पत्थर एवं रोड़े (ईंटो के टुकड़े) से नाली को अवरुद्ध होने से बचाया जा सकता था। इस प्रकार की व्यवस्था आधुनिक लोहे की निर्मित छननी का कार्य देती है, जो नाली के तल पर बिछाये जाते थे तथा सीवर के आने से पूर्व उनकी व्यवस्था की जाती थी।

इस काल में आवासीय निर्माण में दो प्रकार की ईंटों का प्रयोग होता था। कच्ची ईंटों का आकार 39×30×7 सेमी. तथा पकी ईंटों का औसत आकार 50×31×5 सेमी. तथा 48×28×5 सेमी.।

मृद्भाण्डों की मात्रा पूर्व के काल की तुलना में कम है। प्रथम उपकाल से प्राप्त रूक्ष धूसर पात्र के कुछ टुकड़े निरन्तरता को व्यक्त करते हैं। सम्पूर्ण पात्र लोहित रंग के हैं, जिन्हें विभिन्न प्रकार से अलंकृत किया गया है, जिनमें चिपकवा पद्धति, ठप्पा द्वारा उकेर कर एवं चित्रण द्वारा महत्त्वपूर्ण है। त्रिरत्न, महत्त्वपूर्ण अंकन है। अलिखित ढलुआ सिक्का एवं मुहरें मिले हैं, जिन पर 'रेवतीमित्र' का लेखन है, जो दूसरी-पहली शताब्दी ई.पू. से संबंधित है। इस काल के तिथि निर्धारण के लिये सहायक है।

अन्य पुरावशेषों में मृण्मूर्तियाँ उल्लेखनीय हैं, जिनमें पशु-पक्षी, स्त्री-पुरुष, मिट्टी के थपुए, मृण्मण्डल, गेंद, झाँवा, झुनझुना, कान के आभूषण प्रमुख हैं। विभिन्न प्रकार के मनकें, जिनमें अगेट, कार्नेलियन, चर्ट, कोरल, क्रिस्टल, फेयांस, ग्लास, लेपिसलेजुली, शंख, क्वार्टज एवं मिट्टी के हैं। पत्थर का मूसल प्रथम बार मिला है। पशुओं के अवशेष में भेड़-बकरी, भेड़, घोड़ा, घड़ियाल, कछुआ आदि मिले हैं। साथ ही बड़ी मात्रा में हड्डी के बाणाग्र मिले हैं। इस काल का अन्त लगभग प्रथम शताब्दी ईस्वी के लगभग होता है।[229]

तृतीय काल (100 ई. से 300 ई.)

यह काल प्रथम शताब्दी ईस्वी के प्रारम्भ से लेकर तीसरी शताब्दी ईस्वी के अन्त तक का प्रतिनिधित्व करता है। इस काल के सभी आवासीय भवन पकी ईंटों के बने हैं,

जिन्हें औसत आकार के आधार पर दो समूहों में विभाजित किया गया है। पहला 40×25×5 सेमी. तथा दूसरा 39×29×5 सेमी.।

इस युग के उत्खनित आवासीय अवशेषों को तीन संरचनात्मक चरणों में विभक्त किया गया है:

संरचनात्मक चरण 1 (संख्या- 209) में ऐसे भवनों की नींव मिली है, जिसके कमरे का आकार 4×4.21 मी. का है, जो एक दूसरे को उत्तर-पूर्व के छोर पर काटते हैं। इसकी नींव 20 सेमी. मोटी है, जो ईंट के टुकड़े एवं कच्ची मिट्टी से बनी हुयी थी। संरचनात्मक चरण 2 (संख्या- 208) में एक ऐसी ईंटों की दीवार थी, जिसके 24 रद्दे मिले हैं। यह दीवार 6.48 मी. लम्बी एवं 29 सेमी. चौड़ी तथा उत्तर दक्षिण की ओर जाती हुयी मिली है। इसके साथ दो मुड़ती हुयी दीवारें हैं। इस संरचना में एक बृहदाकार कमरे का आकार मिलता है, जिसका एक पार्श्व 6.06 मी. लम्बा था। एक पकी ईंटों की बिछी हुयी जगती भी इस संरचना के साथ मिली है, जहाँ ये लोग कार्य करते थे। फर्श के कोने में एक छिछला वृत्ताकार, धँसा हुआ स्थान मिलता है, जो संभवतः पात्रों को रखने के लिये प्रयोग में लाया जाता था। इसी संरचना के समकालीन ईंटों से निर्मित एक कुआँ भी प्राप्त हुआ, जिसका व्यास 65 सेमी. है।

संरचनात्मक चरण-3 (संख्या - 207) से 24 सेमी. मोटाई युक्त कंकरीट फर्श वाला एक दीवारों वाला भवन प्राप्त हुआ है। इस दीवाल की लम्बाई 2.27 मी. थी, जिसमें प्रयुक्त ईंटों के ग्यारह रद्दे मिलते हैं। एक फनाकार भुसौला (Wedge Shaped Bricks) भी प्राप्त हुआ है फलक (XA)। कई दिवालों के अवशेष भी प्राप्त हुए हैं, किन्तु भग्नावस्था में होने के कारण किसी सुनिश्चित योजना का दर्शन नहीं होता। भवनों के निर्माण योजना से स्पष्ट दृष्टिगत होता है कि उनकी रचना प्रमुख दिशाओं को ध्यान में रखकर की जाती थी।

इस युग में साँचे से बनी कलाकृतियों का विकास विस्तृत रूप से प्रतिबिम्बित होता है, जो पूर्व काल की तुलना में सुन्दर दिखती है। साँचे की बनी आकृतियों में सबसे महत्त्वपूर्ण हाथी है, जिसका सुन्दर माथा, सूड़ एवं दाँत के अलावा पीठ पर बने ठप्पे द्वारा अलंकरण, जिनमें पुष्प आकृतियाँ, पत्तियाँ एवं वृत्त प्रमुख हैं। अन्य पशु आकृतियों में बैल, घोड़ा, भालू, कुत्ता, नेवला, बन्दर, ऊँट तथा कुछ कछुएँ भी मिले हैं। साथ ही मानव एवं स्त्री की प्रतिमाएँ भी मिली हैं। स्त्री प्रतिमाओं को विपुल अलंकरण द्वारा अलंकृत किया गया है, जिनमें शिरोभूषण, हार एवं कर्णाभूषण प्रमुख हैं।

इस काल में पूर्णतः लोहित रंग के पात्र मिलते हैं। लोहित पात्र उद्योग, जो द्वितीय काल में ह्रास था, इस काल में अपने आकार, बनावट, सतह के अंकन एवं

पकाने के आधार पर प्रगति पर दिखता है। सामान्यतः पात्र चाक पर बने मध्यम आकार के घड़े हैं, जिन पर अच्छी तरह से लेप लगाया गया है। प्रमुख पात्र प्रकारों में नितल कटोरे, जिनकी तीक्ष्ण अवठ अन्दर की ओर है, कलशनुमा ढक्कन, ढक्कन युक्त कटोरे, नाद, द्रोणी, हत्थयुक्त कड़ाही, घड़े, इत्रदानी तथा टोटीदार घड़े प्रमुख हैं। टोटीदार घड़े में टोटी, मकरमुख, वृषभ, बत्तख, कुत्ता या कीर्ति मुख का बना मिलता है। इस प्रकार के पात्रों का उपयोग चलनी के रूप में होता था, जिनमें पाँच, छः, सात, दस, ग्यारह तथा चौबीस छिद्र बने होते थे। इस काल में अलंकरणों का समूह दिखता है। ठप्पे द्वारा बने वृक्ष एवं फूल-पत्तियाँ प्रमुख अलंकरण हैं। त्रिरत्न अलंकरण विकसित दिखता है। साथ ही साथ श्रीवत्स का अंकन भी विभिन्न आकारों में प्रयोग हुआ।

इस काल के अन्य प्रमुख अवशेषों में मुहरें, मुद्रा एवं सिक्के हैं। लगभग 400 अर्द्धनिर्मित एवं निर्मित मुहरें प्राप्त हुई हैं। लेखन के आधार पर ये प्रथम से तीसरी शताब्दी ईस्वी के मध्य हैं। इनमें से एक मुहर पर कुकुदमान वृषभ का अंकन तथा लेख 'पुष्करन', जो द्वितीय शताब्दी ईस्वी का है। एक अन्य नाम हरिषेण, सामान्य रूप से इन मुहरों पर मिलता है। ठप्पा प्रहार विधि से अंकित मुद्रा प्रथम बार इस काल में मिलता है। इस काल से अयोध्या के शिवदतस तथा कौशाम्बी के नवासा के सिक्के मिले हैं। इसके लेख बाद के कालों के हैं। बड़ी संख्या में प्राप्त ये मुहरें, मुद्रा एवं सिक्के व्यापार-वाणिज्य के उच्च स्तर को इंगित करता है।

दैनिक जीवन में प्रयोग होने वाले मुख्य अवशेषों में पहिया, ढक्कन, थपुआ, बैल, शतरंज का पासा, गेंद, छोटे आकार के दीये, कान के आभूषण, घुनघुना, झाँवा, शंकु एवं डट्टा (Stoppers) हैं। साथ ही मनके, लटकन, ताबीज, कड़ा, चूड़ी आदि भी उल्लेखनीय हैं। बड़ी मात्रा में मिट्टी के मनके मिले हैं, जो टेकुए अथवा मेखला के लिये बनाये जाते रहे होंगे। इसके अतिरिक्त अगेट, कार्नेलियन, फेयांस एवं सीसे के बने मनकें बड़ी मात्रा में मिले हैं। इनमें कार्नेलियन की बनी चिड़िया की आकृति तथा सीसे से बनी कछुए की आकृति का लटकन प्रमुख है। हाथ एवं साँचे से बनी मृण आकृतियाँ प्राप्त हुयी हैं। हाथ से बनी आकृतियाँ भौड़े आकार की हैं, जिनमें मातृदेवी की मूर्ति जिसका मुख पशु का है। तारे का आकार (Star Shaped), जिसमें पैर एवं हाथ का प्रतीक तथा चेहरे को दबाया गया है। इनमें किसी प्रकार की विशेषता नहीं है। साँचे की बनी मानव सिर जो विभिन्न प्रकार का शिरोभूषणों से अलंकृत की गई प्राप्त हुई है। पत्थर के बने अवशेषों की मात्रा बढ़ जाती है। पत्थर के बने लोढ़े बड़ी मात्रा में मिले हैं। हड्डी के अवशेषों में बारहसिंघा, चीतल, ऊँट, घोड़े, कुत्ते, सुअर, बकरे तथा भेड़ बकरी मिले हैं।[230]

चतुर्थ काल (300-700 ई.)

यह काल लगभग 300–700 ई. के मध्य का है। इस काल में आवासीय विन्यास के ह्रास का प्रमाण दिखता है। महत्त्वपूर्ण अवशेषों में दो वर्गाकार कुण्डों के प्रमाण मिले हैं, जिनके पार्श्व चौड़े एवं जिनके साथ ईंटों की बिछी हुई जगती एक अर्द्धवृत्त भवन के साथ प्राप्त हुई है। इनमें एक रसोई घर, एक चूल्हा और बर्तन रखने के मर्तबान, कंकरीट जाली वाला फर्श, एक कमरा एवं एक पकी ईंटों का फर्श मिला है। इस युग में भवनों में उपयुक्त पकी ईंटों का आकार 41.5×26.5×5 सेमी. प्राप्त हुआ है। एक अन्य स्थल पर ऐसा भवन मिला है, जिसकी जगती वृत्ताकार तथा पकी ईंटों द्वारा निर्मित है। ऊपरी परत का व्यास 2.20 मी. तथा निचली परत के का व्यास 3.90 मी. था।

पूर्व उत्खनित भवनों के प्रकार के अतिरिक्त चतुष्शाल प्रणाली से बनाया गया एक विशाल भवन पाया गया था, जिसे कृष्णदेवजी ने (उत्खनन 1940) मन्दिर की संज्ञा प्रदान की थी, लेकिन उत्खननकर्ता ने उसके आसपास के अवशेषों को ध्यान में रखकर इसे भण्डागार बतलाया, क्योंकि इसके आसपास लगभग 12 भूमिगत संरचनाएँ मिली हैं, जो विभिन्न प्रकार के समानों को रखने के लिए बनाये गये थे।[231]

इस काल में लोहित रंग के मार्जित पात्र मिलते हैं, जिनमें लम्बी गर्दन वाली इत्रदानी प्रमुख हैं। पात्रों पर विभिन्न प्रकार से अलंकरण किया जाता था, जिनमें चित्रण उकेर कर चिपकवाँ पद्धति, ठप्पा एवं उभारकर बेल-बूटे का अंकन किया गया है। लोहित रंग के पात्र पर एक हाथी को फूल-पत्तियों से सजाया गया है, जो कला का उत्कृष्ट उदाहरण है। टोटीदार पात्रों की तकनीक में ह्रास दिखता है।

अन्य पुरावशेषों मे दो मुहरें जिन पर पाखिकुला एवं गोविन्द स्वामी लेख अंकन है। साथ ही चार स्वर्ण मुद्रायें गुप्त राजाओं की प्राप्त हुई हैं, जिनमें चन्द्रगुप्त, कुमारगुप्त- प्रथम एवं स्कन्दगुप्त की है, साथ ही पात्रों मे स्वर्ण के अवशेष प्राप्त हुये हैं। यह काल मिट्टी से बनी हुयी पशु आकृतियों से समृद्ध है, जिनमें वृषभ, हाथी, कुत्ता, घोड़ा, सिंह, गैड़ा, कछुआ एवं भालू प्रमुख हैं। मानव मृण्मूर्तियों में महत्त्वपूर्ण विकास दिखता है। इनकी संख्या एवं गुणवत्ता की तुलना किसी भी काल से नहीं की जा सकती है। सुन्दर पुरुष एवं स्त्रियों के सिर मिले हैं, जिन्हें विभिन्न प्रकार से शिराभूषण से अलंकृत किया गया है। खड़ी स्त्री की विभिन्न आकृतियाँ मिली हैं, जिनका बायाँ हाथ कमर पर रखा है। कुछ स्त्रियों की आकृति अंकधात्री की तरह है, बच्चे को अपने हाथ में लिये हुयी है। इसके अतिरिक्त बन्दर, नेगमेश तथा महिष का वध करते हुये देवी प्रतिमा प्राप्त हुई है, जो इस काल के अन्तिम चरण से संबंधित है।

पूर्व काल की तुलना में पत्थर की बनी गेदों की संख्या बढ़ जाती है, साथ ही मिट्टी की बनी पहिया, मण्डल, ढकनी, थपुआ, वृषभ, शतरंज का पासा, गेंद, धूपधानी, कान के आभूषण, घुनघुना, झाँवा, शंकु एवं डट्टा प्रमुख हैं। उस काल में बड़ी मात्रा में अर्द्धबहुमूल्य मनके बने हैं। पशु हड्डियों में भेड़-बकरी, सुअर, बकरा, चित्तल, मुर्गा एवं चूहा प्रमुख हैं।[232]

पंचम काल (700–1200 ईस्वी)

यह काल 700–1200 ईस्वी के मध्य का है। परवर्ती कालों में बृहदाकार गर्त खोदे जाने के फलस्वरूप इस काल का स्तर विन्यास बाधित हो गया है। परिणामतः इस काल में आवासीय भवनों के अवशेष अपेक्षाकृत बहुत कम प्राप्त हुये हैं। संरचना 113 एवं 113A एक पकी ईंटों की दीवाल का हिस्सा है। संरचना 117, 118 एवं 119 एक संयुक्त भवन के अवशेष हैं। दो बड़े भवनों के अवशेष भी उल्लिखित हैं, जिनकी नींव दो बड़े गर्तों (A एवं B) के ऊपर हैं, जिनमें पत्थर के टुकड़े प्रयोग में लाये गये हैं। एक छोटे कमरे के तीन पकी ईंटों की दीवार एवं फर्श मिले हैं। इनका निर्माण ईंटों के टुकड़े एवं कच्ची मिट्टी से हुआ है। संरचना 200, 200A, 200B तथा 200C की दीवालें छोटी कोठरियों की हैं। इनकी तीन शाखाओं के अवशेष का ही पता चला। अन्य आयताकार कोठरियाँ (दीवाल 206, 206A, 206B एवं 206C) भी प्राप्त हुआ है, जिनके अन्दर का आकार 2.75×0.72 मी. है। यह एक फर्श (26) से जुड़ा हुआ है, जिसका निर्माण ईंटों के टुकड़ों एवं गारे मिट्टी से बना है।

इस काल में बड़ी संख्या में स्थापत्य के अवशेष मिले हैं, जिनमें आमलक, मूर्तियाँ, शिवलिंग आदि हिन्दू स्थापत्य से संबंधित है। लोहित रंग के पात्रों की मात्रा सीमित है, जिनकी सतह पर चिपकवाँ एवं ठप्पे द्वारा अलंकरण किया गया है। अधिकांश पात्र लेप रहित है। पात्रों के सजावट की तकनीक पूर्व कालों से अधिक विकसित दिखती है। अन्य पुरावशेषों में मृण्मण्डल, जिसके किनारे-किनारे नाखून से अलंकृत किया गया है। पलंग के आकार का चार पहियायुक्त स्टूल, छुरा, खिलौने की गाड़ी, पहिया, ढक्कन, थपुआ, गेंद, घुनघुना, कान के आभूषण, डट्टा एवं शंकु। मनकें जो अगेट, कार्नेलियन, चाल्सीडोनी, क्रिस्टल, सीसे, लेपीसलेजुली, हड्डी एवं मिट्टी की बनी है। बड़ी संख्या में पत्थर के लोढ़े एवं चक्की मिली है। मृत्तिका कला अवनति की ओर दिखता है, जो कला के प्रचलन एवं स्थिति पर निर्भर दिखता है, कुछ बड़े आकार की मातृदेवी की मृण्मूर्ति मिली, जिसको साँचे एवं हाथ दोनों तरह से बनाया गया है।

षष्ठ काल (1200-1700 ईसवी)

बारहवीं शताब्दी ई. में इस संस्कृति के लोगों के अवशेषों का प्रमाण पूर्व काल की निरन्तरता को इंगित करता है। पूर्व काल से अलग प्रकार के लोहित रंग के मृद्भाण्ड मिलते हैं। ये भौड़े से लेकर मध्यम आकार के हैं, जो चाक पर बने हैं तथा मध्यम लोहित रंग के हैं। पात्रों को सजाने के लिए उकेर कर फूल-पत्तियाँ, तिर्यक् रेखाएँ, ठप्पा, लहरदार पंक्ति, जाली, अर्द्धवृत्त, मेहराब, फंदे, तिरछी लकीरों का प्रयोग किया जाता था। एक अलंकरण में फूल-पत्तियों से अलंकृत घोड़े पर सवार व्यक्ति तथा दूसरा हाथी को बाँधे हुये दिखलाया गया है। पात्र प्रकारों में विशिष्ट आकार वाला तीक्ष्ण अवठ वाला कटोरा, तीक्ष्ण बारी वाला ढक्कन, गहरे वर्तुलाकार हुण्डीयुक्त मजबूत तस्तरी, जिसका अवठ नाखुन की तरह तीक्ष्ण है, टोटीदार पात्र, जिसमें एक अथवा दो मुख बना है, विशेष प्रकार का हत्थायुक्त डोंगा उल्लेखनीय हैं। सामान्य रूप से लोहित रंग के पात्र लोगों के जीवन वृत्ति के अभिन्न अंग बने हैं।

काँचित पात्र (ग्लेज युक्त पात्र) मध्य एवं बाद के स्तर से मिले हैं, इनकी तीन श्रेणियाँ हैं-पहला मोटे आकार का सोखने वाला हल्का गुलाबी अथवा जिसका अन्तर्भाग सफेदी लिये हुए है। इस पर दो या दो से अधिक रंगों द्वारा वानस्पति एवं ज्यामितीय अंकन किया गया है। दूसरी श्रेणी के पात्र जिस पर मोटा ग्लेज लगाया गया है, सामान्य लोहित पात्र है। द्विरंगी एवं बहुरंगी प्रकार के पात्र इस श्रेणी में आते हैं। अलंकरण के लिए मुख्य रंग हरा है, पात्रों की तीसरी श्रेणी पतला, कठोर एवं ठोस चीनी मिट्टी के पात्र हैं, जिनका अन्तर्भाग सफेद है। चीनी मिट्टी के पात्रों में ग्लेज उच्च कोटि का है तथा सजावट भी अच्छी तरह किया गया है। इनमें केवल कटोरा एवं थालियाँ प्रमुख हैं।

कुछ आवासीय संरचना इस काल में उल्लिखित है। इनमें कुछ दीवालें, जली संरचना, अर्द्धवृत्ताकार ईंटों से बना कुआँ तथा कुछ फर्श जो चूने के गारे से बना है।

पुरावशेषों में मिट्टी की बनी मानवकृतियों का अभाव सा है। एक महत्त्वपूर्ण आकृति मयूरासीन कार्तिकेय की है। यह काल पशु आकृतियों से समृद्ध है, जिनमें वृषभ, हाथी, घोड़े, भेंड़ा, भालू एवं भेड़ है। इनमें आधी आकृतियाँ वृषभ से संबंधित है।

अन्य पुरावशेषों में मृण्मण्डल, ढक्कन, गेंद, लोढ़ा, कर्णाभूषण, झावाँ, लटकन एवं शंकु है। आभूषणों में विभिन्न प्रकार के मनके एवं चूड़ियाँ हैं। यह काल पशु अवशेषों की अस्थियों की दृष्टि से अछूता है। दो महत्त्वपूर्ण सिक्के, जिनमें एक शेरशाह सूरी एवं दूसरा अकबर का है। ईस्ट इण्डिया कम्पनी का सिक्का ऊपरी सतह से प्राप्त हुआ है।[233]

सराय मोहाना (अक्षांश $25^0 19'59''$ उत्तर, देशान्तर $83^0 2'57''$ पूर्व)

आद्यैतिहासिक पुरास्थल सरायमोहाना वाराणसी शहर के उत्तर-पूर्वी छोर पर वरुणा नदी के बायें तट पर स्थित हैं। टीले का विस्तार 250 मी. उत्तर-दक्षिण एवं 150 मी. पूर्व-पश्चिम दिशा में है, तथा सतह से इसकी ऊँचाई 3 मी. है। सन् 1967-68 ईस्वी में काशी हिन्दू विश्वविद्यालय के प्राचीन भारतीय इतिहास संस्कृति एवं पुरात्तव विभाग द्वारा प्रो. ए.के. नारायण एवं उनके सहयोगी टी.एन. राय तथा डॉ. बीरेन्द्र प्रताप सिंह के निर्देशन में उत्खनन कार्य हुआ। उत्खनन के फलस्वरूप दो सांस्कृतिक कालों के प्रमाण उपलब्ध हुये, जिनके बींच में एक अन्तराल है।

प्रथम काल

प्रथम काल को तीन उपकालों प्रथम 'अ', 'ब' एवं 'स' चरणों में विभाजित किया गया है। यह विभाजन मृद्भाण्ड परम्परा एवं अन्य पुरावशेषों के आधार पर है, जो राजघाट एवं प्रह्लादपुर से समानता लिये हुये हैं।

प्रथम उपकाल 'अ'

यह उपकाल सरायमोहाना में प्रारम्भिक बसाव को इंगित करता है। इस काल के मृद्भाण्डों में कृष्ण-मार्जित, कृष्ण-लोहित (सादा एवं चित्रित), रूक्ष एवं लेपित लोहित पात्र तथा कुछ धूसर रंग के पात्र मिले हैं। कुछ कृष्ण-लोहित रंग के पात्र सफेद एवं काले रंग से अन्दर की ओर चित्रित है। अन्य पुरावशेषों में हड्डी का बाणाग्र, मनके, मृण्मण्डल, टेकुआ (Terracotta spindle whorl) एवं शंकु है।

प्रथम उपकाल 'ब'

पूर्व काल के निरन्तरता के साथ उत्तरी कृष्ण- मार्जित पात्र का आगमन विभिन्न चित्रित रूपों में होता है। इस काल में पूर्ण रूप से सांस्कृतिक विकास का प्रमाण दिखता है। अन्य सांस्कृतिक अवशेष नये संदर्भ में पूर्वकाल के नैरन्तर्य है। मिट्टी की मानवाकृति एवं पशु आकृतियाँ भी मिली हैं। सिवाय ताँबे एवं लोहे के अवशेषों के।

प्रथम उपकाल 'स'

इस उपकाल की प्रमुख विशेषता रूक्ष सतह वाले मृद्भाण्ड हैं। साथ ही रूक्ष धूसर पात्र विशेष रूप से मिलते हैं। कुछ नये प्रकार के पात्रों, जिनमें नासपाती आकार के घड़े (अहिछत्र 10A), हत्थायुक्त कड़ाही, कोखदार हाड़ी एवं गहरी छिछली युक्त थालियाँ प्रमुख हैं। उत्कृष्ट कोटि के कृष्ण-लोहित पात्रों का अभाव है। संरचनात्मक अवशेषों में मिट्टी की बनी अवठकूप, जिनकी तीन अवठ सुरक्षित मिलीं।

द्वितीय काल

यह काल मध्यकाल का उत्तरवर्ती चरण हैं। इस काल में केवल लोहित रंग के पात्र मिले हैं, जिनमें तीक्ष्ण अवठ वाले कटोरे एवं कोखदार पात्र हैं, जो हस्तिनापुर, राजघाट एवं रोपड़ के पात्रों के सदृश्य हैं। संरचनात्मक अवशेषों में दो मिट्टी के बने चूल्हे, मिट्टी का बना धार्मिक अग्नि अवशेष तथा क्षतिग्रस्त चूने का फर्श मिला है।[234]

सन् 1967-68 ई. में किये गये उत्खनन से प्राप्त अवशेषों का विस्तृत उत्खनन रिपोर्ट डॉ. बीरेन्द्र प्रताप सिंह एवं डॉ. अशोक कुमार सिंह द्वारा भारती- 27, 2002-2003, शोध पत्रिका, प्राचीन भारतीय इतिहास, संस्कृति एवं पुरातत्त्व, काशी हिन्दू विश्वविद्यालय में प्रस्तुत किया, जिसमें सराय मोहाना को तीन काल खण्डों में विभाजित किया गया है।

प्रथम काल

यह काल कृष्ण-लोहित मृद्भाण्ड को प्रस्तुत करता हैं, जिस पर काले एवं सफेद रंग से सीधी एवं वक्र रेखाओं द्वारा चित्रकारी की गयी है। साथ ही कृष्ण-मार्जित, लोहित (लेपित तथा बिना लेप के) तथा कुछ धूसर रंग के पात्र हैं। इस काल में उत्तरी कृष्ण-मार्जित पात्र अनुपस्थित है तथा अल्प मात्रा में सांस्कृतिक पुरावशेष प्राप्त हुए हैं, जिनमें हड्डी का बाणाग्र, मनका, मृण्मण्डल एवं शतरंज का पाशा उल्लेखनीय है। यह काल सरायमोहाना के प्रथम 'अ' एवं राजघाट के प्रथम 'अ' के सदृश है। संस्कृति संचय इसकी तुलना निम्नलिखित पुरास्थलों से करते हैं, जिनकी C-14 तिथि ज्ञात है, जिनमें सहगौरा (1330±110 B.C. एवं 1230±130 B.C.), खैराडीह (1030±160 B.C., 940±150 B.C.) सेनुआर (cal. B.C. 1459), झूँसी (1340±90 B.C., 830±90 B.C.) राजा नल का टीला (1310±90 B.C., 1150±90 B.C.), मलहर, (1500±90 B.C.) तथा नरहन (1100±110 B.C., 1090±110 B.C.) प्रमुख हैं। साथ ही सरायमोहाना के पात्र धूरियापार-

प्रथम, इमलीडीह खुर्द- द्वितीय, वैना- प्रथम, भूनाडीह- प्रथम ब, अगियाबीर- प्रथम तथा अकथा- प्रथम के पात्रों के सदृश्य हैं। उपरोक्त विवरणों (C-14 तिथि) से इस पुरास्थल की तिथि 1300 ईसा पूर्व से उत्तरी कृष्ण-मार्जित चरण के प्रारम्भ होने से पूर्व माना जा सकता है।[235]

द्वितीय काल

इस काल की अवधि उत्तरी कृष्ण मार्जित संस्कृति से लेकर उसके अन्त तक का है, जिसे प्रारम्भिक एवं उत्तरवर्ती चरण में विभाजित किया गया है, जो सरायमोहाना एवं राजघाट के प्रथम- 'ब' एवं प्रथम 'स' के सदृश्य है। प्रारम्भिक चरण में कृष्ण-लोहित, कृष्ण-मार्जित एवं लोहित रंग के पात्रों के साथ सर्वप्रथम उत्तरी कृष्ण-मार्जित पात्र मिलते हैं, जिसका उत्तरी चरण में ह्रास दिखता है। हुण्डीयुक्त कृष्ण-मार्जित पात्र, जिसके मध्य में वृत्त बना है। इस काल के पुरावशेषों में ताँबे की बनी शलाखा, घण्टी, तार, हुक, लौह उपकरणों में खुरपी, छेनी, बाणाग्र, भाला (टूटा हुआ), कील, छल्ला एवं धातुमल के अवशेष मिले हैं। साथ ही बड़ी मात्रा में हड्डी के बाणाग्र, विभिन्न प्रकार के पत्थरों एवं मृण्मनके, मण्डल, पहिया, गेंद, शतरंज तथा मानव एवं पशु आकृतियाँ मिली हैं। पशु आकृतियों में हाथी, घोड़ा, गाय, नीलगाय, वृषभ, कुत्ता, नाग एवं चिड़ियाँ प्रमुख हैं।

तृतीय काल

यह उत्खनन (सरायमोहाना) के द्वितीय काल के सदृश है। उत्खननकर्ता के अनुसार द्वितीय काल के समाप्ति के बाद पुरास्थल उजड़ गया। दुबारा तृतीय काल में पुनः बसा। इस काल से प्राप्त लोहित रंग के पात्र अपनी विशेषता के लिए विख्यात है। प्रमुख पात्र प्रकारों में इत्रदानी, हुण्डीदार ढक्कन, दवातयुक्त ढक्कन, कोखदार कटोरा एवं हाण्डी है। प्रथम तीन पात्र प्रकार गंगा घाटी में कुषाणकालीन स्तर से तथा अन्य मध्यकालीन स्तर से मिलते हैं। पुरावशेषों में ताँबे की बनी शलाका, कील एवं तार, लौह उपकरणों में बाणाग्र, भाला, खंजर, चाकू, कील, छल्ला एवं धातुमल, विभिन्न प्रकार के हड्डी के बाणाग्र, मिट्टी एवं पत्थर के बने विभिन्न आकार के मनके, मृण्मण्डल, शतरंज का पासा, लोढ़ा, पहिया एवं खिलौना गाड़ी तथा पत्थर का बना झावाँ, लोढ़ा है साथ ही सीप की बनी चूड़ियाँ प्राप्त हुयी हैं।

इन पुरावशेषों का अध्ययन करने से यह ज्ञात होता है कि तृतीय काल की सामग्री मिश्रित है, जिसमें कुषाण, गुप्त एवं पूर्व मध्यकाल के अवशेष सम्मिलित हैं।

निष्कर्ष

वाराणसी के समीपवर्ती क्षेत्रों में विभिन्न व्यवसायों से संबंधित बस्तियों का उल्लेख मिलता है जिनमें बढ़ई ग्राम, कुम्हार ग्राम, आखेटक एवं लोहार ग्राम प्रमुख हैं। बौद्ध साहित्य में लोहार ग्राम का उल्लेख है[236], जो राजघाट से 1 किमी. उत्तर-पूर्व में स्थित है। इस प्रकार के गाँवों को द्वारग्राम में सम्मिलित किया जाता था, जो अमलैंड (Umland) कहा जाता था, जो शहर के आसपास होता था। सरायमोहाना भी इसी प्रकार का स्थल है। इस स्थल के लोगों की आजीविका का स्रोत कृषि, पशुपालन, आखेटक एवं मत्स्य पालन, जैसे- छोटे व्यवसायों पर निर्भर था। धान की भूसी, पशुओं के अवशेष, हड्डी के बाणाग्र एवं पत्थर की बनी गेंदों से इसकी पुष्टि होती हैं। गंगा एवं वरुणा का संगम मछली पालन के लिए विशेष रूप से उल्लेखनीय था।[237]

कमौली

यह पुरास्थल उत्तर प्रदेश के वाराणसी जिले में स्थित है। सन् 1963-64 ईस्वी में छोटे पैमाने पर उत्खनन किया गया।[238] यहाँ से दो सांस्कृतिक कालों के प्रमाण उपलब्ध हुये है- प्रथम सांस्कृतिक काल आद्यैतिहासिक संस्कृति से संबंधित है, जिनमें लोहित रंग का पात्र एवं चर्ट का बना ब्लेड उल्लेखनीय है। कमौली का दूसरा सांस्कृतिक काल परवर्ती मध्यकाल से संबंधित है। कन्नौज के नरेशों के इक्कीस ताम्रपत्र तथा चार अन्य अभिलेख इस गाँव से प्राप्त हुये।[239]

अकथा (अक्षांश 25^0 22′ उत्तर, देशांतर 83^0 1′ पूर्व)

अकथा स्थल लगभग 4 वर्ग किलोमी. क्षेत्र में फैला हुआ है। वर्तमान बस्ती के कारण इस टीले का बहुत बड़ा भाग घेर लिया गया है, किन्तु बीच का भाग कृषि कार्य के लिए उपयोग में लाया जा रहा है, जो बहुत कुछ सुरक्षित है। अकित्ति जातक[240] में बोधिसत्त्व अकित्ति की कहानी वर्णित है, जिसके नाम पर वाराणसी के द्वार एवं घाट का नामकरण हुआ है। यदि वर्तमान गाँव अकथा और जातक में वर्णित अकित्ति के बीच सम्बन्ध स्थापित करें तो इसका महत्त्व प्रतिलक्षित होता है, क्योंकि जातक से जहाँ एक ओर तिथि निर्धारण में सहायता मिलती है, वहीं पुरातात्त्विक साक्ष्य इस बात को पुष्ट करते हैं।

संयोग से अकथा का शाब्दिक अर्थ 'बिना दोष और सुरक्षित' होता है। इस शाब्दिक अर्थ के अनुरूप क्या यह मानना उचित होगा कि अकथा नाम इसलिए दिया

गया क्योंकि यह सुरक्षित तथा दोष मुक्त जगह रहने के लिये थी? उल्लेखनीय है कि अकथा, सारनाथ जैसे महत्त्वपूर्ण धार्मिक स्थल के बहुत पास स्थित था। यह कहना बड़ा कठिन है कि सारनाथ के पास और उसके चारों तरफ शहरी आबादी थी या नहीं। उदाहरणार्थ सिलोनी रिकार्ड (Ceylonese records) में सारनाथ स्वयं में एक शहर रहा है। अब तक सारनाथ का कोई भी क्षेत्र शहर जैसा नहीं मिला है। यहाँ यह अधिक संभावना है कि अकथा ही ऐसा महत्त्वपूर्ण आवासीय शहरी क्षेत्र रहा है, जिसको इस श्रेणी में रखा गया होगा, जिसका सिलोनी रिकार्ड विवरण देता है। इसके अलावा अकित्ति जातक में द्वार एवं घाट का वर्णन शहरी क्षेत्र को दर्शाता है। यदि इन तथ्यों को लिया जाय तो यह कहा जा सकता है कि अकथा पुराने वाराणसी शहर का फैलाव रहा हो और सारनाथ से बहुत निकट रहा हो।

अकथा नाला, नरोखर नाला का ही एक शाखा है, जिनकी धारायें सारंग ताल में मिलती हैं। इसके साथ ही यह टीला पूर्ण रूप से विकसित प्राचीन धार्मिक आवास सारनाथ के बहुत नजदीक है। इससे यह साबित होता है कि अकथा का इतिहास सारनाथ जैसे धार्मिक स्थल के सामानान्तर ही था, और यह प्राचीन वाराणसी के मुख्य और उपनगरी क्षेत्र के रूप में था।[241]

सांस्कृतिक अनुक्रम निश्चित करने के उद्देश्य के साथ-साथ अकथा क्षेत्र की प्रकृति जानने के लिये प्राचीन भारतीय इतिहास, संस्कृति एवं पुरातत्त्व विभाग, काशी हिन्दू विश्वविद्यालय के प्रो. विदुला जायसवाल एवं डॉ. बीरेन्द्र प्रताप सिंह ने 2002 में उत्खनन करवाया, जिसके फलस्वरूप यहाँ पर पाँच सांस्कृतिक कालों का प्रमाण मिला।[242]

प्रथम काल - प्राक् उत्तरी कृष्ण-मार्जित मृद्भाण्ड संस्कृति

इस काल के अवशेष स्तर 15-18 के मध्य के हैं। प्रमुख पात्रों में कृष्ण- मार्जित, कृष्ण-लोहित एवं लोहित रंग के पात्र मिले हैं, जो गंगा घाटी में ताम्राश्मीय एवं प्रारम्भिक लौह संस्कृति के पात्रों से साम्य रखती है। नरहन के प्रथम काल, सेनुआर प्रथम– 'ब', अतरंजीखेड़ा– द्वितीय काल एवं प्रारम्भिक लौह संस्कृति महलर के लाल पात्रों से अकथा के प्रथम काल के पात्र मेल खाते हैं। इस काल में पात्रों में चित्रण का अभाव है। पुरावशेषों में मृत्तिका का बना मण्डल, मनका, गेंद तथा मृद्भाण्ड को विभिन्न ज्यामितीय आकार का स्वरूप प्राप्त हुआ है। साथ ही लोहे की बनी छेनी, हड्डी का बाणाग्र एवं पत्थर का चिप्पड़, गेंद व लोढ़ा उल्लेखनीय है। इस काल की तिथि लगभग ई.पू. 1200 शताब्दी से 700/600 ई.पू. निर्धारित किया गया है।

द्वितीय काल - उत्तरी कृष्ण-मार्जित मृद्भांड संस्कृति

इस काल का उत्तरी कृष्ण-मार्जित संस्कृति चरण का एक मोटा जमाव (स्तर 9-14) प्राप्त हुआ है, जिसे बाद के संचय, जो फर्श के हैं, से पृथक् किया गया है। इस चरण में कोई भी फर्श नहीं मिला है। यद्यपि इस काल में आवासीय मलबा प्राप्त हुआ है। अधिक मात्रा में उत्तरी कृष्ण-मार्जित मृद्भाण्ड तथा उससे संबंधित पात्र इस काल की पहचान में सहायता करते हैं, जिनमें चमकीली धूसर पात्र, कृष्ण-मार्जित एवं लोहित रंग के पात्र हैं। अन्य प्रमुख पुरावशेषों में मृण्मनके, मण्डल, शंक्वाकार अवशेष एवं गेंद प्रमुख हैं। इस काल की तिथि 600 ई.पू. से 200 ई.पू. माना गया है।

तृतीय काल - शुंगकाल

इस काल के अवशेष, फर्श-7 एवं फर्श- 5 के मध्य के हैं, जो शुंगकाल के समकालीन है, क्योंकि स्तर -5 एवं स्तर-8 के मध्य प्राप्त मृद्भाण्डों को मध्य गंगा घाटी से प्राप्त मृद्भाण्डों से तुलनात्मक अध्ययन करने पर यह काल उत्तरवर्ती उत्तरी कृष्ण-मार्जित चरण विशेषतः द्वितीय-प्रथम शताब्दी ई.पू. से ईस्वी के प्रारम्भ तक ज्ञात होता है। प्रसंगवश यक्ष की प्रतिमा इसी काल में संबंधित है, जो सर्वेक्षण से प्राप्त हुयी थी[243]।

इस काल में लोहित रंग के पात्रों के अतिरिक्त मृत्तिका पात्रों में मनका, मण्डल, चूड़ी, गेंद तथा खपड़ैल है, साथ ही पत्थर की गेंद, मनका, लोढ़ा, शंख की बनी चूड़ी, ताँबे की शलाखा, धातुमल एवं सीसे का बना मनका प्रमुख है।

चतुर्थ काल - कुषाण काल

पूर्व काल की तुलना में कुषाण काल संचय सीमित है। स्तर-3 एवं स्तर-4 से बड़ी संख्या में ईंटें संरचनात्मक निर्माण को इंगित करती हैं, जो संभवतः एक बड़ा कमरा एवं फर्श से संबंधित है। इस प्रकार का आवासीय विन्यास पहली-दूसरी शताब्दी ईस्वी में मध्य-गंगा घाटी में ग्रामीण विन्यास को इंगित करता है। फर्श-2, संरचना-2 से सम्बन्धित है, जबकि फर्श-3 एवं फर्श- 4 का क्रमबद्ध रूप से पुनर्निर्माण किया गया था। पात्र प्रकारों के बनावट एवं प्रारूपकीय आधार पर स्तर-3 एवं स्तर-4 को प्रथम शताब्दी के प्रारम्भ से तीसरी-चौथी शताब्दी का निर्धारित किया गया है। इस काल में लोहित पात्रों के अतिरिक्त मृण्मनके, गेंद, मण्डल, हाथ से बनी मानवाकृति तथा पशु आकृतियाँ हैं, साथ ही पत्थर की गेंद एवं लोहे के सामग्री मिली हैं।

पंचम काल - गुप्तकाल

अकथा- प्रथम का सबसे ऊपरी संचय गुप्तकाल का स्वीकार किया गया है। फर्श-1 एवं संरचना -1 की स्थिति गुप्तकाल का प्रतिरूप है। टूटी हुयी ईंटें संरचनात्मक बनावट की ओर इंगित करती है। फर्श-1 सतह से उखड़ा हुआ है, जो खात-BB 9 से संबंधित है। पूर्व के अवशेष स्तर-1 से जबकि बाद के अवशेष स्तर-2 से संबंधित है, जो यह बतलाते हैं कि पूर्णतः क्षैतिज सतह गुप्तकाल से संबंधित था। यहाँ से प्राप्त स्थापत्य अवशेष एवं मृद्भाण्ड गुप्तकाल से संबंधित है।

गुप्तकाल के बाद यह पुरास्थल उजड़ गया। स्थापत्य अवशेषों के समूह गुप्तोत्तर काल की विशेषता बतलाते हैं। ब्राह्मी लिपि में लिखित मुहर पर *'अज्जो'* प्राप्त हुआ, जो प्रारम्भिक मध्यकाल से संबंधित है, लेकिन उत्खनन से इस काल के अवशेषों का अभाव है।

वारुणेय क्षेत्र में पूर्व में सर्वेक्षित पुरास्थल

वारुणेय क्षेत्र में समय-समय पर भिन्न-भिन्न उद्देश्यों से सर्वेक्षण किया गया, जिसके परिणामस्वरूप अनेक महत्त्वपूर्ण पुरास्थल प्रकाश में आये, जिनका विवरण निम्नलिखित है–

वरुणा के प्राचीन धारा प्रवाह का सर्वेक्षण[244]

पिण्डारी (अक्षांश $25^0 29'5''$ उत्तर, देशान्तर $82^0 49'44''$ पूर्व)

यह स्थल वाराणसी-जौनपुर मार्ग पर पिण्डरा नामक कस्बे के समीप स्थित है। इस पुरास्थल के चारों तरफ खाई है, जो परिखा का काम करती है। यहाँ से लोहित, धूसर, कृष्ण-मार्जित एवं उत्तरी कृष्ण-मार्जित पात्र मिले हैं। वर्तमान समय में इस पुरास्थल के समीप कोई भी जल स्रोत नहीं प्राप्त होता, लेकिन दूर संवेदी मानचित्र में इस स्थल को एक प्राचीन धारा से जुड़ा दिखलाया गया है।

बसनी (अक्षांश $25^0 26'52''$ उत्तर, देशान्तर $82^0 49'58''$ पूर्व)

यह पुरास्थल बाबतपुर हवाई अड्डे से लगभग 2-3 किमी. पश्चिम दिशा में स्थित है। यहाँ से तालाब की खुदाई में 396 कुषाणकालीन सिक्के प्राप्त हुये, जो वर्तमान समय में काशी हिन्दू विश्वविद्यालय के भारत कला भवन में रखे हैं। सर्वेक्षण से प्राप्त पुरावशेष इस स्थल को प्रथम शताब्दी ई.पू. से ईस्वी सन् तक व्यक्त करते हैं। दूर संवेदी मानचित्र में इसे वरुणा नदी की प्राचीन धारा के किनारे स्थित दिखलाया गया है।

अहराक (अक्षांश 25^{0}25′56″ उत्तर, देशान्तर 82^{0}54′49″ पूर्व)

यह पुरास्थल वाराणसी लखनऊ रेलवे मार्ग के समीप स्थित है, जो वीरापट्टी रेलवे स्टेशन से 3 किमी. की दूरी पर है। यहाँ से कृष्ण लोहित एवं लोहित रंग के पात्र मिले हैं। मुख्यतः मृद्भाण्ड प्रारम्भिक ऐतिहासिक काल से संबंधित है।

शंकरपुर (अक्षांश 25^{0}26′41″ उत्तर, देशान्तर 82^{0}53′3″ पूर्व)

अरहाक से उत्तर दिशा में कुछ दूर एक अन्य टीला है, जिसके अवशेष अरहक से समानता लिये हुये हैं।

मुर्दहा (अक्षांश 25^{0}25′8″ उत्तर, देशान्तर 82^{0}57′57″ पूर्व)

यह पुरास्थल प्राचीन धारा पथ के किनारे स्थित है। टीले पर पुलिस स्टेशन का निर्माण किया गया है। स्थिति एवं पुरावशेषों (लोहित रंग, कृष्ण-मार्जित पात्र तथा वलयकूप) के आधार पर यह समृद्ध पुरास्थल है।

कोंची (अक्षांश 25^{0}22′57″ उत्तर, देशान्तर 83^0 6′11″ पूर्व)

यह पुरास्थल वरुणा नदी के प्राचीन धारा (नाले) के किनारे स्थित है, जो गंगा में मिलता है। यहाँ से शुंग-कुषाणकालीन लोहित रंग के पात्र मिले हैं।

जाल्हूपुर (अक्षांश 25^{0}22′56″ उत्तर, देशान्तर 83^{0}7′22″ पूर्व)

यह कोंची के पास स्थित है। यहाँ से प्राप्त मृद्भाण्ड कोंची से प्राप्त पात्रों के सदृश है।

पियरी (अक्षांश 25^{0}24′47″ उत्तर, देशान्तर 83^0 3′15″ पूर्व)

यह पुरास्थल भगवती बाँध के समीप स्थित है, जो सारनाथ से लगभग 6-7 किमी. उत्तर दिशा में है। विस्तृत क्षेत्र (6-7 एकड़) में फैले इस स्थल से धूसर एवं लोहित रंग के पात्र मिले हैं।

सिरसा/कोटवा (अक्षांश 25^{0}20′37″ उत्तर, देशान्तर 82^0 55′35″ पूर्व)

दूर संवेदी मानचित्र से ज्ञात होता है कि यह पुरास्थल वरुणा के प्राचीन प्रवाह पथ पर स्थित है, जो आधुनिक वरुणा नदी के समानान्तर है। यहाँ से कृष्ण लोहित एवं उच्च कोटि के लोहित मृद्भाण्ड प्राप्त हुए हैं।

लोहरापुर (अक्षांश $25^{0}21'44''$ उत्तर, देशान्तर 82^{0} $53'59''$ पूर्व)

यह पुरास्थल वरुणा नदी एवं एक नाले के मध्य में स्थित है। वर्तमान समय में मानव अधिवास एवं कृषि के कारण यह पुरास्थल नष्टप्राय हो गया है। सर्वेक्षण से प्राप्त मृद्भाण्ड के ठीकरे विभिन्न पुरातात्त्विक स्तरों से संबंधित हैं। यह स्थल अपने नाम के कारण लोहार बस्ती से संबंधित हो सकता है। ऐसी संभावना व्यक्त की जा सकती है कि प्राचीन वाराणसी राजघाट की लौह आवश्यकताओं की पूर्ति यह स्थल करता रहा है, जिसे वरुणा के माध्यम से पहुँचाया जाता रहा होगा।

कोरोमान

वरुणा नदी से 1.5 किमी. दाहिने तरफ यह पुरास्थल स्थित है। दूर संवेदी उपग्रह से इसे वरुणा के तट पर दिखलाया गया है। यहाँ से शुंग-कुषाणकालीन पात्र मिले हैं।

कोईरीपुर खुर्द

यह पुरास्थल कोईरीपुर कोरोमान से थोड़ी दूर पर स्थित है। यहाँ से कुषाण-गुप्तकालीन पात्र मिले हैं।

रैमलपुर

यह स्थल वाराणसी से 48 किमी. दूर भदोही, जौनपुर मार्ग पर स्थित है। यहाँ से लोहित, धूसर, कृष्ण-मार्जित, उत्तरी कृष्ण-मार्जित एवं कृष्ण लोहित पात्र मिले हैं। साथ ही ईंटों की बनी दीवाल, चुड़ियाँ एवं चूल्हे भी मिले हैं।[245]

असनाव

यह पुरास्थल वाराणसी से 32 किमी. पश्चिम में तथा भदोही से 6 किमी. उत्तर-पश्चिम में स्थित है। यहाँ धूसर रंग का पात्र, कृष्ण मार्जित, लोहित मार्जित एवं कृष्ण-लोहित, पात्र मिले हैं। साथ ही विष्णु की खण्डित प्रतिमा भी प्राप्त हुई है।

भगवतीदासपुर

यह पुरास्थल वाराणसी से 48 किमी. पश्चिम तथा भदोही से 11 किमी. दक्षिण पूर्व में भदोही-मिर्जापुर मार्ग पर स्थित है। टीले का प्राचीन नाम कुदवा है। यहाँ से धूसर, कृष्ण-लोहित, लोहित, कृष्ण मार्जित, उत्तरी कृष्ण मार्जित पात्र मिले हैं। स्थापत्य अवशेषों में शिवलिंग, नन्दी एवं गणेश प्रमुख हैं।

बनकट

यह पुरास्थल ज्ञानपुर से लगभग 7.5 किमी. पश्चिम दिशा में स्थित है। यहाँ से धूसर, कृष्ण-मार्जित, कृष्ण-लोहित, उत्तरी कृष्ण मार्जित, लोहित एवं मुस्लिम ग्लेज पात्र मिले हैं। साथ ही स्थापत्य अवशेषों में स्त्री प्रतिमा उल्लेखनीय है।

पहड़ियाँ[246]

पहड़ियाँ का ऊँचा शंकु जैसा टीला स्तूप जैसा मालूम होता है। वर्तमान समय में आवासीय क्रियाकलापों से टीले का निचला भाग सूखे हुये ईंटों से बना दिखता है। यहाँ के आवासीय अवशेष अच्छे नहीं कहे जा सकते हैं। आवासीय क्षेत्र और अकथा तक उसका विस्तार यह दर्शाता है कि पहड़ियाँ का टीला शायद पहले के दक्षिणी छोर पर स्थित रहा, जो मुख्य आवासीय क्षेत्र रहा होगा।

तिलमानपुर (अक्षांश $25^{0}21'35''$ उत्तर, देशान्तर 83^{0} 2' पूर्व)

यह पुरास्थल वाराणसी-गाजीपुर राष्ट्रीय राजमार्ग के दक्षिण तरफ स्थित है। परीक्षण उत्खनन से चार कालों के प्रमाण प्राप्त हुये, जिनमें प्रथम काल उत्तरी कृष्ण-मार्जित मृद्भाण्ड संस्कृति के समकालीन है, जिसकी तिथि छठी शताब्दी ई.पू. से तीसरी शताब्दी ईसा पूर्व तक निर्धारित की गयी है। पुरावशेषों में मनका, गेंद, ताँबे की चूड़ी लोहे की छेनी, पत्थर की मण्डल प्रमुख हैं। द्वितीय काल उत्तरवर्ती उत्तरी कृष्ण-मार्जित संस्कृति से सम्बन्धित है, जो द्वितीय शताब्दी ई.पू. से ईस्वी के प्रारम्भ तक है। प्रमुख अवशेषों में धूसर, कृष्ण मार्जित एवं लोहित रंग के पात्र मिले हैं साथ ही मृत्तिका का बना मनका, चूड़ी, पहिया, लोहे के बाणाग्र एवं सीसे का मण्डल मिला है। तृतीय काल कुषाणकाल से संबंधित है, जिसमें लोहित रंग के पात्र मिले हैं। साथ ही मिट्टी की चूड़ी, मण्डल, वृषभ, मनका, लोहे की रूखानी एवं फाल, पाषाण का मनका एवं हड्डी की रूखानी प्रमुख हैं। चतुर्थ काल गुप्तकाल से संबंधित है, जिनमें गेरूआ, लोहित बिना पालिश किये, लोहित-मार्जित, हल्का नारंगी और लोहित मिश्रित पात्र मिले हैं। साथ ही मृत्तिका का बना मनका, चूड़ी एवं हाथ से बना घोड़ा प्रमुख है।

आशापुर (अक्षांश $25^{0}21'22''$ उत्तर, देशान्तर 83^{0} 2'15'' पूर्व)

तिलमानपुर से 1 किमी. दक्षिण दिशा में यह पुरास्थल स्थित है। यहाँ से कुषाण एवं गुप्तोत्तरकालीन अवशेषों के प्रमाण मिलते हैं। यहाँ से प्राप्त 8वीं सदी की सूर्य की एक प्रतिमा भारत कला भवन (ACC- No-160) में सुरक्षित है।

कोटवा (अक्षांश $25^0$20′20′′ उत्तर, देशान्तर 83^0 3′15′′ पूर्व)

यह पुरास्थल राजपुर नामक बरसाती नाले के बायें तरफ स्थित है। परीक्षण उत्खनन से यहाँ लोहित रंग के पात्र एवं पाषाण गढ़न स्थल का प्रमाण मिला। यह स्थल पहली-दूसरी शताब्दी ई.पू. से लेकर 11वीं-12वीं शताब्दी ईस्वी तक पाषाण गठन स्थल के रूप में प्रयोग में लाया जाता था।

राजापुर (अक्षांश $25^0$20′8′′ उत्तर, देशान्तर 83^0 3′52′′ पूर्व)

यह स्थल राजपुर नाला एवं गंगा नदी के संगम पर स्थित है। यहाँ से पाषाण के चिप्पड़ एवं मृद्भाण्ड के ठीकरे प्राप्त हुये हैं। यह स्थल कोटवा के समकक्ष रहा होगा, जहाँ पत्थर तराशने का कार्यशाला (गढ़न स्थल) रहा होगा।

उपरोक्त विवरणों के आधार पर यह कहा जा सकता है कि वारुणेय क्षेत्र के विकास एवं विस्तार में यहाँ की भौगोलिक स्थिति, जलवायु, कृषि योग्य भूमि एवं आवागमन के संसाधनों की महत्त्वपूर्ण भूमिका थी, जिसके कारण प्रारम्भ से ही मानव ने इस क्षेत्र को बसाव के लिए चुना। प्राचीन काल से ही यह क्षेत्र सघन जंगलों, उद्यानों, कुश-काश, ह्रदों आदि से आच्छादित था, जिसे काटकर कृषि योग्य भूमि एवं बस्तियों का निर्माण होता रहा तथा कालान्तर में यह जनपद एवं महाजनपद के रूप में परिणत हुआ। यद्यपि राजनैतिक अध्ययन से यह स्पष्ट होता है कि वारुणेय क्षेत्र में स्वतन्त्र राजनैतिक सत्ता का प्रारम्भ से ही अभाव था; किन्तु फिर भी यह क्षेत्र व्यापारिक एवं धार्मिक क्रिया कलापों के कारण सदैव समृद्धि एवं श्रेष्ठता को प्राप्त करता रहा, जिसकी पुष्टि साहित्यिक साक्ष्यों एवं उत्खनित पुरास्थलों से होती है। यद्यपि पुरातात्त्विक सन्दर्भ में प्रत्यक्ष सूचनाएँ नहीं हैं; तथापि परोक्ष रूप से विचार करने पर तत्सम्बन्धित सामग्रियाँ विचारणीय हैं। इस क्षेत्र के उत्खनित पुरास्थलों सारनाथ, राजघाट, सरायमोहाना एवं अकथा आदि से प्राप्त अवशेष विभिन्न कालों में हुए परिवर्तनों, परिवर्धनों पर प्रकाश डालते हैं। इन पुरासामग्रियों के अतिरिक्त हाल के वर्षों में हुए पुरातात्त्विक क्रिया-कलाप वारुणेय क्षेत्र के सांस्कृतिक अनुक्रम पर नवीन सामग्री प्रदान करते हैं। इनका उल्लेख अगले अध्याय में किया गया है।

तालिका–1

सामान्य वर्षा[247] (1987) **(डिग्री सेन्टिग्रेड प्रतिशत में)**

महीना	जनवरी	फरवरी	मार्च	अप्रैल	मई	जून	जुलाई	अगस्त	सितम्बर	अक्टूबर	नवम्बर	दिसम्बर
अधिकतम	0.73	.66	.44	.08	5.2	–	19.23	35.11	59.13	43.0	–	.66
न्यूनतम	.58	.53	.35	.06	4.14	–	15.32	27.96	47.10	34.0	–	.53

तालिका–2

तापमान[248] (1987) **(डिग्री सेन्टिग्रेड में)**

महीना	जनवरी	फरवरी	मार्च	अप्रैल	मई	जून	जुलाई	अगस्त	सितम्बर	अक्टूबर	नवम्बर	दिसम्बर
अधिकतम तापमान	23.06	27.85	33.46	39.03	39.69	42.43	35.48	31.97	31.63	32.41	28.91	24.76
न्यूनतम तापमान	7.86	11.89	15.84	20.63	32.45	27.74	24.78	24.42	22.77	19.65	13.77	8.24
औसत तापमान	15.46	8.87	24.65	29.83	31.57	35.83	30.13	28.19	27.2	26.03	21.34	16.5

तालिका–3

आर्द्रता[249] (1987) (प्रतिशत में)

महीना	जनवरी	फरवरी	मार्च	अप्रैल	मई	जून	जुलाई	अगस्त	सितम्बर	अक्टूबर	नवम्बर	दिसम्बर
अधिकतम	87	76.25	51.26	40.47	43.42	47.03	79.13	84.16	84.4	77.03	72.16	84.55
न्यूनतम	58.84	43.36	31.29	22.10	28.61	27.76	69.26	74.13	81.73	70.93	63.63	69.00
औसत	86.42	59.8	41.28	36.01	37.39	79.95	79.14	79.26	73.08	67.89	76.78	76.72

तालिका – 4

राजघाट के उत्खनन से प्राप्त जीव–जन्तुओं (अस्थि अवशेषों) का विवरण

काल क्रम	गाय, बैल	भैंस	बकरा	भेड़	सूअर	ऊँट	हाथी	घोड़ा	गधा	कुत्ता	बिल्ली	चूहा	खरगोश	छछूँदर	साही	साबर	बारहसिंघा	चितल	मुर्गा	कछुआ (नदी का)	छोटा कछुआ	घड़ियाल	टैलेस्टेल (मछली)	मिस्टस/सिंघी (मछली)	कैट फिश (मछली)	वाटर मसल (मछली)	प्रजातियों की संख्या	अस्थि अवशेषों की संख्या
IA	19	3		1	3													3									5	29
IB	84	6	12		39			1	2	5		1	2			1			1	2	1		1			1	15	159
IC	19	2	8	8	11						1				1					1	2						9	53
II	44		2	11				1										7	1	1		4				1	9	72
III	16		1		13	2				1							1	2									7	36
IV	3		2	2	6													1	3								6	17
V			4	5	8					4						1				2							6	24
VI	3			2	3																						3	8
अनुत्खनित स्तर	49	2	9	2	25		2	1		9			1	1				2	4	2			3	2	2		16	116
सम्पूर्ण योग	237	13	38	31	108	2	2	3	2	19	1	1	3	1	1	2	1	15	9	8	3	4	4	2	2	2	26	514
अस्थियों की % मात्रा	46.10	2.52	7.39	6.03	21.01	.38	.58	.38	3.69	.19	.19	.58	.19	.19	.38	.19	2.91	1.75	1.55	.58	.77	.77	.38	.38	.38	.38		

संदर्भ

1. जोशी, ई.बी., उत्तर प्रदेश डिस्ट्रिक्ट गजेटियर, वाराणसी, 1965, पृ. 8 -कुमार संतोष, ए स्टडी ऑफ ड्रैनेज पैटर्न इन एंशियंट इण्डिया इन मिडिल गंगेटिक प्लैन : इट्स कल्चरल कोरिलेशन, अप्रकाशित शोध प्रबन्ध प्रा.भा.इ.स. एवं पुरातत्त्व विभाग बी.एच.यू., वाराणसी, 1999, पृ. 175
2. भिक्षु कश्यप, जगदीश (सह सम्पादक), संयुक्त निकाय, भाग-2 नालन्दा देव नागरी पालि सीरीज, पालि बोर्ड, बिहार, 1959, संयोजन सुत्त 39/1/2/3, पृ. 570
3. लाहा, बी.सी., इण्डिया एज डिस्क्राइब्ड इन अर्लि टैक्स ऑफ बुद्धिज्म एण्ड जैनिज्म, लुजाक एण्ड कम्पनी, लंदन, 1941, पृ. 42
4. आस्ट्रीया लोवर एवं बिसेकट्रीक्स, इनसाइक्लोपीडिया ब्रिटेनिका, वाल्यूम-3, संस्करण-11, द इनसाइक्लोपीडिया ब्रिटेनिका कम्पनी, न्यूयार्क, 1910, पृ. 715
5. उत्तर प्रदेश डिस्ट्रिक्ट गजेटियर, वाराणसी, 1965, पृ. 16
6. वार्टस, थामस, ऑन युवानच्वांग ट्रेवल्स इन इण्डिया (ई. 629-645), वाल्यूम- द्वितीय, मुंशीराम मनोहर लाल ओरियन्टल पब्लिशर एण्ड बुक सेल्स, दिल्ली, 1961, पृष्ठ 47
7. भिक्षु, जगदीश कश्यप, महावग्ग (पालि, विनयपीटक) नालन्दा देवनागरी पालि सीरीज, पालि प्रकाशन बोर्ड बिहार, 1956, 1/7/1
8. आचारांग सूत्र, भाग-2, पृ. 204
9. कौसल्यायन भदन्त आनन्द, जातक, भाग-2, हिन्दी साहित्य सम्मेलन, प्रयाग, संवत्-2013, संख्या-156, पृ. 184
10. कौसल्यायन, भदन्त आनन्द, जातक, भाग–3, हिन्दी साहित्य सम्मेलन, प्रयाग, 1946, संख्या 262, पृ. 51
11. उपरोक्त, भाग-2, संख्या-199, पृ. 320
12. दामोदर विचरित (सम्पादक जिन विजयमुनि), उक्तिव्यक्तिप्रकरण, सिन्धी जैन ग्रन्थमाला, ग्रन्थांक नं.- 39, बम्बई, 1953, 37/12, 38/4, 36/11, वारिसं गौवरु ओंकिरा (37/12), मेधुगाज (38/14), वर्षा कालं भीति विसम (36/11)
13. जिनदास, आवश्यकसूत्रचूर्णि, भाग-2, ऋषभदेवजी केशरीमलजी श्वेताम्बर संस्था, रतलाम, 1929, पृ. 204
14. भद्रबाहु, आवश्यक निर्युक्ति दीपिका, भाग-2, नियुक्ति-माणिक्य शेखरसुरी, आचार्य श्रीमद् विजयदान सुरीश्वरजी जैन ग्रन्थ माला-16, गोपीपुर, सूरत, 1939, पृ. 1307
15. महावग्ग, पूर्वोक्त 1/7/1
16. उक्तव्यक्तिप्रकरण, पूर्वोक्त 51/16, ऊवे पसीज
17. महावग्ग, पूर्वोक्त 1/7/1
18. वैद्य, पी.एल. (सम्पादक), दिव्यावदान, बौद्ध संस्कृत ग्रन्थमाला नं.-20, मिथिला इंस्टीच्यूट, दरभंगा, 1959, 36/461, 4/46

19. महावग्ग, वही, 1/7/1
20. उक्तिव्यक्तिप्रकरण, वही,
15/25 ''सरदं ऋतु तड सुसोह नदी कर''
36/1 ''सेफे खुहुखुहु कर''
40/14 ''मेघु नदी बढ़ाव''
21. जातक, वही, भाग-2, संख्या-140
22. सिंह, आर.एल., बनारस, ए स्टडी ऑफ अरबन जिओग्रॉफी, बनारस, 1955, पृ. 25
23. वैद्य, पी. एल. (सम्पादक), अवदान शतक, बौद्ध संस्कृत ग्रन्थांक नं.-19, मिथिला इंस्टीच्यूट, दरभंगा, बिहार, 1958, 39/100
24. बील्स, एस., ट्रेवल्स ऑफ ह्वेनसांग, वाल्यूम-तृतीय, सुशील गुप्ता लिमिटेड, कलकत्ता, 1958, पृ. 29
25. अलेकजेंडर कनिंघम, आर्कियोलॉजिकल सर्वे रिर्पोट, भाग-एक, 1961-62, पृ. 106
26. अलेकजेंडर कनिंघम, वही। - भिक्षु, धर्म रक्षित, सारनाथ का इतिहास, नन्द किशोर एण्ड ब्रदर्स, वाराणसी, 1961, पृ. 102
27. अलेकजेंडर, वही, पृष्ठ 105-6
28. जातक, वही, भाग-3, संख्या-388, पृ. 439
29. जातक, वही, भाग-2, संख्या-199, पृ. 320
30. जातक, वही, भाग-2, संख्या-189, पृ. 291
31. जॉन, जे.जे. (अंग्रजी अनुवादक), महावस्तु, भाग, 1-3 सेक्रेड बुक ऑफ द बुद्धिस्ट, भाग-16, 19, लुजाक एण्ड कम्पनी लिमिटेड लन्दन, 1949, भाग-2 पृ. 374
32. बरलिंगम, ई0 डब्लू0 (अंग्रेजी अनुवाद) धम्मपद्दठकथा, पालि टेक्स सोसायटी, लुजाक ऐण्ड कम्पनी लिमिटेड, लन्दन, 1969 भाग–3, पृ0 313
33. फिशर एवं हेवेट, जे.पी., स्टेटिस्टिकल डिस्ट्रिप्टिव एण्ड हिस्टोरिकल एकाउण्ट ऑफ दि नार्थ वेस्टर्न प्राविंसेज ऑफ इण्डिया, वाल्यूम-14, पार्ट-1, बनारस, 1884, पृ. 9
34. मोतीचन्द्र, काशी का इतिहास, विश्वविद्यालय प्रकाशन चौक, वाराणसी, 1985 (द्वितीय संस्करण), पृ. 8, 9
35. लक्ष्मीधर, कृत्यकल्पतरु (तीर्थ विवेचना कांड) गायकवाड़ ओरियण्टल सीरीज, बड़ौदा, 1942, पृ. 30
36. अश्वघोष विरचित (व्याख्याकार रामचन्द्र शास्त्री) बुद्धचरित, चौखम्भा विद्याभवन, वाराणसी 1963, अध्याय 17, श्लोक 4-5
''वने मार्गदावे गतश्चोत्तराङ्गिक्षुवर्या द्वि बुद्धोपमानी महाबोधिकामः।
स सर्वज्ञमभ्यर्थयन्नार्थचर्या वभूवोत्तमः सभ्यभिक्षुः प्रसिद्धः समासु।।''
37. राधागोविन्द, वसाक (सम्पादक), महावस्तु अवदान, भाग-1, कलकत्ता संस्कृत कालेज सीरीज रिसर्च नं. 21, टेक्स-12, 1963, 1, 357, पृ. 467

38. गिल्स, एच.ए., द ट्रेवल्स ऑफ फाहियान, रौथलेग एण्ड केगर पाउल लिमिटेड, लंदन, 1956 (द्वितीय संस्करण) पृ. 60
39. बील्स, एस, ट्रेवल्स ऑफ ह्वेनसांग, वही, पृ. 299
40. कौसल्यायन, भदन्त आनन्द, जातक, भाग–5, हिन्दी साहित्य सम्मेलन, प्रयाग, संवत 2011, संख्या 516, पृ0 156
41. वैद्य, पी.एल. (सम्पादक), निर्यावलियाओं, पूना, 1932 (तृतीय संस्करण) 3/3, 3:4/110
"तेणं कालेणं वाणारसी नामं नयरी अम्बसालवणे चेइए।
तथ्यणं वाराणसीए नगरीए भद्दे नाम सत्थ वाहे होत्था अड़ढे जाव अपरिभूए।"
42. पी.वी. वपट, भिक्षु जगदीश कश्यप (सम्पादक), मज्झिमनिकाय पालि (सुत्तपिटक), नालन्दा देवनागरी पालि सीरीज, बिहार, 1958, भाग-2, पृ. 414
"एवं समयं आयस्मा उदेनो वाराणसियं बिहरति खेमियम्ब वने।"
43. जातक, वही, भाग-2, संख्या- 140, पृ. 127
44. जातक, वही, भाग-2, संख्या- 113, पृ. 49, 119, 64
45. जातक, वही, भाग-3, संख्या- 311, पृ. 204
46. भिक्षु, जगदीश कश्यप (सहसम्पादक), संयुक्त निकाय पालि (सुत्तपिटक), भाग-3, नालन्दा देवनागरी पालि सीरीज, बिहार, 1959, सयुंक्त चित्त (41), संयोजन सुत्त, भाग-3, पृ० 252, 253, 255, 257, 259, 260, 265
"एकं समय सम्बहुला थेरा भिक्खू मच्छिकासण्डे विहरति अम्बाट कवने।"
47. वैद्य, पी.एल., (सम्पादक), अन्तगडदसाओं, पूना, 1932, 16/133, पृ. 43
"तेणं कालेणं वाणारसीए नयरीए काममहावणें चेइए।
तत्यणं वाणारसीए नयरीए अलक्खे नाम राया होत्था।"
48. आचार्य जिनभद्र, विशेषावश्यक भाष्य, भाग-2, (सम्पादक) दलसुख मालवाणिया, लालभाई, दलपतभाई, भारतीय संस्कृति, विद्यामंदिर, अहमदाबाद, 1968
"उप्पण्णम्मि अणंतेणट्ठम्मि य छातुमत्थिए णणे।
रातीए संपत्तो महसेणवणम्मि उज्जाणे।"
49. जातक, वही, भाग-3, संख्या-398, पृ. 473
50. बरलिंगम, ई. डब्लू. (अंग्रेजी अनुवाद), धम्मपद्द कथा, भाग-2, पालि टेक्स, सोसाइटी लुजाक एण्ड कम्पनी लिमिटेड, लन्दन, 1969, पृ. 360
51. उक्तव्यक्तिप्रकरण, वही, 41/10, 43/25, 48/27, 48/12, 16/20
52. जातक, वही, भाग- 5, संख्या- 466, पृ. 359
53. जातक, वही, भाग- 3, संख्या- 283, पृ. 125
54. कौसल्यायन, भदन्त आनन्द, जातक, भाग–4, हिन्दी साहित्य सम्मेलन, प्रयाग, संवत 2008, संख्या 481, पृ0 453
55. जातक, वही, भाग- 2, संख्या- 226, पृ. 208
56. जातक, वही, भाग- 2, संख्या- 156, पृ. 184

57. कृत्यकल्पतरु, वही, पृ. 130
58. त्रिपाठी, रामप्रताप (अनुवादक), मत्स्यपुराण, हिन्दी साहित्य सम्मेलन प्रयाग, संवत्-2003, श्री जीवानन्द विद्यासागर भट्टाचार्य, मत्स्यपुराण (मूल), संस्कृत प्रकाशन, कलकत्ता, 1876, 180/23
59. भट्टाचार्य, जीवानन्द विद्यासागर, लिंगपुराण, संस्कृत प्रकाशन, कलकत्ता, 1885, अध्याय-92
60. बुद्धचरित, पूर्वोक्त, अध्याय-15, श्लोक- 102
    "वाराणसी प्रविश्याथ भासा संभासयन जिनः।
    चकार काशी देशीयान् कौतुकाक्रान्त चेतसः।।
    शंखमेधीय उद्याने ध्यानलीनो निशेशवत्।
    आह्वादयन् विस्मितांश्च क्षपां निनाय धर्मराट्।।"
61. आचार्य विमल सूरी कृत पउमचरियं, जैकोबी हर्मन (सम्पादक) प्राकृत ग्रन्थ परिषद, अहमदाबाद, 1968, 6/1/137
    "विहरन्तो संपत्तो कासिपुरे सुत्थिए वरुज्जाणे।
    तसपाणं जन्तुहहिए, तत्थ ठिओं झाण जोएणं।।"
62. साध्वी चन्दना (सम्पादक), उत्तराध्ययन सूत्र सन्मति, ज्ञानपीठ, जैन भवन लोहामंडी आगरा, 1972, 25/3-4
    "वाराणसीए बहिया उज्जाणंमि मणोरमे।
    फासुए सेज्जसंधारे तत्थ वासमुवागए।।"
63. उक्ति व्यक्ति प्रकरण, वही, 49/12
64. मत्स्यपुराण, वही, 180/24-44
65. लिंग पुराण, वही, 92/12-24
66. चकवर्ती डी.के., द क्वार्टरी जर्नल ऑफ दि जिलोजिकल माइनिंग एण्ड मेटलर्जी सांइस ऑफ इण्डिया, वाल्यूम-3, नम्बर-3, कलकत्ता, 1931, पृ. 115
67. सिंह, भूपेन्द्र पाल, ऑस्टियो आर्कियोलॉजिकल इन्वेस्टीगेशन एट राजघाट, डिपार्टमेन्ट ऑफ ए.आई.एच.सी. एण्ड आर्कियोलॉजी, बी.एच.यू., वाराणसी, 2001, सारिणी-3, पृ. 13
68. अथर्ववेद, पिप्पलाद शाखा, 5/12 /14
69. शतपथ ब्राह्मण, 13/54/19
70. बृहदारण्यक, 3/8/2
71. शांखायन श्रौतसूत्र, 16/19/5
72. बौधायन श्रौतसूत्र, 21/13
73. मनु स्मृति, अध्याय-1, अल्तेकर, उपरोक्त, पृ. 2
74. अल्तेकर, ए0एस0, हिस्ट्री ऑफ बनारस, जर्नल ऑफ दी बी0एच0यू0, वाराणसी, 1937, पृ0 2–4
75. अल्तेकर, उपरोक्त, पृ. 7

76. हरिवंश पुराण, 29
77. मजुमदार, आर.सी., एवं पुसालकर, ए.डी., द हिस्ट्री एण्ड कल्चर ऑफ इण्डियन पिपुल, बम्बई, वाल्यूम-I, 1951, पृ. 273
78. वायु पुराण, 92.21
79. अल्तेकर, ए.एस., हिस्ट्री ऑफ बनारस, जर्नल ऑफ दी बी.एच.यू., वाराणसी, 1937, पृ. 9 ब्रह्मपुराण XI, 44-47
80. महाभारत, अनुशासन पर्व, अध्याय-30, VV-12
81. वही, भाग-18
82. मजुमदार आर.सी., एवं पुसालकर, ए,डी., द हिस्ट्री एण्ड कल्चर ऑफ इण्डियन पिपुल, बम्बई 1951, वाल्यूम-1, पृ. 278
83. उपरोक्त, वाल्यूम-1, पृ. 283
84. उपरोक्त, वाल्यूम-1, पृ. 293
85. पार्जिटर, एफ.ई., एंशियेन्ट इण्डियन हिस्टोरिकल ट्रेडिशंस, लंदन, 1922, पृ. 295
86. महाभारत, आदि पर्व, अध्याय-103, भाग-56, 64-65
87. महाभारत, भीष्मपर्व अध्याय-25, भाग- 5
88. मोतीचन्द्र, काशी का इतिहास, पृ. 27
89. अल्तेकर, ए.एस., हिस्ट्री ऑफ बनारस, जर्नल ऑफ दी बी.एच.यू., वाराणसी 1937, पृ. 12; जातक संख्या-252, 425, 590
90. मत्स्य पुराण, आनन्दाश्रम संस्कृत सीरीज, पूना, 1907, पृ. 556, 672
91. जातक, वही, भाग-3, संख्या 115
92. रायचौधरी, एच. सी., पोलिटिकल हिस्ट्री ऑफ एंशियेन्ट इण्डिया, षष्ठ संस्करण, पृ. 9
93. महापुराण, भाग-2, उत्तर पुराण, अध्याय-72, पृ. 38, 42
94. जातक संख्या-257, 267, 328, 402, 409, 504, अल्तेकर, ए.एस., उपरोक्त, पृ. 14
95. मोतीचन्द्र, काशी का इतिहास, पृ. 29
96. बील, एस., बुद्धिस्ट रिकार्ड ऑफ द वेस्टर्न वर्ल्ड, वाल्यूम-II, पृ. 46
97. संयुक्त निकाय 1, पृ. 82-85; मोतीचन्द्र, काशी का इतिहास, पृ. 29
98. मजुमदार, आर.सी., एवं पुसालकर, ए.डी., द हिस्ट्री एण्ड कल्चर ऑफ इण्डियन पिपुल, बम्बई 1965, वाल्यूम-II, पृ. 29-30
99. उपरोक्त, पृ. 32
100. मोतीचन्द्र, काशी का इतिहास, पृ. 62-63
101. अल्तेकर, ए.एस., वही, पृ. 17, 18
102. इपिग्राफिया इण्डिका, वाल्यूम-VIII, पृ. 174
103. अल्तेकर, ए.एस., वही, पृ. 18

104. कार्पस इन्स्क्रिप्शन इण्डिकार्म, वाल्यूम-III, पृ. 236, 245
105. जायसवाल, के.पी., हिस्ट्री ऑफ इण्डिया (150 ई. से 350 ई.) पृ. 5, 6
106. मोतीचन्द्र, काशी का इतिहास, पृ. 85, 89
107. सरकार, डी.सी., सेलेक्ट इन्स्क्रिप्शंस बीयरिंग ऑन इण्डियन हिस्ट्री एण्ड सिविलाइजेशन, कलकत्ता, 1942, वाल्यूम-I, पृ. 393
108. त्रिपाठी, आर.एस., हिस्ट्री ऑफ कन्नौज, दिल्ली, 1964, पृ. 55
109. त्रिपाठी, आर.एस., वही, पृ. 43, 46, 48, 53
110. त्रिपाठी, आर.एस., वही, पृ. 112, 113
111. वाटर्स, टी., आन युवाङ्ग-च्वांग ट्रेवल्स इन इण्डिया, वाल्यूम-II, पृ. 47; बील, एस., सीयूकी, बुद्धिस्ट रिकार्ड्स ऑफ द वेस्टर्न्स वर्ल्ड, वाल्यूम-II, पृ. 44, 55
112. मजुमदार आर.सी., एवं पुसालकर, वही, पृ. 127
113. इण्डियन एन्टीक्यूरी, वाल्यूम-VIII, पृ. 26
114. अल्तेकर, ए.एस., वही, पृ. 19 - त्रिपाठी, आर.एस., हिस्ट्री ऑफ कन्नौज, पृ. 195, 204
115. त्रिपाठी, आर.एस., वही, पृ. 197, 98; इपिग्राफिया इण्डिका, वाल्यूम-IX, पृ. 41-47
116. मजुमदार, आर.सी., द हिस्ट्री एण्ड कल्चर ऑफ दी इण्डियन पिपुल, वाल्यूम-III, पृ. 146, 147
117. मजुमदार, आर.सी., द हिस्ट्री एण्ड कल्चर ऑफ दी इण्डियन पिपुल, वाल्यूम-IV, पृ. 50, 52
118. इपिग्राफिया इण्डिका, वाल्यूम-VII, पृ. 85, 93
119. इण्डियन एण्टीक्यूरी, वाल्यूम-XV, पृ. 140, 141
120. इण्डियन एण्टीक्यूरी, वाल्यूम-XVIII, पृ. 33, 35
121. इण्डियन एण्टीक्यूरी, वाल्यूम-XVI, पृ. 203, 206
122. मजुमदार, आर.सी., द हिस्ट्री एण्ड कल्चर ऑफ दी इण्डियन पिपुल, वाल्यूम-IV, पृ. 85
123. अग्रवाल, वी.सी., सारनाथ, पृ. 6
124. त्रिपाठी, आर.सी., पूर्वोक्त, पृ. 292
125. अल्तेकर, ए.एस., वही, पृ. 22 ; इपिग्राफिया इण्डिका, वाल्यूम-II, पृ. 299
126. मोतीचन्द्र, काशी का इतिहास, पृ. 107
127. अल्तेकर, ए.एस., वही, पृ. 22
128. त्रिपाठी, आर.सी., पूर्वोक्त, पृ. 301, 304
129. इण्डियन एन्टीक्यूरी, वाल्यूम-XV, पृ. 7, 8
130. इलिएट, एच.एम. एवं डावसन, जे., द कैम्ब्रिज हिस्ट्री ऑफ इण्डिया, वाल्यूम-III, पृ. 250
131. राय, एच.सी., डाइनेस्टिक हिस्ट्री ऑफ नॉर्दर्न इण्डिया, वाल्यूम-I, पृ. 508

132. त्रिपाठी, आर.सी., पूर्वोक्त, पृ. 209, 313
133. मजुमदार, आर.सी., द हिस्ट्री एण्ड कल्चर ऑफ दी इण्डियन पिपुल, वाल्यूम-V, पृ. 95
134. इपिग्राफिया इण्डिया, वाल्यूम-IX, पृ. 319, 328
135. मोतीचन्द्र, काशी का इतिहास, पृ. 122
136. मोतीचन्द्र, काशी का इतिहास, पृ. 125; इपिग्राफिया इण्डिया, वाल्यूम-X, पृ. 93, 98
137. अल्तेकर, ए.एस., वही, पृ. 24
138. त्रिपाठी, आर.सी., पूर्वोक्त, पृ. 313-332
139. फिशर, एफ.एच., एवं हेवेट, जे.पी., स्टैटिस्टिकल डिस्क्रिप्टिव एण्ड हिस्टोरिकल एकाउण्ट ऑफ दि नार्थ वेस्टर्न प्राविंसज ऑफ इण्डिया वाल्यूम XIV, पार्ट-I बनारस, 1884, पृ. 102-103
140. फिशर, एच.एफ., वही, पृ. 102-103; क्रूक, डब्लू, ट्राइब्स एण्ड कास्ट ऑफ द नार्थ वेस्टर्न प्राविंसेज एण्ड अवध, वाल्यूम-II, पृ. 6, 12
141. फाइनल रिपोर्ट ऑफ दी सेटलमेन्ट ऑफ भदोही डिस्ट्रीक्ट, बनारस स्टेट (इलाहाबाद) 1917, पृ. 12
142. फिशर, एच.एफ., वही, पृ. 102-103; नेविल, एच.आर., बनारस, ए गजेटियर, 1909, पृ. 187-188
143. फिशर, एच.एफ., वही, पृ. 103-104
144. मुखर्जी, विश्वनाथ (सम्पादक), यह बनारस है, वाराणसी, 1968, पृ. 14
145. फिशर, एच.एफ., एवं हेवेट, जे.पी., स्टैटिस्टिकल डिस्ट्रिप्टिव एण्ड हिस्टोरिकल एकाउण्ट ऑफ दि नार्थ वेस्टर्न प्राविंसेज ऑफ इण्डिया वाल्यूम-XIV, पार्ट-I बनारस, 1884, पृ. 132
146. कौसल्यायन, बी.ए., जातक, खण्ड-1, हिन्दी साहित्य सम्मेलन, प्रयाग, 1956, पृ. 243-247; उपाध्याय, बी., 1961, बुद्धकालीन भारतीय भूगोल, हिन्दी साहित्य सम्मेलन प्रयाग, पृ. 377
147. पपंच सूदनी खण्ड-2, अल विहार, सीरीज, पृ. 65, 188; उपाध्याय बी., 1961, वही पृ. 175
148. वैद्य, पी. एल., दिव्यावदान, मिथिला विद्यापीठ, दरभंगा, 1959, पृ. 203
149. साहनी, डी. आर., गाइड टू दि बुद्धिस्ट रूइन्स एट सारनाथ, कलकत्ता, 1933, पृ. 1; वाटर्स, टी., आन युवानच्वांग ट्रैवेल्स इन इण्डिया, खण्ड-2 मुंशीराम मनोहर लाल, दिल्ली, 1961, पृ. 49
150. कनिंघम, ए., बनारस, सारनाथ आर्कियोलाजिकल सर्वे रिपोर्ट 1971, पृ. 105
151. बील, एस., ट्रेवल्स ऑफ ह्वेनसांग, भाग-तृतीय, सुशील गुप्ता लिमिटेड, कलकत्ता, 1958, पृ. 212; अग्रवाल, वासुदेवशरण, सारनाथ, भारतीय पुरातत्व विभाग, दिल्ली 1958, पृ. 2

152. कश्यप, बी.जे. तथा भिक्षु धर्मरक्षित, संयुक्त निकाय, महाबोधि सभा सारनाथ, 1954, पृ. 807-08; उपाध्याय, बी., एस., 1961 पूर्वोद्धत, पृ. 374
153. साहनी, डी. आर. एण्ड जे.पी.एच. वोगल, कैटलाग ऑफ दि म्यूजियम ऑफ आर्कियोलॉजी एट सारनाथ कलकत्ता, 1914, पृ. 28-31
154. आर्कियोलॉजिकल सर्वे रिपोर्ट, 1906-07, पृ. 72
155. वही, पृष्ठ 95
156. अग्रवाल, वासुदेवशरण, सारनाथ, भारतीय पुरातत्त्व विभाग, दिल्ली, 1958, पृ. 162
157. नागर, एम.एम., सारनाथ का संक्षिप्त परिचय, मैनेजर ऑफ पब्लिकेशन्स, दिल्ली, 1941, पृ. 6; साहनी, डी. आर. एण्ड जे. पी. एच. वोगल, कैटलाग ऑफ दि म्यूजियम ऑफ आर्कियोलॉजी एट सारनाथ, कलकत्ता 1914, सूची पत्र संख्या बी. ए. प्रथम, पृ. 35-36

    आर्टेल, एफ. ओ., एक्सकेवेशन एट सारनाथ आर्कियोलॉजिकल सर्वे ऑफ इण्डिया, एनुअल रिपोर्ट, 1904-05, कलकत्ता 1908, पृ. 79; मोतीचन्द, काशी का इतिहास, पूर्वोक्त, पृ. 65; जोशी, ई.बी., यू.पी. डिस्ट्रिक्ट गजेटियर, वाराणसी, यू. पी. गवर्नमेन्ट प्रेस, इलाहाबाद, 1965, पृ. 32
158. यादव, रूदल प्रसाद, प्राचीन भारतीय कला, विजय प्रकाशन मन्दिर, वाराणसी 1995, पृ. 69
159. आर्कियोलॉजिकल सर्वे ऑफ इण्डिया भाग-प्रथम, 1914-15, पृ. 21-22
160. चौधरी, हेमचन्द, पोलिटिकल हिस्ट्री ऑफ एंशिएन्ट इण्डिया, पृ. 403-404
161. आर्कियोलॉजिकल सर्वे ऑफ इण्डिया भाग-प्रथम, 1914-15 पृ. 21-22
162. आर्कियोलॉजिकल सर्वे ऑफ इण्डिया भाग-द्वितीय, 1906-07, पृ. 89-91
163. वाटर्स, टी., ऑन युवानच्वांग ट्रेवेल्स इन इण्डिया, खण्ड-2, रायल एशियाटिक सोसाइटी लन्दन, 1961, पृ. 46-47; मोतीचन्द, काशी का इतिहास विश्वविद्यालय प्रकाशन चौक, वाराणसी, 1985 (द्वितीय संस्करण), पृ. 99-100
164. आर्कियोलाजिकल सर्वे ऑफ इण्डिया, रिपोर्ट, 1903-04, पृ. 221; भट्टाचार्य, बी. सी., हिस्ट्री ऑफ सारनाथ ऑन द क्रेडिल ऑफ बुद्धिज्म, तारा प्रिन्टर्स, वाराणसी, 1924, पृ. 66
165. आर्कियोलॉजिकल सर्वे ऑफ इण्डिया रिपोर्ट, 1906-07, पृ. 100-101
166. इपिग्राफिया इण्डिका 9/319-28; मार्शल जे. एच. एण्ड एस. नोव, सारनाथ, आर्कियोलॉजिकल सर्वे ऑफ इण्डिया, एनुअल रिपोर्ट, 1906-07, 1909 कलकत्ता, पृ. 101
167. उपाध्याय, वासुदेव, प्राचीन भारतीय स्तूप, गुहा एवं मन्दिर विहार, हिन्दी ग्रन्थ अकादमी, पटना, 1972, पृ. 83-84; मोतीचन्द्र, काशी का इतिहास, पृ. 53

168. मजुमदार, बी. ए., गाइड टू सारनाथ, शिमला, 1947, पृ. 28; भट्टाचार्य, वृन्दावन, सारनाथ का इतिहास, बनारस, 1921, पृ. 68
169. चटर्जी, आचार्य सीताराम, दी कैपिटल ऑफ बुद्धिज्म सारनाथ ओरियन्टल पब्लिशर्स, वाराणसी, 1968
170. मजुमदार, बी. ए., गाइड टू सारनाथ, पृ. 28, भट्टाचार्य, वी., सारनाथ का इतिहास 1921, पृ. 68
171. आर्कियोलॉजिकल सर्वे ऑफ इण्डिया, 1903-04, पृ. 212
172. साहनी, दयाराम, ए गाइड टू बुद्धिस्ट रूइन्स एट सारनाथ, दिल्ली, 1933, पृ. 10
173. आर्कियोलॉजिकल सर्वे ऑफ इण्डिया रिपोर्ट, 1904-05, पृ. 65-66
174. वही, 1907-08, पृ. 69
175. सरकार, एच.बी., स्टडीज इन अर्ली बुद्धिस्ट आर्किटेक्चर, दिल्ली, 1966, पृ. 58
176. आर्कियोलॉजिकल सर्वे ऑफ इण्डिया रिपोर्ट-1903-04, पृ. 221; भट्टाचार्य, बी.सी., हिस्ट्री ऑफ सारनाथ आन द क्रेडिल ऑफ बुद्धिज्म, वाराणसी, 1924, पृ. 66
177. साहनी, दयाराम, कैटलॉग ऑफ दि म्यूजियम ऑफ आर्कियोलॉजी एट सारनाथ, कलकत्ता, 1914, पृ. 88
सफली कृतपण्डित्यौ बोधावविनि वर्तिनौ।
तौ धर्मराजिका सांगं धर्मचक्र पूनर्तवं।।
कृतवन्तौ च नवीनामष्ट महास्थान शैल गंधकुटी।
एतां श्री स्थिरपालो वसन्तपालो नुजः श्री मान।।
178. मोतीचन्द्र, काशी का इतिहास, पृ. 53-54
179. रक्षित भिक्षुधर्म, सारनाथ का इतिहास, वाराणसी, 1961, पृ. 120
180. आर्कियोलॉजिकल सर्वे ऑफ इण्डिया रिपोर्ट, 1904-05, पृ. 61, 91
181. आर्कियोलॉजिकल सर्वे ऑफ इण्डिया रिपोर्ट, भाग-1 पृ. 103
182. साहनी, दयाराम, केटलाग ऑफ दि म्यूजियम ऑफ आर्कियोलाजी एट सारनाथ, दिल्ली, 1914, पृ. 168
183. स्मिथ, हिस्ट्री ऑफ फाइन आर्ट इण्डिया एण्ड सिलोन, आक्सफोर्ड, 1890, पृ. 168
184. मजुमदार, बी.ए., गाइड टू सारनाथ, शिमला, 1947, पृ. 41
185. आर्कियोलॉजिकल सर्वे ऑफ इण्डिया रिपोर्ट, 1904-05, पृ. 74, 103
186. साहनी, दयाराम, कैटलॉग ऑफ दि म्यूजियम ऑफ आर्कियोलॉजी एट सारनाथ, दिल्ली, 1914, पृ. 58-59
ये धम्मो हेतु प्रभवा हेतु तेष्यान तथा गतस्य वद्त।
तेषश्च यो निरोधः एवं षादी महा श्रमणः।।
187. आर्कियोलॉजिकल सर्वे ऑफ इण्डिया रिपोर्ट, 1907-08; भिक्षुधर्म रक्षित, सारनाथ, वही, पृष्ठ 12
188. आर्कियोलॉजिकल सर्वे ऑफ इण्डिया रिपोर्ट, 1904-05, पृ. 74

189. रक्षित भिक्षुधर्म वही, पृ. 165; मोतीचन्द्र, काशी का इतिहास, पृ. 197
190. जर्नल ऑफ उत्तर प्रदेश हिस्टोरिकल सोसाइटी, भाग-15, पृ. 55-64; मजुमदार, बी., ए गाइड टू सारनाथ, पृ. 26-27
191. रक्षित, भिक्षु धर्म, वही, पृ. 100
192. आर्कियोलॉजिकल सर्वे ऑफ इण्डिया रिपोर्ट, 1904-05, पृ. 74-75
193. वही, पृ. 75
194. अग्रवाल, वासुदेव शरण, सारनाथ, भारतीय पुरातत्त्व विभाग, दिल्ली, 1958
195. वही, भारतीय कला, पृथिवी प्रकाशन, वाराणसी, पृ. 111
196. वही, पृ. 112-113
197. आर्कियोलॉजिकल सर्वे ऑफ इण्डिया रिपोर्ट, 1904-05 पृ. 103-104
198. आर्कियोलॉजिकल सर्वे ऑफ इण्डिया रिपोर्ट, 1904-05, प्लेट-XXV
199. गुप्त, परमेश्वरी लाल, भारतीय वास्तुकला, वाराणसी. 1977, पृ. 43
200. आर्कियोलॉजिकल सर्वे ऑफ इण्डिया, एनुअल रिपोर्ट 1914-15, पृ. 106
201. वही, पृ. 106
202. उपाध्याय, भगवत शरण, भारतीय कला की भूमिका, नई दिल्ली, 1980, पृ. 24-25
203. अग्रवाल, वासुदेवशरण, सारनाथ, पृ. 12
204. आर्कियोलॉजिकल सर्वे ऑफ इण्डिया 1907-08, पृ. 76 इपिग्राफी इण्डिका भाग-9, पृ. 319
205. रक्षित, भिक्षु धर्म, वही, पृ. 190
206. वही, पृ. 191
207. अग्रवाल, वासुदेवशरण, भारतीय कला, पृ. 142-43
208. ओम प्रकाश, सारनाथ की कला, वाराणसी, 2000, पृ. 67
209. वही, पृ. 73-79
210. वही, पृ. 81-95
211. गिरिकमल, तिवारी मारूतिनन्दन एवं सिंह, विजय प्रकाश, काशी के मन्दिर और मूर्तियाँ, वाराणसी, 2000, पृ. 95
212. सारनाथ संग्रहालय विधिका सं. 617
213. वही, 624
214. वही, 26
215. शुक्ला, द्विजेन्द्र नाथ, भारतीय स्थापत्य कला, लखनऊ, 1964, पृ. 266
216. आर्कियोलॉजिकल सर्वे ऑफ इण्डिया एनुअल रिपोर्ट, 1904-05, पृ. 100
217. सारनाथ संग्रहालय विधिका सं. 236; शर्मा ब्रिजेन्द्रनाथ, जैन प्रतिमाएँ, दिल्ली, 1979, पृ. 75
218. भट्टाचार्य, बी., सारनाथ का इतिहास, बनारस, 1921, पृ. 33
219. आर्कियोलॉजिकल सर्वे ऑफ इण्डिया रिपोर्ट 1903-04, पृ. 215-216

220. भट्टाचार्य बी., वही पृ. 178-179
221. मोतीचन्द्र, काशी का इतिहास, विश्वविद्यालय प्रकाशन, वाराणसी, 1985 (द्वितीय संस्करण), पृ. 55
222. कृष्णदेव, एक्सकेवेशन एट राजघाट नियर बनारस, एनुअल बिब्लियोग्राफी ऑफ इण्डियन हिस्ट्री ऐण्ड इंडोलॉजी 1940, खण्ड-III पृ. 41-51
223. नारायण, ए. के. एवं राय, टी.एन., एक्सकेवेशन एट राजघाट, प्रथम भाग, बी.एच.यू., 1976
224. सिंह, बीरेन्द्र प्रताप, लाइफ इन एन्शियन्ट वाराणसी : एन एकाउन्ट बेस्ड ऑन आर्कियोलॉजिकल एविडेन्स, संदीप प्रकाशन, दिल्ली, 1985
225. नारायण, ए. के. एवं राय, टी. एन., एक्सकेवेशन एट राजघाट, प्रथम भाग, बी.एच.यू., 1976, पृ. 22
226. वही, पृ. 22-24
227. वही पृ. 24-25
228. सिंह, बीरेन्द्र प्रताप, लाइफ इन एंशियन्ट, वाराणसी : एन एकाउन्ट बेस्ड ऑन आर्कियोलॉजिकल एविडेन्स, संदीप प्रकाशन, दिल्ली, 1985, पृ. 22-35
229. नारायण एवं राय, पृ. 26-28
230. वही, पृ. 28-31
231. सिंह, बीरेन्द्र प्रताप, वही, पृ. 58-59, चित्र 9
232. नारायण एवं राय, एक्सकेवेशन एट राजघाट, 1976 प्रथम भाग, बी.एच.यू., वाराणसी, 1976, पृ. 31-32
233. वही, पृ. 32-33
234. इण्डियन आर्कियोलॉजी ए रिव्यू 1967-68, पृ. 48-49
235. सिंह, बीरेन्द्र प्रताप एवं सिंह, ए.के., एक्सकेवेशन एट सरायमोहाना (1967-68) भारती-27 (2002-2003) बुलेटिन ऑफ द डिपार्टमेन्ट ऑफ ए. आई. एच. सी. एण्ड आर्कियोलाजी, बी.एच.यू., पृ. 10
236. जातक संख्या-387
237. सिंह, बीरेन्द्र प्रताप एवं सिंह ए.के., एक्सकेवेशन एट सरायमोहाना (1967-68) भारती-27 (2002-2003) बुलेटिन ऑफ द डिपार्टमेन्ट ऑफ ए.आई.एच.सी. एण्ड आर्कियोलाजी, बी. एच.यू., पृ. 10, 109-113
238. इण्डियन आर्कियोलॉजी- ए रिव्यू, 1963-64, पृ. 58
239. इपिग्राफिया इण्डिका-IV पृ. 97
240. जातक, वही, भाग-4, संख्या 480
241. जायसवाल, विदुला, फ्रॉम स्टोन क्वेरी टू स्कल्पचरिंग वर्कशाप, (चुनार, वाराणसी, सारनाथ), आगम कला प्रकाशन, दिल्ली, 1998, पृ. 110-111

242. जायसवाल, विदुला, अकथा : ए सेटेलाइट सेटलमेन्ट ऑफ सारनाथ, वाराणसी, भारती 26 (2000-2002) बुलेटिन ऑफ द डिपार्टमेन्ट ऑफ ए. आई. एच. सी. एण्ड आर्कियोलाजी, बी.एच.यू., पृ. 74-76
243. जायसवाल, विदुला, फ्राम स्टोन क्वेरी टू स्कल्पचरिंग वर्कशाप, (चुनार, वाराणसी, सारनाथ), आगम कला प्रकाशन, दिल्ली, 1998, पृ. 111
244. कुमार, संतोष, ए स्टडी ऑफ ड्रेनेज पैटर्न इन एंशियेन्ट इण्डिया इन मीडिल गंगेटिक प्लेन : इट्स कल्चरल कोरिलेशन, अप्रकाशित शोध प्रबन्ध, ए. आई. एच.सी. एण्ड आर्कियोलॉजी, बी.एच.यू., 1999, पृ. 178-181
245. मेहता, सी.एल., ए रिपोर्ट ऑन आर्कियोलॉजिकल एक्सप्लोरेशन इन द वाराणसी डिस्ट्रीक सब्मीट इन ल्यू ऑफ ए पार्ट ऑफ पेपर सेकेण्ड ऑफ आर्कियोलाजिकल ग्रुप (सी) एम.ए. फाइनल कोर्स, डिग्री ऑफ मास्टर आर्ट, ए. आई. एच. सी. एण्ड आर्कियोलॉजी, बी.एच.यू., वाराणसी, 1964
246. जायसवाल, विदुला, फ्रॉम स्टोन क्वेरी टू स्कल्पचरिंग वर्कशाप (चुनार, वाराणसी, सारनाथ), आगम कला प्रकाशन, दिल्ली, 1998, पृ. 111-115
247. पाण्डेय, पी.सी., रुरल-अरबन सिम्बोसिस इन वाराणसी डिस्ट्रिक्ट (यू.पी.) : ए जियोफिजिकल एनालिसिस, अप्रकाशित शोध-प्रबंध, भूगोल विभाग, बी.एच.यू. वाराणसी, 1992, सारिणी 1.1
248. पाण्डेय, पी. सी., पूर्वोक्त, सारिणी 1.1
249. वही।

अध्याय – 4

वारुणेय क्षेत्र के सर्वेक्षित एवं उत्खनित पुरास्थल

प्रस्तुत ग्रन्थ का मूल उद्देश्य वारुणेय क्षेत्र के पुरातात्त्विक महत्त्व को यथासम्भव समग्रता में उद्‌घाटित करना है। इस हेतु नदी के उद्‌गम स्थल से लेकर वरुणा-गंगा के संगम स्थल तक के क्षेत्र का सर्वेक्षण किया गया है। वर्तमान नदी की धारा के अतिरिक्त उसके प्राचीन प्रवाह पथ का सर्वेक्षण भी दूर संवेदी मानचित्र की सहायता से किया गया है। सर्वेक्षण से जो पुरास्थल प्रकाश में आये, उनका विवरण यहाँ दिया गया है। साथ ही वारुणेय क्षेत्र के पुरातात्त्विक महत्त्व को ध्यान में रखते हुए अनेई नामक एक सर्वेक्षित पुरास्थल का उत्खनन कार्य प्राचीन भारतीय इतिहास, संस्कृति एवं पुरातत्त्व विभाग, काशी हिन्दू विश्वविद्यालय के द्वारा किया गया। अनेई तथा अन्य ज्ञात उत्खनित पुरास्थलों से प्राप्त पुरावशेषों की सहायता से सर्वेक्षित पुरास्थलों से प्राप्त अवशेषों का तुलनात्मक अध्ययन एवं विश्लेषण कर प्रमाणिक इतिहास की रूपरेखा प्रस्तुत किया गया। जिनमें वारुणेय क्षेत्र में मानव अधिवास के बसाव, विकास, कालक्रम, सांस्कृतिक समानताएँ एवं विषमताएँ तथा उनके उजड़ने जैसे पहलुओं पर प्रकाश डाला गया है। साथ ही काशी को महाजनपद के रूप में प्रतिस्थापित करने के कारणों, बाद के कालों तक उसकी समृद्धि तथा क्षेत्र की सांस्कृतिक एवं आर्थिक क्रियाकलापों में वरुणा नदी के बहुआयामी स्वरूप को उजागर करने का प्रयास किया गया है।

सर्वेक्षण की पृष्ठभूमि

वारुणेय क्षेत्र के किनारे अवस्थित मानव अधिवास के अवशेषों (पुरास्थलों) को ज्ञात करने के लिये निम्नलिखित प्रकार की विधियों को उपयोग में लाया गया।

टोपो शीट के आधार पर

वारुणेय क्षेत्र के प्राचीन स्थलों को ज्ञात करने के लिये टोपो शीट को मुख्य आधार बनाया गया, जिनमें अंकित इस क्षेत्र के प्रत्येक गाँवों का घूम-घूमकर सर्वेक्षण किया गया। सर्वेक्षण से प्राप्त पुरास्थलों की स्थिति (अक्षांश एवं देशान्तर), विस्तार (लम्बाई x चौड़ाई x ऊँचाई), नदी से दिशा एवं दूरी, गाँव, ब्लॉक एवं जिले का नाम तथा पुरावशेषों का वर्णन एवं पुरास्थल की संस्कृति का उल्लेख किया गया है।

दूर संवेदी (Remote Sensing) विधि अथवा नदी के प्राचीन प्रवाह पथ के आधार पर

वरुणा नदी के प्राचीन प्रवाह का अध्ययन दूर संवेदी विधि द्वारा किया गया है। इस नदी ने प्राचीन काल में अपने मार्ग को अनेक बार बदला, जिसमें कुछ विलुप्त हो गये। इन प्राचीन पथ के किनारे संस्कृतियों का विकास अवश्य ही हुआ होगा, जिसे ज्ञात करने के लिए दूर संवेदी मानचित्र की सहायता से नदी के परिवर्तित प्राचीन पथों की जानकारी उपलब्ध कर उनका सर्वेक्षण किया गया। इस विधि से सर्वेक्षण करने पर वरुणा के प्राचीन पथों के किनारे अनेक पुरास्थल प्राप्त हुये। प्राचीन पथों के तट पर स्थित इन पुरास्थलों एवं उनके सांस्कृतिक स्वरूप से उस काल-खण्ड का निर्धारण सक्षम हो सका, जब वरुणा नदी ने अपनी धारा परिवर्तन की।

लोक संस्कृति द्वारा प्राप्त साक्ष्य के आधार पर

किसी भी संस्कृति का उद्‌गम वहाँ का लोक जीवन है। लोक संस्कृति के अन्तर्गत लोक कथायें, मिथक, लोक साहित्य एवं किंवदन्तियाँ, अंधविश्वासों, कर्मकाण्डों, लोकोत्सवों एवं परिपाटियों का अध्ययन प्रमुख हैं। ये सभी बातें किसी न किसी रूप में परम्पराओं का प्रतिवेदन करती हैं, जिनका ग्रन्थ में समावेश करके युगों-युगों से प्रचलित संस्कृति की झलक मिलने के साथ ही विभिन्न धाराओं एवं मान्यताओं को उजागर करने का प्रयास किया गया है।

वारुणेय क्षेत्र के एक महत्त्वपूर्ण भू-भाग संत रविदास नगर (भदोही) के संदर्भ में स्थानीय लोगों के बीच भरों एवं सोइरियों से संबंधित लोक कथायें प्रचलित हैं। सर्वेक्षण द्वारा इनसे संबंधित स्थलों का उल्लेख किया गया है। साथ ही कुछ महत्त्वपूर्ण पुरास्थलों के संबंध में लोक किंवदन्तियाँ भी प्रचलित हैं, जैसे-कोचारी, बाराडीह, सातों एवं सोनबरसा आदि, जिनके आधार पर यहाँ से सर्वेक्षण कर प्रचलित मिथकों एवं प्राप्त पुरावशेषों का तुलनात्मक अध्ययन कर वारुणेय क्षेत्र के इतिहास निर्माण में सहायता लिया गया है।

वारुणेय क्षेत्र के सर्वेक्षित पुरास्थल

उपर्युक्त सर्वेक्षण की पृष्ठभूमि के आधार पर वारुणेय क्षेत्र का सर्वेक्षण कर 114 पुरास्थलों को खोजा गया जिनका विवरण निम्नलिखित है– (द्रष्टव्य मानचित्र संख्या-1)।

(1) रशूलगढ़ (अक्षांश 25^0 21' 6" उत्तर, देशान्तर 83^0 2' 16" पूर्व) : वाराणसी जिले के रशूलगढ़ नामक गाँव में स्थित टीले को 'रशूलगढ़ का भीटा' के नाम से जाना जाता है, जो अब पूर्णतया समतल कर दिया गया है। टीले का प्रमाण सामान्यतः दो रूपों में अनुमानित किया जा सकता है, जिसमें टीले के एक भाग पर शिव मन्दिर का निर्माण किया गया है, उससे लगभग 100 मी. पीछे दूसरे टीले पर मजार का निर्माण किया गया है। सम्पूर्ण क्षेत्र 500×500 मी. क्षेत्र में फैला है। मिट्टी की कटाई के कारण पुरातात्त्विक अवशेष समाप्तप्राय हैं। लोहित रंग के पात्र मिलते हैं। यहाँ से दो पाषाण मूर्तियाँ प्राप्त हुयी हैं, जिनमें एक चामुण्डा देवी तथा दूसरी सूर्य की प्रतिमा है। वरुणा नदी से इस पुरास्थल की दूरी लगभग 1 किमी उत्तर में है।

(2) चमाव (अक्षांश 25^0 21' 57" उत्तर, देशान्तर 82^0 55' 11" पूर्व) : यह पुरास्थल वाराणसी जिले के चमाव गाँव के शहाबुद्दीन मौजा में वरुणा नदी से लगभग 400 मी. उत्तर में स्थित है। खेतों की जुताई में मिट्टी के बर्तन और ईंटें आदि प्राप्त होते हैं, जिनमें अधिकांशतः लोहित रंग के हैं। साथ ही उत्तरी कृष्ण मार्जित मृद्भाण्ड के टुकड़े भी प्राप्त हुए हैं। जुताई से एक खण्डित मूर्ति एवं तोरण मिला, जो ग्रामीणों द्वारा 'रजवार बाबा' के नाम से पूजा जाता है। ईंटों का आकार 25 सेमी. लम्बा, 13 सेमी. चौड़ा एवं 4 सेमी. मोटा है। यह पुरास्थल उत्तरी कृष्ण-मार्जित मृद्भाण्ड संस्कृति से लेकर कुषाण संस्कृति तक का प्रतिनिधित्व करता है।

(3) इंदवार (अक्षांश 25^0 24' 8" उत्तर, देशान्तर 82^0 55' 8" पूर्व) : यह पुरास्थल वाराणसी जिले के इंदवार गाँव में स्थित है, जो वीरापट्टी रेलवे स्टेशन से लगभग 1.5 किमी. उत्तर-पूर्व दिशा में है। वर्तमान समय में टीले का अस्तित्व मृतप्राय है। उसपर आधुनिक मन्दिर का निर्माण किया गया है। यहाँ अल्प मात्रा में लोहित रंग के पात्र मिलते हैं। साथ ही अलंकृत स्तम्भ एवं खण्डित प्रस्तर प्रतिमायें भी मिलती हैं, जो विष्णु से संबंधित है।

(4) जमालपुर (अक्षांश 25^0 24' 43" उत्तर, देशान्तर 82^0 52' 40" पूर्व) : यह पुरास्थल 'कोट की मणि' के नाम से जाना जाता है, जो वाराणसी जिले के जमालपुर गाँव में स्थित है। टीले का विस्तार लगभग 200×200 मी. तथा ऊँचाई 3 मी. है। टीले

पर मिलने वाले लोहित रंग के पात्रों का विस्तार नीचे खेतों तक है। वरुणा नदी से इसकी स्थिति लगभग 5 किमी. उत्तर दिशा में है।

(5) सुरवाँ (अक्षांश 25^0 24' 8" उत्तर, देशान्तर 82^0 52' 38" पूर्व) : यह पुरास्थल वाराणसी जिले के पंचक्रोशी मार्ग (हथिवार) से 1 किमी. अन्दर सुरवाँ गाँव में स्थित है। पुरास्थल को 'सुरवाँ का कोट' के नाम से जाना जाता है। यहाँ दो टीले हैं। मुख्य टीला लगभग 40×50×5 मी. क्षेत्रफल में विस्तृत है। इस पर सरकारी ट्यूबेल का निर्माण किया गया है। पूरा टीला ठीकरों से भरा पड़ा है। उत्तरी कृष्ण-मार्जित एवं लोहित पात्र के टुकड़े प्राप्त होते हैं। ये पात्र लगभग 500 मी. क्षेत्र में मिलते हैं। मुख्य टीले से 200 मी. पूर्व में छोटा टीला स्थित है, जिस पर मुख्य टीले जैसे ही पात्र पाए जाते हैं। वरुणा नदी से इसकी स्थिति लगभग 2.5 किमी. उत्तर पूर्व दिशा में है।

(6) रशूलपुर (अक्षांश 25^0 23' 31" उत्तर, देशान्तर 82^0 51' 2" पूर्व) : वाराणसी जिले के पंचक्रोशी मार्ग पर पाँचों शिवाला के पश्चिम में 2 किमी. दूर यह पुरास्थल स्थित है। यहाँ पर दो टीले स्थित हैं। छोटा टीला लगभग कट चुका है, यहाँ लोहित रंग के पात्र मिलते हैं। बड़ा टीला 5 मी. ऊँचा, 150 मी. लम्बा तथा 100 मी. चौड़े क्षेत्र में विस्तृत है। यहाँ पहले वाले टीले की तरह ही पात्र प्राप्त होते हैं।

(7) कोरऊत (अक्षांश 25^0 21' 8" उत्तर, देशान्तर 82^0 54' 32" पूर्व) : यह पुरास्थल वाराणसी जिले के कोरऊत गाँव में स्थित है। वर्तमान समय में कोट पर आश्रम (गढ़वा घाट मठ) का निर्माण किया गया है। खुदाई से प्राप्त मूर्तियों को एक जगह इकट्ठा करके डीह बाबा के नाम से पूजा जाता है। प्रमुख प्रतिमाओं में विष्णु की दशावतार एवं हनुमान उल्लेखनीय हैं। साथ ही लोहित, कृष्ण मार्जित पात्रों एवं शुंग-कुषाणकालीन ईंटें प्राप्त होती हैं। प्रमुख पात्रों में कटोरे, घड़े एवं द्रोणी उल्लेखनीय हैं।

(8) सुरही (अक्षांश 25^0 19' 40" उत्तर, देशान्तर 82^0 53' 47" पूर्व) : यह पुरास्थल वाराणसी जिले में भदोही रोड पर करौता बाजार से 2.5 किमी. दूर सुरही गाँव में स्थित है। वरुणा नदी से इस पुरास्थल की दूरी लगभग 4 किमी. दक्षिण में है। टीला 200 मी. लम्बा, 100 मी. चौड़ा तथा लगभग 7 मी. ऊँचा है। टीले के ऊपरी सतह पर लोहित पात्र मिलते हैं। साथ ही टीले के निचले भाग में उत्तरी कृष्ण-मार्जित मृद्भाण्ड के टुकड़े प्राप्त होते हैं। प्रमुख पात्र प्रकारों में लोहित रंग के कटोरे एवं घड़े प्रमुख हैं।

(9) सातों (अक्षांश 25^0 21' 19" उत्तर, देशांतर 82^0 50' 42" पूर्व) : यह पुरास्थल वाराणसी जिले के सातों गाँव में स्थित है, जो वरुणा नदी से 2.5 किमी. दक्षिण दिशा में है। 200×200 मी. क्षेत्र में फैला यह पुरास्थल सड़क मार्ग से 1.5 से 2 मी. ऊँचा है। सम्पूर्ण क्षेत्र में खेती होती है। खेतों में लोहित रंग के पात्र बहुलता में पाये जाते हैं।

सड़क के दाहिने तरफ 50 मी. की दूरी पर एक अलंकृत विष्णु स्तम्भ (लाट) है। स्तम्भ का निचला हिस्सा जमीन में धँसा हुआ है। ऊपरी भाग की लम्बाई लगभग 12 फीट है। सबसे ऊपरी हिस्सा चौकोर है, जिस पर कोई मूर्ति स्थापित की गयी होगी। यह पुरास्थल पूर्व मध्यकाल से सम्बन्धित है।

(10) अमरीपुर (अक्षांश 25^0 21' 27" उत्तर, देशान्तर 82^0 50' 20" पूर्व) : यह पुरास्थल वाराणसी जिले के अमरीपुर गाँव में सड़क मार्ग से पश्चिम दिशा में लगभग 400 मी. की दूरी पर स्थित है (सातों गाँव से सटा हुआ)। यहाँ पर सातों गाँव पुरास्थल की तरह ही लोहित रंग के पात्र प्राप्त होते हैं। सम्पूर्ण क्षेत्र में कृषि होता है। इस क्षेत्र में खुदाई से प्राप्त मूर्तियों एवं स्तम्भों को एक जगह इकट्ठा करके विशेष अवसरों (विवाह) पर पूजा की जाती है।

(11) हाथी डीह (अक्षांश 25^0 21' 16" उत्तर, देशान्तर 82^0 49' 37" पूर्व) : यह पुरास्थल वाराणसी जिले के हाथी गाँव में स्थित है। पुरास्थल को 'हाथी डीह' के नाम से जाना जाता है। वर्तमान समय में इसका पुरातात्विक महत्त्व पूर्णतया खत्म हो चुका है। टीला कट कर 50×50 मी. तथा ऊँचाई लगभग 2.5 मी. रह गया है। टीले पर लोहित रंग के पात्र मिलते हैं, जिनका विस्तार लगभग 400 मी. क्षेत्र तक व्याप्त है। यहाँ पाँच कोल्हू भी हैं। यह स्थल पंचक्रोशी मार्ग पर स्थित है। वरुणा नदी से इसकी स्थिति लगभग 3 किमी. दक्षिण है।

(12) बरेमान (अक्षांश 25^0 22' 3" उत्तर, देशान्तर 82^0 51' 10" पूर्व) : यह पुरास्थल वाराणसी जिले के बरेमान गाँव में पंचक्रोशी मार्ग पर सड़क के दाहिने तरफ स्थित है। टीले पर लोहित रंग के पात्र मिलते हैं। यह पुरास्थल वरुणा नदी से लगभग 2 किमी. दक्षिण दिशा में स्थित है।

(13) खमौना (अक्षांश 25^0 22' 49" उत्तर, देशान्तर 82^0 47' 55" पूर्व) : यह पुरास्थल वाराणसी जिले के खमौना गाँव में स्थित है। पुरास्थल से लगभग 1.5 किमी. पश्चिम में मटुका नाला स्थित है। वर्तमान समय में इसका पुरातात्विक महत्त्व पूर्णतया खत्म हो चुका है। अल्प मात्रा में लोहित रंग के पात्र मिलते हैं। सर्वेक्षण से दो मातृदेवी की मृण्मूर्ति प्राप्त हुई हैं, जो कुषाणकाल से संबंधित हैं।

(14) सत्तनपुर (अक्षांश 25^0 22' 57" उत्तर, देशान्तर 82^0 47' 58" पूर्व) : वाराणसी जिले के सत्तनपुर गाँव में स्थित यह पुरास्थल वरुणा नदी के दाहिने तट पर स्थित है। यहाँ प्राचीन शिव मन्दिर है। टीले पर वर्तमान समय में बस्ती बसी है। यहाँ लोहित रंग के पात्र मिलते हैं।

(15) सोनबरसा (अक्षांश 25^0 21' 4" उत्तर, देशान्तर 82^0 47' 27" पूर्व) : यह पुरास्थल वाराणसी जिले के सोनबरसा गाँव में स्थित है। वरुणा नदी से 3 किमी. दक्षिण दिशा में स्थित इस पुरास्थल का विस्तार लगभग 500×500 मी. तथा सड़क मार्ग से ऊँचाई 1 से 1.5 मी. के लगभग है। यहाँ से कृष्ण लोहित, कृष्ण मार्जित तथा लोहित रंग के पात्रों, शुंग-कुषाण ईंटों के अतिरिक्त मृण्मूर्तियाँ एवं प्रस्तर प्रतिमायें भी मिलती हैं। सर्वेक्षण से मातृ देवी की मृण्मूर्ति तथा एक मृण्पट्टिका प्राप्त हुई हैं, जो तन्त्रयान के वज्रयान शाखा से सम्बन्धित है, जिससे अनुमान लगाया जा सकता है कि यह पुरास्थल बौद्ध तांत्रिक केन्द्र के रूप में रहा होगा।

इस पुरास्थल से 150 मी. पश्चिम दिशा में मटुका नामक नाला स्थित है। इस नाले के किनारे कुषाण एवं पूर्व मध्यकाल से सम्बन्धित पुरास्थल मिलते हैं, जिनमें खमौना, सत्तनपुर, भिटकुरी एवं रामडीह आदि उल्लेखनीय हैं। संभवतः यह नाला पुरास्थलों को जल की आपूर्ति के स्रोत के रूप में बनाया गया होगा।

(16) भिटकुरी (अक्षांश 25^0 21' 1" उत्तर, देशान्तर 82^0 46' 50" पूर्व) : वाराणसी जिले के भिटकुरी गाँव में स्थित यह पुरास्थल वर्तमान समय में ईंट भट्ठे के कारण कट कर सिर्फ 100 मी. लम्बा, 50 मी. चौड़ा तथा 2 मी. ऊँचा रह गया है। लोहित रंग के पात्र टीले तथा नीचे की सतह पर मिलते हैं। यह पुरास्थल कुषाणकाल से सम्बन्धित है।

(17) रामडीह - प्रथम (अक्षांश 25^0 20' 10" उत्तर, देशान्तर 82^0 46' 19" पूर्व) : यह पुरास्थल वाराणसी जिले में रामडीह नामक गाँव में स्थित है। वर्तमान समय में इसका पुरातात्त्विक महत्त्व मृत्तप्राय है। टीला कट कर 150×50 मी. तथा ऊँचाई लगभग 1.5 से 2 मी. रह गया है। टीले पर एवं खेतों में अल्पमात्रा में लोहित रंग के पात्र मिलते हैं।

(18) भिखमपुर (अक्षांश 25^0 20' 4" उत्तर, देशान्तर 82^0 45' 23" पूर्व) : यह पुरास्थल लवायनडीह के नाम से जाना जाता है, जो वाराणसी जिले के सेवापुरी ब्लॉक के भिखमपुर गाँव में स्थित है। वरुणा नदी से लगभग 5 किमी. दक्षिण दिशा में स्थित यह पुरास्थल 600×600 मी. क्षेत्र में विस्तृत तथा 3 से 3.5 मी. ऊँचा है, ऊँचाई क्रमशः कम होती जाती है। टीले के पूर्वी भाग में नाला है, जो वरुणा नदी से जुड़ा हुआ है। टीले के चारों तरफ छिछली खाई है जो परिखा (Moat) का अवशेष प्रतीत होती है। यहाँ से लोहित रंग के पात्र, मिट्टी की गेंद, काँच की चूड़ी, मिट्टी का लोढ़ा, क्वार्टज, विष्णु की खण्डित प्रतिमा एवं एक सिक्का (शेरशाह सुरी) प्राप्त हुयी है। वर्तमान समय में टीले को शिवरंगम वनस्थली के रूप में स्थापित किया गया है। टीले पर शिव मन्दिर है पास ही एक अलग मन्दिर में कृष्ण की खण्डित प्रतिमा है।

यहाँ से पश्चिम दिशा में लगभग 250 मी. की दूरी पर एक स्तम्भ पर सात प्रतिमाएँ उकेरी गयी हैं, जिसे गाँव वाले भइसासुर के रूप में पूजते हैं, जो संभवतः सप्तमातृका की प्रतिमा है।

(19) दिलावलपुर (अक्षांश 25^0 19' 46" उत्तर, देशान्तर 82^0 44' 47" पूर्व) : चरमुखी बाबा के नाम से ख्यात यह पुरास्थल वाराणसी जिले के दिलावलपुर गाँव में स्थित है, जो लवायनडीह से पश्चिम दिशा में लगभग आधा किमी. की दूरी पर है। यहाँ एक छोटा टीला जिस पर चार मुखों वाली प्रतिमा (शिव) स्थापित है, जिसे गाँव वाले चरमुखी बाबा के नाम से पूजते हैं। यहाँ लोहित रंग के पात्र अल्प मात्रा में मिलते हैं। इसका पुरातात्त्विक महत्त्व पूर्णतया मृतप्राय है।

(20) घोसिला (अक्षांश 25^0 21' 23" उत्तर, देशान्तर 82^0 45' 0" पूर्व) : यह पुरास्थल वाराणसी जिले के घोसिला गाँव में स्थित है। वर्तमान समय में यहाँ पर सूर्य की एक प्रतिमा प्राप्त हुयी है, जिनमें उनकों, उनके गणों के साथ अंकन किया गया है। दो स्तम्भ जिनके निचले हिस्से में कलश युक्त देवी (गंगा-यमुना) का अंकन है। पहले स्तम्भ में देवी के एक हाथ में कलश दूसरा हाथ नीचे, बगल में पुरुष के हाथ में आयुध है। दूसरे स्तम्भ में कलशयुक्त नारी एवं दाढ़ीयुक्त पुरुष का अंकन है। यह पुरास्थल पूर्व मध्यकाल से सम्बन्धित है।

(21) ओदरहा (अक्षांश 25^0 22' 43" उत्तर, देशान्तर 82^0 44' 47" पूर्व) : यह पुरास्थल वाराणसी जिले के ओदरहा गाँव में स्थित है। यहाँ लोहित रंग के पात्र खेतों में मिलते हैं, जो कुषाणकाल से सम्बन्धित हैं। वरुणा नदी से इसकी स्थिति लगभग 2 किमी. दक्षिण दिशा में है। पुरास्थल का पुरातात्त्विक महत्त्व पूर्णतया मृतप्राय है।

(22) रघुनाथपुर (अक्षांश 25^0 21' 34" उत्तर, देशान्तर 82^0 44' 26" पूर्व) : वाराणसी जिले के रघुनाथपुर गाँव में बन्धवा नाम से ख्यात यह पुरास्थल 250×250 मी. क्षेत्र में फैला हुआ है। वर्तमान समय में कृषि हेतु भूमि के कटाव के कारण यह स्थल जीर्ण-शीर्ण अवस्था में है। सम्पूर्ण क्षेत्र में लोहित रंग के पात्र एवं बड़े आकार की ईंटें प्राप्त होती हैं। साथ ही खेतों की जुताई में विभिन्न देवी-देवताओं की मूर्तियाँ प्राप्त होती हैं, जिनमें विष्णु, देवी, यक्ष, शिवलिंग एवं कार्तिकेय आदि की मूर्तियाँ उल्लेखनीय हैं, जिनको चौरा माई पर इकट्ठा करके उनकी पूजा की जाती है। कोट पर वर्तमान समय में मकान बन चुके हैं, लेकिन कुएँ के पश्चिमी तरफ आज भी मिट्टी का ढुहां है जहाँ मिट्टी के बर्तनों एवं बड़ी-बड़ी ईंटों के अवशेषों को आज भी देखा जा सकता है। साथ ही सर्वेक्षण से मिट्टी का लोढ़ा मिला है।

(23) बाराडीह (अक्षांश 25^0 22' 21" उत्तर, देशान्तर 82^0 43' 59" पूर्व) : वाराणसी जिले में बाराडीह ग्राम सभा में स्थित इस पुरास्थल पर वर्तमान समय में तीन प्रतिमाएँ प्राप्त हुयी हैं, जिन्हें स्थापित कर गाँव वाले कुमखरी-कुमखरा देवता के नाम से पूजते हैं। सभी प्रतिमाएँ स्तम्भ पर बनायी गयी हैं। दो प्रतिमाओं में बलराम शेषनाग द्वारा आवृत्त है। यह पुरास्थल पूर्व मध्यकाल से सम्बन्धित है।

(24) भरहरियाँ (अक्षांश 25^0 20' 42" उत्तर, देशान्तर 82^0 43' 59" पूर्व) : वाराणसी जिले के भरहरियाँ गाँव में स्थित यह पुरास्थल कछवाँ रोड के पूर्व दिशा में लगभग आधा किमी. अन्दर गाँव में है। 50 मी. लम्बा, 40 मी. चौड़ा एवं लगभग 2 मी. ऊँचा यह टीला, जो ढलान के साथ क्रमशः कम हो जाता है। टीले पर विभिन्न देवी-देवताओं की खण्डित मूर्तियाँ, स्तम्भ एवं विष्णु की प्रतिमा मिलती है। यह पुरास्थल पूर्व मध्यकाल से संबन्धित है।

(25) भूलईपुर (अक्षांश 25^0 23' 0" उत्तर, देशान्तर 82^0 42' 27" पूर्व) : यह पुरास्थल 'मीर का इनारा' के नाम से जाना जाता है, जो संतरविदास नगर जिले के भूलईपुर गाँव में स्थित है। यहाँ से वरुणा नदी लगभग 200 मी. उत्तर दिशा में तथा लगभग इतनी ही दूरी पर पूर्व दिशा में बहरी नाला बहता है। यह पुरास्थल 400×400 मी. क्षेत्र में फैला हुआ है। यहाँ पर लोहित रंग के पात्र मिलते हैं, जो कुषाण काल से सम्बन्धित है।

(26) गैरहा (अक्षांश 25^0 22' 49" उत्तर, देशान्तर 82^0 42' 57" पूर्व) : यह पुरास्थल वाराणसी जिले के गैरहा गाँव में बहरी नाला के दाहिने तट पर लगभग 100 मी. की दूरी पर स्थित है। यह नाला दक्षिण दिशा से आता है और उत्तर में वरुणा नदी में मिल जाता है। यह नाला वाराणसी एवं संत रविदास नगर जिले के विभाजन का कार्य करता हैं। टीले पर लोहित रंग के पात्र मिलते हैं जो कुषाण काल से सम्बन्धित है। प्रमुख पात्र प्रकारों में लोहित रंग के कटोरे एवं घड़े उल्लेखनीय है।

(27) गहरपुर (अक्षांश 25^0 22' 26" उत्तर, देशान्तर 82^0 43' 3" पूर्व) : यह पुरास्थल वाराणसी जिले के गहरपुर गाँव में स्थित है, जो गैरहा से एक किमी. दक्षिण पूर्व दिशा में सड़क की बायें तरफ है। इस क्षेत्र का पुरातात्त्विक महत्त्व पूर्णतया नष्ट हो गया है। खेतों की खुदायी से प्राप्त मूर्तियों को एक जगह इकट्ठा करके गाँव वाले उसकी पूजा करते हैं। सर्वेक्षण से एक गणेश तथा दो देवियों की सिर (Head) प्राप्त हुये हैं। साथ ही यहाँ तीन कोल्हू जिनपर देवनागरी लिपि में अंकन है। यह पुरास्थल पूर्वमध्य काल से सम्बन्धित है।

(28) जद्दुपुर (अक्षांश 25^0 22' 20" उत्तर, देशान्तर 82^0 42' 13" पूर्व) : यह पुरास्थल संत रविदास नगर जिले के जद्दुपर गाँव में स्थित है, जो गैरहा से लगभग 1.5 किमी. दक्षिण-पश्चिम दिशा में है। टीले की ऊँचाई 2 से 2.5 मी. तथा विस्तार 100 मी. लम्बा एवं 50 मी. चौड़ा है। टीले पर लोहित रंग के पात्र मिलते हैं, जो खेतों में लगभग 200-300 मी. क्षेत्र तक मिलते हैं। यह पुरास्थल कुषाणकाल से सम्बन्धित है। प्रमुख पात्र प्रकारों में लोहित रंग के कटोरे, घड़े एवं स्कन्धयुक्त हाड़ी उल्लेखनीय है।

(29) मई (अक्षांश 25^0 23' 15" उत्तर, देशान्तर 82^0 41' 46" पूर्व) : यह पुरास्थल संत रविदास नगर जिले के मई गाँव में स्थित है। लगभग 800×800 मी. क्षेत्र में विस्तृत इस पुरास्थल के तीन महत्त्वपूर्ण भाग हैं। पहला लहुरा-लहुरी वीर बाबा, दूसरा जोगीबीर बाबा तथा तीसरा शंगोनाथ (शिव मन्दिर) का मन्दिर, जो वरुणा नदी के बायें तट पर स्थित है। सम्पूर्ण क्षेत्र में लोहित पात्र के टुकड़े मिलते हैं, जो कुषाण काल से सम्बन्धित है। यहाँ से मृत्तिका का बना तोता मिला है। कृषि कार्य होने के कारण इस पुरास्थल का पुरातात्त्विक महत्त्व पूर्णतया समाप्त हो गया है।

(30) बनकट - प्रथम (अक्षांश 25^0 20' 37" उत्तर, देशान्तर 82^0 42' 43" पूर्व) : यह पुरास्थल वाराणसी जिले के बनकट गाँव में स्थित है। यहाँ लोहित रंग के पात्र मिलते हैं। कृषि कार्य के कारण इस स्थान का पुरातात्त्विक महत्त्व पूर्णतया खत्म हो चुका है। यहाँ एक कोल्हू पर लेख अंकित मिला है।

(31) नहवानीपुर (अक्षांश 25^0 19' 54" उत्तर, देशान्तर 82^0 42' 14" पूर्व) : नहवानीपुर नामक पुरास्थल वरुणा नदी से लगभग 6 किमी. दक्षिण दिशा में स्थित है, जिसका विस्तार लगभग 800×800 मी. तथा ऊँचाई 1.5 से 2 मी. के लगभग है। सम्पूर्ण क्षेत्र में लोहित रंग के पात्र तथा कुषाणकालीन ईंटें प्राप्त होती हैं। प्रमुख पात्र प्रकारों में लोहित रंग का कटोरा तथा घड़ा, जिनमें कुछ टोटीदार हैं साथ ही यहाँ से कुषाणकालीन सिक्का, यक्ष एवं देवी की प्रतिमा मिले हैं।

यह पुरास्थल दो बृहद् नालों (बहरी खास तथा मटुका नाला) के मध्य में स्थित है। इनसे पुरास्थल की दूरी क्रमशः 2.5 से 3 किमी. के लगभग हैं। साथ ही इसके समीपवर्ती क्षेत्रों में कुषाण एवं पूर्व मध्यकालीन पुरास्थलों एवं उनसे सम्बन्धित प्रस्तर प्रतिमाओं एवं कोल्हुओं के प्रमाण बड़ी मात्रा में मिलते हैं, जो विन्ध्य क्षेत्र से सम्बन्धित हैं।

(32) निजामपुर (अक्षांश 25^0 16' 29" उत्तर, देशान्तर 82^0 39' 44" पूर्व) : संत रविदास नगर जिले के निजामपुर गाँव में स्थित यह पुरास्थल 'निजामपुर कोट' के नाम से प्रचलित है। 200×200 मी. क्षेत्र में फैला यह पुरास्थल सतह से 7 मी. ऊँचा है। टीले

पर लोहित रंग के पात्र बिखरे पड़े हैं। इस क्षेत्र में अलंकृत कोल्हू दिखाई देते हैं। यह पुरास्थल पूर्व मध्यकाल से सम्बन्धित है।

(33) सरायबाबू (अक्षांश 25^0 15' 41" उत्तर, देशान्तर 82^0 39' पूर्व) : संत रविदास नगर जिले में स्थित इस पुरास्थल के टीले को समतल करके इस पर स्कूल का निर्माण किया गया है। टीले पर लोहित रंग के पात्र मिलते हैं, जो निजामपुर के पात्रों की तरह ही समानता लिये हुये हैं।

(34) सुरहन (अक्षांश 25^0 29' 45" उत्तर, देशान्तर 82^0 19' 35" पूर्व) : यह पुरास्थल संत रविदास नगर जिले के सुरहन गाँव में स्थित है। टीले का विस्तार 300×300 मी. तथा ऊँचाई 5 मी. के लगभग है। टीले की दायीं तरफ नहर जाती है, जिसके समीप शिव मन्दिर स्थित है। टीले पर मार्जित लोहित रंग के पात्र प्राप्त होते हैं। टीले के आसपास अलंकृत कोल्हू मिलते हैं।

(35) बरदहाँ (अक्षांश 25^0 22' 25" उत्तर, देशान्तर 82^0 39' 14" पूर्व) : संत रविदास नगर जिले के बरदहाँ गाँव में वरुणा नदी से लगभग 3 किमी. दक्षिण दिशा में यह पुरास्थल स्थित है। यहाँ पर लोहित रंग के पात्र लगभग 400×400 मी. क्षेत्र में मिलते हैं तथा सम्पूर्ण क्षेत्र में तीन स्थानों पर खण्डित मूर्तियाँ बिखरी पड़ी हैं। नीम के पेड़ के नीचे पट्ट पर चार भुजाओं वाली महिषासुरमर्दिनी दुर्गा का अंकन है। यहाँ से एक मृण्मूर्ति जो भेड़ा का है, सर्वेक्षण के दौरान मिला है।

(36) शिवदासपुर (अक्षांश 25^0 23' 45" उत्तर, देशान्तर 82^0 39' 33" पूर्व) : संत रविदास नगर जिले के शिवदासपुर गाँव में स्थित इस पुरास्थल पर एक प्राचीन शिव मन्दिर है। इसके आसपास के खेतों में लोहित रंग के एवं अल्प मात्रा में कृष्ण मार्जित मृद्भाण्ड मिलते हैं। यह पुरास्थल वरुणा नदी से लगभग 100 मी. दक्षिण दिशा में स्थित है।

(37) परषोत्तमपुर (अक्षांश 25^0 23' 28" उत्तर, देशान्तर 82^0 38' 59" पूर्व) : संत रविदास नगर जिले के परषोत्तमपुर गाँव में वरुणा नदी से 200 मी. दक्षिण दिशा में यह पुरास्थल स्थित है। टीले पर छोटा मन्दिर स्थापित किया गया है, जिसमें खण्डित मूर्तियाँ स्थापित कर डीह बाबा के नाम से पूजा जाता है। लगभग 400 मी. क्षेत्र में विस्तृत इस पुरास्थल पर कुषाणकालीन मृद्भाण्ड के ठीकरे मिलते हैं। यहाँ पहुँचने के लिये चौरी रोड़ से परषोत्तमपुर गाँव में लिंक रोड है।

(38) निदुर (अक्षांश 25^0 21' 16" उत्तर, देशान्तर 82^0 37' 46" पूर्व) : यह पुरास्थल संत रविदास नगर जिले में निदुर नामक गाँव में है। इसे 'बरेला का भीटा' के नाम से

जाना जाता है। वर्तमान समय में इस पर सरकारी चिकित्सालय का निर्माण किया गया है। यहाँ लोहित रंग के पात्र मिलते हैं।

(39) डीह कोइरान (अक्षांश 25^0 22' 16" उत्तर, देशान्तर 82^0 37' 43" पूर्व) : संत रविदास नगर जिले के डीह कोइरान गाँव में 10 एकड़ क्षेत्र (राजस्व विभाग के मानचित्र रिकार्ड के अनुसार) में फैला हुआ यह पुरास्थल सतह से 3 मी. ऊँचा है। वर्तमान समय में टीले पर बस्ती बसी है। यहाँ ढेर सारी खण्डित मूर्तियाँ मन्दिर में डीह बाबा के नाम से पूजी जाती है। डीह मन्दिर के पूर्व दिशा में भी खण्डित प्रतिमाएँ पायी जाती हैं, जिनमें सर्वेक्षित सूकरी प्रतिमा उल्लेखनीय है। यही पर प्राचीन शिवलिंग भी स्थापित किया गया है। यह पुरास्थल चौरी रोड की बाँयें तरफ रेलवे क्रासिंग के पास स्थित है।

(40) बेरवाँ (अक्षांश 25^0 24' 47" उत्तर, देशान्तर 83^0 48' 43" पूर्व) : यह पुरास्थल वाराणसी जिले के बेरवाँ नामक गाँव में स्थित है। पुरास्थल को 'बेरवाँ का कोट' के नाम से जाना जाता है। टीले पर गौरिया माता का मन्दिर है। लोककिंवदंति के अनुसार इसकी ऐतिहासिकता सोइरी वंश के ठाकुरों से जोड़ी जाती है। टीले के ठीक सामने प्राइमरी स्कूल है। टीले का विस्तार 150×100 मी. तथा ऊँचाई 3 मी. है। टीले पर लोहित रंग के पात्रों के टुकड़े मिलते हैं। यह पात्र टीले के नीचे खेतों में एवं स्कूल के प्रांगण में भी मिलते हैं। टीले के ढलान पर तथा स्कूल के मैदान में अवठ कूप का प्रमाण मिलता है।

(41) बड़ागाँव (अक्षांश 25^0 25' 47" उत्तर, देशान्तर 82^0 49' 10" पूर्व) : यह पुरास्थल वाराणसी जिले के बड़ागाँव नामक गाँव में स्थित है। वर्तमान समय में टीला कट कर लगभग 100×100 मी. तथा ऊँचाई 2.5 से 3 मी. रह गया है। यहाँ पर लोहित रंग के पात्र मिलते हैं। वरुणा नदी से पुरास्थल की स्थिति लगभग 2.5 किमी. उत्तर दिशा में है।

(42) पिंडरा (अक्षांश 25^0 29' 8" उत्तर, देशान्तर 82^0 49' 48" पूर्व) : यह पुरास्थल वाराणसी जिले के पिण्डरा नामक गाँव में स्थित है। टीले का विस्तार लगभग 400×400 मी. तथा ऊँचाई लगभग 10-12 मी. है। इसके चारों तरफ खाई है, जो संभवतः परिखा जैसा लगता है। यहाँ से लोहित रंग के पात्र मिलते हैं। दूर संवेदी मानचित्र में इस पुरास्थल को एक प्राचीन प्रवाह पथ के किनारे दिखलाया गया है।

(43) कुआँर (अक्षांश 25^0 28' 22" उत्तर, देशान्तर 82^0 46' 51" पूर्व) : इस पुरास्थल को 'कुआँर कोट' के नाम से जाना जाता है, जो वाराणसी जिले के कुआँर गाँव में स्थित है। कोट का विस्तार लगभग 500×500 मी. तथा ऊँचाई 3-4 मी. है, जिस पर

पूर्णतया बस्ती बस गयी है। यहाँ से अल्प मात्रा में कृष्ण मार्जित एवं लोहित रंग के पात्र मिलते हैं। दूर संवेदी मानचित्र में इस पुरास्थल को भी प्राचीन प्रवाह पथ के किनारे दिखलाया गया है।

(44) ताड़ी (अक्षांश 25⁰ 28' 47" उत्तर, देशान्तर 82⁰ 45' 11" पूर्व) : इस पुरास्थल को 'ताड़ी कोट' के नाम से जाना जाता है, जो वाराणसी जिले के ताड़ी गाँव में स्थित है। कोट का विस्तार लगभग 500×500 मी. तथा ऊँचाई 5-6 मी. है। वर्तमान समय में कोट से मिट्टी निकाला जा रहा है। यहाँ कृष्णीय, कृष्ण मार्जित एवं लोहित रंग के पात्र मिलते हैं। यह पुरास्थल एक प्राचीन प्रवाह पथ के किनारे स्थित है।

(45) कुड़ी (अक्षांश 25⁰ 24' 22" उत्तर, देशान्तर 82⁰ 47' 57" पूर्व) : यह पुरास्थल वाराणसी जिले के कुड़ी गाँव में स्थित है। इसे 'भरान हदिया' अथवा 'कुड़ी कोट' के नाम से जाना जाता है। टीले पर मजार का निर्माण किया गया है। इसका विस्तार लगभग 400×400 मी. तथा ऊँचाई 3-4 मी. है। यहाँ से कृष्ण-मार्जित एवं लोहित रंग के पात्र मिलते हैं।

(46) चिलबिला (अक्षांश 25⁰ 23' 55" उत्तर, देशान्तर 82⁰ 47' 9" पूर्व) : यह पुरास्थल वाराणसी जिले के चिलबिला नामक गाँव में स्थित है। वर्तमान समय में इसका पुरातात्त्विक महत्त्व पूर्णतया समाप्त हो गया है। खेतों की जुताई में लोहित रंग के पात्र एवं खण्डित प्रस्तर प्रतिमायें प्राप्त होती हैं। यहाँ से विष्णु की तीन प्रतिमाएँ उल्लेखनीय हैं, जिनमें एक दशावतार से संबंधित है।

(47) विराव कोट (अक्षांश 25⁰ 24' 47" उत्तर, देशान्तर 82⁰ 45' 20" पूर्व) : साईपुर चौराहे के दाहिने तरफ लगभग 2 किमी. अन्दर यह पुरास्थान स्थित है। कोट पर पूर्णतया बस्ती बस चुकी हैं। यहाँ 'बरसठी माई' देवी का मन्दिर है। टीले पर अल्प मात्रा में लोहित रंग के पात्र मिलते हैं। वरुणा नदी से पुरास्थल की स्थिति 1.5 किमी. उत्तर दिशा में है।

(48) साईपुर (अक्षांश 25⁰ 24' 37" उत्तर, देशान्तर 82⁰ 44' 20" पूर्व) : वाराणसी जिले के साईपुर गाँव में स्थित यह पुरास्थल वरुणा नदी से लगभग 1.5 किमी. उत्तर दिशा में है। इस पुरास्थल पर लोहित रंग के पात्र मिलते हैं। भीटा पूर्णतया कट चुका है, अब यहाँ खेती होती है।

(49) कुरूँ (अक्षांश 25⁰ 23' 46" उत्तर, देशान्तर 82⁰ 44' 22" पूर्व) : वाराणसी जिले के कुरूँ गाँव में वरुणा नदी से आधा किमी. उत्तर दिशा में स्थित यह पुरास्थल धार्मिक दृष्टि से महत्त्वपूर्ण रहा होगा। यहाँ एक बड़े क्षेत्र में ढेरों खण्डित मूर्तियाँ एवं मन्दिर के अवशेष आदि बिखरे प्राप्त होते हैं, जिनमें विष्णु, देवी, शिव-पार्वती,

यक्ष-यक्षिणी की प्रस्तर प्रतिमाएँ तथा मिट्टी की सप्तमातृकाओं, मातृदेवी, नैगमेश आदि उल्लेखनीय हैं। यहाँ से प्राप्त अवशेष कुषाणकाल से लेकर पूर्व मध्ययुगीन संस्कृति का प्रतिनिधित्व करते हैं।

(50) कोईलार (अक्षांश 25^0 24' 29" उत्तर, देशान्तर 82^0 43' 33" पूर्व) : यह पुरास्थल वाराणसी जिले के कोइलार गाँव में स्थित है। वर्तमान समय में खेती के कारण यह स्थल पूर्णतया विनष्ट हो गया है। यहाँ खेतों में लोहित रंग के पात्र लगभग 400×400 मी. क्षेत्र तक मिलते हैं। वरुणा नदी से यह पुरास्थल 1.5 किमी. उत्तर दिशा में स्थित है।

(51) अकोढ़ा (अक्षांश 25^0 23' 43" उत्तर, देशान्तर 82^0 42' 57" पूर्व) : यह पुरास्थल वाराणसी जिले के अकोढ़ा गाँव में स्थित है, जो वरुणा नदी से लगभग 100 मी. उत्तर दिशा में स्थित है। वर्तमान समय में टीला कट कर 100 मी. लम्बा, 100 मी. चौड़ा तथा 2.5 मी. ऊँचा है। इसके दक्षिण-पश्चिम दिशा में एक छोटा टीला, जिस पर शिवलिंग एवं टूटी-फूटी प्रतिमाएँ मिलती हैं। बड़े टीले पर लोहित रंग के पात्र मिलते हैं, जिनका विस्तार लगभग 200 मी. क्षेत्र तक खेतों में है।

(52) चंगवार (अक्षांश 25^0 26' 1" उत्तर, देशान्तर 82^0 44' 35" पूर्व) : यह पुरास्थल वाराणसी जिले के चंगवार गाँव में स्थित है। यहाँ पहुँचने के लिए कमरूद्दीनपुर त्रिमुहानी से गाँव के लिए सड़क जाती है। गाँव में दो टीले हैं पहला टीला गाँव के सड़क की दाँयें तरफ तथा दूसरा 150 मी. अन्दर स्थित है। यहाँ लोहित रंग के पात्र मिलते हैं।

(53) अनेई (अक्षांश 25^0 27' 5" उत्तर, देशान्तर 82^0 44' 20" पूर्व) : वाराणसी जिले के अनेई गाँव (ब्लॉक बड़ागाँव) में स्थित यह पुरास्थल बसुही के पूर्व एवं वरुणा नदी के उत्तर में क्रमशः 4 किमी. एवं 7 किमी. की दूरी पर है। यहाँ पर अधिक मात्रा में उत्तरी कृष्ण मार्जित, कृष्ण मार्जित, कृष्ण लोहित एवं लोहित रंग के पात्र, मनके, मृण्मण्डल सीसे, अवठ कूप आदि के प्रमाण मिले हैं। टीला 100×100 मी. क्षेत्र में फैला है तथा ऊँचाई लगभग 6 से 6.5 मी. है। यहाँ 800 मी. क्षेत्र तक मृद्भाण्ड के ठीकरे मिलते हैं। दूर संवेदी मानचित्र में इस पुरास्थल को एक प्राचीन प्रवाह पथ के किनारे दिखलाया गया है।

(54) मझगवाँ (अक्षांश 25^0 25' 44" उत्तर, देशान्तर 82^0 43' 29" पूर्व) : यह पुरास्थल वाराणसी जिले के मझगवाँ गाँव में स्थित है। यहाँ लोहित रंग के पात्र 200×200 मी. क्षेत्र तक मिलते हैं। सम्पूर्ण क्षेत्र में कृषि कार्य होने के कारण पुरास्थल का पुरातात्विक महत्त्व समाप्त हो गया है। खेतों की खुदाई से प्राप्त मूर्तियों को पीपल

के पेड़ के नीचे चबूतरा बनाकर वहाँ रखा गया है। यहाँ से एक प्रस्तर गोला एवं देवी की प्रतिमा प्राप्त हुई है।

(55) मधुमाखियाँ (अक्षांश 25⁰ 25' 47" उत्तर, देशान्तर 82⁰ 43' 57" पूर्व) : यह पुरास्थल वाराणसी जिले के मधुमाखियाँ गाँव में स्थित है। मझगवाँ पुरास्थल से इसकी स्थिति ठीक पूर्व दिशा में है। दोनों पुरास्थलों का विभाजन रेखा पम्पिंग सेट है। यह पुरास्थल लगभग 200×200 मी. क्षेत्र में फैला हुआ है। सड़क मार्ग से इसकी ऊँचाई लगभग 1.5 मी. है। यहाँ एक बड़ा शिवलिंग स्थापित है, जिसके आसपास ईंटों की नींव दिखायी देती है। यहाँ पर लोहित रंग के पात्र मिलते हैं। सम्पूर्ण क्षेत्र में खेती होती है। खेतों में मृद्भाण्डों के ठीकरे मिलते हैं।

(56) दादूपुर (अक्षांश 25⁰ 25' 19" उत्तर, देशान्तर 82⁰ 42' 45" पूर्व) : वाराणसी जिले के दादूपुर गाँव में स्थित यह पुरास्थल वरुणा नदी से 3 किमी. उत्तर दिशा एवं बसुही नदी से 1.5 कि.मी. पूर्व दिशा में स्थित है। टीले पर विखण्डित मूर्तियाँ एवं अल्प मात्रा में लोहित रंग के पात्र मिलते हैं। टीले पर पूर्णतया बस्ती बसने के कारण इसका पुरातात्त्विक महत्त्व समाप्त हो गया है।

(57) महिमापुर-कोलहान (अक्षांश 25⁰ 25' 4" उत्तर, देशान्तर 82⁰ 41' 46" पूर्व) : यह पुरास्थल वाराणसी जिले के महिमापुर गाँव में स्थित है। इसके उत्तर एवं पूर्व दिशा में वरुणा एवं बसुही नदियाँ क्रमशः 2.5 एवं 1 किमी. की दूरी पर बहती हैं। कृषि कार्य होने के कारण टीला पूर्णतः कट गया है। यहाँ उत्तरी कृष्ण मार्जित, कृष्ण मार्जित एवं लोहित रंग के पात्र मिलते हैं। प्रमुख पात्र प्रकारों में कटोरे एवं घड़े उल्लेखनीय हैं। इस क्षेत्र में तीन कोल्हू हैं, जिनमें एक पर लेख अंकित है।

(58) दुर्जनपुर (अक्षांश 25⁰ 25' 24" उत्तर, देशान्तर 82⁰ 41' 28" पूर्व) : यह पुरास्थल वाराणसी जिले के दुर्जनपुर गाँव में बसुही नदी की बाँयें तट पर स्थित है। यहाँ पर लोहित रंग के पात्र अल्प मात्रा में मिलते हैं। एक यक्ष प्रतिमा जिसे कुषाणकालीन ईंटों से घेरा गया है। इस पुरास्थल तक पहुँचने के लिए धौकलगंज बाजार से लिंक रोड है।

(59) कमरूद्दीनपुर (अक्षांश 25⁰ 26' 11" उत्तर, देशान्तर 82⁰ 42' 29" पूर्व) : यह पुरास्थल जौनपुर जिले के कमरूद्दीनपुर गाँव (ब्लॉक रामपुर) में गौरी शंकर मंदिर के नाम से प्रसिद्ध है। पहले इस स्थान का प्राचीन नाम सिसहट था। वरुणा नदी से लगभग 5.5 किमी. उत्तर दिशा एवं बसुही नदी से लगभग 400 मी. पूर्व दिशा में यह पुरास्थल स्थित है। यहाँ पर स्थापित मन्दिर में शिव-पार्वती एवं विष्णु की प्रतिमा

स्थापित किया गया है। मन्दिर के बाहर विष्णु एवं सूर्य की दो बड़ी प्रतिमाएँ पेड़ के नीचे पड़ी हैं। मन्दिर के बाहर लोहित रंग के पात्र मिलते हैं।

(60) तिलहरा (अक्षांश 25^0 27' 39" उत्तर, देशान्तर 82^0 41' 50" पूर्व) : जौनपुर जिले के रामपुर ब्लॉक में बसुही नदी के बाँयें तट पर स्थित इस पुरास्थल की मुख्य स्थिति सिठूपुर के पश्चिम, कादिहद के दक्षिण-पूर्व कोना तथा नूरपुर के उत्तर-पूर्व कोना को लेकर है। यहाँ पर लोहित रंग के पात्र मिलते हैं। वरुणा नदी से इस पुरास्थल की दूरी लगभग 7.5 किमी. उत्तर दिशा में है।

(61) कालिहद (अक्षांश 25^0 28' 15" उत्तर, देशान्तर 82^0 41' 28" पूर्व) : जौनपुर जिले के कालिहद गाँव में स्थित यह पुरास्थल वरुणा नदी से 8 किमी. उत्तर दिशा एवं बसुही नदी से 400 मी. उत्तर–पूर्व दिशा में है। यहाँ पर लोहित रंग के पात्र मिलते हैं। यह स्थल रामपुर रोड से लगभग एक किमी. पूर्व दिशा में स्थित है।

(62) सराय डीह (अक्षांश 25^0 27' 59" उत्तर, देशान्तर 82^0 39' 20" पूर्व) : जौनपुर जिले के सरायडीह गाँव में जोगीबीर बाबा के नाम से प्रसिद्ध यह पुरास्थल बसुही नदी की दायें तट पर स्थित है। नदी तल से टीला की ऊँचाई लगभग 5-6 मी. है। वरुणा नदी से इस पुरास्थल की दूरी लगभग 8 किमी. उत्तर दिशा में है। पुरास्थल पर एक अलंकृत स्तम्भ का निचला हिस्सा स्थापित है, जिसे जोगीवीर बाबा के नाम से पूजा जाता है। साथ ही विष्णु एवं अन्य खण्डित प्रतिमाएँ भी हैं। टीले को काटकर पूर्णतया समतल कर दिया गया हैं। उसके आसपास चारों तरफ खेती होती है। टीले के उत्तरी हिस्से में उत्तरी कृष्ण मार्जित, कृष्ण मार्जित एवं लोहित रंग के पात्र मिलते हैं। लोहित रंग के पात्र दक्षिणी भाग में ही मिलते हैं। प्रमुख पात्र प्रकारों में कटोरे एवं घड़े उल्लेखनीय हैं। यहाँ से एक भाला मिला है। रामपुर मार्ग पर सरायडीह त्रिमुहानी से दाँयें तरफ सीधे पुरास्थल तक मार्ग जाता है।

(63) कठवतिया (अक्षांश 25^0 26' 47" उत्तर, देशान्तर 82^0 42' 0" पूर्व) : जौनपुर जिले के कठवतिया गाँव में स्थित यह पुरास्थल कुड़िया घाट के नाम से ख्यात है, जो वरुणा नदी से लगभग 6 किमी. उत्तर दिशा एवं बसुही नदी से 200 मी. दक्षिण दिशा में स्थित है। यहाँ कृष्ण लोहित, उत्तरी कृष्ण मार्जित, कृष्ण मार्जित एवं लोहित रंग के पात्र मिलते हैं। प्रमुख पात्र प्रकारों में कटोरे एवं घड़े प्रमुख हैं। पास ही पुराना मस्जिद है, जिसे मन्दिर का रूप दे दिया गया है। किन्तु इसमें कोई भी प्रतिमा स्थापित नहीं है। वर्तमान समय में पास ही स्थित भट्ठा के लिये मिट्टी की पूर्ति हेतु इस स्थान की कटाई हो रही है।

(64) करौंनी खुर्द (अक्षांश 25^0 26' 39" उत्तर, देशान्तर 82^0 40' 55" पूर्व) : हीरावीर डीह बाबा के नाम से ख्यात यह पुरास्थल जौनपुर जिले के करौंनी खुर्द गाँव

में स्थित है। 400×400 मी. क्षेत्र में फैला इस टीले की ऊँचाई लगभग 5 से 6 मी. है। यहाँ पर लोहित रंग के पात्र मिलते हैं। टीले पर खण्डित मूर्तियाँ स्थापित की गयी हैं, जिसे हीरावीर बाबा के नाम से पूजा जाता है। सम्पूर्ण क्षेत्र में कृषि कार्य होता है। यह पुरास्थल वरुणा नदी से लगभग 5 किमी. उत्तर दिशा मे स्थित है।

(65) मुड़कटियाँ (अक्षांश 25^0 25' 11" उत्तर, देशान्तर 82^0 40' 35" पूर्व) : यह पुरास्थल जौनपुर जिले के मुड़कटियाँ गाँव में स्थित है। वर्तमान समय में टीला कटकर 25 मी. लम्बा, 25 मी. चौड़ा तथा 3-4 मी. ऊँचा रह गया है। इस टीले पर लोहित रंग के पात्र मिलते हैं, जो कुषाणकाल से सम्बन्धित है।

(66) अड़ियार (अक्षांश 25^0 25' 48" उत्तर, देशान्तर 82^0 40' 42" पूर्व) : जौनपुर जिले के अड़ियार गाँव में स्थित यह पुरास्थल वरुणा नदी से लगभग 4 किमी. उत्तर दिशा में एवं बसुही नदी से 2 किमी. पश्चिम दिशा में है। 150 मी. लम्बे, 100 मी. चौड़े तथा 2.5-3 मी. ऊँचे इस टीले पर लोहित रंग के पात्र एवं चौड़े ईंटें मिलते हैं।

(67) कोचारी (अक्षांश 25^0 24' 3" उत्तर, देशान्तर 82^0 40' 58" पूर्व) : जौनपुर जिले के कोचारी गाँव में देउरा टीले के नाम से प्रसिद्ध यह पुरास्थल वरुणा एवं बसुही नदी के बीच में स्थित है। जहाँ पर दो नदियों का संगम होता है, वहाँ पर संगमनाथ (संगोनाथ-शिव मन्दिर) नामक तीर्थस्थल है। इस क्षेत्र की प्रसिद्धि भद्रकाली शक्तिपीठ के कारण भी है। दो टीलों के रूप में अपने अन्दर अनेक ऐतिहासिक तथ्यों को छिपाये हुये इस स्थान का ऐतिहासिक महत्त्व लोकवार्त्ता के माध्यम से ज्ञात होता है, जिसके अनुसार भद्रसेन नामक राजा माँ भद्रकाली के अनन्य भक्त थे। वह प्रतिदिन ब्रह्म मुहूर्त में वरुणा नदी पार कर स्नान करने के पश्चात् भद्रकाली के मन्दिर पर आकर एक कड़ाहे में तेल खौलाते थे और अपने शरीर में चन्दन का लेप लगाकर अपना सिर तलवार से काटकर खौलते कड़ाहे में डाल देते थे, जिसे देवी के अनन्य भक्तगण खाकर प्रसन्न हो जाते थे। अपने गणों को प्रसन्न होता देख माँ भद्रकाली भद्रसेन के सिर को पुनः जोड़ देती थी तथा सिर के वजन के बराबर सोना प्रदान करती थी। देवी अमृत कलश से अमृत गिरा, राजा को जीवित करती थी और हाथ के झाँझर को हिलाकर स्वर्ण प्रदान करती थी।

अनुश्रुति के अनुसार राजा के पतन एवं महल को खण्डहर में तब्दील करने में उज्जैन के महाराजा विक्रमादित्य द्वितीय (375-414 ई.) का हाथ था। उनके दरबार में एक ब्राह्मण नौकरी माँगने आया; किन्तु एक दुर्घटनावश ब्राह्मण की पत्नी की जलकर मृत्यु हो गयी। पत्नी के वियोग में ब्राह्मण ने भी विक्रमादित्य को श्राप देकर प्राण त्याग

दिया। श्राप से मुक्ति हेतु राजा के पुरोहितों ने सरावाँ जाकर माँ भद्रकाली को प्रसन्न कर अमृत माँग कर दोनों को जिन्दा करने की राय दी।

विक्रमादित्य सरावाँ आकर भद्रसेन के यहाँ नौकर के रूप में सेवा करने के दौरान राजा द्वारा देवी को प्रसन्न करने की कला देख ली। दूसरे दिन भद्रसेन से पहले ही विक्रमादित्य ने अपना सिर काटकर खौलते कड़ाहे में डाल दिया। देवी के गण राजा के सिर को खाकर प्रसन्न हुये, जिस पर माँ ने वरदान माँगने को कहा। फलस्वरूप राजा ने तीन वरदान- अमृतकलश, सोना उगलने वाला झाँझर तथा साथ में उज्जैन चलने को कहा। वचनबद्ध होने के कारण देवी उज्जैन जाने लगी, उसी समय भद्रसेन ने वहाँ पहुँचकर देवी से सरावाँ न छोड़ने की विनती की तब देवी हर शनिवार को सरावाँ आने का वचन देकर चली गयीं। देवी के जाते ही महल ध्वस्त होकर गिर पड़ा और तभी से खण्डहर बना पड़ा है।[1]

पुरातात्त्विक साक्ष्यों के रूप में इस टीले की सबसे ऊपरी सतह पर (मुख्य टीले) लोहित रंग के मृद्भाण्ड बिखरे पड़े हैं। इसके अतिरिक्त यहाँ पतले गढ़न के धूसर एवं कृष्णीय मृद्भाण्ड भी प्राप्त होते हैं, साथ ही टीले पर ईंटें भी बिखरी पड़ी हैं, जो कुषाणकाल की हैं। टीले के उत्तर तरफ एक ईंटों की दीवाल है, जो लगभग 35 मी. लम्बी है। यहाँ से मृत्तिका की बनी मातृदेवी, बन्दर, मनका एवं थपुआ प्राप्त हुआ है।

मुख्य टीले के ठीक पीछे एक छोटा टीला है, जिस पर शिवलिंग एवं खण्डित नन्दी की मूर्ति है। मुख्य टीले पर सर्वेक्षण के समय एक पाषाण स्तम्भ दिखाई दिया, जो 195 सेमी. लम्बा, 32 सेमी. चौड़ा तथा 16 सेमी. मोटा है। सम्पूर्ण टीले का क्षेत्रफल लगभग 500×250 मी. है। भौगोलिक दृष्टि से यह क्षेत्र असमान ऊँचाई लिये हुये है, जहाँ दूर-दूर तक कुश एवं काश के पेड़ दिखाई देते हैं। अपनी इसी स्थिति के कारण इसे 'कोलसला का बीहड़' भी कहा जाता है। टीले के दक्षिणी भाग में संत रविदास नगर (भदोही), उत्तर में जौनपुर तथा पूर्व भाग में वाराणसी जिला स्थित है।

(68) सुरेरी डीह (अक्षांश 25^0 24' 55" उत्तर, देशान्तर 82^0 39' 26" पूर्व) : जौनपुर जिले में सुरेरी डीह के नाम यह पुरास्थल ख्यात है। यह स्थल विष्णु देवालय के लिए प्रसिद्ध रहा होगा। यहाँ विष्णु की चार प्रतिमाएँ एवं अन्य खण्डित प्रतिमाएँ, छत्र आदि बिखरी पड़ी हैं। दो विष्णु प्रतिमाएँ समानता लिये हुये हैं, जिसमें विष्णु मध्य खड़े हैं तथा उनके दोनों तरफ पाँच-पाँच अवतारों (दशावतार) का अंकन है। एक विष्णु प्रतिमा अपेक्षाकृत छोटे आकार की है। सर्वेक्षण से तीन प्रतिमाएँ प्राप्त हुये, जिनमें शंख, सिंह एवं हनुमान हैं। टीला बहुत ही छोटा (20 मी.) क्षेत्र में है। पीछे प्राचीन तालाब है। यहाँ

लोहित रंग के पात्र अल्प मात्रा में मिलता है। यहाँ पहुँचने के लिए सुरेरी त्रिमुहानी से दायें तरफ पुरास्थल तक मार्ग जाता है।

(69) हीरापट्टी (अक्षांश 25^0 23' 58" उत्तर, देशान्तर 82^0 39' 3" पूर्व) : जौनपुर जिले के हीरापट्टी गाँव में महादेव के नाम से ख्यात यह पुरास्थल वरुणा नदी से लगभग 200 मी. उत्तर दिशा में स्थित है। यह पुरास्थल पश्चिम दिशा में भी वरुणा नदी से घिरा हुआ है। वरुणा नदी उत्तर दिशा से आती हुयी पश्चिम दिशा की ओर मुड़ जाती है, पुनः पश्चिम से दक्षिण दिशा की ओर आती है और पूर्व दिशा की ओर मुड़ती है, जो बाद में उसी दिशा की ओर बहती है। लगभग 400×400 मी. क्षेत्र में मिट्टी के बर्तन मिलते हैं, जिनमें लोहित, कृष्णीय एवं कृष्ण मार्जित पात्र है। पूर्व दिशा में शिव मन्दिर (महादेव) स्थापित है। जहाँ खेतों की खुदायी से प्राप्त प्रतिमाएँ जिसमें कार्तिकेय, सद्योजात देवी, यक्ष-यक्षी, विष्णु, कार्तिकेय आदि प्रमुख हैं, जो मन्दिर में रखी हैं। यहाँ सर्वेक्षण के दौरान यक्ष, विष्णु की खण्डित प्रतिमा, कार्तिकेय एवं कुषाण- कालीन मृण का पुरुष सिर प्राप्त हुआ है।

(70) मलेथू (अक्षांश 25^0 23' 49" उत्तर, देशान्तर 82^0 38' 4" पूर्व) : जौनपुर जिले के मथेलू गाँव में स्थित इस पुरास्थल को हीरापट्टी गाँव से अलग करने के लिये सड़क है। सड़क (पूर्व से पश्चिम दिशा) के दक्षिणी भाग मलेथू तथा उत्तरी भाग हीरापट्टी गाँव है। यहाँ पर एक कोल्हू है, जिस पर लेख अंकित है। लेख दो स्थानों (खाँचों) पर अंकित है। प्रथम खाना के ऊपरी भाग में लेख तथा नीचे पतवार या अस्त्र लिये तीन व्यक्ति हैं। बायें खाने में अंकित इस लेख के पहले हाथी पर बैठा कोचवान अंकुश द्वारा हाथी पर वार कर रहा है। उसके पीछे बैठा व्यक्ति पैर के सहारे बैठा है। बायें हाथ में चक्र एवं दाहिने हाथ में प्लेट पर देवनागरी लिपि में अंकन है। लगभग 400 मी. आगे (सड़क मार्ग से पश्चिम दिशा) आगे सड़क से सटा एक छोटा टीला, जहाँ लोहित रंग के पात्र अल्प मात्रा में मिलते हैं। यहाँ पहुँचने के लिये सुरेरी त्रिमुहानी से बाँयें तरफ मार्ग जाता है।

(71) जगदीशपुर (अक्षांश 25^0 24' 45" उत्तर, देशान्तर 82^0 38' 13" पूर्व) : जौनपुर जिले के जगदीशपुर गाँव में वरुणा नदी से लगभग 300 मी. पूर्व दिशा में यह पुरास्थल स्थित है। यहाँ पर कुषाणकालीन पात्र मिलते हैं, जिनमें कोखदार हाड़ी, घड़ा एवं छोटा घरिया प्रमुख हैं। इस स्थल का पुरातात्त्विक महत्त्व पूर्णतया समाप्त हो गया है। सुरेरी-नई बाजार से 1.5 किमी. दूरी पर यह स्थल स्थित है।

(72) फिफिऔना (अक्षांश 25^0 25' 11" उत्तर, देशान्तर 82^0 37' 37" पूर्व) : जौनपुर जिले के मढ़ियाहू तहसील के फिफिऔना गाँव में स्थित यह पुरास्थल 'गोसाई का मठ'

एवं 'कोट का दैत' के नाम से प्रसिद्ध है। सम्पूर्ण टीला लगभग 500×250 मी. क्षेत्र में फैला हुआ है, जो सतह से लगभग 2.5 से 3 मी. ऊँचा है। यह पुरास्थल वरुणा नदी से 300 मी. उत्तर में स्थित है। इस क्षेत्र में ढेर सारे घुमाव हैं, जिससे नदी की दिशा बदल जाती है। नदी उत्तर दिशा से आती हुयी दिखलायी देती हैं, लेकिन इसका प्रवाह बाद में पश्चिम से पूर्व दिशा की ओर है, जो बाद में सदैव ऐसे ही बनी हुयी है। टीले की खुदाई से दो मूर्तियाँ प्राप्त हुयी हैं, जिसमें प्रथम प्रतिमा सती पट्ट की है, जिनमें एक व्यक्ति घुड़सवार के रूप में दिखाई देता है, जिसका बायाँ हाथ घोड़े की लगाम पर तथा दाहिने हाथ में तलवार लिये हुये घोड़ा गतिशील अवस्था में है। द्वितीय प्रतिमा में एक सूकरी आकृति एवं उसके साथ सात बच्चों की आकृतियाँ एक ही पाषाण खण्ड पर अंकित हैं।

इस टीले पर उत्तरी कृष्ण मार्जित, सर्वाधिक मात्रा में कृष्ण मार्जित तथा लोहित रंग के पात्रों की प्राप्ति होती है। प्रमुख पात्र प्रकारों में कटोरे, थाली, घड़े एवं सुराही उल्लेखनीय हैं।

(73) भानपुर (अक्षांश 25^0 26' 11" उत्तर, देशान्तर 82^0 37' 20" पूर्व) : जौनपुर जिले के भानपुर गाँव में यह पुरास्थल स्थित है, जो वरुणा नदी से लगभग 1 किमी. पूर्व दिशा में है। वर्तमान समय में यहाँ मन्दिर (दुर्गा माँ) का निर्माण किया गया है। मन्दिर के पीछे खेतों में ईंटें तथा लोहित रंग के पात्र मिलते हैं।

(74) देहुवाँ (अक्षांश 25^0 27' 15" उत्तर, देशान्तर 82^0 37' 42" पूर्व) : यह पुरास्थल जौनपुर जिले के देहुवाँ गाँव में स्थित है। इसका विस्तार लगभग 400×400 मी. तथा ऊँचाई 1.5-2 मी. है। वर्तमान समय में टीले पर पूर्णतया खेती होती है, जिसके कारण इसका पुरातात्त्विक महत्त्व मृतप्राय है। यहाँ से लोहित रंग के पात्र मिलते हैं।

(75) सकरा डीह (अक्षांश 25^0 27' 10" उत्तर, देशान्तर 82^0 35' 41" पूर्व) : जौनपुर जिले के सकरा गाँव में वरुणा नदी से लगभग ½ किमी. उत्तर दिशा में यह पुरास्थल स्थित है। इसका विस्तार लगभग 200×200 मी. तथा ऊँचाई 3-4 मी. है। यहाँ कृष्ण मार्जित एवं लोहित रंग के पात्र मिलते हैं।

(76) कसेरुडीह (अक्षांश 25^0 28' 40" उत्तर, देशान्तर 82^0 36' 56" पूर्व) : यह पुरास्थल जौनपुर जिले के कसेरुगाँव में स्थित है। वरुणा नदी से इसकी स्थिति 3 किमी. उत्तर एवं बसुही नदी से 2 किमी. दक्षिण दिशा में है। पुरास्थल का विस्तार लगभग 800×800 मी. तथा ऊँचाई 4-5 मी. है। यहाँ अल्प मात्रा में उत्तरी कृष्ण-मार्जित, कृष्ण मार्जित एवं लोहित रंग के पात्र मिलते हैं। साथ ही विष्णु (तीन प्रतिमाएँ), गणेश एवं दुर्गा की प्रतिमाएँ भी उल्लेखनीय हैं। सर्वेक्षण से कृष्ण मार्जित रंग का इत्रदानी प्राप्त हुई है।

(77) कोटगाँव (अक्षांश 25^0 29' 18" उत्तर, देशान्तर 82^0 35' 22" पूर्व) : यह पुरास्थल जौनपुर जिले के कोटगाँव नामक गाँव में स्थित है। लगभग 1 किमी. क्षेत्र में फैला हुआ यह स्थल सड़क मार्ग से 2-2.5 मी. ऊँचा है। यहाँ लोहित रंग के पात्र मिलते हैं। वर्तमान समय में टीले के एक हिस्से पर खेती तथा बस्ती का बसाव हो चुका है।

(78) वनडीह (अक्षांश 25^0 31' 5" उत्तर, देशान्तर 82^0 34' 1" पूर्व) : यह पुरास्थल जौनपुर जिले के वनडीह नामक गाँव में स्थित है। यहाँ से लोहित रंग के पात्र मिलते हैं। टीले पर पूर्णतया बस्ती बस गयी है, जिसके कारण इसका पुरातात्त्विक महत्त्व समाप्त हो गया है। वरुणा एवं बसुही नदियों से इसकी दूरी क्रमशः 5 किमी. एवं 2.5 किमी. है।

(79) गौरापट्टी (अक्षांश 25^0 29' 48" उत्तर, देशान्तर 82^0 31' 2" पूर्व) : यह पुरास्थल जौनपुर जिले के गौरापट्टी नामक गाँव में स्थित है। इसका विस्तार लगभग 400×400 मी. तथा ऊँचाई 2-2.5 मी. है। टीले पर शिव मन्दिर स्थापित किया गया है। यहाँ लोहित रंग के पात्र मिलते हैं।

(80) कटौना कोट (अक्षांश 25^0 27' 21" उत्तर, देशान्तर 82^0 31' 25" पूर्व) : यह पुरास्थल जौनपुर जिले के कटौना नामक गाँव में स्थित है। इसका विस्तार लगभग 400×400 मी. तथा ऊँचाई 1-1.5 मी. है। यहाँ लोहित रंग के पात्र मिलते हैं। वरुणा नदी से इस पुरास्थल की स्थिति 1 किमी. पूर्व दिशा में है।

(81) याकुबपुर (अक्षांश 25^0 26' 6" उत्तर, देशान्तर 82^0 32' 40" पूर्व) : वरुणा नदी की दायें तट पर स्थित यह पुरास्थल पीठेवीर के नाम से जाना जाता है, जो संत रविदास नगर के जिले के याकुबपुर गाँव में स्थित है। इसका विस्तार लगभग 200×200 मी. है। यहाँ कृष्ण मार्जित एवं लोहित रंग के पात्र मिलते हैं।

(82) बनकट द्वितीय (अक्षांश 25^0 25' 58" उत्तर, देशान्तर 82^0 33' 34" पूर्व,) : संत रविदास नगर के सुरियावाँ ब्लॉक के बनकट गाँव में यह पुरास्थल स्थित है। पुरास्थल को 'बनकट का कोट' के नाम से जाना जाता है। चारों तरफ टीला बीच में खाली स्थान है। टीले का विस्तार लगभग 500×250 मी. है। टीले पर लोहित रंग के पात्र पाये जाते हैं।

(83) मर्जादापट्टी (अक्षांश 25^0 24' 30" उत्तर, देशान्तर 82^0 33' 52" पूर्व) : यह पुरास्थल संत रविदास नगर जिले के आनन्दनगर क्षेत्र में स्थित है। यहाँ के डीह पर वर्तमान समय में इण्टर कालेज (ज्ञान देवी) का निर्माण किया गया है। टीले के सामने एक प्राचीन कुँआ था, जिसे पाट दिया गया है। टीले पर ही स्कूल के बगल में

हरिजना डीह (यक्ष) की मूर्ति स्थापित है। टीले पर प्राइमरी पाठशाला के बगल में प्राचीन खण्डहर है, जिसकी ईंटें कुषाणकालीन हैं। अल्प मात्रा में लोहित रंग के पात्र भी पाये जाते हैं। मुख्य सड़क से 100 मी. की दूरी पर स्थित टीले का सम्पूर्ण क्षेत्रफल लगभग 200×200 मी. है, किन्तु वर्तमान में टीले का अस्तित्व मृतप्राय है।

(84) हरियाऊँ (अक्षांश 25⁰ 22' 19" उत्तर, देशान्तर 82⁰ 33' 7" पूर्व) : संत रविदास नगर जिले के हरियाऊँ गाँव में यह पुरास्थल स्थित है। टीले की ऊँचाई 2-2.5 तथा क्षेत्रफल लगभग 100×100 मी. है। टीले पर बस्ती का बसाव हो गया है। थोड़ा सा भी टीले को खोदने पर बड़ी संख्या में मिट्टी के बर्तन पाये जाते हैं, जो लोहित रंग के हैं। टीले के सामने प्राचीन शिव मन्दिर है, जिसका जीर्णोद्धार किया गया है।

(85) जयरामपुर (अक्षांश 25⁰ 22' 4" उत्तर, देशान्तर 82⁰ 33' 52" पूर्व) : संत रविदास नगर जिले के जयरामपुर नामक गाँव में स्थित यह टीला 'मौलाना मस्जिद का अहाता' के नाम से जाना जाता है। टीले को काटकर पूर्णरूप से समतल कर घेर दिया गया है। इस स्थल का पुरातात्त्विक महत्त्व खत्म हो गया है। यहाँ के पात्र हरियाऊँ के पात्रों की समानता लिये हुये हैं।

(86) खेमईपुर (अक्षांश 25⁰ 20' 38" उत्तर, देशान्तर 82⁰ 33' 45" पूर्व) : संत रविदास नगर के असनाव तालिका के खेमईपुर गाँव में स्थित इस पुरास्थल को 'खेमईपुर कोट' के नाम से जाना जाता है। टीले का विस्तार 500×500 मी. तथा ऊँचाई 5-6 मी. के लगभग है। टीले के अधिकांश भाग को काटकर खेती के काम में लाया जा रहा है। मुख्य टीले पर शिव मन्दिर है, जिसका पुनर्निर्माण किया गया है। शिवलिंग की लम्बाई एक मी. है। शिवलिंग से जुड़ा अरघा मन्दिर के बाहर नाली के रूप में स्थित है, जिसमें सिंह की आकृति बनी है। अरघा के बीच का भाग समीप पीपल के पेड़ के नीचे है। वहीं पास में पत्थर की नक्कासीदार आकृति प्राप्त होती है। मन्दिर के उत्तर दिशा में डीह मन्दिर का निर्माण किया है। सम्पूर्ण क्षेत्र में लोहित रंग के पात्र प्राप्त होते हैं। यहाँ से एक प्रस्तर का लोढ़ा भी प्राप्त हुआ है। यह पुरास्थल वरुणा की सहायक मोरवा नदी से लगभग 1.5 किमी. दक्षिण दिशा में स्थित है।

(87) करोर (अक्षांश 25⁰ 27' 53" उत्तर, देशान्तर 82⁰ 28' 45" पूर्व) : यह पुरास्थल संत रविदास नगर जिले के करोर गाँव में स्थित है। वरुणा नदी से लगभग 1 किमी. पश्चिम दिशा में स्थित इस पुरास्थल का पुरातात्त्विक महत्त्व कृषि कार्य होने के कारण पूर्णतया समाप्त हो गया है। यहाँ से अल्प मात्रा में लोहित रंग के पात्र मिलते हैं।

(88) शाहापुर (अक्षांश 25⁰ 31' 31" उत्तर, देशान्तर 82⁰ 29' 30" पूर्व) : यह पुरास्थल जौनपुर जिले के शाहापुर नामक गाँव में स्थित है, जिसका विस्तार लगभग

200×200 मी. है। यहाँ से लोहित रंग के पात्र मिलते हैं। सम्पूर्ण क्षेत्र में खेती होने के कारण इसका पुरातात्त्विक महत्त्व समाप्त हो गया है।

(89) परियत कोट (अक्षांश 25^0 32' 3" उत्तर, देशान्तर 82^0 29' 47" पूर्व) : यह पुरास्थल जौनपुर जिले के परियत गाँव में स्थित है। इसका विस्तार लगभग 200×200 मी. तथा ऊँचाई 2-2.5 मी. है। यहाँ से लोहित रंग के पात्र एवं खण्डित प्रस्तर प्रतिमाएँ मिलती हैं। टीले के बगल में मन्दिर का निर्माण किया गया है।

(90) चतुर्भुजपुर (अक्षांश 25^0 32' 21" उत्तर, देशान्तर 82^0 29' 18" पूर्व) : यह पुरास्थल जौनुपर जिले के चतुर्भुजपुर गाँव में स्थित है। लगभग 200×200 मी. क्षेत्र में फैला यह स्थल समीवर्ती खेतों से 1-1.5 मी. ऊँचा है। इसके चारों तरफ कृषि कार्य होता है। यहाँ से विष्णु के दशावतार की चार प्रतिमाएँ, हनुमान एवं स्तम्भ बिखरे हुये हैं। साथ ही अल्प मात्रा में लोहित रंग के पात्र भी मिलते हैं।

(91) महमूदपुर (अक्षांश 25^0 31' 42" उत्तर, देशान्तर 82^0 28' 53" पूर्व) : यह पुरास्थल जौनपुर जिले के महमूदपुर गाँव में स्थित है, जिसका विस्तार लगभग 200×200 मी. है। यहाँ से कृष्ण मार्जित एवं लोहित रंग के पात्र मिलते हैं। प्रमुख पात्र प्रकारों में कटोरे एवं घड़े प्रमुख हैं। सम्पूर्ण क्षेत्र में कृषि कार्य होने के कारण इसका पुरातात्त्विक महत्त्व मृतप्राय है।

(92) निगोह (अक्षांश 25^0 32' 45" उत्तर, देशान्तर 82^0 28' 17" पूर्व) : निगोह नामक पुरास्थल, जौनपुर जिले में स्थित है, जो वरुणा नदी से लगभग 4 किमी. उत्तर एवं बसुही नदी से 7 किमी. दक्षिण दिशा में है। इसका विस्तार लगभग 600×600 मी. तथा सड़क मार्ग से ऊँचाई 1.5 से 2 मी. के लगभग है। इस पुरास्थल के समीप एक प्राचीन जलाशय है। यहाँ से कृष्ण लोहित, कृष्ण मार्जित, उत्तरी कृष्ण मार्जित तथा लोहित रंग के पात्र मिलते हैं। प्रमुख पात्र प्रकारों में कटोरे, थालियाँ घड़े एवं इत्रदानी उल्लेखनीय हैं। इसके अतिरिक्त शुंग-कुषाणकालीन ईंटें, मनके तथा वलय कूप के भी प्रमाण मिले हैं। पुरास्थल दो टीलों में विभाजित है। मुख्य टीले पर ये पुरावशेष मिलते हैं। छोटे टीले पर जो सड़क के दाहिने तरफ स्थित है, केवल लोहित रंग के पात्र मिलते हैं। इसके समीपवर्ती स्थलों में शाहापुर, महमूदपुर, चतुर्भुजपुर, परियत आदि है। यहाँ उल्लेखनीय है कि वरुणा नदी के उत्तर में 4-5 किमी. की दूरी पर एक क्रम से पश्चिम से पूर्व दिशा की ओर पुरास्थल मिलते हैं।

(93) भदराँव (अक्षांश 25^0 31' 4" उत्तर, देशान्तर 82^0 27' 23" पूर्व) : यह पुरास्थल जौनपुर जिले के भदराँव गाँव में स्थित है, जिसका विस्तार लगभग 400×400 मी. है।

यहाँ से लोहित रंग के पात्र मिलते हैं। सम्पूर्ण क्षेत्र में कृषि कार्य होने के कारण इसका पुरातात्त्विक महत्त्व समाप्त हो गया है।

(94) चौगुना (अक्षांश 25^0 29' 6" उत्तर, देशान्तर 82^0 27' 44" पूर्व) : यह पुरास्थल जौनपुर जिले के चौगुना नामक गाँव में स्थित है, जिसका विस्तार लगभग 400×400 मी. है। यहाँ से लोहित रंग के पात्र मिलते हैं। कृषि कार्य होने के कारण इसका भी पुरातात्त्विक महत्त्व समाप्त हो गया है।

(95) छपरियाँ (अक्षांश 25^0 27' 25" उत्तर, देशान्तर 82^0 26' 46" पूर्व) : यह टीला भोगीवीर डीह के नाम से जाना जाता है, जो संत रविदास नगर (भदोही) के सुरियावाँ ब्लॉक के चकिया चौथावा गाँव में स्थित है। इसका विस्तार लगभग 1 किमी. क्षेत्र में है। सम्पूर्ण क्षेत्र में 7 प्राचीन कुएँ स्थित हैं। जिसमें पाँच को पाट दिया गया है। यहाँ बिना चिनाई का जीर्ण-शीर्ण अवस्था में शिव मन्दिर है, मन्दिर बिना शिखर का है। ऊपर टनों वजनी पत्थर रखकर छत का निर्माण किया गया है। आसपास के क्षेत्र में जितनी भी मूर्तियाँ प्राप्त होती हैं, उन्हें मन्दिर में रखा जाता है। टीले पर मिट्टी के बर्तनों (लोहित रंग), ईंटों के साथ ही हड्डी (भुरभुरी) पायी जाती है। एक दूसरे टीले पर फर्श का प्रमाण (सुर्खीयुक्त) मिलता है, जो लगभग 5 सेमी. मोटा है। जहाँ भी फर्श या दीवाल है वहाँ कुआँ स्थित है। संभवतः प्रत्येक मकान में कुआँ स्थित है। इस क्षेत्र में दो प्रकार की ईंटें प्राप्त होती हैं। पहला संभवतः कुषाणकालीन तथा दूसरा 6:4 के अनुपात में जिन्हें आपस में जोड़कर गोलाकार बनाया जाता है। कुँओं में इन्हीं को जोड़कर गोल आकार दिया गया है।

(96) कटवार (अक्षांश 25^0 33' 19" उत्तर, देशान्तर 82^0 26' 15" पूर्व) : कटवार कोट नामक पुरास्थल जौनपुर जिले के कटवार नामक गाँव मे स्थित है। इसका विस्तार लगभग 200×200 मी. तथा ऊँचाई 2-2.5 मी. है। यहाँ लोहित रंग के पात्र मिलते हैं। टीले पर पूर्णतया बस्ती बस गयी है।

(97) कारो-बनकट (अक्षांश 25^0 31' 16" उत्तर, देशान्तर 82^0 24' 27" पूर्व) : यह पुरास्थल जौनपुर जिले के बनकट नामक गाँव में स्थित है। इसका विस्तार लगभग 400×400 मी. तथा सड़क मार्ग से ऊँचाई 2-2.5 मी. है। यहाँ से लोहित रंग के पात्र मिलते हैं। वरुणा नदी से इसकी स्थिति 1 किमी. उत्तर-पूर्व दिशा में है।

(98) मीरपुर (अक्षांश 25^0 33' 30" उत्तर, देशान्तर 82^0 23' 38" पूर्व) : यह पुरास्थल जौनपुर जिले के मीरपुर नामक गाँव में स्थित है। इसका विस्तार लगभग 200×200 मी. है। यहाँ लोहित रंग के पात्र मिलते हैं। सम्पूर्ण क्षेत्र में कृषि कार्य होने के कारण पुरातात्त्विक महत्त्व समाप्त हो गया है।

(99) रामडीह-द्वितीय (अक्षांश 25^0 33' 30" उत्तर, देशान्तर 82^0 22' 38" पूर्व) : यह पुरास्थल जौनपुर जिले के रामडीह नामक गाँव में स्थित है। इसे रामडीह कोट के नाम से जाना जाता है, जिसका विस्तार लगभग 200×200 मी. है। यहाँ लोहित रंग के पात्र मिलते हैं। सम्पूर्ण क्षेत्र में कृषि कार्य होने के कारण पुरातात्त्विक महत्त्व मृतप्राय है।

(100) भटहर (अक्षांश 25^0 33' 58" उत्तर, देशान्तर 82^0 22' 5" पूर्व) : यह पुरास्थल जौनपुर 'भटहर कोट' के नाम से जाना जाता है, जो जौनपुर जिले के भटहर नामक गाँव में स्थित है। इसका विस्तार लगभग 500×500 मी. तथा सड़क मार्ग से ऊँचाई 2-2.5 मी. है। यहाँ लोहित रंग के पात्र मिलते हैं। टीले पर कृषि कार्य होता है। इसकी स्थिति वरुणा नदी से 6 किमी. उत्तर दिशा में है।

(101) सराय कंसराय (अक्षांश 25^0 29' 56" उत्तर, देशान्तर 82^0 22' 30" पूर्व) : सराय कंसराय नाम पुरास्थल संत रविदास नगर जिले के सुरियावाँ ब्लॉक के अन्तर्गत आता है। बजहा डीह के नाम से प्रसिद्ध यह पुरास्थल नदी से लगभग 1/2 किमी. दक्षिण में स्थित है। टीला 300×200 मी. क्षेत्र में फैला हुआ है। टीले पर लोहित, कृष्ण-लोहित तथा कृष्णरंगीय पात्र प्राप्त होते हैं।

(102) भौथर (अक्षांश 25^0 29' 29" उत्तर, देशान्तर 82^0 21' 56" पूर्व) : यह पुरास्थल संत रविदास नगर जिले के भौथर गाँव में स्थित है। लगभग 400×400 मी. क्षेत्र में फैला इस स्थल के मुख्य भाग पर प्राथमिक विद्यालय का निर्माण किया गया है। यहाँ से कृष्ण मार्जित एवं लोहित रंग के पात्र मिलते हैं। प्रमुख पात्र प्रकारों में कटोरे एवं घड़े उल्लेखनीय हैं। यहाँ तीन छोटे मन्दिरों का निर्माण किया गया है, जिनमें खुदाई से प्राप्त मूर्तियों को रखा गया है। वरुणा नदी से पुरास्थल की स्थिति लगभग 2 किमी. दक्षिण - पूर्व दिशा में है।

(103) आनन्द डीह (अक्षांश 25^0 27' 51" उत्तर, देशान्तर 82^0 20' 53" पूर्व) : यह पुरास्थल संत रविदास नगर जिले के आनन्द डीह नामक गाँव में स्थित है। 500×500 मी. क्षेत्र में फैले इस टीले की ऊँचाई लगभग 7 मी. है। टीले के बीचों-बीच सड़क जाती है। मिट्टी के बर्तन (लोहित रंग), कौड़ियाँ, ईंटें तथा बैकुण्ठ की प्रतिमा टीले से प्राप्त हुई हैं।

(104) शेरपुर (अक्षांश 25^0 29' 59" उत्तर, देशान्तर 82^0 25' 11" पूर्व) : यह पुरास्थल संत रविदास नगर (भदोही) जिले के शेरपुर गाँव (पोस्ट-दुर्गागंज) में स्थित है। टीले को शेरपुर डीह के नाम से जाना जाता है। 500×250 मी. क्षेत्र में फैला हुआ यह टीला सतह से लगभग 5 मी. ऊँचा है। टीले तथा टीले के निचले भागों में भी मिट्टी के बर्तनों एवं ईंटों के अवशेष बिखरे पड़े हैं। प्रमुख पात्र प्रकारों में लोहित रंग का कटोरा, घड़ा एवं द्रोणी प्रमुख हैं। टीले के पश्चिम दिशा में चौरा मन्दिर है, जिसमें एक यक्ष

तथा दूसरी नारी प्रतिमा, जिसकी गोद में बच्चा है। लम्बोदर युक्त यक्ष प्रतिमा दाहिने हाथ में कटोरा तथा बायें हाथ में घरिया लिये हुए हैं। संभवतः यक्ष बैठकर सुरापान कर रहा हैं। यक्ष प्रतिमा 23.5 सेमी. ऊँची है। टीले पर खुदाई से एक समूचा लोहित रंग का घड़ा प्राप्त हुआ है। साथ ही यहाँ से एक आहत तथा ताँबे के दो सिक्के प्राप्त हुये हैं, जिनमें एक शर्की राजवंश से सम्बन्धित है।

(105) बभिनियाव (25^0 33' 27" उत्तर, 82^0 19' 6" पूर्व) : 'बभिनियाव कोट' नामक पुरास्थल जौनपुर जिले के बभिनियाव गाँव में स्थित है। इसका विस्तार लगभग 400×400 मी. तथा ऊँचाई 3 से 4 मी. है। यहाँ लोहित रंग के पात्र मिलते हैं। टीले पर पूर्णतया बस्ती बस चुकी है।

(106) करौर (अक्षांश 25^0 34' 22" उत्तर, देशान्तर 82^0 18' 2" पूर्व) : यह पुरास्थल जौनपुर जिले के करौर नामक गाँव (ब्लाक सुरियावाँ) में स्थित है। इसका विस्तार लगभग 200×200 मी. तथा ऊँचाई 1-1.5 मी. है। यहाँ लोहित रंग के पात्र मिलते हैं। टीले के पूर्व दिशा में प्राइमरी स्कूल का निर्माण किया गया है। पुरास्थल से वरुणा नदी लगभग 2 किमी. दक्षिण दिशा में है।

(107) सेमरी (अक्षांश 25^0 33' 45" उत्तर, देशान्तर 82^0 17' 47" पूर्व) : सेमरी कोट नामक पुरास्थल जौनपुर जिले के सेमरी गाँव (ब्लॉक - प्रतापपुर, तहसील-हण्डिया) में स्थित है। इसका विस्तार लगभग 500×500 मी. है। कोट पर पूर्णतया बस्ती बस चुकी है। यहाँ लोहित रंग के पात्र एवं प्रस्तर प्रतिमाओं के अवशेष प्राप्त होते हैं। साथ ही कोल्हू के अवशेष भी दिखलाई देते हैं।

(108) चनेथू (अक्षांश 25^0 30' 40" उत्तर, देशान्तर 82^0 17' 31" पूर्व) : यह पुरास्थल इलाहाबाद जिले के चनेथू गाँव (ब्लॉक - प्रतापपुर) में स्थित है। इसका विस्तार लगभग 200×200 मी. है। यहाँ लोहित रंग के पात्र एवं प्रस्तर प्रतिमाएँ प्राप्त होती हैं, जिनमें विष्णु उल्लेखनीय हैं। कृषि कार्य होने के कारण इसका पुरातात्त्विक महत्त्व समाप्त हो गया है।

(109) पुरेडीह (अक्षांश 25^0 28' 38" उत्तर, देशान्तर 82^0 16' 22" पूर्व) : यह पुरास्थल इलाहाबाद जिले के पुरेडीह नामक गाँव (ब्लॉक-प्रतापपुर) में स्थित है। इसका विस्तार लगभग 500×500 मी. तथा सड़क मार्ग से ऊँचाई 2-2.5 मी. है। टीले एवं आसपास के खेतों में लोहित रंग के पात्र मिलते हैं। टीले पर वैष्णवी की प्रतिमा स्थापित की गयी है, जिसे 'लोहरावीर बाबा' के नाम से पूजा जाता है।

(110) गरियाँव (अक्षांश 25^0 34' 11" उत्तर, देशान्तर 82^0 16' 34" पूर्व) : गरियाँव कोट नामक पुरास्थल जौनपुर जिले के गरियाँव नामक गाँव (ब्लॉक-बादशाहपुर) में

स्थित है। इसका विस्तार 600×600 मी. तथा ऊँचाई 4-5 मी. है। यहाँ लोहित एव धूसर रंग का पात्र मिलते हैं।

(111) मुडाँव (अक्षांश 25^0 35' 16" उत्तर, देशान्तर 82^0 17' 31" पूर्व) : समौर वीर नामक पुरास्थल जौनपुर जिले के मुडाँव गाँव (ब्लॉक- बादशाहपुर) में स्थित है। इसका विस्तार लगभग 500×500 मी. है। सड़क मार्ग से इसकी ऊँचाई 1 से 1.5 मी. है। टीले के एक हिस्से पर बस्ती एवं दूसरे हिस्से पर प्राथमिक विद्यालय का निर्माण किया गया है। विद्यालय के ठीक सामने प्रांगण मे चतुर्भुजी विष्णु की प्रतिमा है, जिसे लोहराबीर के नाम से पूजा जाता है। इसके ठीक दाहिनी तरफ 50 मी. की दूरी पर विष्णु एवं हनुमान की प्रतिमा है। टीले पर अल्पमात्रा में उत्तरी कृष्ण मार्जित, कृष्ण मार्जित एवं लोहित रंग के पात्र मिलते हैं।

(112) नडार (अक्षांश 25^0 35' 8" उत्तर, देशान्तर 82^0 15' 35" पूर्व) : नडार कोट नामक पुरास्थल जौनपुर जिले के नडार नामक गाँव (ब्लॉक- बादशाहपुर) में स्थित है। इसका विस्तार लगभग 800×800 मी. तथा ऊँचाई 4-5 मी. है। टीले पर एवं खेतों में लोहित रंग के पात्र मिलते हैं। टीले के दाहिने तरफ ही सत्तीदिदिया मन्दिर स्थापित किया गया है।

(113) सारोडीह (अक्षांश 25^0 33' 40" उत्तर, देशान्तर 82^0 13' 48" पूर्व) : यह पुरास्थल इलाहाबाद जिले के सारोडीह नामक गाँव (ब्लॉक- प्रतापपुर) में स्थित है। इसका विस्तार लगभग 500×500 मी. तथा सड़क मार्ग से ऊँचाई 3-4 मी. है। टीले पर पूर्णतया बस्ती बस चुकी है। यहाँ लोहित रंग के पात्र मिलते हैं साथ ही टीले पर स्थापित मन्दिर में शिव-पार्वती एवं देवी की प्रतिमा स्थापित की गयी है।

(114) सेरवाँ डीह (अक्षांश 25^0 7' 48" उत्तर, देशान्तर 82^0 36' 39" पूर्व) : इस पुरास्थल को मैलवन डीह अथवा सेरवाँ डीह के नाम से जाना जाता है, जो इलाहाबाद जिले के फूलपुर ब्लाक के सेरवाडीह नामक गाँव में स्थित है। टीले पर पूर्णतया बस्ती बस चुकी है, जिसका विस्तार 500×500 मी. तथा सड़क मार्ग से ऊँचाई 2-2.5 मी. है। यहाँ लोहित रंग के पात्र एवं बड़ी-बड़ी ईटें प्राप्त होती हैं।

अनेई : एक उत्खनित पुरास्थल

वारुणेय क्षेत्र के सर्वेक्षित पुरास्थलों में विविध प्रकार के पुरास्थल प्राप्त हुये हैं, जिनमें कुछ पुरास्थल नदी के प्राचीन प्रवाह पथ के किनारे स्थित हैं। संभवतः ये सभी पुरास्थलें काशी जनपद से सम्बद्ध थे, जिसे अधीनस्थ गाँव की संज्ञा दी जा सकती है। निश्चित भू-भाग में फैले इन बस्तियों को विभिन्न उद्देश्यों की दृष्टि से बसाया जाता था, जिनमें भौगोलिक उपर्युक्ता, सामाजिक व्यवस्था, धार्मिक क्रिया-कलापों, व्यापारिक

सुलभता एवं व्यवसायिक आवश्यकताएँ प्रमुख थीं। अपने विभिन्न उद्देश्यों की पूर्ति को ध्यान में रखकर बसाई गयी इन सामूहिक बस्तियों की इकाइयों ने काशी को जनपद एवं कालान्तर में महाजनपद के रूप में स्थापित करने में महत्त्वपूर्ण भूमिका निभायी।

प्राचीन काशी जनपद के प्रारम्भिक बसाव, विकास एवं विस्तार के साथ-साथ सांस्कृतिक जीवन वृत्ति को ज्ञात करने के लिए कुछ सर्वेक्षित पुरास्थलों के उत्खनन की योजना बनाई गयी। यह योजना पुरास्थल की प्रकृति, बसाव एवं वहाँ से प्राप्त पुरावशेषों के आधार पर बनी, जिनमें अनेई नामक पुरास्थल को चुना गया। इसका उत्खनन अप्रैल 2005 से जून 2005 तक हुआ, जिसका संक्षिप्त विवरण निम्नलिखित है–

पुरास्थल की प्रकृति, बसाव एवं उसका परिवेश

अनेई नामक पुरास्थल (अक्षांश $25^0 27'5''$ उत्तर, देशान्तर $82^0 44'20''$ पूर्व) उत्तर प्रदेश के वाराणसी जिले में, जिला मुख्यालय से 35 किमी. उत्तर-पश्चिम दिशा में स्थित है। वाराणसी के बाबतपुर हवाई अड्डे (वाराणसी-जौनपुर मार्ग पर) से 15 किमी. उत्तर-पश्चिम दिशा में, बाबतपुर-अनेई मार्ग से पुरास्थल तक पहुँचा जा सकता है।

विस्तृत रूप से फैले टीले पर वर्तमान अनेई गाँव बसा है। निश्चित रूप से ऐसी संभावना व्यक्त की जा सकती है कि कम से कम एक बार टीले पर आंशिक रूप से प्राचीन बस्ती का बसाव हुआ है, जिसका प्रमाण ग्रामीणों द्वारा किये गये क्रिया-कलापों से टीले के कटाव के रूप में स्पष्टतः उद्घाटित होता है।

गाँव का सर्वेक्षण करने से सामान्य रूप से यह निष्कर्ष निकाला जा सकता है कि इस पुरास्थल के किनारे प्राचीन नदी का प्रवाह पथ था, जिसकी पुष्टि समोच्च रेखा (Contour) एवं दूर संवेदी मानचित्र द्वारा स्पष्ट होती है। (दृष्टव्य- रेखाचित्र संख्या-1, मानचित्र संख्या-2)

दूर संवेदी मानचित्र में प्राचीन प्रवाह पथ के दाहिने तट पर अनेई पुरास्थल स्थित दिखलाया गया हैं। सारनाथ जैसा महत्त्वपूर्ण पुरास्थल भी इसी प्रवाह पथ पर स्थित है, जो वर्तमान में अकथा/नरोखर नाला से संबंधित है।

यदि इस नदी के सम्पूर्ण प्राचीन प्रवाह पथ का अवलोकन करें तो यह ज्ञात होता है कि यह नदी प्राचीन काल में वरुणा नदी के समानान्तर बहती थी, जिसका एक सिरा गंगा नदी में तथा दूसरा बसुही नदी में मिलता था। यदि साहित्यिक साक्ष्यों में उल्लिखित विवरणों का तुलनात्मक अध्ययन इस विलुप्त नदी के परिप्रेक्ष्य में करें तो स्पष्ट होता है कि यह नदी प्राचीन काल में 'अरुणा' के नाम से जानी जाती थी। ब्रह्म पुराण में एक

स्थान पर उल्लिखित है कि अरुणा एवं वरुणा नामक दो पवित्र नदियाँ हैं, जिनका संगम गंगा नदी में मिलने से बनता है, अत्यन्त पुण्य देने वाली है।[2] यहाँ यह ज्ञातव्य है कि गंगा-वरुणा के संगम स्थल पर प्रसिद्ध आदि केशव तीर्थ है[3] तथा अरुणा-गंगा के संगम पर तीर्थ स्थल का उल्लेख साहित्यिक ग्रन्थों से मिलता है, यद्यपि पुरातात्त्विक साक्ष्य मौन है।

अनेई में तीन टीलों पर प्राचीन बस्ती का बसाव दिखता है, जो लगभग एक किमी. क्षेत्र में प्राचीन प्रवाह पथ के दाहिने तट पर पश्चिम से पूर्व की ओर फैला है। मुख्य टीले (टीला-1, छाया चित्र संख्या-1) पर कृषि कार्य होने के कारण इसका ऊपरी भाग कट गया है, जिससे केवल निचला हिस्सा ही उत्खनन के लिए बचा। इस टीले की सबसे ऊपरी सतह जो टीले का पश्चिमी हिस्सा है, 100 वर्ग मी. क्षेत्र में फैला है तथा ऊँचाई लगभग 6 मी. है। इस पर ईंटों का बना मन्दिर है, जिसे 'सुरयारी बाबा' के नाम से जाना जाता है। इस टीले के दक्षिण एवं उत्तर में क्रमशः नहर एवं लिंक रोड स्थित है।

टीले-2 पर वर्तमान अनेई गाँव एवं बाजार पूर्णरूप से बस चुका है। इसकी अधिकतम ऊँचाई लगभग 4.5 मी. है। टीला-3 एक छोटे क्षेत्र (ऊँचाई लगभग एक मी.) में प्राचीन प्रवाह पथ के उत्तरी तरफ एवं टीला-2 के ठीक विपरीत दिशा में स्थित है।

उत्खनन की योजना एवं खातें (Trenches)

पुरास्थल के समीप विशेषतः टीले-1 के इर्द-गिर्द विभिन्न प्रकार के मृद्भाण्ड के ठीकरे सड़क के उत्तर दिशा तक दिखते हैं। टीले का प्रसार एवं सांस्कृतिक संचय ज्ञात करने के लिए टीले-1 के उत्तर में आम के बाग एवं प्राचीन प्रवाह पथ के पास परीक्षण खात-1 का उत्खनन किया गया। यहाँ 40 सेमी. मिश्रित पुरावशेषों का संचय प्राप्त हुआ, जो मानव के क्रिया-कलापों के कारण प्रभावित था। अन्य प्रमुख खातें मुख्य टीला (टीला-1) के पूर्व, दक्षिण पूर्व एवं पश्चिम दिशा में ली गईं।

मुख्य टीले के सबसे ऊपरी हिस्से में 5×5 मी. की चार खातें ली गयी, जो क्रमशः AA-2, AA-3, AB-2 तथा AB-3 है। इनमें खात AB-2 एवं AB-3 का उत्खनन अनुप्रस्थ काट (section scraping) के रूप में ऊपरी हिस्से से किया गया, जो नीचे की ओर आकर एक पूर्ण उत्खनित खात के रूप में परिवर्तित हो गया। टीले-1 के पूर्व दिशा में 5×5 मी. की छह खातें लिया गया, जो क्रमशः AE-3, AE-4, AF-3, AF-4, AG-3 एवं AG-4 है। (दृष्टव्य- छाया चित्र संख्या-2)

टीले-1 के दक्षिण एवं पश्चिम दिशा में 5×5 मी. की दो-दो खातें लगायी गयी, जो क्रमशः AE-10, AF-10, XK-7 एवं XN-1 है। एक अन्य खात सड़क मार्ग के समीप अवठ कूप को ज्ञात करने के लिए 3×3 मी. की गयी, जो YB-10 से सम्बन्धित है।

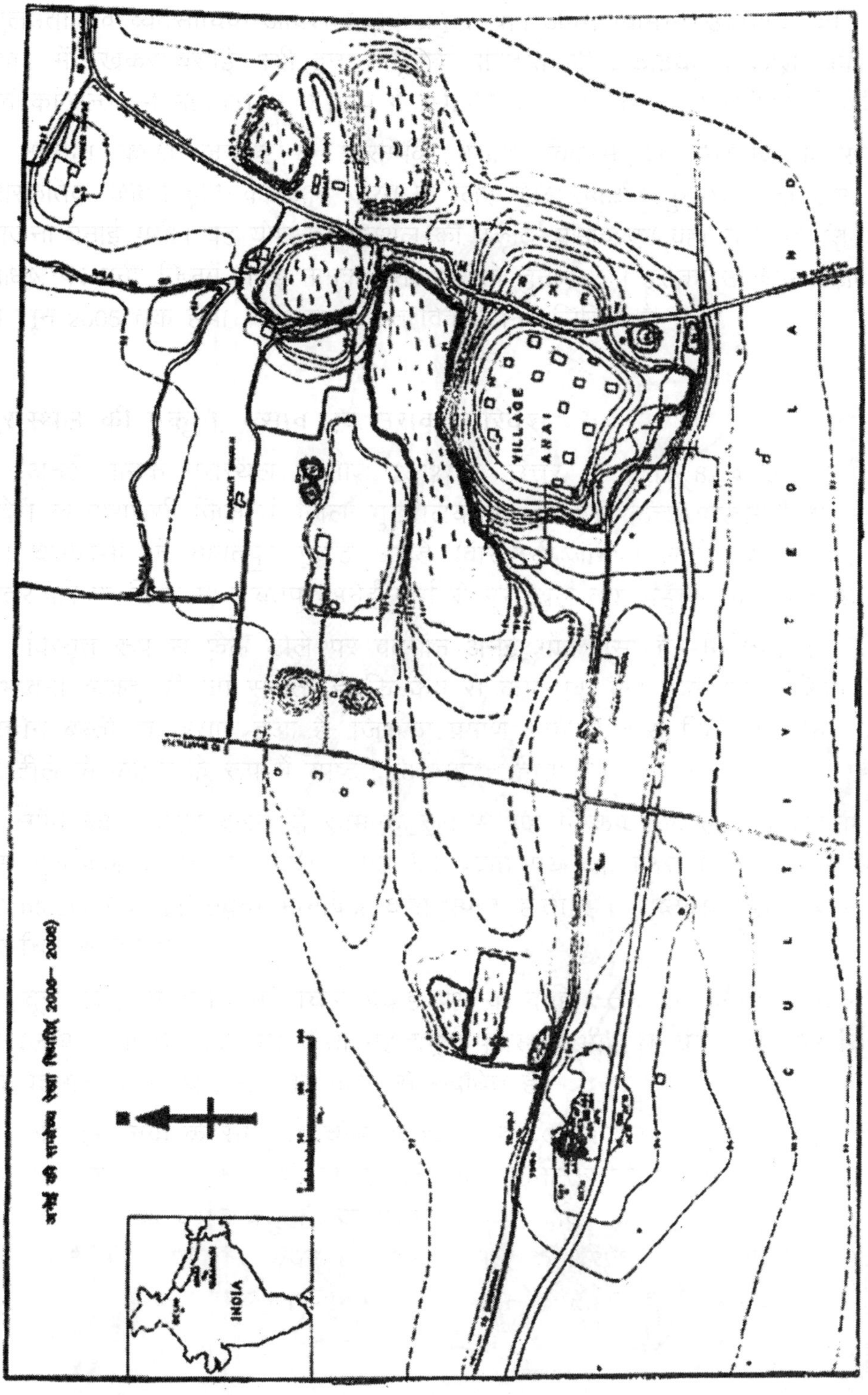

रेखाचित्र संख्या 1 : अनेई की समोच्च रेखा स्थिति

HYDROGEOMORPHOLOGICAL MAP OF RIVER VARUNA (DT- VARANASI)

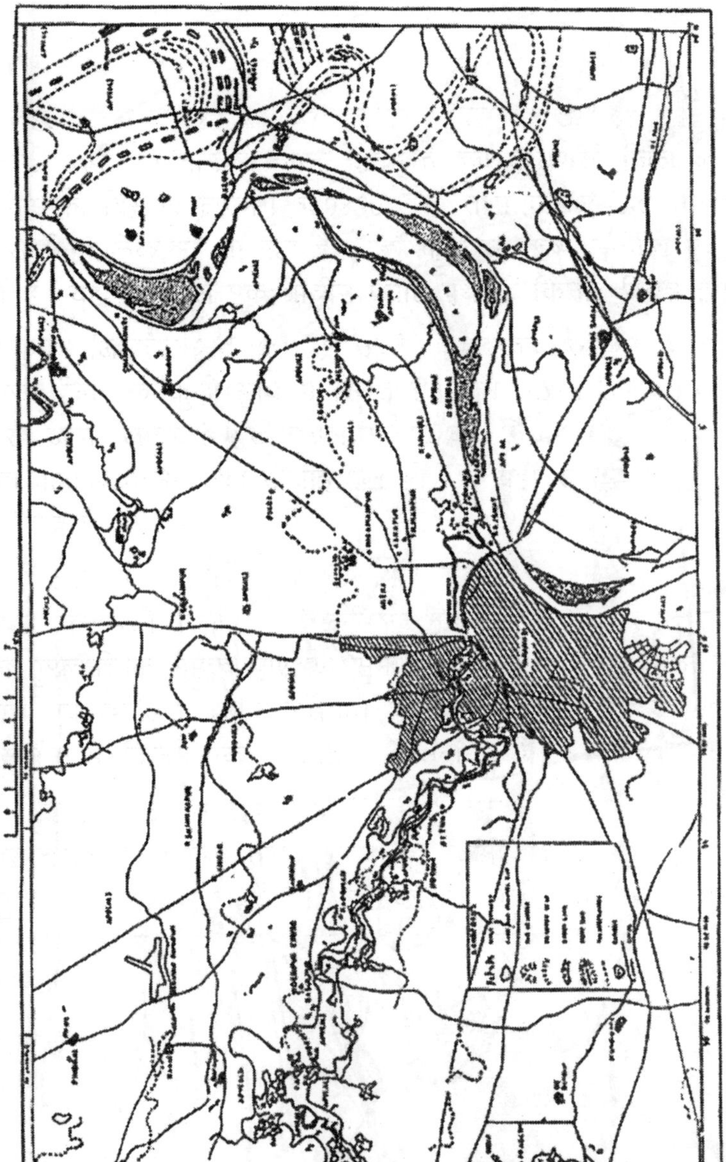

Legend :
FP (AL) Flood Plain
APO (AL) Older Alluvium Plain
APY (AL) Younger Alluvium Plain

मानचित्र संख्या 2 : वरुणा नदी का दूर संवेदी मानचित्र

टीला-2 पर वर्तमान अनेई गाँव एवं बाजार बसा है, जिसके कारण यहाँ किसी भी प्रकार के पुरातात्त्विक क्रिया-कलापों के प्रमाण खोजना दुष्कर था। टीले-3 की प्रकृति ज्ञात करने के लिए 2×2 मी. का एक खात लिया गया, जो प्राचीनतम संस्कृति से संबंधित है।

इस प्रकार पुरास्थल के विभिन्न भागों से 17 खातों का उत्खनन किया गया, जिनमें 9 खातों को प्राकृतिक भूतल तक खोदा जा सका, जिनके परिणामस्वरूप पुरास्थल से विभिन्न सांस्कृतिक कालों के पुरावशेष प्राप्त हुये। स्तरीकरण के आधार पर निम्नलिखित सांस्कृतिक अनुक्रम निर्धारित किया गयाः

खात-1 : यह खात मुख्य टीले से थोड़ी दूर उत्तर दिशा में प्राचीन प्रवाह पथ के पास लगाई गई। इसका उद्देश्य परीक्षण खात से संबंधित था। 3×3 मी. के खात में 40 सेमी. की अधिकतम मोटी संचय स्तर-1 से संबंधित है, जिनमें उत्तरी कृष्ण-मार्जित, कृष्ण- मार्जित, लोहित एवं धूसर रंग के पात्रों के साथ हड्डियों के प्रमाण मिले। स्तर-1 के बाद प्राकृतिक मिट्टी (कंकड़ युक्त पीली मिट्टी) प्राप्त होने के कारण उत्खनन कार्य रोक दिया गया। वस्तुतः यह खात पूर्णतः मानव क्रिया-कलापों यथा सड़क निमार्ण, बाग के बसाव के कारण क्षतिग्रस्त हो गया था।

खात AA-2 : यह खात टीले के सबसे ऊपरी हिस्से से संबंधित है, जो 5×5 मी. का है। इसमें अधिकतम खुदाई 3.05 मी. तक किया गया, जिनमें विभिन्न प्रकार के मृद्भाण्ड के ठीकरे एवं पुरावशेष प्राप्त हुए, जो 9 स्तरों से संबंधित है। स्तर 1-6 का संचय 2.15 मी. का है। इसमें मुख्यतः लोहित रंग के पात्र मिलते हैं, जो तृतीय काल के हैं।

स्तर-1 का अधिकतम संचय 40 सेमी. भूरे रंग की भुरभुरी मिट्टी एवं मृद्भाण्ड के ठीकरों से संबंधित है।

स्तर-2, 30 सेमी. ठोस पीली रंग की मिट्टी से संबंधित है। इस खात के ऊपरी भाग में एक गड्ढा, जिसकी अधिकतम गहराई 1.40 मी. तथा चौडाई 2.10 मी. है। इस स्तर का ऊपरी हिस्सा कट गया है। इस स्तर में कच्ची मिट्टी की दीवाल मिली है, जो 55 सेमी. चौड़ी एवं 1.40 सेमी. ऊँची है। यद्यपि इसकी नींव को 1.65 मी. गहराई तक उत्खनित करने पर भी प्राप्त नहीं किया जा सका।

स्तर-3 का औसत संचय 30 सेमी. ठोस धूसर-पीली मिट्टी से संबंधित है।

स्तर-4 भी 35 सेमी. ठोस भूरे रंग की मिट्टी का संचय है।

स्तर-5 एवं 6 शृंखलाबद्ध चूल्हों से सम्बद्ध है, जिसे सामूहिक चूल्हे के रूप में चिह्नित किया जा सकता है (रेखाचित्र-2 एवं छाया चित्र संख्या-3)। उपरोक्त स्तरों में उत्तरी कृष्ण-मार्जित पात्रों के साथ पूर्व मध्यकाल से संबंधित पात्र मिले हैं। इस स्तर के बांद खात के पश्चिमी हिस्से का ही उत्खनन किया गया।

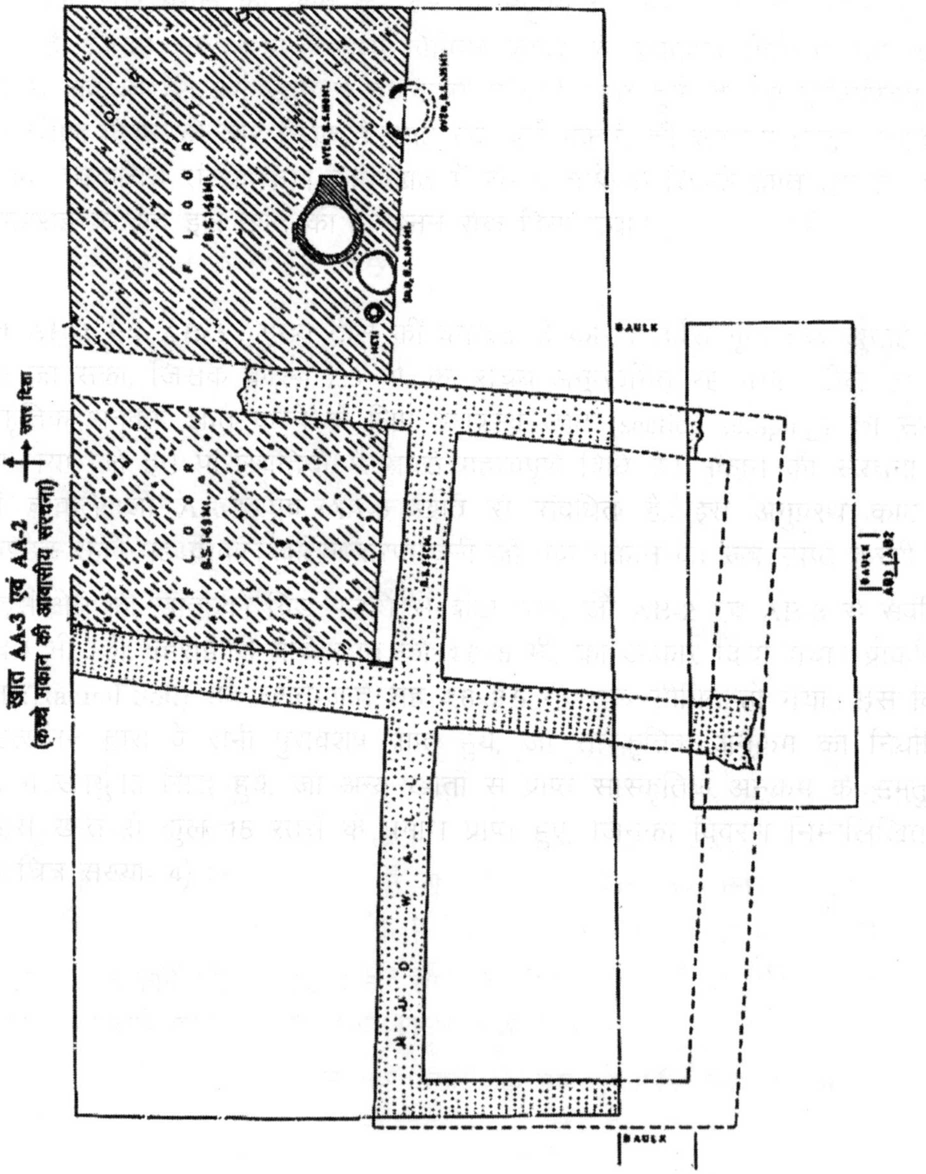

रेखाचित्र संख्या 2 : चूल्हे एवं आवासीय संरचना, तृतीय काल

स्तर-7, 9 खात का पश्चिमी हिस्सा है, जो द्वितीय काल से संबंधित है।

स्तर-7 का जमाव 50 सेमी. है, जिनमें 15 सेमी. का संचय फर्श से संबंधित हैं, जिन पर तीन चुल्हे प्राप्त हुये हैं (रेखाचित्र संख्या-3 एवं छाया चित्र संख्या-4)। इस स्तर के सबसे निचले हिस्से में एक ऊजड़ (Ghost walls) दिवाल प्राप्त हुआ है, जिसकी चौडाई 40 सेमी. एवं ऊँचाई 95 सेमी. है, जिसकी नींव स्तर-9 के निचली सतह से संबंधित है।

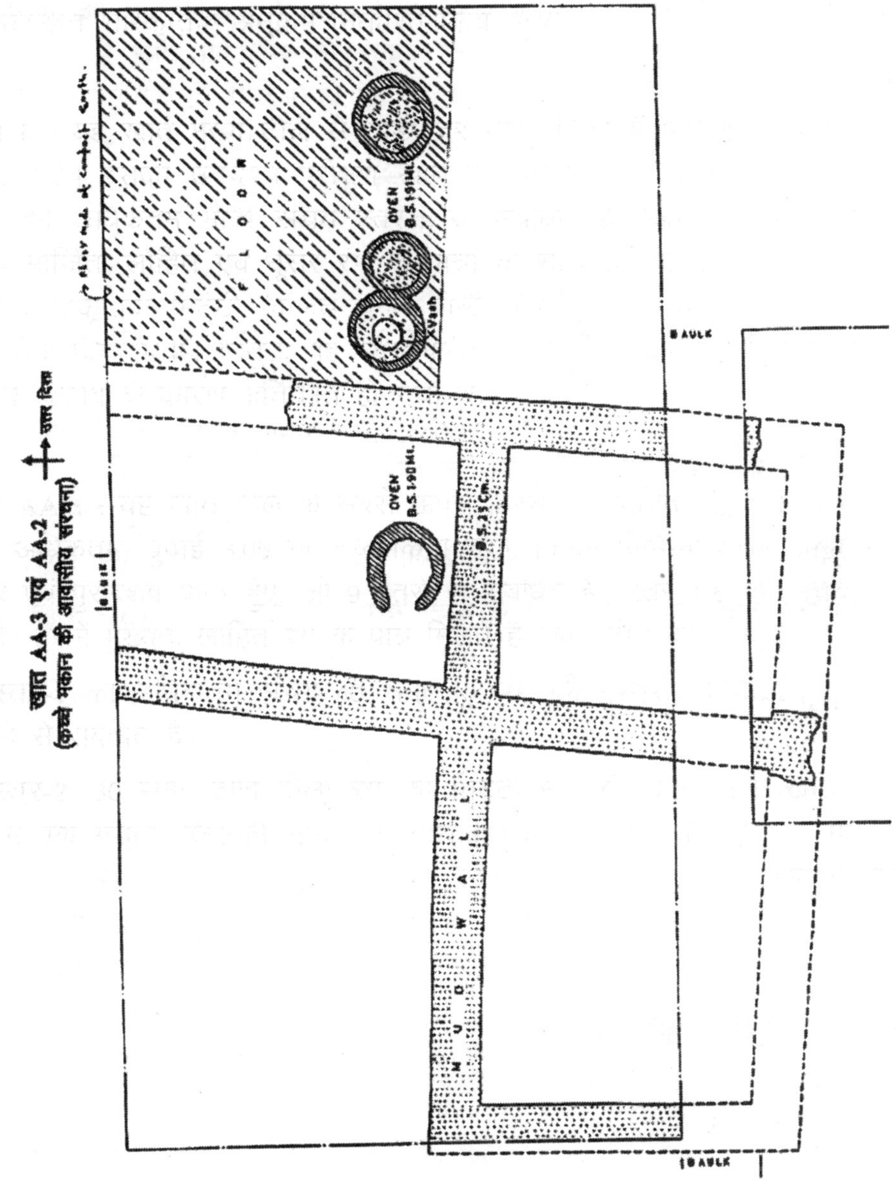

रेखाचित्र संख्या 3 : चूल्हे एवं आवासीय संरचना, द्वितीय काल

स्तर-8 30 सेमी. पीले रंग की मिट्टी का संचय है, जिसमें 10 सेमी. मोटा फर्श है।

स्तर-9 की औसत मोटाई 40 सेमी. है। इसमें कुछ ईंटों के टुकड़े एवं कच्ची ईंट की ऊजड़ी दिवाल की नींव प्राप्त हुई है।

खात AA-3 : यह खात 50 सेमी. मोटाई के मेड़ के दक्षिणी तरफ (खात AA-2) स्थित है, जिसका स्तर बगल की खात के स्तर के सदृश्य है। यह टीले का दक्षिणी ढलुआ हिस्सा है, जिनमें स्तर 1-5 के मध्य विभिन्न प्रकार के पुरावशेष मिले हैं, जो तृतीय काल से संबंधित हैं। इस खात में दो कच्ची दीवालें प्राप्त हुयी हैं, जो पूर्व-पश्चिम एवं उत्तर-दक्षिण दिशा की ओर स्थित है। यह एक पूर्ण मकान की संरचना प्रस्तुत करती हैं (दृष्टव्य- छायाचित्र संख्या- 5)। इस खात में से दो ताँबे के सिक्के प्राप्त हुये हैं। 1.60 मी. गहराई के बाद इस खात का उत्खनन रोक दिया गया।

खात AB-2 एवं AB-3 : मुख्य टीले की बनावट के कारण उर्वरा भूमि तक खुदाई नहीं किया जा सका, जिसके कारण 2.5 मी. का संचय अनुत्खनित रह गया। टीले का पूर्ण सांस्कृतिक अनुक्रम ज्ञात करने के लिए अनुप्रस्थ काट (section scraping) का सहारा लिया गया, जो इन परिस्थितियों में सबसे महत्त्वपूर्ण विधि हैं। मकान की संरचना की दोनों दीवालें जो AA-2 एवं AA-3 खात से संबंधित है, इस अनुप्रस्थ काट से अखण्डित रही। यह दीवाल दक्षिण तरफ घुमी जो एक मकान का रूप स्पष्ट करती है।

इस क्षेत्र की खात को ग्रिड पद्धति से बांटा गया, जो AB-2 एवं AB-3 से संबंधित है। 4.4 मी. की गहराई के बाद खात को 4.6×5 मी. का आकार दिया गया। प्राकृतिक भूतल (Natural Soil) तक जाते-जाते यह 4.6×2.5 मी. तक सीमित हो गया। इस विधि से उत्खनन द्वारा वे सभी पुरावशेष प्राप्त हुये, जो सांस्कृतिक अनुक्रम को निर्धारित करने में उपर्युक्त सिद्ध हुये, जो अन्य खातों से प्राप्त सांस्कृतिक अनुक्रम के समतुल्य है। इस खात से कुल 15 स्तरों के प्रमाण प्राप्त हुए, जिनका विवरण निम्नलिखित है (रेखा चित्र संख्या- 4) :

स्तर-1 : इसकी औसत मोटाई 55 सेमी. है, जिसकी भुरभुरी भूरे रंग की मिट्टी में मृद्भाण्ड के टुकड़े प्राप्त हुये हैं।

अनेई 2004–2005
(खात AB-2 एवं AB-3 का अनुप्रस्थ काट)
पश्चिम दिशा की ओर

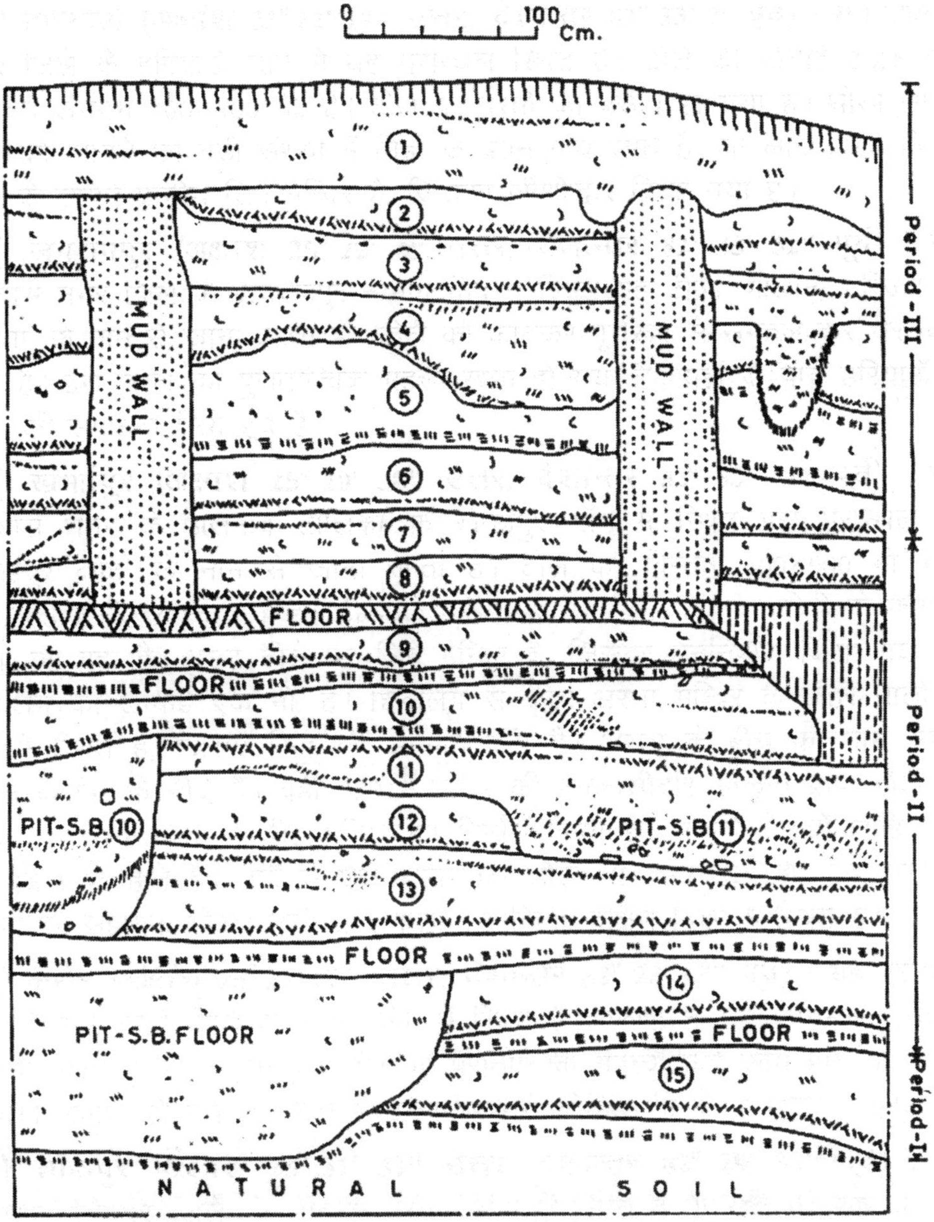

रेखाचित्र संख्या 4 : खात AB-2 एवं AB-3 का अनुप्रस्थ काट

स्तर-2 : इसकी औसत मोटाई 30 सेमी. है, जो ठोस हल्की पीली मिट्टी का है। इस स्तर में मिट्टी की बनी दीवाल का ऊपरी हिस्सा दिखता है। दक्षिणी दीवाल घूमकर लटकते हुये दिखती है।

स्तर-3 : यह स्तर भी ठोस धूसर पीलापन लिये हुये है, जिसकी औसत मोटाई 30 सेमी. है। इस स्तर में कोयले की राख के अवशेष मिले हैं, जो दक्षिण में एक जले हुए गड्ढे से संबंधित है। ऐसी संभावना व्यक्त की जा सकती है कि यह चूल्हे की राख अथवा राख से युक्त गड्ढ़ा है।

स्तर-4 : यह स्तर 40 सेमी. ठोस भूरे रंग की मिट्टी का जमाव है। दीवाल के पास मिट्टी का चिप्पड़ मिला है।

स्तर-5 : यह स्तर 40 सेमी. औसत संचय का है, जो ठोस गाढ़ा पीलापन लिये हुये हैं, AA-2 एवं AA-3 के समानान्तर चलता है। इस स्तर में बहुत संख्या में चूल्हे प्राप्त हुये हैं। साथ ही उत्तरी कृष्ण मार्जित मृद्भाण्ड, पूर्व मध्यकाल के लोहित पात्र एवं जले कोयले का प्रमाण मिला है।

स्तर-6 : इस क्षैतिज स्तर की औसत मोटाई 30 सेमी. तथा रंग धूसर है। इसका निचला हिस्सा बहुत ही ठोस है, जो फर्श के रूप में प्रयोग हुआ है। स्तर-5 की तरह पूर्वमध्य काल के लोहित एवं उत्तरी कृष्ण-मार्जित मृद्भाण्ड के टुकड़े प्राप्त हुये हैं।

स्तर-7 : यह उत्तरी कृष्ण मार्जित मृद्भाण्ड संस्कृति से संबंधित है, जिसकी औसत मोटाई 25 सेमी. है, जो पीली- भूरे रंग एवं भूरभूरी मिट्टी से संबंधित है।

स्तर-8 : इस स्तर की औसत मोटाई 30 सेमी. है, जो ठोस पीलापन लिए हुये है। इसका निचला स्तर 12-15 सेमी. मोटे बर्तनों को कूटकर बनाया गया फर्श से संबंधित है, जिस पर दो जुड़वा मिट्टी की दीवालें मिलती हैं। इस फर्श को उत्तरी तरफ बढाया नहीं जा सका, जो जल प्रवाह के कारण क्षतिग्रस्त हो गया।

स्तर-9 : यह धूसर रंग का ठोस फर्श है, जिसकी औसत मोटाई 30 सेमी. है। इस स्तर का उत्तरी भाग क्षतिग्रस्त हो गया है।

स्तर-10 : यह धूसर स्तर दक्षिण (30 सेमी.) की तुलना में उत्तर में (50 सेमी.) अधिक मोटा है। इस स्तर से राख के चिप्पड मिले हैं। पानी के बहाव के कारण इस स्तर का उत्तरी हिस्सा क्षतिग्रस्त हो गया है। दक्षिणी भाग में एक गड्ढा है, जिसकी अधिकतम गहराई 1 मी. है, जो निर्माण के समय काटा गया।

स्तर 11 : इसका औसत पीलापन मोटाई 25 सेमी. है, इस स्तर का दक्षिणी हिस्सा गड्ढे के रूप में है। चौरस आकार वाला 30 सेमी. गहरा गड्ढा स्तर-12 को

उत्तरी तरफ की खात ने आच्छादित किया। इस गड्ढे में राख एवं उत्तरी कृष्ण-मार्जित एवं उससे संबंधित मृद्भाण्ड मिलते हैं।

स्तर 12 : यह स्तर ठोस हल्की पीली मिट्टी का है, जिसकी औसत मोटाई 30 सेमी. है। इस स्तर का उत्तरी एवं दक्षिणी भाग गड्ढे के कारण क्षतिग्रस्त हो गया है।

स्तर 13 : यह स्तर ठोस धूसर एवं पीलापन लिये हुये है, जिसकी औसत मोटाई 55 सेमी. है। इसका निचला हिस्सा 15-20 सेमी. बर्तनों को कूट कर बनाया गये फर्श से संबंधित है। फर्श के नीचे 1 मी. गहराई का गड्ढा जो स्तर 14 एवं 15 को काटते हुये प्राकृतिक भूतल तक जाता है। इसमें भूरभूरी मिट्टी, उत्तरी कृष्ण मार्जित मृद्भाण्ड एवं उससे संबंधित पात्रों के ठीकरे मिलते हैं। इस गड्ढे का ऊपरी हिस्सा स्तर 10 के दक्षिणी भाग में जुड़ा है।

स्तर 14 : इसकी औसत मोटाई 45 सेमी. है, जो पीलापन लिये हुये है। इस स्तर का निचला हिस्सा 10-15 सेमी. मोटा फर्श का है। इस फर्श से उत्तरी कृष्ण मार्जित मृद्भाण्ड के ठीकरे प्राप्त नहीं हुये। यद्यपि इस स्तर से उत्तरी कृष्ण मार्जित मृद्भाण्ड के ठीकरे प्राप्त हुये। इस स्तर का दक्षिणी भाग उपरोक्त गड्ढे से कटा हुआ है।

स्तर 15 : यह टीला-1 का सबसे निचला हिस्सा है, जो प्राक् उत्तरी कृष्ण मार्जित मृद्भाण्ड संस्कृति से संबंधित है। इसकी अधिकतम मोटाई 55 सेमी. है। उपरोक्त गड्ढा प्राकृतिक भूतल तक जुड़ा है, जो पीली मिट्टी से संबंधित है। 50 सेमी. प्राकृतिक भूतल खोदने के बाद उत्खनन कार्य रोक दिया गया।

स्तरीकरण के आधार पर अनेई के उत्खनित खातों की स्थिति निम्नलिखित है–

तालिका-1 अनेई के उत्खनित खातों के स्तरों की स्थिति

खात	कालानुक्रम	स्तर	गहराई	
AA-2	तृतीय काल	1-6	1-215 सेमी.	
	द्वितीय काल	7-9	215-305 सेमी.	(अनुत्खनित)
AA-3	तृतीय काल	1-5	0-160 सेमी.	(अनुत्खनित)
AB-2 एवं AB-3	तृतीय काल	1-6	0-220 सेमी.	
	द्वितीय काल	7-14	220-500 सेमी.	
	प्रथम काल	15	500-555 सेमी.	प्राकृतिक भूतल

खात	कालानुक्रम	स्तर	गहराई	
XN-1	द्वितीय काल	1-3	0-60 सेमी.	
	प्रथम काल	4-5	60-100 सेमी.	प्राकृतिक भूतल
XK-7	द्वितीय काल	1-2	0-55 सेमी.	
	प्रथम काल	3	55-75 सेमी.	प्राकृतिक भूतल
AF-4	द्वितीय काल	1-6	0-190 सेमी.	
	प्रथम काल	7	190-225 सेमी.	प्राकृतिक भूतल
AG-4	द्वितीय काल	1-5	0-170 सेमी.	अनुत्खनित
AE-4	द्वितीय काल	1-2	0-35 सेमी.	अनुत्खनित
AF-3	द्वितीय काल	1-2	0-40 सेमी.	अनुत्खनित
AG-3	द्वितीय काल	1-2	0-40 सेमी.	अनुत्खनित
AE-3	द्वितीय काल	1	0-35 सेमी.	अनुत्खनित
AE-10	द्वितीय काल	1-3	0-80 सेमी.	
	प्रथम काल	4	80-100 सेमी.	प्राकृतिक भूतल
YB-10	द्वितीय काल	1-4	0-60 सेमी.	
	प्रथम काल	5	60-80 सेमी.	प्राकृतिक भूतल
1	द्वितीय काल	1	0-40 सेमी.	प्राकृतिक भूतल
M-3/PH-1	तृतीय काल	1-3	0-100 सेमी.	प्राकृतिक भूतल

सांस्कृतिक अनुक्रम

टीले-1 का प्रारम्भिक बसाव प्राक् उत्तरी कृष्ण मार्जित मृद्भाण्ड सांस्कृतिक चरण से लेकर उत्तरवर्ती उत्तरी कृष्ण-मार्जित मृद्भाण्ड संस्कृति (200 ई.पू.) चरण से संबंधित है। उत्तरवर्ती उत्तरी कृष्ण मार्जित मृद्भाण्ड संस्कृति के अन्तिम चरण में आगजनी के कारण टीला (पुरास्थल) ऊजड़ गया। टीला-2 से यह ज्ञात होता है कि कुषाण-गुप्तकाल में पुनः बसाव हुआ। इस काल से संबंधित कुछ ईंटें इस बात की संभावना व्यक्त करती है, जो अनेई गाँव से मिला है। ग्रामीण यह दावा करते हैं कि यह ईंटे 1-2 मी. नीचे से प्राप्त होती हैं। टीला-2 पर अनेई गाँव एवं बाजार के बसाव के कारण उत्खनन नहीं किया जा सका। टीला-1 से कुषाण-गुप्तकालीन संचय नियमित अनुक्रम में नहीं मिलता

है। यहाँ पर सांस्कृतिक व्यवधान 900 वर्षों तक रहा। पुनः यहाँ पूर्व मध्यकाल में मानव का बसाव हुआ। टीला-1 से सांस्कृतिक संचय 0.4 मी. से 5.55 मी. का है, जिनमें तीन सांस्कृतिक कालों का प्रमाण मिला, जिसका संक्षिप्त विवरण निम्नलिखित है:

प्रथम काल : प्राक् उत्तरी कृष्ण मार्जित मृद्भाण्ड संस्कृति (लगभग 900 ई. पू.-600 ई. पू.)

प्रथम काल का संचय 55 सेमी. है, जो प्रारम्भिक लौह काल से संबंधित है। इस काल का प्रमुख मृद्भाण्ड उद्योग कृष्ण मार्जित एवं लोहित रंग का है। कुछ कृष्ण-लोहित रंग के मृद्भाण्ड भी मिले हैं, जिनकी सतह पर किसी भी प्रकार का अलंकरण नहीं है। ये पात्र XN-1 खात से मिले हैं। कृष्ण-मार्जित पात्रों में सादा कटोरा, साधार कटोरा, चञ्चुदार (Beakers) एवं थालियाँ प्रमुख प्रकार है। लोहित रंग के पात्रों में कटोरे, छिद्रित गोंडदार पात्र, थालियाँ, पान पात्र (Goblets) एवं घड़े प्रमुख हैं। खुरदुरे सतह वाला एवं रज्जुछाप पात्र भी इस काल से मिले हैं। इस काल के अन्य पुरावशेषों में लोहे की हँसिया, हड्डी के बाणाग्र, अर्द्ध मूल्यवान मनका (पत्थर का), लोहे का झाँवा (Slag), मृण्मण्डल एवं गोल टिकिया, जो 5 सेमी. मोटा एवं 13.5 सेमी. व्यास का है। मिट्टी के जले हुये टुकड़े जिस पर नरकट की छाप लगी है। इससे यह अनुमान लगाया जा सकता है कि इस काल में प्रारम्भिक बसाव झोपड़ी झुग्गी एवं कच्ची मिट्टी का बना था।

द्वितीय काल : उत्तरी कृष्ण मार्जित मृद्भाण्ड सांस्कृतिक चरण (लगभग 600 ई. पू. से 200 ई. पू.)

यह उत्तरी कृष्ण मार्जित मृद्भाण्ड सांस्कृति चरण से संबंधित है, जिसकी अधिकतम संचय 2.80 मी. है जो मुख्य टीला से संबंधित है। इस काल के प्रमुख मृद्भाण्डों में कृष्ण मार्जित, धूसर, लोहित एवं उत्तरी कृष्ण मार्जित मृद्भाण्ड है। प्रमुख पात्रों में लम्बे पार्श्व वाला लहरदार कटोरा (Straight sided corrugated bowls), थालियाँ, जिनकी अवठ अन्दर की ओर कृष्ण मार्जित रंग से संबंधित है। धूसर एवं उत्तरी कृष्ण- मार्जित पात्रों में कटोरे एवं किनारा निकला हुआ द्रोणी (Lipped Basin) तथा लोहित रंग के पात्रों में घड़े प्रमुख हैं। कुछ उत्तरी कृष्ण मार्जित पात्रों के टुकड़ों पर चित्रण हुआ है, जो राजघाट एवं सराय मोहाना के समान है। अन्य पुरास्थलों से तुलनात्मक संबंध स्थापित करने से उत्तरी कृष्ण-मार्जित मृद्भाण्डों की संख्या कम दिखती है। उत्कृष्ट कोटि के उत्तरी कृष्ण-मार्जित

मृद्भाण्ड मिलते हैं, जिनमें नीला, काला, सुनहला एवं कत्थई प्रमुख हैं। साथ ही कुछ पात्रों के अन्दर सूर्य का अंकन विचारणीय है।

इस काल की महत्त्वपूर्ण खोज ईंट बनाने का आवाँ प्राप्त हुआ है, जिसका व्यास लगभग 3 मी. एवं गहराई 55 सेमी. है (दृष्टव्य-छाया चित्र संख्या 6)। आवें का ऊपरी हिस्सा 15 सेमी. बारीक मिट्टी का बना है, जबकि निचला भाग 40 सेमी. है, जो सतह को काट रही है। यहाँ विभिन्न अवस्थाओं में ईंट प्राप्त हुयी है, जिनका औसत आकार 20 x 16 x 6 सेमी. है। इस काल के लोग कच्ची मिट्टी के बने मकानों में रहते थे। यद्यपि ईंटों के बने संरचना का पूर्णता अभाव है। यद्यपि अल्प मात्रा में ईंटें प्राप्त हुई हैं, जिनको आकार व बनावट के आधार पर उत्तरी कृष्ण मार्जित मृद्भाण्ड संस्कृति से संबंधित किया जा सकता है। इन ईंटों का दुबारा प्रयोग किया गया है। इस काल के एक उजड़ दिवाल मिले हैं, जो खात AA-2 से संबंधित है। साथ ही फर्श एवं चूल्हे का प्रमाण भी इस काल से मिला है (दृष्टव्य - छायाचित्र संख्या-7)। इस काल के अन्तिम चरण से एक मोटी जली हुयी संचय का प्रमाण मिला है। पुरावशेषों में ताँबा, लोहा के बने अवशेष, हड्डी की बाणाग्र, मृण्मण्डल, मृत्तिका की बनी पहिया, खिलौना गाड़ी, चुड़ियाँ, झाँवा, बटखरा, थपुआ एवं मनकें उल्लेखनीय हैं। इस काल के अन्तिम चरण से अवठकूप का प्रमाण मिला है (दृष्टव्य - छाया चित्र संख्या-8)।

तृतीय काल : पूर्व मध्यकाल (लगभग 700-1200 ईस्वी)

पूर्व मध्यकाल के अवशेषों का अधिकतम संचय 2.20 मी. है। जो बहुत छोटे क्षेत्र में मिला है। इस काल के बसाव से पूर्व टीले पर लम्बा अन्तराल था। यद्यपि स्तर विन्यास से यह अन्तराल नहीं दिखता है। लेकिन टीले-1 से प्राप्त मृद्भाण्डों एवं अन्य पुरावशेषों से द्वितीय एवं तृतीय काल के मध्य 900 वर्षों का अन्तराल दिखता है। बाद के बसाव वाले लोगों ने द्वितीय काल के संचय को फैलाकर फर्श के रूप में उपयोग किया, जिसके कारण खात AA-2, AA-3 एवं AB-2 से द्वितीय एवं तृतीय काल के मिश्रित पुरावशेषों का प्रमाण मिलता है। इस काल में एक मिट्टी का बना मकान भी मिला है। साथ ही शृंखला में मिले चूल्हे सामूहिक रसोइयों से संबंधित प्रतीत होता है। संरचनात्मक बनावट एवं अन्य पुरावशेष इस काल में पुरास्थल को धार्मिक केन्द्र के रूप में दर्शाते हैं। पाँच चूल्हे जो रसोईघर के रूप में प्रयोग हुआ है, किसी विशेष प्रयोजन से संबंधित लगते हैं। इस काल में ईंटों का अनुपस्थित होना एक विचारणीय प्रश्न है। प्रमुख पात्र प्रकारों में लोहित रंग के घड़े, पकाने वाले पात्र, संग्रहणीय जार, परई एवं अन्य छोटे आकार के पात्र उल्लेखनीय हैं। साथ ही ताँबे के दो सिक्के एवं पूर्व

मध्यकाल से संबंधित पाषाण प्रतिमायें मिली हैं, जो विष्णु एवं उनके दशावतार से संबंधित हैं (द्रष्टव्य - छायाचित्र संख्या-9)।

निष्कर्ष

प्रथम सहस्राब्दि ई.पू. के उत्तरार्द्ध, अनेई में स्थायी जीवन का प्रमाण मिलने लगा। प्राक् उत्तरी कृष्ण मार्जित संस्कृति चरण के लोगों ने कच्चे मकानों, झोपड़ियों एवं लौह उपकरणों का प्रयोग शुरु किया। कालान्तर में उत्तरी कृष्ण मार्जित सांस्कृतिक चरण तक अनेई एक बड़े विकसित ग्राम के रूप में परिवर्तत हो गया। यह परिवर्तन विभिन्न व्यवसायों एवं शिल्पियों के दक्षता के कारण हुआ, जिसका प्रमाण इस काल से संबंधित विभिन्न प्रकार के पुरावशेषों से ज्ञात होता है। इसी काल में अपने उत्कृष्ट चरण में यह पुरास्थल आगजनी का शिकार हो गया, जो टीले के चारों तरफ राख की एक मोटी परत से दिखता है। वारुणेय क्षेत्र एवं उसके समीपवर्ती उत्खनित पुरास्थलों अगियाबीर, अकथा एवं राजघाट से भी बस्ती के जले होने का साक्ष्य मिलता है। निश्चित रूप से ऐसी संभावना व्यक्त की जा सकती है कि इस काल में सम्पूर्ण क्षेत्र में भीषण आगजनी हुई होगी। साहित्यिक साक्ष्यों में भी काशी को जलाये जाने का वर्णन मिलता है,[4] जो संभवतः अप्रत्यक्ष रूप से इस ओर इशारा करता है।

उत्तरी कृष्ण मार्जित मृद्भाण्ड संस्कृति के अन्तिम चरण (शुंगकाल) में अनेई टीले पर पुनः बसाव हुआ, जिसका कारण संभवतः यह सम्पूर्ण क्षेत्र दो नदियों (वरुणा एवं बसुही) से सिंचित् उर्वरा भूमि से आच्छादित था, जिसने मानव को पुनः बसाव के लिये आकर्षित किया। यद्यपि कुषाण काल से पूर्व ही यह पुरास्थल पुनः उजड़ गया; किन्तु इसके उजड़ने का प्रमाण पुरास्थल पर कहीं नहीं दिखता। संभवतः ऐसा अनुमान लगाया जा सकता है कि इसी काल में वरुणा नदी ने अपना प्रवाह पथ बदला होगा, जिसका प्रमाण हमें वारुणेय क्षेत्र के सर्वेक्षित पुरास्थलों के बसाव एवं दूर संवेदी मानचित्र से स्पष्ट होता है। अनेई पुरास्थल से 2 किमी. दक्षिण दिशा में बड़ी संख्या में कुषाणकालीन बस्तियाँ मिलती हैं; जो संभवतः कुषाण लोगों के देशान्तरण से संबंधित है।

सैकड़ों वर्षों तक वीरान रहने के बाद यह पुरास्थल पूर्व मध्यकाल में पुनः बसा, जिसका प्रमाण इस काल से संबंधित मृद्भाण्ड एवं गाँव से प्राप्त स्थापत्य संबंधित अवशेष हैं। इस काल से संबंधित चूल्हे एवं बड़ी संख्या में भोजन पकाने वाले मिट्टी के बर्तन मिले हैं, जो संयुक्त समुदाय के स्थित होने का प्रमाण हैं। ये बर्तन एक गड्ढे से मिले हैं तथा एक ही बार प्रयोग में लाये गये। कच्ची मकान में बड़ी संख्या में चुड़ियाँ प्राप्त हुयी हैं, जिससे यह अनुमान लगता है कि किसी धार्मिक प्रयोग से लोग इसमें जाते रहे होंगे।

तालिका – 2 : अनेई पुरावशेषों का कालानुक्रम के अनुसार वितरण

पुरावशेष	प्रथम काल	द्वितीय काल	तृतीय काल	बिना उत्खनन के सतह से प्राप्त	योग
मृत्तिका पुरावशेष (TC)	-	-	-	-	-
मण्डल (Disc)	-	1	17	4	22
मनका (Bead)	1	10	5	-	16
मुहरा (Gamesmen)	-	6	4	2	12
गेंद (Ball)	-	2	10	-	12
पहिया (Wheel)	-	3	1	-	4
ठप्पा (Stamp)	-	1	-	1	2
पशु आकृति (Animal Fig)	-	2	-	-	2
टिकिया (Cake)	1	-	-	-	1
लटकन (Pendant)	-	-	1	-	1
वलय (Ring)	-	-	1	-	1
चुड़ी (Bengle)	-	1	-	-	1
झाँवा (Skin Rubber)	-	1	-	-	1
बटखरा (Weight)	-	1	-	-	1
थपकी (Dabber)	-	1	-	-	1
खिलौनागाड़ी (Toy Cort)	-	1	-	-	1
पात्र को काट कर बना मण्डल (Pottery Disc)	18	72	9	2	101

पाषाण पुरावशेष (Stone Objects)

पाषाण मनका (Bead)	1	8	-	-	9
पाषण चिप्पड़ (Core & Chips)	4	7	1	-	12
लोढ़ा (Pestle)	-	2	4	-	6
बटखरा (Weight)	-	-	4	-	4
अर्द्धनिर्मित पाषाण (Raw Material)	2	1	1	1	5

हड्डी के पुरावशेष (Bone Objects)

बाणाग्र (Bone Point)	8	22	-	-	30
मनका (Bone Bead)	-	1	-	-	1
पहियाँ (Bone Wheel)	-	1	-	-	1

ताम्र पुरावशेष Copper Objects)

शलाखा (Antimony Rod)	-	2	-	-	2
चूड़ी (Bangle)	-	1	-	-	1
मनका (Bead)	-	-	1	-	1
चिपटेटुकड़े (Copper Sheet)	-	-	1	-	1
सिक्का (Coin)	-	-	2	-	2

लौह पुरावशेष (Iron Objects)

हसियाँ (Sickle)	1	-	-	-	1
छेनी (Chisel)	-	2	-	-	2
कुल्हाड़ी कोटर (Socket of Axe)	-	2	-	-	2
कील (Nail)	-	2	2	-	4
छड़ (Rod)	-	-	1	-	1
तवा (Iron Plate)	-	-	1	-	1
अनिश्चित (Indeterminate)	-	4	4	-	8
धातुमल (Slage)	1	2	1	1	5
चाकू (Knife)	-	-	1	-	1

सीसे के पुरावशेष (Glass Objects)

काँच की चूड़ी	-	4	बाहुल्य	-	4
सीसे से संबंधित अवशेष	-	-	5	1	6

अन्य पुरावशेष (Others Objects)

शंख (Shell)	-	-	1	-	1
कौड़ी (Kauri)	-	-	3	-	3
माइका की बिन्दी (Mica Bindi)	-	-	1	-	1
पुरावशेषों का कालक्रम अनुसार संचय	37	163	82	12	294

अनेई के मृद्भाण्ड

चित्र सं. 1 प्रथम काल (उत्तरी कृष्ण मार्जित परम्परा का कटोरा)

(1) उत्तम गढ़न का कृष्ण मार्जित पात्र परम्परा का एक कटोरा, जिसका व्यास 16.4 सेमी., तीक्ष्ण अवठ अन्दर की ओर तथा पार्श्व भाग उन्नतोदर है।

(2) मध्यम गढ़न का कृष्ण मार्जित पात्र परम्परा का एक नितल कटोरा, जिसका व्यास 15.2 सेमी., जिसकी अवठ विशेषता रहित तथा पार्श्व भाग लगभग सीधा जिसपर तीन कूट बने हुये हैं।

(3) मध्यम गढ़न का कृष्ण मार्जित नितल कटोरा, जिसका व्यास 24.6 सेमी. तीक्ष्ण अवठ बाहर की ओर निकली हुयी, पार्श्वभाग लम्बवत् तथा प्रलेप कहीं-कहीं छूटा हुआ है।

(4) मध्यम गढ़न का कृष्ण मार्जित नितल कटोरा, जिसका अवठ विशेषता रहित, पार्श्वभाग उन्नतोदर तथा व्यास 20.7 सेमी. है। (द्रष्टव्य- सिंह, पुरुषोत्तम, नरहन, द्वितीय काल, 1994, चित्र-35 संख्या-6)।

(5) उत्तम गढ़न का कृष्ण मार्जित कटोरा जिसका मोटा अवठ विशेषता रहित, व्यास 15 सेमी. तथा पार्श्वभाग उन्नतोदर है। (द्रष्टव्य- सिंह पुरुषोत्तम, नरहन, द्वितीय काल, 1994 चित्र - 35 संख्या-2, 4)।

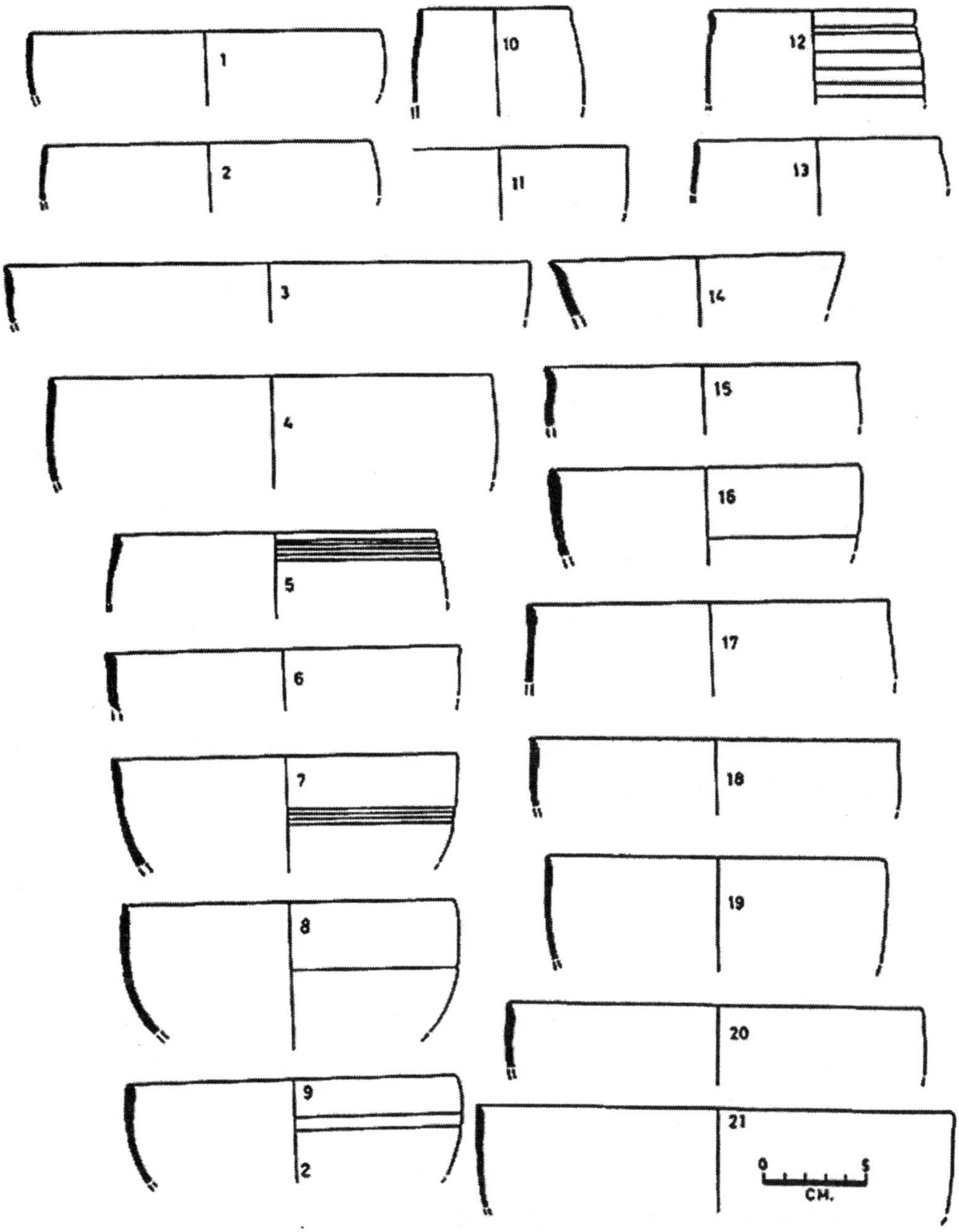

चित्र संख्या 1 : प्रथम काल (उत्तरी कृष्ण मार्जित परम्परा का कटोरा)

(6) उत्तम गढ़न का कृष्ण मार्जित नितल कटोरा, जिसका अवठ अन्दर की ओर, पार्श्वभाग सीधा, व्यास 16.5 सेमी. तथा पेंदी चमकीली है।

(7) मध्यम गढ़न का कृष्ण मार्जित कटोरा, जिसका अवठ विशेषतारहित, व्यास 16 सेमी. तथा पार्श्व भाग पर दो खाँचे बने हैं।

(8) मध्यम गढ़न का कृष्ण मार्जित कटोरा, जिसका अवठ बाहर की ओर निकला हुआ तथा व्यास 16 सेमी. है।

(9) मध्यम गढ़न का कृष्ण मार्जित कटोरा, जिसका मोटी अवठ विशेषतारहित व्यास 15.5 सेमी. तथा पार्श्व भाग उन्नतोदर, जिसपर दो खाँचे बने हैं।

(10) उत्तम गढ़न का कृष्ण मार्जित नितल कटोरा, जिसका अवठ बाहर की ओर, पार्श्व भाग सीधी तथा व्यास 7.5 सेमी. है।

(11) उत्तम गढ़न का कृष्ण मार्जित नितल कटोरा, जिसका गदादार अवठ बाहर की ओर निकली हुयी, पार्श्व भाग नतोदर तथा व्यास 12.1 सेमी. है।

(12) उत्तम गढ़न का कृष्ण मार्जित कटोरा, जिसका तीक्ष्ण अवठ बाहर की ओर, पार्श्व भाग उन्नतोदर एवं व्यास 9.9 सेमी. है।

(13) उत्तम गढ़न का कृष्ण मार्जित कटोरा, जिसका तीक्ष्ण अवठ विशेषता रहित, पार्श्व भाग सीधी तथा व्यास 11.6 सेमी. है।

(14) मध्यम गढ़न का कृष्ण मार्जित कटोरा, जिसका तीक्ष्ण अवठ बाहर की ओर निकली हुयी, पार्श्व भाग नतोदर तथा व्यास 13.7 सेमी. है।

(15) उत्तम गढ़न का कृष्ण मार्जित नितल कटोरा, जिसकी अवठ बाहर की ओर, पार्श्व भाग सीधा तथा व्यास 14.8 सेमी. है। (द्रष्ट्व्य, जायसवाल, विदुला, अकथा, 2002, चित्र-10/24, प्रथम काल)।

(16) मध्यम गढ़न का कृष्ण मार्जित नितल कटोरा, जिसका मोटा अवठ बाहर की ओर निकला हुआ, पार्श्व भाग पर खाँचा तथा व्यास 14.5 सेमी. है।

(17) मध्यम गढ़न का कृष्ण मार्जित नितल कटोरा, जिसका अवठ अन्दर की ओर, पार्श्व भाग लम्बवत् तथा व्यास 17.1 सेमी. है।

(18) मध्यम गढ़न का कृष्ण मार्जित नितल कटोरा, जिसका तीक्ष्ण अवठ बाहर की ओर, पार्श्व भाग उन्नतोदर तथा व्यास 17.5 सेमी. है।

(19) उपरोक्त पात्र की तरह, व्यास 19.6 सेमी. है।

(20) उपरोक्त पात्र की तरह, व्यास 19.6 सेमी. है।

(21) उत्तम कोटि का बाहर की ओर निकला हुआ तीक्ष्ण अवठ का कटोरा, पार्श्व भाग सीधा तथा व्यास 22.6 सेमी. है।

चित्र संख्या-2 (लोहित रंग का कटोरा एवं द्रोणी)

(1) मध्यम गढ़न का लोहित रंग का कटोरा, जिसका अवठ तीक्ष्ण लम्बी, पार्श्व भाग उन्नतोदर जिस पर कूट बना तथा व्यास 13.5 सेमी. है।

(2) मध्यम गढ़न का लोहित रंग का नितल कटोरा, जिसका अवठ बाहर की ओर निकला हुआ, पार्श्व भाग सीधा जिस पर कूट बना तथा व्यास 13.5 सेमी. है।

(3) मध्यम गढ़न का लोहित रंग का कटोरा, जिसका अवठ मोटा एवं विशेषता रहित, पार्श्व भाग उन्नतोदर तथा व्यास 13.5 सेमी. है।

(4) उपरोक्त पात्र परम्परा का कटोरा, पार्श्व भाग लम्बवत् तथा व्यास 16.1 सेमी.।

(5) मध्यम गढ़न के लोहित रंग का कटोरा, जिसका अवठ विशेषता रहित, जिसका पार्श्व भाग गोलाकार तथा व्यास 14 सेमी.।

(6) रूक्ष गढ़न का लोहित रंग का कटोरा, जिसका पेंदी में चार छिद्र तथा एक गोड़ा लगा है (Perforated bowl)। (द्रष्टव्य- सिंह, पुरुषोत्तम, नरहन, 1994, चित्र-34, संख्या-20-24, हस्तिनापुर, चित्र-19 प्रकार L एवं सिन्हा, श्रावस्ती-1967, चित्र- 11, संख्या-XLIX)।

(7) उपरोक्त तरह का ही पात्र परम्परा, लेकिन गढ़न मध्यम कोटि तथा पाँच छिद्र पेंदी में।

(8) मध्यम गढ़न का हाथ से बना लोहित रंग का कटोरा।

(9) मध्यम गढ़न का लोहित रंग के गोड़ेदार कटोरे का निचला हिस्सा (footed bowl) जिसकी पेंदी चौरस है। (द्रष्टव्य- नारायण एवं राय, राजघाट, 1977, प्रथम- उपकाल 'अ', चित्र-3, संख्या 15-16)।

(10) उसी तरह का पात्र आ़कार में छोटा।

(11) उसी तरह का पात्र।

(12) मध्यम गढन का लोहित रंग का कटोरा, जिसका अवठ विशेषतारहित, पार्श्व भाग उभार युक्त जिस पर तीन लकीर बना हुआ तथा व्यास 14.7 सेमी. है।

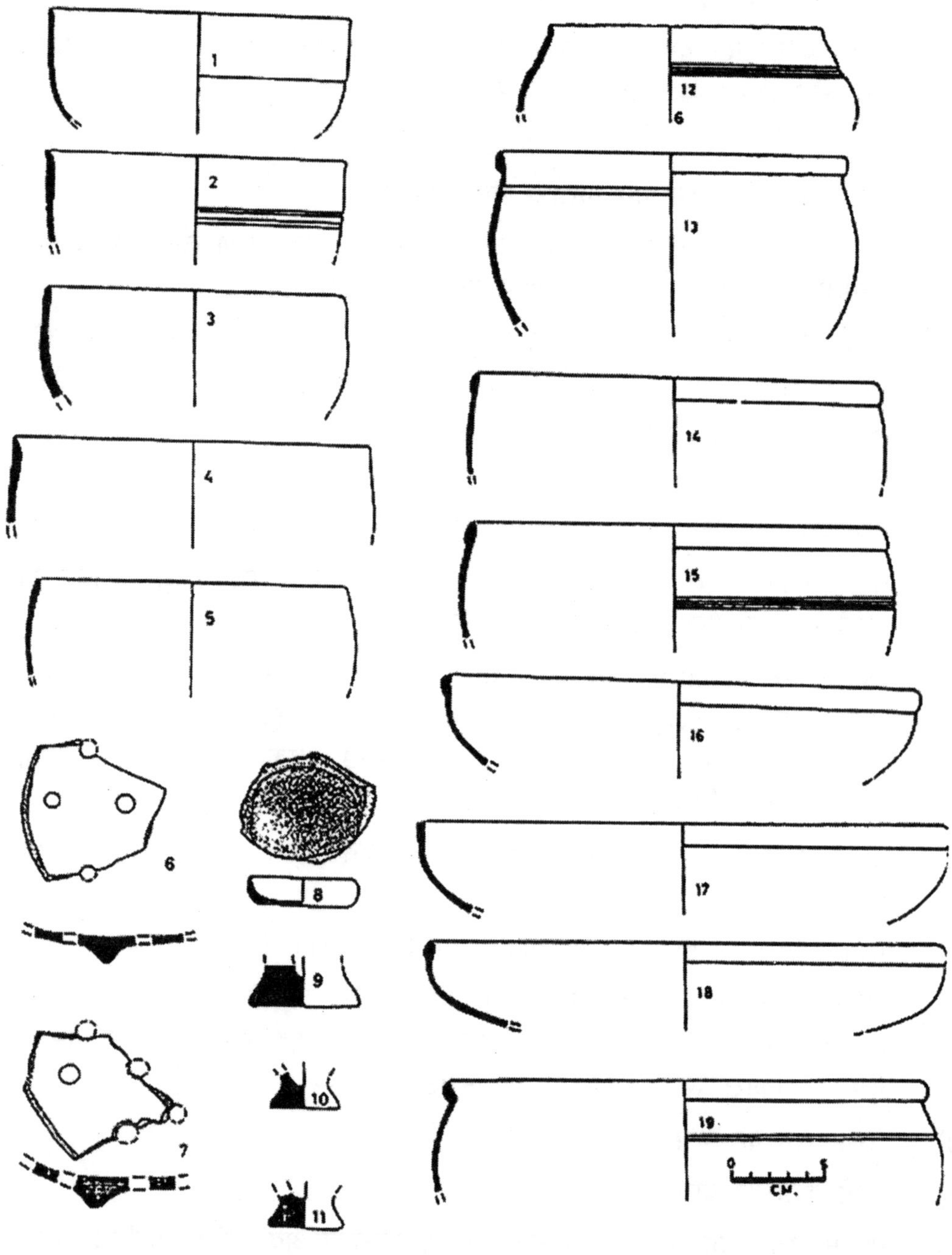

चित्र संख्या 2 : प्रथम काल (लोहित रंग का कटोरा एवं द्रोणी)

(13) मध्यम गढ़नयुक्त लोहित रंग का द्रोणी, जिसका कंठेदार अवठ बाहर की ओर निकला हुआ, पार्श्व भाग गोला तथा व्यास 18.6 सेमी. है।

(14) उपरोक्त पात्र परम्परा की द्रोणी, पार्श्व भाग लम्बवत् तथा व्यास 21.5 सेमी.।

(15) उपरोक्त प्रकार की द्रोणी, पार्श्व भाग उन्नतोदर तथा व्यास 21.6 सेमी.।

(16) मध्यम गढ़नयुक्त लोहित रंग का छिछला कटोरा, जिसका कंठेदार अवठ बाहर की ओर निकला हुआ, पार्श्व भाग उन्नतोदार तथा व्यास 21.5 सेमी. है।

(17) उसी प्रकार का पात्र, लेकिन व्यास 28.1 सेमी.।

(18) उसी प्रकार का पात्र, व्यास 27.5 सेमी.।

(19) मध्यम गढ़नयुक्त लोहित रंग की द्रोणी, जिसकी कंठेदार अवठ बाहर की ओर निकला हुआ, पार्श्व भाग गोलाकार, जिस पर लकीर बना है तथा व्यास 25.3 सेमी. है।

चित्र संख्या-3 (कृष्ण मार्जित रंग की थाली)

(1) मध्यम गढ़नयुक्त कृष्ण मार्जित रंग की थाली, जिसका अवठ अन्दर की ओर, पार्श्व भाग उन्नतोदर तथा पेंदी की ओर कोखदार, व्यास 29.4 सेमी. है।

(2) उपरोक्त प्रकार की थाली, पार्श्व गहरा प्रलेप युक्त तथा व्यास 33.1 सेमी. है।

(3) उपरोक्त प्रकार की थाली, पार्श्व भाग उन्नतोदर तथा व्यास 29.1 सेमी. है।

(4) मध्यम गढ़नयुक्त कृष्ण मार्जित थाली, जिसका अवठ विशेषतारहित, पेंदी की ओर तीक्ष्ण कोखदार तथा व्यास 30 सेमी. है।

(5) उसी प्रकार की पात्र परम्परा, जिसका अवठ अन्दर की ओर तथा व्यास 31.8 सेमी. है।

(6) मध्यम गढ़नयुक्त कृष्णीय रंग की थाली, जिसका अवठ अन्दर की ओर, पार्श्व भाग उन्नतोदर तथा व्यास 32.2 सेमी. है।

(7) मध्यम गढ़नयुक्त कृष्ण मार्जित रंग की थाली, जिसका मोटा अवठ अन्दर की ओर, पेदी की ओर कोखदार एवं व्यास 28.2 सेमी. है।

(8) उपरोक्त प्रकार का पात्र व्यास 28 सेमी.।

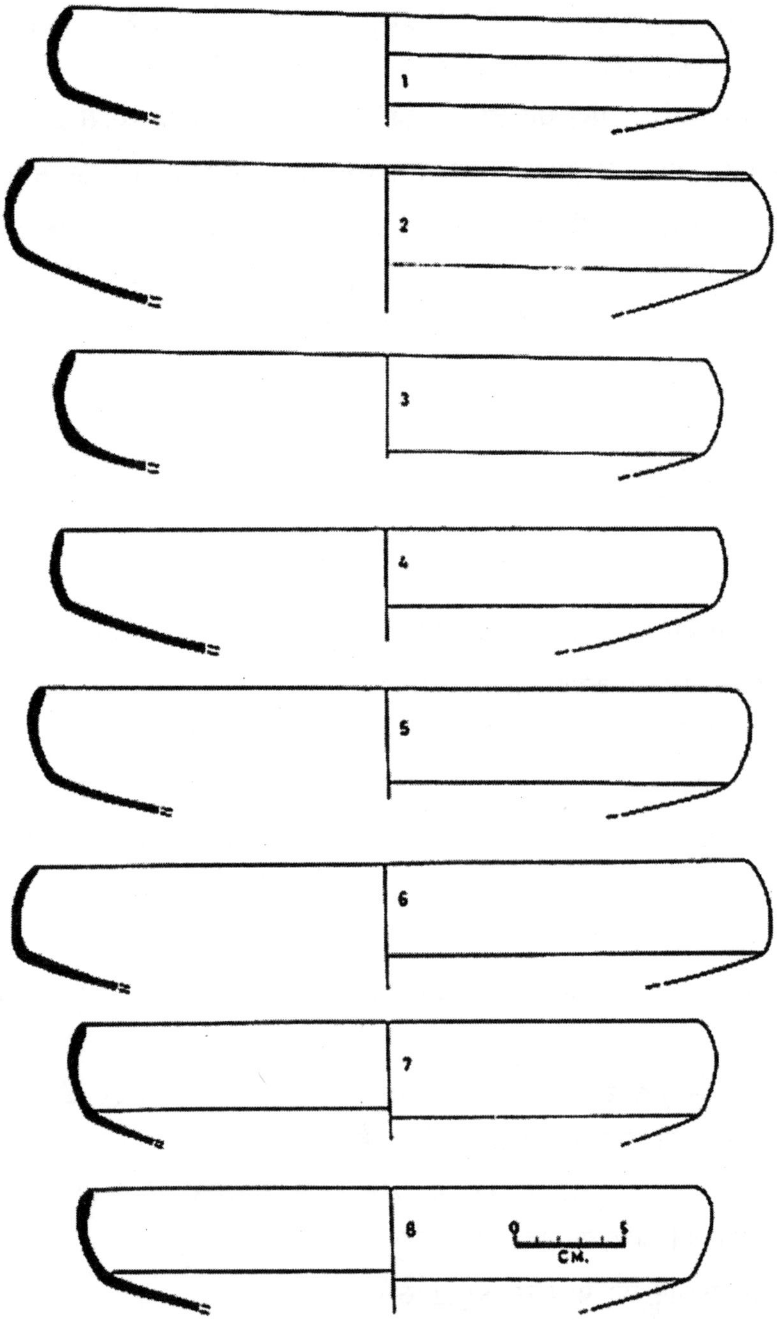

चित्र संख्या 3 : प्रथम काल (कृष्ण मार्जित रंग की थाली)

चित्र संख्या-4 (लोहित रंग का घड़ा)

(1) मध्यम गढ़नयुक्त लोहित रंग का घड़ा, जिसका अवठ बाहर की ओर निकला हुआ, पार्श्व भाग गोलाकार एवं व्यास 11.5 सेमी. है।

(2) मध्यम गढ़नयुक्त लोहित रंग का घड़ा, जिसका मनकेदार अवठ बाहर की ओर निकला हुआ, पार्श्व भाग गोलाकार तथा व्यास 11 सेमी. है।

(3) मध्यम गढ़नयुक्त लोहित रंग का घड़ा, जिसका कंठदार अवठ बाहर की ओर निकला हुआ, पार्श्व भाग गोलाकार तथा व्यास 10.8 सेमी. है।

(4) मध्यम गढ़नयुक्त लोहित रंग का घड़ा, जिसका अवठ बाहर की ओर तथा ग्रीवा नतोदर, पार्श्व भाग बाहर की ओर फैला हुआ, व्यास 10.8 सेमी. है।

(5) रूक्ष गढ़नयुक्त लोहित रंग का घड़ा, जिसका गदादार अवठ बाहर की ओर ग्रीवा लम्बी तथा व्यास 13.8 सेमी. है।

(6) रूक्ष गढ़नयुक्त लोहित रंग का घड़ा, जिसका विशेषतारहित अवठ बाहर की ओर निकला हुआ, ग्रीवा नतोदर व पार्श्व भाग बाहर की ओर निकला और तथा व्यास 9.7 सेमी. है।

(7) रूक्ष गढ़नयुक्त लोहित रंग का घड़ा, जिसका मोटा अवठ बाहर की ओर निकला हुआ, ग्रीवा नतोदर, पार्श्व भाग बाहर की ओर फैला हुआ तथा व्यास 19.2 सेमी. है।

(8) लोहित रंग का घड़ा, जिसका अवठ बाहर की ओर फैला हुआ, ग्रीवा नतोदर तथा व्यास 13.8 सेमी. है।

(9) रूक्ष गढ़नयुक्त लोहित रंग का घड़ा, जिसका मोटा अवठ बाहर की ओर फैला हुआ, ग्रीवा नतोदर, पार्श्व भाग बाहर की ओर फैला हुआ तथा व्यास 14.2 सेमी. है।

(10) रूक्ष गढ़नयुक्त लोहित रंग का घड़ा, जिसका विशेषतारहित अवठ बाहर की ओर निकला हुआ, ग्रीवा नतोदर, पार्श्व भाग बाहर की ओर फैला हुआ तथा व्यास 16.5 सेमी. है।

(11) उपरोक्त प्रकार का पात्र, व्यास 17.1 सेमी. है।

(12) मध्यम गढ़नयुक्त लोहित रंग का घड़ा, जिसका अवठ बाहर की ओर, ग्रीवा नतोदर तथा व्यास 16.3 सेमी. है।

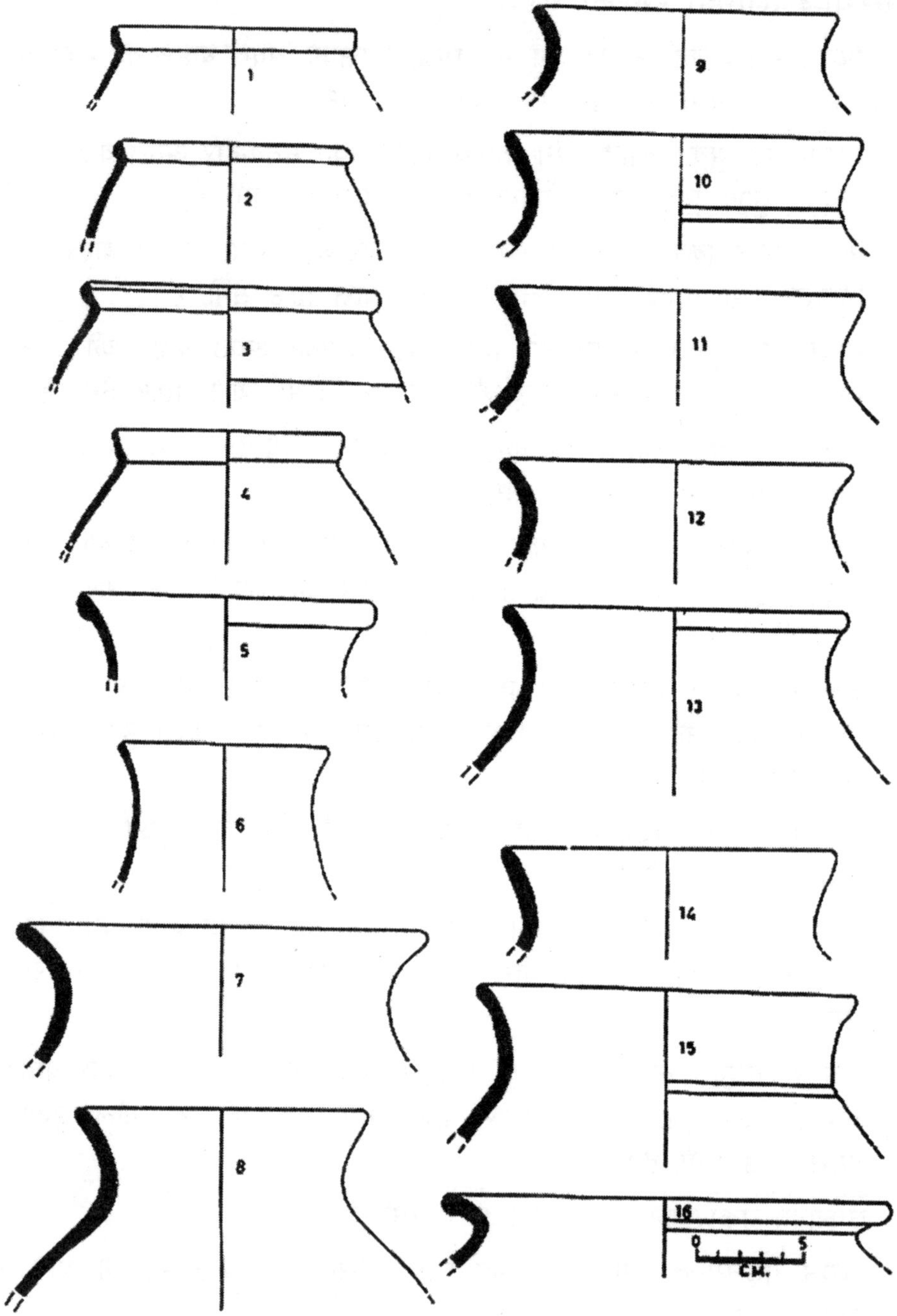

चित्र संख्या 4 : प्रथम काल (लोहित रंग का घड़ा)

(13) रूक्ष गढ़नयुक्त लोहित रंग का घड़ा, जिसका कंठेदार अवठ बाहर की ओर निकला हुआ तथा व्यास 16 सेमी. है।

(14) रूक्ष गढ़नयुक्त लोहित रंग का घड़ा, जिसका अवठ विशेषतारहित, ग्रीवा नतोदर तथा व्यास 15.5 सेमी. है।

(15) उपरोक्त प्रकार का पात्र, किन्तु ग्रीवा पर दो लकीरें तथा व्यास 17.5 सेमी. है।

(16) रूक्ष गढ़नयुक्त लोहित रंग का घड़ा, जिसका शुंडाकार अवठ बाहर की ओर निकला हुआ, पार्श्व भाग बाहर की ओर फैला हुआ तथा व्यास 20.7 सेमी. है।

चित्र संख्या-5 द्वितीय काल (कृष्ण मार्जित पात्र परम्परा का कटोरा)

(1) मध्यम गढ़न का कृष्ण मार्जित कटोरा, जिसका लम्बवत् अवठ विशेषतारहित, पार्श्व भाग उन्नतोदर तथा व्यास 9 सेमी. है।

(2) मध्यम गढ़न का कृष्ण मार्जित कटोरा, जिसका तीक्ष्ण अवठ बाहर की ओर निकला हुआ, पार्श्व भाग पर तीन कूट, नौतली युक्त गहरी पेंदी (स्कन्ध युक्त) तथा व्यास 8.6 सेमी. है।

(3) मध्यम गढ़न का कृष्ण मार्जित कटोरा, जिसका अन्दर से पुष्ट अवठ बाहर की ओर निकला हुआ, पार्श्व भाग उन्नतोदर जिस पर कूट बना तथा व्यास 10.6 सेमी. है।

(4) मध्यम गढ़न का कृष्ण मार्जित कटोरा, जिसका तीक्ष्ण अवठ अन्दर की ओर, पार्श्व भाग उन्नतोदर तथा व्यास 11.5 सेमी. है।

(5) कृष्ण मार्जित रंग की थाली, जिसका अवठ अन्दर की ओर, पार्श्व उन्नतोदर तथा व्यास 34.6 सेमी.।

(6) पूर्वोक्त प्रकार का पात्र, व्यास 32.6 सेमी.।

(7) मध्यम गढ़न का कृष्ण मार्जित रंग की थाली, जिसका अवठ अन्दर की ओर, पार्श्वभाग उन्नतोदर, जिस पर लकीर बना है तथा व्यास 33 सेमी. है।

(8) मध्यम गढ़न का कृष्ण मार्जित रंग की थाली, जिसका, अवठ अन्दर की ओर, उन्नतोदर पार्श्व भाग पर लकीर, पेंदी चौरस तथा व्यास 32 सेमी. है।

(9) मध्यम गढ़न का कृष्ण मार्जित रंग की थाली, जिसका अवठ अन्दर की ओर, पार्श्व भाग उन्नतोदर, चौरस पेंदी तथा व्यास 33 सेमी. है।

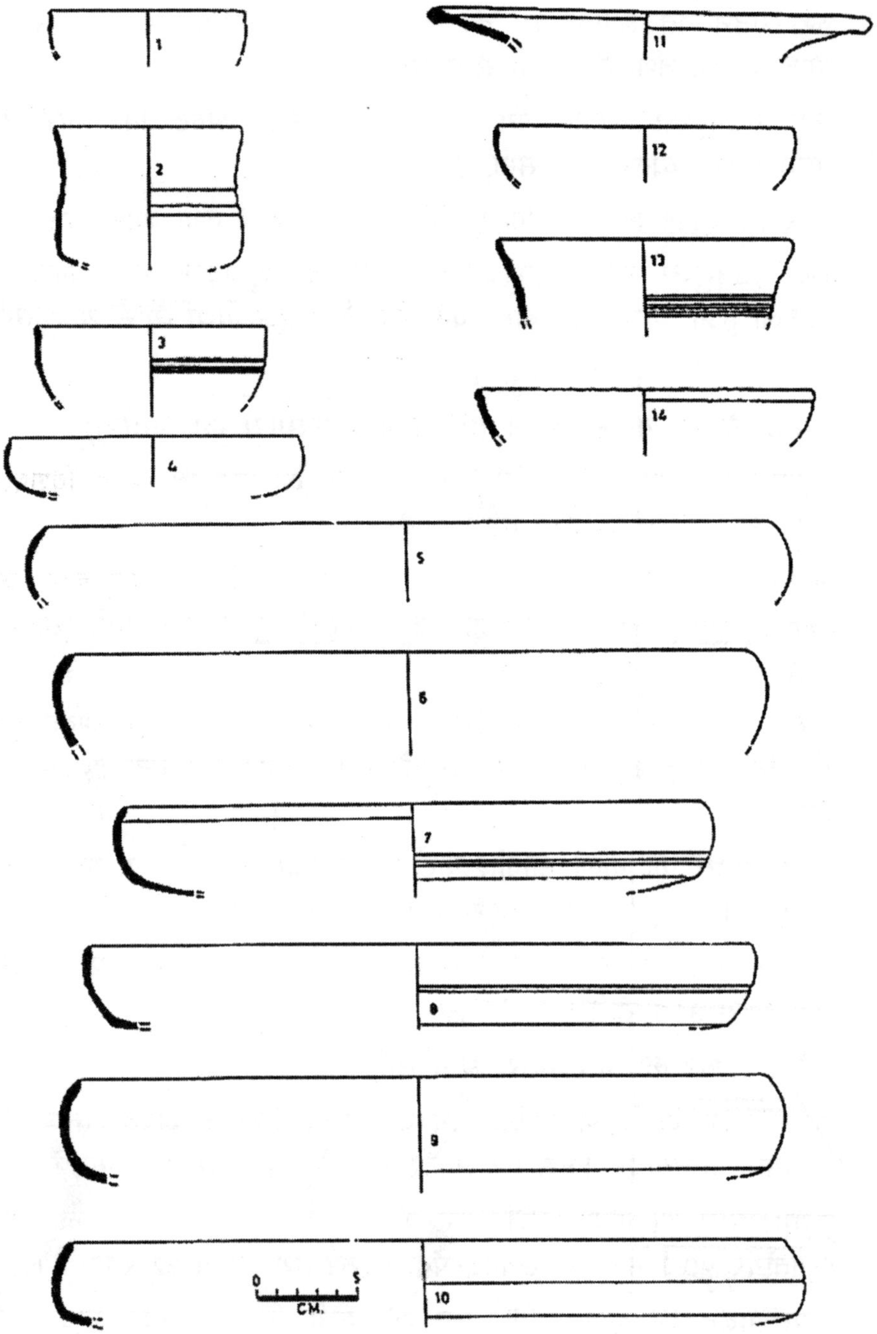

चित्र संख्या 5 : द्वितीय काल (कृष्ण मार्जित परम्परा का कटोरा एवं थालियाँ)

(10) उपरोक्त पात्र की तरह लेकिन बड़ा आकार, व्यास 34.3 सेमी.।

(11) मध्यम गढ़न का कृष्ण मार्जित कटोरा, जिसका शुण्डाकार अवठ बाहर की ओर निकला हुआ, पार्श्व भाग नतोदार तथा व्यास 20 सेमी. है।

(12) मध्यम गढ़न का कृष्ण मार्जित कटोरा, जिसका अवठ विशेषतारहित, पार्श्व भाग उन्नतोदर तथा व्यास 13.6 सेमी. है।

(13) मध्यम गढ़न का कृष्ण मार्जित नितल कटोरा, जिसका अवठ बाहर की ओर, पार्श्व भाग लम्बवत् जिस पर तीन कूट बना है तथा व्यास 13.2 सेमी. है।

(14) मध्यम गढ़न का कृष्ण मार्जित कटोरा, जिसका मनकेदार अवठ बाहर की ओर, पार्श्व भाग नतोदर तथा व्यास 15.2 सेमी. है।

चित्र संख्या-6 द्वितीय काल (उत्तरी कृष्ण मार्जित रंग की थालियाँ) :

(1) मध्यम गढ़न का कृष्ण मार्जित रंग की थाली, जिसका अवठ अन्दर की ओर, पार्श्व भाग उन्नतोदर तथा व्यास 28.1 सेमी. है।

(2) उपरोक्त परम्परा की थाली, जिसका तीक्ष्ण अवठ अन्दर की ओर, पार्श्व भाग उन्नतोदर, गहरी पेंदीयुक्त तथा व्यास 28.4 सेमी. है।

(3) उपरोक्त परम्परा की थाली, जिसका अवठ अन्दर की ओर, पार्श्व भाग उन्नतोदर तथा व्यास 29.2 सेमी. है।

(4) उपरोक्त प्रकार की थाली, किन्तु आकार में छोटी 26.3 सेमी. है।

(5) उपरोक्त पात्र परम्परा की थाली, अवठ तीक्ष्ण तथा व्यास 27.6 सेमी. है।

(6) मध्यम गढ़न का लोहित रंग की थाली, जिसका विशेषतारहित अवठ अन्दर की ओर, ग्रीवा पर कूट, पार्श्व भाग उन्नतोदर तथा व्यास 28.4 सेमी. है।

(7) उपरोक्त पात्र परम्परा की थाली, जिसका अवठ अन्दर की ओर, पार्श्व भाग उन्नतोदर तथा व्यास 30.2 सेमी. है।

(8) मध्यम गढ़न का पात्र अवठ विशेषतारहित उभारयुक्त, उन्नतोदर पार्श्व तथा व्यास 32.2 सेमी. है।

(9) उपरोक्त पात्र परम्परा की थाली, जिसका लम्बी अवठ विशेषतारहित, पार्श्व उन्नतोदर, तीक्ष्ण स्कन्धयुक्त पेंदी तथा व्यास 28.4 सेमी. है।

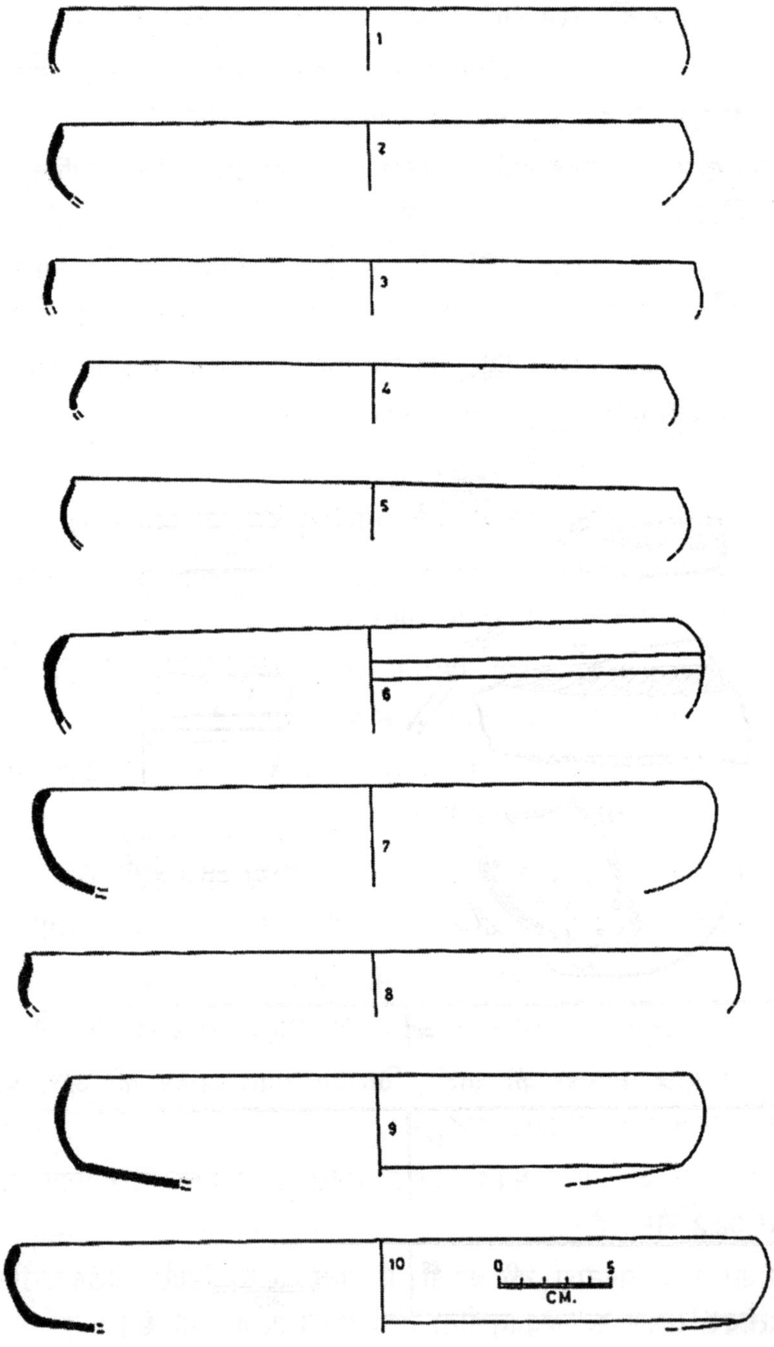

चित्र संख्या 6 : द्वितीय काल (उत्तरी कृष्ण मार्जित रंग की थालियाँ 1-5, लोहित रंग की थालियाँ 6-10)

(10) उपरोक्त तरह का पात्र, किन्तु अवठ मोटाई लिये तथा बड़े आकार का (व्यास-34 सेमी.) है।

चित्र संख्या-7 (उत्तरी कृष्ण-मार्जित परम्परा के कटोरे एवं थालियाँ) :

(1) उत्तम कोटि का उत्तरी कृष्ण मार्जित परम्परा का कटोरा, जिसका अवठ विशेषतारहित, पार्श्व भाग उन्नतोदर तथा व्यास 10.3 सेमी. है।

(2) उत्तम कोटि का उत्तरी कृष्ण मार्जित रंग का कटोरा, जिसका अवठ तीक्ष्ण, पार्श्व भाग उन्नतोदर तथा व्यास 12.2 सेमी. है।

(3) उत्तम गढ़न का उत्तरी कृष्ण मार्जित रंग का कटोरा, जिसका अवठ विशेषतारहित, पार्श्व भाग सीधा तथा व्यास 10.8 सेमी. है।

(4) उत्तम गढ़न का उत्तरी कृष्ण मार्जित रंग का कटोरा, जिसका अवठ बाहर की ओर निकला हुआ, पार्श्व भाग लम्बवत् तथा व्यास 12.4 सेमी. है।

(5) उत्तम गढ़न का उत्तरी कृष्ण मार्जित रंग का बाहर की ओर संकुचित पार्श्व वाला कटोरा (Corrugated Flanged Bowl), जिसका व्यास 12.7 सेमी. है।

(6) उपरोक्त प्रकार का पात्र, व्यास 12.6 सेमी.।

(7) मध्यम गढ़न का उत्तरी कृष्ण मार्जित रंग का कटोरा, जिसकी अवठ विशेषतारहित, पार्श्व भाग में हल्का सा उभार तथा व्यास 14.5 सेमी. है।

(8) उत्तम गढ़न का उत्तरी कृष्ण मार्जित रंग का कटोरा, जिसका अवठ तीक्ष्ण, पार्श्व भाग लम्बवत् तथा व्यास 14.7 सेमी. है।

(9) उत्तम कोटि का उत्तरी कृष्ण मार्जित पात्र का टुकड़ा, जिसके लोहित सतह पर काले रंग से पंक्तिनुमा चित्रण बाहर एवं अन्दर दोनों तरफ है।

(10) मध्यम गढ़न का उत्तरी कृष्ण मार्जित रंग की थाली के पेंदी का हिस्सा, जिसके मध्य में सूर्य का अंकन है, जिसे तीन सकेन्द्र वृत्त, जो बिन्दुओं द्वारा आवृत्त है सजाया गया है।

(11) उपरोक्त पात्र परम्परा के टूटे भाग का अलंकृत हिस्सा।

(12) वही।

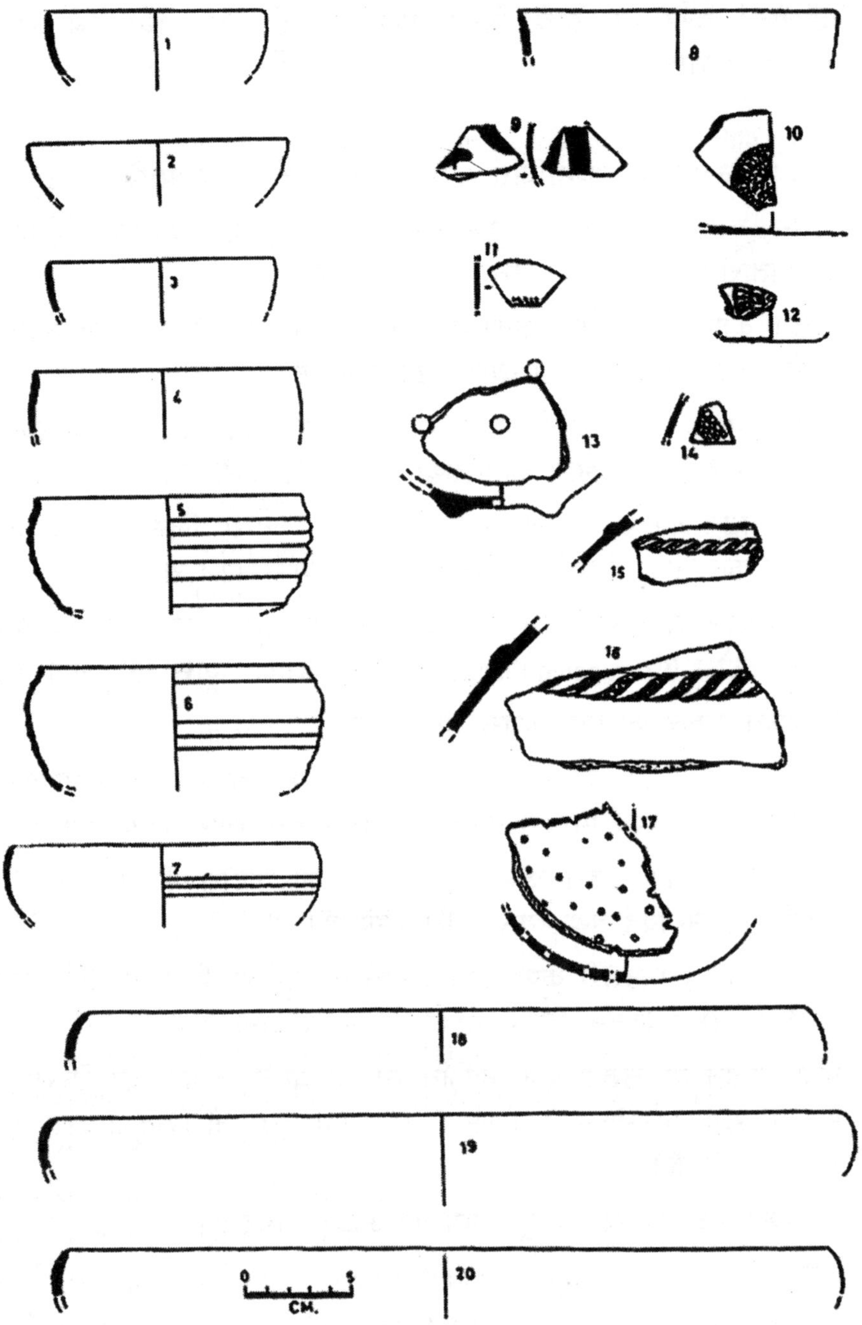

चित्र संख्या 7 : द्वितीय काल (उत्तरी कृष्ण मार्जित परम्परा के कटोरे एवं अलंकृत पात्र 1-12, लोहित पात्र के अवशेष 13-17, धूसर रंग की थाली 18-20)

(13) मध्यम गढ़न का पादयुक्त पात्र, जिसके दो पाद एवं तीन छिद्र पेंदी में दिखलायी दे रहे हैं। (द्रष्टव्य- सिंह, पुरुषोत्तम, नरहन, प्रथम काल 1994, चित्र-34, संख्या- 20-27)।

(14) लोहित पात्र का एक टुकड़ा, जिस पर चौकोर चटाई की छाप पड़ी है।

(15) रूक्ष गढ़नयुक्त लोहित रंग के पात्र का टुकड़ा, जिस पर रस्सीनुमा छाप पद्धति से अलंकरण किया गया है।

(16) उसी तरह का अलंकृत पात्र का टुकड़ा।

(17) मध्यम गढ़नयुक्त मार्जित लोहित पात्र की पेंदी का हिस्सा, जिसपर 24 छिद्र बने हैं।

(18) मध्यम गढ़नयुक्त धूसर रंग की थाली, जिसका अवठ अन्दर की ओर, पार्श्व भाग उन्नतोदर तथा व्यास 33.7 सेमी. है।

(19) उपरोक्त पात्र की तरह, व्यास 37.2 सेमी.।

(20) उसी तरह, व्यास 35.8 सेमी.।

चित्र संख्या-8 द्वितीय काल (लोहित रंग के कटोरे) :

(1) उत्तम गढ़नयुक्त लोहित रंग का कटोरा, जिसका अवठ टूटा हुआ, पार्श्व भाग गोलाकार तथा पेंदी चौरस है।

(2) मध्यम गढ़नयुक्त लोहित रंग का कटोरा, जिसका अवठ विशेषतारहित, पार्श्व भाग लम्बवत्, पेंदी चौरस तथा व्यास 9.1 सेमी. है।

(3) मध्यम गढ़नयुक्त लोहित रंग का कटोरा, जिसका अवठ बाहर की ओर निकला हुआ, पार्श्व भाग नतोदर, प्रलेपयुक्त तथा व्यास 10.7 सेमी. है।

(4) मध्यम गढ़नयुक्त लोहित रंग का कटोरा, जिसका पुष्ट अवठ अन्दर की ओर, पार्श्व भाग गोलाकार तथा व्यास 10.1 सेमी. है।

(5) उत्तम गढ़नयुक्त लोहित रंग का नितल कटोरा, जिसका तीक्ष्ण अवठ बाहर की ओर, पार्श्व भाग पर प्रलेप तथा व्यास 12 सेमी. है।

(6) उत्तम गढ़नयुक्त लोहित रंग का नितल कटोरा, जिसका अवठ बाहर की ओर, पार्श्व भाग उभारयुक्त लम्बवत् तथा व्यास 13.5 सेमी. है।

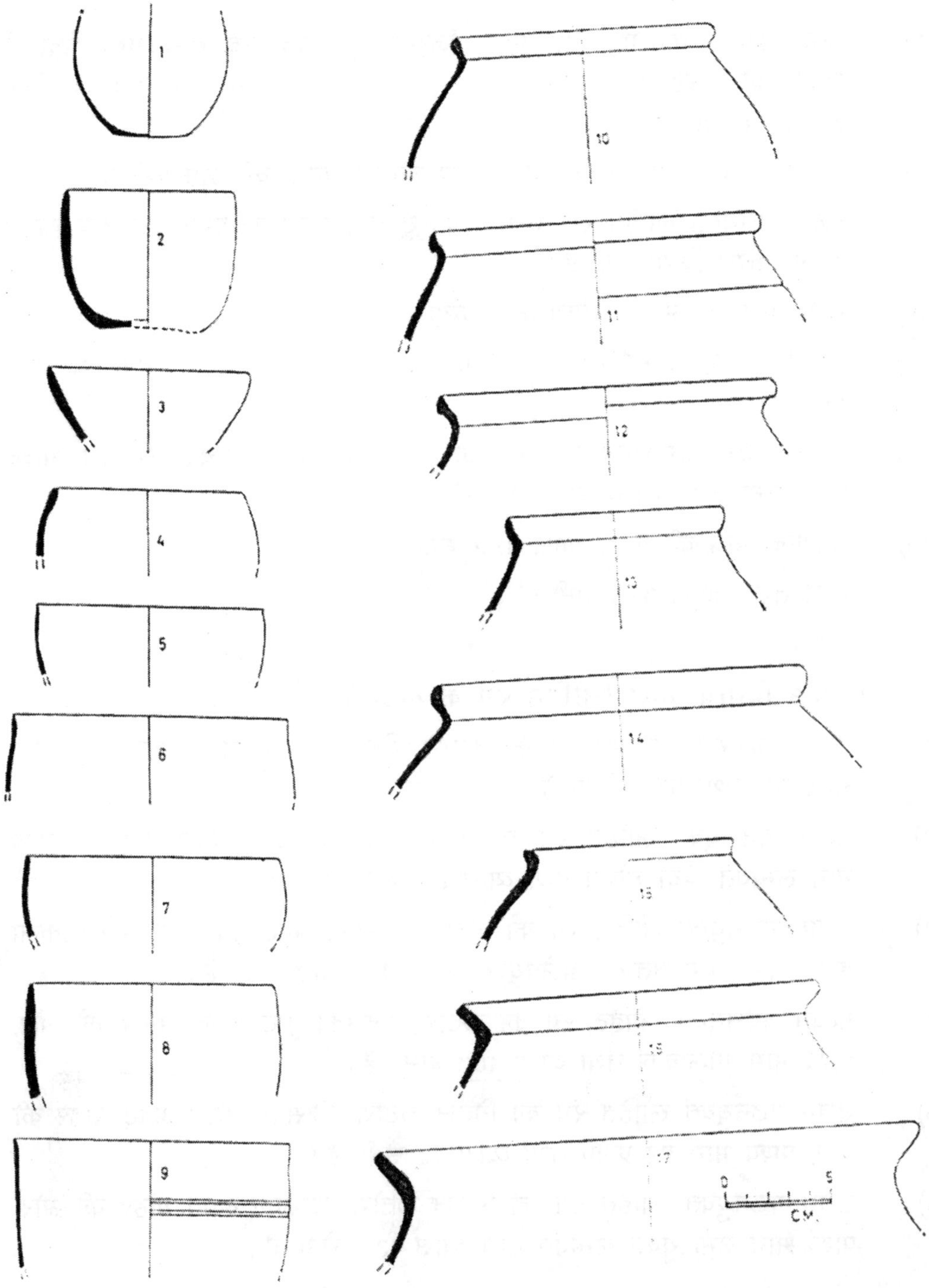

चित्र संख्या 8 : द्वितीय काल (लोहित रंग का कटोरा 1-9 एवं घड़ा 10-17)

(7) उत्तम गढ़नयुक्त लोहित रंग का कटोरा, जिसका तीक्ष्ण अवठ अन्दर की ओर, पार्श्व भाग उन्नतोदर तथा व्यास 13.5 सेमी. है।

(8) मध्यम गढ़नयुक्त लोहित रंग का नितल कटोरा, जिसका अवठ विशेषतारहित, पार्श्व भाग समान रूप से मोटा तथा व्यास 13 सेमी. है।

(9) उत्तम कोटि युक्त लोहित रंग का नितल कटोरा, जिसका तीक्ष्ण अवठ बाहर की ओर निकला हुआ, पार्श्व भाग पर दो खाँचें तथा व्यास 14.7 सेमी. है।

(10) मध्यम गढ़नयुक्त लोहित रंग का घड़ा, जिसका अवठ कंठेदार, पार्श्व भाग बाहर की ओर फैला हुआ तथा व्यास 12.5 सेमी. है।

(11) पूर्वोक्त पात्र संख्या-6 की तरह, व्यास 15.6 सेमी.।

(12) मध्यम गढ़नयुक्त लोहित रंग का घड़ा, जिसका अवठ कंठेदार, ग्रीवा नतोदर, पार्श्व भाग बाहर की ओर फैला हुआ तथा व्यास 16.2 सेमी है।

(13) मध्यम गढ़नयुक्त लोहित रंग का घड़ा, जिसका अवठ अन्दर से दबाकर पुष्ट किया हुआ, पार्श्व भाग बाहर की ओर फैला हुआ तथा व्यास 10.3 सेमी. है।

(14) लोहित रंग का घड़ा, जिसकी कंठेदार ग्रीवा स्कन्ध युक्त, पार्श्व भाग बाहर की ओर फैला हुआ है तथा व्यास 17.6 सेमी. है।

(15) लोहित रंग का घड़ा, जिसका अवठ बाहर की ओर, पार्श्व भाग गोलाकार तथा व्यास 10 सेमी. है।

(16) लोहित रंग का घड़ा, जिसका तीक्ष्ण अवठ बाहर की ओर, ग्रीवा स्कन्ध युक्त, पार्श्व भाग बाहर की ओर फैला हुआ तथा व्यास 17.2 सेमी. है।

(17) रूक्ष गढ़नयुक्त लोहित रंग का बड़े मुखवाला जार, जिसका अवठ बाहर की ओर, ग्रीवा नतोदर तथा पार्श्व भाग बाहर की ओर फैला हुआ तथा व्यास 26.1 सेमी. है।

चित्र संख्या-9 तृतीय काल (लोहित रंग) :

(1) रूक्ष गढ़नयुक्त लोहित रंग का कटोरा, जिसका अवठ शुण्डाकार, पार्श्व भाग नतोदर तथा व्यास 15.6 सेमी. है। (द्रष्टव्य- नारायण व राय, राजघाट, 1977 चित्र-24, 2-3, पंचम काल, 700-1200 ई.)।

(2) उपरोक्त प्रकार का पात्र, लेकिन बड़ा, व्यास 22.6 सेमी. है।

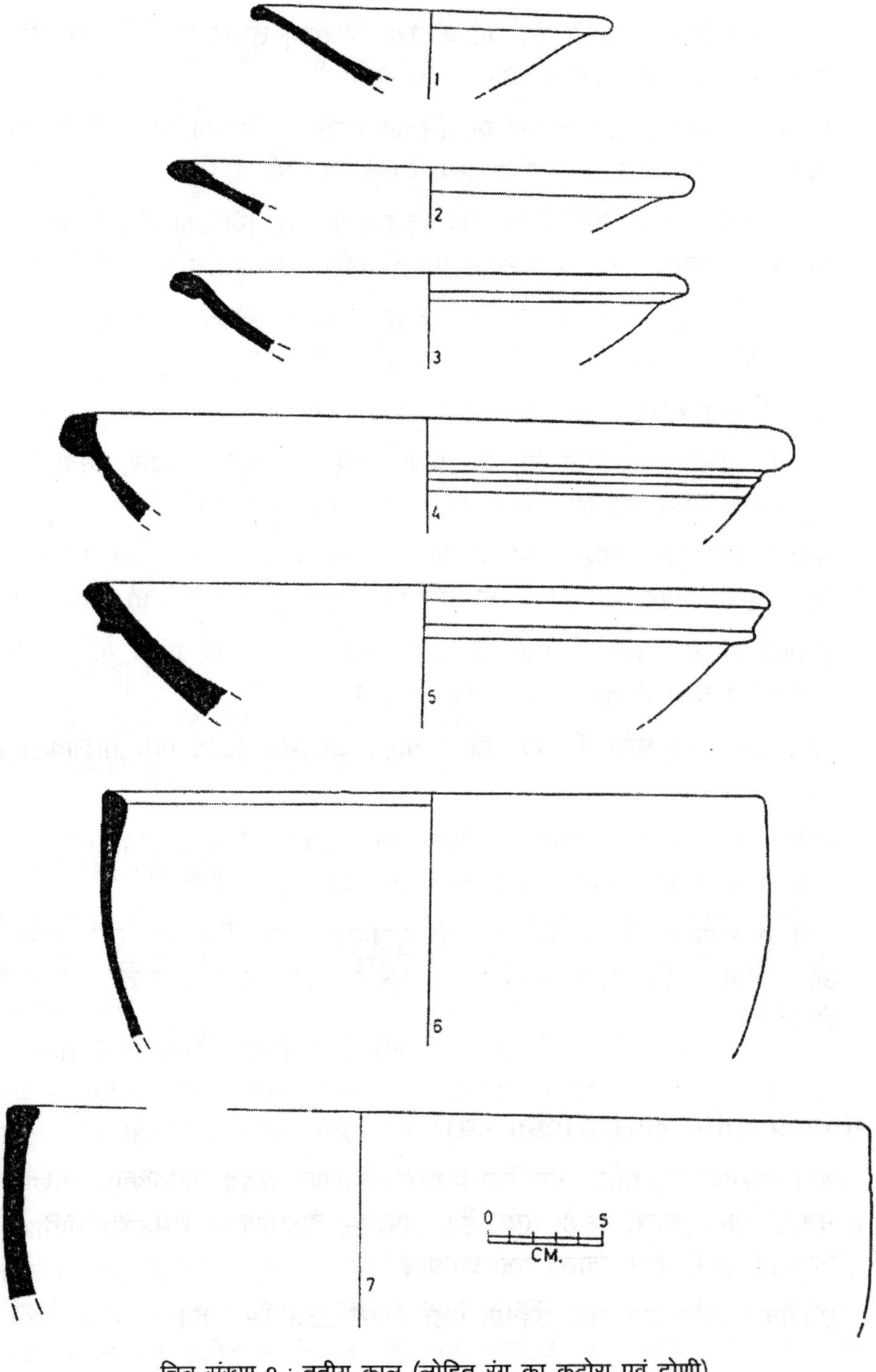

चित्र संख्या 9 : तृतीय काल (लोहित रंग का कटोरा एवं द्रोणी)

(3) उपरोक्त प्रकार का पात्र, व्यास 22.2 सेमी. है।

(4) मध्यम गढ़नयुक्त लोहित रंग का द्रोणी, जिसका अवठ मनकेदार, ग्रीवा नतोदर, जिसपर तीन कूट तथा व्यास 31.3 सेमी. है।

(5) मध्यम गढ़नयुक्त लोहित रंग की द्रोणी, जिसका अवठ विशेषतारहित, ग्रीवा पर उभार, पार्श्व भाग नतोदर तथा व्यास 29.2 सेमी. है।

(6) रूक्ष गढ़नयुक्त लोहित रंग की द्रोणी, जिसका अवठ अन्दर से पुष्ट, पार्श्व भाग लगभग लम्बवत् तथा व्यास 29 सेमी. है।

(7) मध्यम गढ़नयुक्त लोहित रंग का नितल द्रोणी, जिसका अवठ विशेषतारहित, पार्श्व भाग लम्बवत्, जिस पर दोनों तरफ प्रलेप लगा है तथा व्यास 38 सेमी. है।

चित्र संख्या-10 तृतीय काल (लोहित पात्र) :

(1) मध्यम गढ़नयुक्त लोहित रंग का इत्रदानी का घुण्डी, जिस पर प्रलेप लगा है।

(2) मध्यम गढ़नयुक्त लोहित रंग की घरिया, जिसका अवठ विशेषतारहित ग्रीवा नतोदर, पार्श्व भाग लम्बवत् तथा व्यास 3.2 सेमी. है।

(3) मध्यम गढ़नयुक्त लोहित रंग के टोटीयुक्त घड़ा, जिसका अवठ टूटा हुआ, पार्श्व भाग उन्नतोदर तथा पेंदी चौरस है। (द्रष्टव्य- नारायण व राय, राजघाट, छठा काल, 1977, चित्र-28, संख्या 11-12, चित्र-29, सं. 13)।

(4) उसी तरह की पात्र की टोटी।

(5) लोहित रंग का पकाने वाला पात्र, जिसकी अवठ बाहर की ओर निकला हुआ, ग्रीवा नतोदर, पार्श्व भाग स्कन्धयुक्त व गहरी पेंदीयुक्त तथा व्यास 28 सेमी. है।

(6) उसी प्रकार का पात्र ग्रीवा पर खाँचे बने तथा व्यास 18.9 सेमी. है।

(7) रूक्ष गढ़नयुक्त लोहित रंग का घड़ा, जिसका अवठ बाहर से पुष्ट, पार्श्व भाग गोलाकार तथा व्यास 21 सेमी. है।

(8) मध्यम गढ़नयुक्त लोहित रंग का जार, जिसका चिपटा अवठ बाहर की ओर झुका हुआ, पार्श्व भाग बाहर की ओर फैला हुआ तथा व्यास 30 सेमी. है।

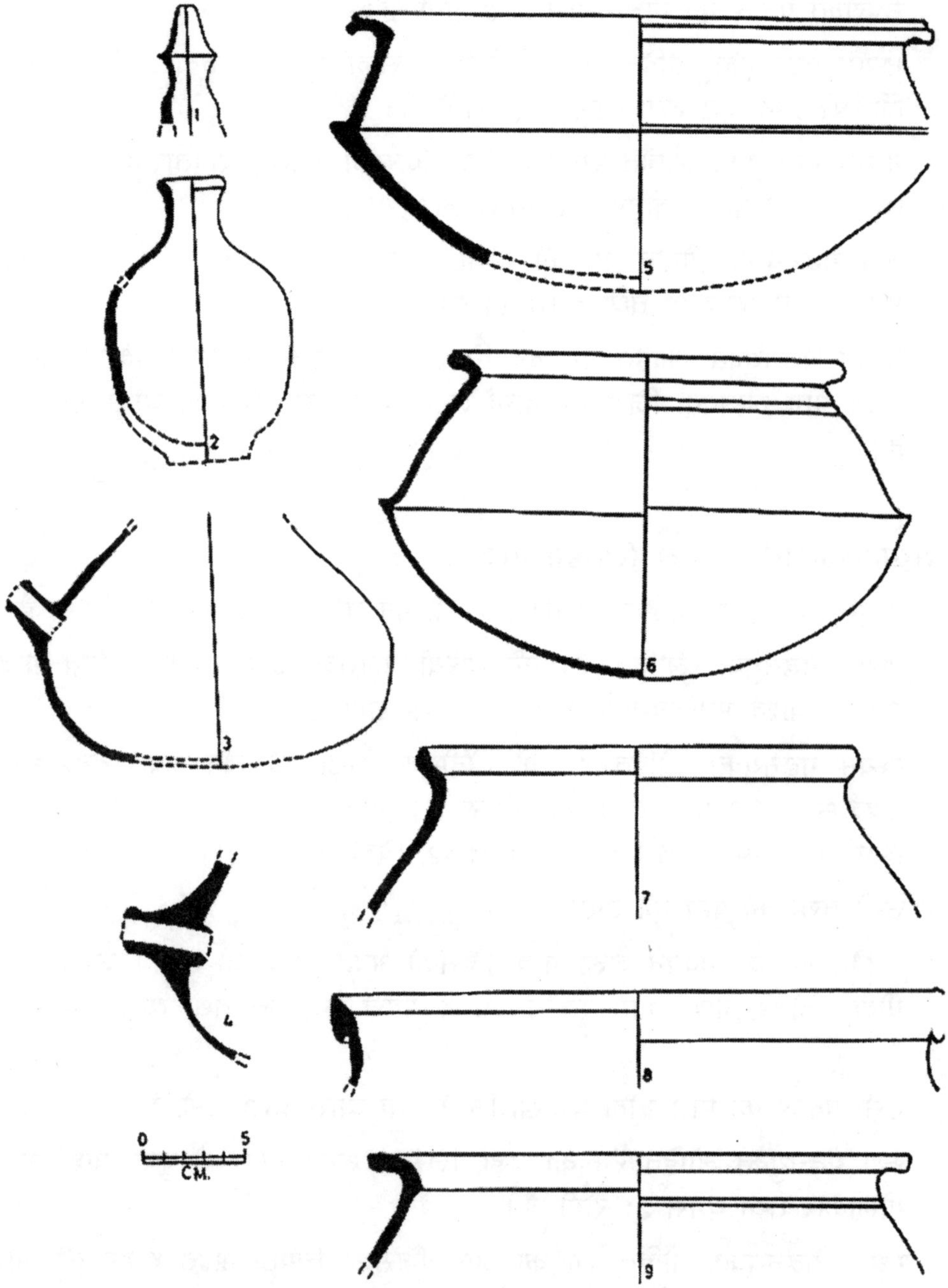

चित्र संख्या 10 : तृतीय काल (लोहित रंग के पात्र)

(9) लोहित रंग का घड़ा, जिसका अवठ बाहर की ओर फैला हुआ, ग्रीवा नतोदर, पार्श्व भाग बाहर की ओर फैला हुआ, जिसके ऊपरी हिस्से पर लकीर तथा व्यास 26.2 सेमी. है।

वारुणेय क्षेत्र का आवासीय विन्यास

वारुणेय क्षेत्र के सर्वेक्षित पुरास्थलों की स्थिति, उनका आकार-प्रकार तथा वहाँ से प्राप्त पुरावशेषों के आधार पर इस क्षेत्र में मानव अधिवास, संस्कृति एवं उनके क्रमिक विकास की निम्नलिखित प्रकार से व्याख्या की जा सकती है –

1. प्राक् उत्तरी कृष्ण मार्जित मृदभाण्ड संस्कृति,
2. प्रारम्भिक उत्तरी कृष्ण मार्जित मृदभाण्ड संस्कृति,
3. परवर्ती उत्तरी कृष्ण मार्जित मृदभाण्ड संस्कृति या शुंगकालीन संस्कृति,
4. कुषाणकालीन संस्कृति,
5. गुप्तकालीन संस्कृति,
6. पूर्व मध्यकालीन संस्कृति

उपरोक्त संस्कृतियों से संबंधित 114 पुरास्थल प्रकाश में आये, जहाँ मानव के क्रिया-कलापों के प्रमाण मिलते हैं, जिन्हें निम्नलिखित वर्गों में विभाजित किया जा सकता है-

(1) **बृहद् सांस्कृतिक जमाव वाले पुरास्थल (केन्द्रीय स्थल) :** ऐसे पुरास्थल जहाँ प्राक् उत्तरी कृष्ण मार्जित मृदभाण्ड संस्कृति से लेकर कुषाणकाल या उसके बाद तक की संस्कृति का प्रमाण मिलता है।

(2) **मध्यम सांस्कृतिक जमाव वाले पुरास्थल (मध्यम आकार) :** ऐसे पुरास्थल जहाँ उत्तरी कृष्ण मार्जित मृदभाण्ड संस्कृति से लेकर कुषाण-गुप्त या उसके बाद तक की संस्कृति का प्रमाण मिलता है।

(3) लघु सांस्कृतिक जमाव वाले पुरास्थल (छोटे आकार वाले स्थल) : ऐसे पुरास्थल जहाँ एकल संस्कृति के प्रमाण मिलते हैं, जो मुख्यतया कुषाणकालीन संस्कृति से संबंधित है।

(4) धार्मिक केन्द्र वाले स्थल : ऐसे पुरास्थल जहाँ मानव अधिवास के साथ-साथ धार्मिक क्रिया-कलापों के प्रमाण मिलते हैं।

(1) केन्द्रीय स्थल : वारुणेय क्षेत्र के सर्वेक्षित पुरास्थलों में कुछ पुरास्थलों को उनके क्षेत्रफल एवं सांस्कृतिक संचय के आधार पर केन्द्रीय स्थल की संज्ञा दी जा सकती है। इस प्रकार के केन्द्रीय स्थल से सम्बन्धित पुरास्थलों को तीन श्रेणियों में बाँटा जा सकता है : (i) नदी के संगम पर स्थित केन्द्रीय पुरास्थल, (ii) प्राचीन जलाशयों के समीप स्थित केन्द्रीय पुरास्थल तथा (iii) प्राचीन नालों के किनारे स्थित केन्द्रीय पुरास्थल। विस्तृत आकार वाले ये केन्द्रीय पुरास्थल बृहद् सांस्कृतिक जमाव वाले हैं, जहाँ प्राक् उत्तरी कृष्ण मार्जित मृद्भाण्ड सांस्कृतिक चरण से लेकर कुषाण–गुप्त तथा कहीं-कहीं अविछिन्न रूप से पूर्व मध्यकाल तक के प्रमाण मिलते हैं। प्रमुख केन्द्रीय स्थलों में कोचारी, निगोह, सोनबरसा एवं नहवानीपुर उल्लेखनीय हैं। इन पुरास्थलों से कृष्ण मार्जित, कृष्णीय, धूसर, उत्तरी कृष्ण-मार्जित एवं लोहित रंग के पात्रों के साथ-साथ शुंग-कुषाणकालीन ईंटों से बने आवासीय भग्नावशेषों एवं स्थापत्य से संबंधित अवशेष मिलते हैं।

वरुणा एवं बसुही नदी के संगम पर स्थित केन्द्रीय पुरास्थल कोचारी के बसाव का कारण संभवतः सुरक्षा, व्यापार-वाणिज्य, जलापूर्ति एवं धार्मिक रहा होगा। दोनों नदियाँ पुरास्थल के लिये प्राकृतिक परिखा का कार्य करती हैं। इस प्रकार की परिखा का उल्लेख साहित्यिक ग्रन्थों में मिलता है, जिसे जल परिखा या औदक परिखा (पानी से भरी हुई परिखा) कहा गया है। इस प्रकार की परिखा नदी के जल से ही परिपूर्ण हुआ करती थी।[5]

नदी से दूर जलाशयों के समीप केन्द्रीय पुरास्थल निगोह का पाया जाना दो महत्त्वपूर्ण तथ्यों को इंगित करती है। पहले नदी ने अपना प्रवाह पथ बदला होगा, जिसके कारण ये पुरास्थल नदी की मुख्य धारा से अलग हो गया और बदली हुई प्राचीन धारा ने जलाशय का रूप धारण कर लिया, अनुमानतः ये परिवर्तन शुंग-कुषाणकाल के बाद हुआ होगा, क्योंकि ऐसे स्थलों पर इससे प्राचीनतर अवशेष नदियों क़े तट पर ही मिलते हैं, जो सातवीं-आठवीं शताब्दी ईसापूर्व या उससे भी

पहले के हैं। उस काल में मानव अधिवास के लिये नदियाँ ही महत्त्वपूर्ण भूमिका निभाती थीं।

दूसरा तथ्य यह है कि इस प्रकार के पुरास्थल झील या जलाशयों के समीप छोटे-छोटे पुरास्थलों प्रतिनिधित्व के रूप में बनते हैं। ये जलाशय परिखा का काम तो करते ही है, साथ ही जल की आपूर्ति भी करते हैं।

नदी से दूर नालों के किनारे केन्द्रीय पुरास्थलों के बसाव का कारण तकनीकी विकास, जलापूर्ति, व्यापार एवं यातायात के साधन रहा होगा। वरुणा नदी के दक्षिण में मटुका एवं बहरी खास नामक दो बृहद् नालों के किनारे क्रमशः दो महत्त्वपूर्ण केन्द्रीय पुरास्थल सोनबरसा तथा नहवानीपुर स्थित है।

मुटुका नाले के पूर्व में सोनबरसा नामक केन्द्रीय पुरास्थल स्थित है। संभवतः यह नाला पुरास्थल को जल आपूर्ति के स्रोत के रूप में बनाया गया होगा। प्राचीन वास्तुकार बस्ती के बसाव में भारत के अधिकतर चलने वाली पश्चिमी हवाओं को हमेशा ध्यान में रखते थे और जल का स्रोत नगर के पश्चिम में रखने की अनुशंसा करते थे ताकि वायु में शीतलता एवं आर्द्रता बनी रही।[6]

दूसरा केन्द्रीय पुरास्थल नहवानीपुर इन दोनों नालों के मध्य में स्थित है। वारुणेय क्षेत्र के दक्षिणी भू-भाग के एक निश्चित क्षेत्र में सर्वेक्षित पुरास्थलों का बसाव इन नालों के इर्द-गिर्द होते हुये गंगा के बाँयें तट पर स्थित अगियाबीर नामक पुरास्थल की ओर बढ़ता हुआ दिखता है। साथ ही साथ इसके समीपवर्ती क्षेत्रों में कुषाण एवं पूर्व मध्यकालीन पुरास्थलों एवं उनसे संबंधित प्रस्तर प्रतिमाओं एवं कोल्हुओं के प्रमाण बड़ी मात्रा में मिलते हैं, जिसके निर्माण में विन्ध्य क्षेत्र से प्रस्तर खण्ड प्राप्त किये जाते रहे होंगे। ऐसी संभावना व्यक्त की जा सकती है कि अगियाबीर जैसे महत्त्वपूर्ण एवं बड़े केन्द्र से वरुणा क्षेत्र के लोगों का व्यापारिक आदान-प्रदान इस नाले के माध्यम से होता रहा होगा। इस सम्भावना को नकारा नहीं जा सकता कि ये नाले विन्ध्य एवं वारुणेय क्षेत्र के मध्य परिवहन व यातायात की भूमिका निभाते होंगे। इस प्रकार यह जलमार्ग जल के स्रोत के साथ ही सम्पर्क सूत्र जैसे महत्त्वपूर्ण भूमिका का निर्वहन भी करते रहे होंगे।

उपरोक्त चारों प्रकार के बसाव वाले स्थलों के समीपवर्ती बड़ी संख्या में छोटे-छोटे पुरास्थल मिलते हैं, जो संम्भवतः इनके पूरक आवास (Satellite Settlement) रहे होंगे।

(2) **मध्यम आकार वाले स्थल :** वारुणेय क्षेत्र में मध्यम आकार वाले 28 पुरास्थल प्रकाश में आये हैं। जहाँ उत्तरी कृष्ण मार्जित मृद्भाण्ड संस्कृति से लेकर कुषाण-गुप्त या उसके बाद तक के कालों का प्रमाण मिलता है। इस संस्कृति से संबंधित पुरास्थल नदी के समीप तथा उससे 2-4 किमी. की दूरी पर एवं प्राचीन नालों के किनारे मिलते हैं। नदी के किनारे मिलने वाले पुरास्थलों का विस्तार अपेक्षाकृत छोटा तथा सांस्कृतिक संचय सीमित है। साथ ही इनकी संख्या भी अत्यन्त नगण्य (8) है। इनमें सकराडीह, याकूबपुर, सरायडीह तथा चमाव उल्लेखनीय है। नदी के किनारे इस प्रकार के बस्तियों के मिलने का कारण संभवतः उस काल के मानव का मुख्य रूप से नदी पर निर्भर रहना होगा। जब मानव अपनी जीविकोपार्जन के लिये नदी के किनारे बसता था। साथ ही यह क्षेत्र घने जंगलों से आच्छादित था, जिसका उल्लेख बौद्ध[7] जैन[8] एवं ब्राह्मण[9] ग्रन्थों में मिलता है, लेकिन नदी के किनारे इस संस्कृति से संबंधित पुरास्थलों का कम मिलने का कारण नदी के किनारे का प्रायः भूमि खराब (बाढ़ के कारण जलमग्न होने के कारण) रहा होगा। बाद में इस संस्कृति से संबंधित मानव ने अपने अस्तित्व को बनाये रखने के लिए नदी से दूर बसना उचित समझा। उसने अन्दर के भू-भाग, जो घने जंगलों से आच्छादित था, को साफ कर वहाँ पर अपने आवास बनाये। इन स्थलों पर मानव को जीवन निर्वहन में अनुकूलता महसूस हुयी, जिससे अधिक मात्रा में इस प्रकार के स्थल मिलते हैं तथा बाद के सांस्कृतिक चरण वाले अवशेष भी दिखते हैं। वस्तुतः इस प्रकार के पुरास्थल नगरीकरण के उदय के प्रतीक हैं। इनमें आवश्यक रूप से आवासीय विन्यास के वे तत्त्व विद्यमान हैं, जो प्रत्यक्ष रूप से आने वाले कालों (कुषाण काल) में जनसंख्या की प्रबल वृद्धि में सहायक सिद्ध हुये। इस प्रकार के पुरास्थलों में मुड़ाँव, सराय क़ंसराय, भिखमपुर तथा फिफिऔना आदि उल्लेखनीय हैं।

(3) **छोटे अथवा ग्राम्य स्थल :** वारुणेय क्षेत्र में अधिकांशतः पुरास्थल ग्राम्य संस्कृति का प्रतिनिधित्व करती है, जो कुषाणकाल से संबंधित है। वरुणा नदी के उत्तर में बसुही एवं नन्द नदी (सर्वेशीट 63K) तथा दक्षिण में मोरवा एवं गंगा नदी इसके समानान्तर बहती है। ऐसी संभावना है कि तीन नदियों से घिरा यह क्षेत्र सदैव से ही बाढ़ से प्रभावित रहा होगा। साथ ही इस नदी ने अपना प्रवाह पथ भी बदला होगा। प्रतिवर्ष बाढ़ आने के कारण इस क्षेत्र के लोग बार-बार बसते-उजड़ते रहे होंगे, जिससे इस क्षेत्र में छोटे-छोटे पुरास्थल मिलते हैं। लेकिन बाढ़ से प्रतिवर्ष

लायी गयी मिट्टी (Alluvial Soil) की उर्वरता ही लोगों को बार-बार बसने के लिये आकर्षित भी करती रही होगी।

वारुणेय क्षेत्र में कुषाणकालीन संस्कृति से संबंधित 89 बस्तियाँ मिली हैं, जिनमें इस संस्कृति से संबंधित एकल बस्तियों की संख्या 50 है। ये सभी बस्तियाँ आकार में छोटी, लेकिन सघन हैं। लेकिन इनकी सघनता का प्रसार एक निश्चित क्षेत्र में ही मिलता है। इस क्षेत्र के मिश्रित समाज में उपजाऊ क्षेत्र के कारण जनसंख्या बढ़ी होगी, जिसके कारण वारुणेय क्षेत्र सांस्कृतिक, आर्थिक एवं राजनीतिक दृष्टि से महत्त्वपूर्ण हो गया होगा। जब कई गाँव अपने खाद्य उत्पादनों के कारण व्यापारिक गतिविधियों से जुड़ जाते हैं तो उन पर नियन्त्रण के लिये प्रशासनिक व्यवस्था की जरूरत होती है, जिससे केन्द्रीय प्रशासन अस्तित्व में आते हैं।

संभवतः बड़े-बड़े पुरास्थलों का छोटे-छोटे पुरास्थलों के बीच पाया जाना इस बात की पुष्टि करता है। इनका मुख्य कार्य गाँवों की देखभाल करना, बाहरी आक्रमण से रक्षा करना, कर द्वारा जनहित कार्यों को लागू करना आदि रहा होगा।

(4) धार्मिक स्थल : वारुणेय क्षेत्र में देवालयों के भग्नावशेषों, प्रस्तर प्रतिमायें, स्तम्भों आदि के प्रमाण प्रचुर मात्रा में मिलते हैं। इस प्रकार की संस्कृति से संबंधित पुरास्थलों की संख्या 45 है, जिनमें पूर्व मध्यकाल के एकल संस्कृति की संख्या 19 है। इस प्रतिमाओं में वैष्णव, शैव, शाक्त, बौद्ध एवं लोकधर्म से संबंधित अवशेष महत्त्वपूर्ण हैं। यहाँ यह महत्त्वपूर्ण है कि इस क्षेत्र में वैष्णव धर्म से सम्बन्धित क्रिया-कलाप सर्वाधिक मात्रा में मिलते हैं, जिनमें विष्णु स्तम्भ (सातों), विष्णु, विष्णु की दशावतार की प्रतिमायें, बैकुंठ, बलराम एवं हनुमान विशेष हैं। इनका काल प्रारम्भिक गुप्तकाल से लेकर पूर्व मध्यकाल तक माना गया है। इस क्षेत्र के कुछ स्थल, जिनका संबंध एवं अर्थ वैष्णव धर्म से साम्य रखता है, जिसमें चतुर्भुजपुर, सुरेरी, रामडीह, मरजादपट्टी, भौथर, आनन्द डीह, हरियाऊँ, रघुनाथपुर, परषोत्तमपुर तथा जगदीशपुर है। साथ ही इस क्षेत्र में एक सामानान्तर लोकधर्म प्रचलन में रहा, जिसका प्रमाण फिफिऔना एवं डीह कोइरान से प्राप्त महत्त्वपूर्ण प्रतिमाओं से होता है।

वरुणा क्षेत्र में ये अवशेष जहाँ लोगों के धार्मिक क्रिया-कलापों की ओर इंगित करते हैं। वहीं दूसरी ओर ऐसी संभावना हो सकती है कि इस क्षेत्र में कम मात्रा में केन्द्रीय स्थल प्राप्त होने से गाँवों पर नियन्त्रण रखना कठिन होता रहा होगा, जिसके कारण धार्मिक क्रिया-कलापों वाले केन्द्र स्थापित किये जाते थे। ये एक

तरफ मनुष्य की धार्मिक भावनाओं की पूर्ति करते थे, वहीं दूसरी ओर राजकीय संगठन जैसा कार्य भी सम्पादित करते रहे होंगे।

उपरोक्त चारों प्रकार के आवासीय विन्यास वाले स्थलों की यदि सूक्ष्म विवेचना करें तो वारुणेय क्षेत्र में आवासीय विन्यासों की संरचना का स्वरूप विभिन्न कालों में भिन्न-भिन्न दिखता है। प्रारम्भ में आवासीय स्थलों के बसाव की कोई सुनियोजित योजना नहीं थी। अपनी आवश्यकता, सुविधा एवं सुरक्षा को ध्यान में रखकर ही मानव ने यहाँ-वहाँ बस्तियों का निर्माण किया। बाद के कालों में आवासीय स्थल निश्चित योजना एवं उद्देश्य से बसाये जाते रहे होंगे, जो सर्वेक्षित स्थलों के बसाव एवं वारुणेय क्षेत्र के सर्वाधिक महत्त्वपूर्ण उत्खनित पुरास्थलों राजघाट, सारनाथ एवं सराय मोहाना के बसाव से दिखता है तथा जिसकी पुष्टि साहित्यिक साक्ष्यों[10-11] से भी होती है।*

आवासीय विन्यास से स्थिरता का बोध होता है, फिर कौन से ऐसे कारण हैं जो इन पुरास्थलों (आवासीय स्थल) के पतन के लिये उत्तरदायी थे। संभवतः पुरास्थलों के पतन के लिये बाह्य आक्रमण, आर्थिक परिस्थितियाँ, प्रतिवर्ष बाढ़ का आना, महामारी, नदी का अपना प्रवाह पथ बदलना, भूमि का ऊसर होना, अग्निकाण्ड तथा धार्मिक संघर्ष के कारण हो सकते हैं, लेकिन इनमें सभी कारण विभिन्न स्थलों पर भिन्न-भिन्न रूप में अपना प्रभाव डाले होंगे।

आवासीय विन्यास के पतन के कारण

भूमि का ऊसर होना

भूमि का अत्यधिक दोहन करने से उसकी उर्वरता में कमी आयी होगी, फलस्वरूप मानव स्थल छोड़कर दूसरे जगह बसा होगा। साथ ही जल की अधिकता

---

* कौटिल्य के कथनानुसार एक गाँव दूसरे गाँव से कोस भर या दो कोस की दूरी से अधिक नहीं होना चाहिये, जिससे अवसर आने पर वे एक दूसरे की मदद कर सकें तथा नदी, पहाड़, जंगल, खाई, तालाब एवं वृक्ष लगाकर उन बसाये गाँवों की सीमा निर्धारित करें।

अर्थशास्त्र 17/1

इन्हीं के अनुसार "किसी नदी के संगम पर बड़े-बड़े तालाबों के किनारे या कमलयुक्त जलाशयों के तट पर भी नगर बसाये जा सकते हैं। नगर आवागमन के लिये स्थल मार्ग एवं जल मार्ग दोनों की सुविधा होनी चाहिये तथा नगर के चारों ओर खाइयाँ खुदवानी चाहिये।"

अर्थशास्त्र 19/3

एवं भूमि से जल का पर्याप्त निर्गम न हो पाने कारण यह दलदलों में संचित हुआ होगा तथा अतिसंतृप्तता के कारण मिट्टी को क्षति पहुँची होगी तथा उसके ऊपर हानिकारक सफेद परत (ऊसर, रेह) अस्तित्व में आया होगा। इस प्रकार के पुरास्थल, अनेई, सकराडीह एवं याकुबपुर उल्लेखनीय हैं।

प्रतिवर्ष बाढ़ का आना

ये सम्पूर्ण क्षेत्र बाढ़ से प्रभावित रहा होगा। बार-बार बाढ़ के प्रकोप से मानव ने अपने आवास नदी से दूर बनाया होगा। साथ ही कृषि के मौसम में अस्थायी रूप से बसता होगा। और बाद में कृषि कार्य से विरत होने के बाद अपने मूल आवास पर जाता रहा होगा। संभवतः इसी कारण नदी के समीपवर्ती भू-भागों में छोटे एवं एकल पुरास्थल मिलते हैं।

नदी का धारा परिवर्तन

नदी के धारा परिवर्तन के कारण पुरास्थल नदी से दूर हो गये होंगे। वरुणा नदी ने अनेकों बार अपने मार्ग को बदला होगा, जिसका प्रमाण प्राचीन नाले जो नदी से जुड़े हुये हैं। साथ ही इनके किनारे प्राचीन बस्तियों के प्रमाण दिखते हैं तथा बाद के कालों में भी इन नालों के आस-पास बस्तियों का निर्माण हुआ। प्रमुख नालों में बहरीखास, मटुका एवं अकथा नाला प्रमुख है। यहाँ यह महत्त्वपूर्ण तथ्य है कि क्या सारनाथ जो अकथा नाले के किनारे स्थित है पहले वरुणा के किनारे स्थित था। सम्भवतः वरुणा ने अपने मार्ग को उत्तर से दक्षिण दिशा की ओर बदला और ये परिवर्तन प्रथम शताब्दी के आसपास हुआ होगा, क्योंकि सम्पूर्ण वारुणेय क्षेत्र में अधिकांशतः बड़े एवं प्रारम्भिक पुरास्थल नदी से 4-6 किमी. दूर स्थित है, जब मानव अधिवास नदियों पर ही निर्भर होती थी। इस तथ्य की प्रबल पुष्टि प्राचीन प्रवाह पथ के किनार स्थित अनेई नामक पुरास्थल के उत्खनन से भी होती है, जिसके सांस्कृतिक अनुक्रम एवं पुरास्थल के प्रकृति से ज्ञात होता है कि उत्तरी कृष्ण-मार्जित मृद्भाण्ड संस्कृति के अन्तिम चरण में यह पुरास्थल उजड़ गया।

युद्ध का प्रमाण

वारुणेय क्षेत्र के अनेक स्थलों से खण्डित प्रस्तर प्रतिमायें, देवालयों के भग्नावशेष प्रचुर मात्रा में मिलते हैं, जो संभवतः इस क्षेत्र में धार्मिक प्रतिद्वन्द्विता की ओर

इशारा करती है। पूर्व मध्यकाल के अन्तिम चरण से मुस्लिम आक्रान्ताओं ने इस क्षेत्र के मन्दिरों एवं मूर्तियों के विनाश में महत्त्वपूर्ण भूमिका निभायी। बाद के कालों में भी इनका विशेष हाथ रहा। साथ ही लोगों की अज्ञानता एवं निर्माण कार्य के कारण भी स्तूप, मठों एवं विहारों को नुकसान पहुँचाया।

अग्नि का प्रमाण

अनेई नामक पुरास्थल के टीलों के चारों तरफ राख की एक मोटी परत दिखलायी देती है। उत्खनन से इस बात की संभावना व्यक्त किया गया कि यह बस्ती आग की चपेट में आने से पूर्ण रूप से नष्ट हो गया।[12] साहित्यिक साक्ष्यों में भी काशी को जलाये जाने का वर्णन मिलता है।* जो अप्रत्यक्ष रूप से इस ओर इशारा करता है। साथ ही सम्पूर्ण वारुणेय क्षेत्र घने जंगलों एवं उद्यानों से आच्छादित था तथा ग्रीष्म ऋतु में यहाँ पर भीषण गर्मी तथा लू चलती थी।

इसके अतिरिक्त इस क्षेत्र में महामारी का प्रकोप भी रहा होगा। छपरिया तथा निगोह नामक पुरास्थलों के टीले के कटाव से बड़ी मात्रा में हड्डियों के अवशेषों के प्रमाण दिखते हैं।

निष्कर्ष

उपरोक्त विवरणों से स्पष्ट है कि वारुणेय क्षेत्र को मानव ने प्रथम सहस्त्राब्दी ई. पू. की प्रारम्भिक सदी से ही अधिवास के लिये चुना, जिसकी नैरन्तर्यता पूर्व मध्यकाल तक किसी न किसी रूप में बनी रही। आधुनिक युग की बढ़ती जनसंख्या एवं सघन

---

* महाभारत के उद्योग पर्व (47/40) में कृष्ण द्वारा काशी को जलाये जाने का प्रमाण मिलता है, जिसमें पौंड्रक नामक वासुदेव ने वासुदेव (कृष्ण) के लक्षणों को अपना कर उन्हें अपनी अधीनता स्वीकार करने को कहा। फलस्वरूप कृष्ण ने उसको सबक सिखाने के लिये पौंड्रक पर आक्रमण किया। काशी नरेश ने अपने मित्र पौंड्रक नरेश की सहायता की, किन्तु कृष्ण ने इस सम्मिलित सेना को पराजित कर दोनों की हत्या कर दी। काशी नरेश के पुत्र ने अपने पिता की हत्या का बदला लेने के लिये शिव की आराधना की तथा कृष्ण को नष्ट करने का वर माँगा। शिव ने कृत्या का सृजन किया और वह द्वारका जलाने के लिये दौड़ी। उसे नगर की ओर आते देख कृष्ण ने चक्र को उसे नष्ट कर देने की आज्ञा दी। चक्र द्वारा पीछा करने पर कृत्या काशी में आ छिपी। चक्र ने काशीराज को सेना सहित मार गिराया तथा काशी में जहाँ कृत्या छिपी थी, आग लगा दी। इस प्रकार काशी नगरी जो देवताओं के लिए अवरुद्ध थी चक्र द्वारा अद्‌भुत आग की लपेटों से आवृत्त होकर पूरी तरह नष्ट हो गयी। यह कथा हरिवंश, विष्णु, भागवत एवं पदम पुराणों में कुछ हेर-फेर कर आयी है।

कृषि के चलते गुप्तकालीन अवशेष बहुधा नष्ट हो चुके हैं, जिनके चलते गुप्तकालीन बस्तियों के साक्ष्य बहुत कम मिले हैं, किन्तु प्रस्तर प्रतिमाएँ एवं देवालयों के भग्नावशेष इस क्षेत्र में बिखरे पड़े हैं, जो गुप्तकालीन अवशेषों के न मिलने पर भी इसके साक्षी हैं कि यह क्षेत्र लगभग पूर्व मध्यकाल तक मानव अधिवासों से भरा-पूरा रहा।

इस क्षेत्र के प्रारम्भिक मानव ने अपने बसाव के लिए नदी का तटवर्ती क्षेत्र चुना। किन्तु ज़नसंख्या परिवर्धन, आर्थिक बढ़ती आवश्यकताओं, सुरक्षा एवं प्राकृतिक़ कारणों से धीरे-धीरे मनुष्य नदी से हटकर सुरक्षित स्थानों पर बसने लगा। इस तथ्य की पुष्टि अपेक्षाकृत बड़े पुरास्थलों के नदी से किंचित् दूर होने से होती है। इस प्रक्रिया में मानव की बढ़ती तकनीकी कुशलता ने अपना योगदान दिया होगा। विशेषतः लौह प्रौद्योगिक के प्रचार-प्रसार के साथ सघन वनों से युक्त क्षेत्र को मानव के निवास के योग्य बनाने में तथा कृषि क्षेत्र के विस्तार में। ज्ञातव्य है कि लौह धातु के निर्माण के केन्द्र के रूप में विन्ध्य-गांगेय विशेष रूप से पहचाना जाने लगा था।

बड़े केन्द्रों के चारों ओर उनकी आवश्यकताओं की पूर्ति के लिये अनेकानेक प्रयोजनों से बस्तियाँ स्थापित हो जाती हैं। इस प्रकार के 'अधीनस्थ गाँव' (Satellite Settlement) भी वारुणेय क्षेत्र में प्राप्त होते हैं।

इस क्षेत्र के कुछ पुरास्थल (कोचारी, निगोह एवं लवायनडीह) प्राकृतिक रूप से बने परिखाओं के मध्य में स्थित है, जो इन लोगों के बाह्य आक्रमणों के विरुद्ध सुरक्षा उपायों, राजनैतिक तनावों एवं स्थलों के सामरिक महत्त्व की ओर इशारा करते हैं।

वारुणेय क्षेत्र के बस्तियों के बसाव एवं स्वरूप तथा वहाँ से प्राप्त मृद्भाण्डों से सामाजिक ढाँचे एवं सामाजिक विभेद का अनुमान लगाया जा सकता है। केन्द्रीय स्थल से सम्बन्धित पुरास्थल उच्च वर्ण अथवा प्रशासनिक कार्यों से सम्बन्धित लोगों का रहा होगा। जहाँ उत्तरी कृष्ण मार्जित, कृष्ण मार्जित तथा धूसर रंग के पात्र मिलते हैं। मध्यम आकार के पुरास्थल शिल्पियों एवं कामगारों से संबंधित रहा होगा। जहाँ कृष्ण मार्जित तथा लोहित रंग के पात्र मिलते हैं तथा छोटे आकार के पुरास्थल किसानों एवं छोटी जातियों (शूद्रों) से सम्बन्धित रही होगी जहाँ लोहित रंग के पात्र प्रयोग में लाये जाते रहे होंगे।* सामाजिक विभेद एवं बस्तियों के आकार एवं संबंधों में यद्यपि साहित्यिक

* रामशरण शर्मा महोदय ने मृद्भाण्डों के आधार पर सामाजिक भेदभाव का उल्लेख किया है। (मध्य गंगा क्षेत्र में राज्य की संरचना-रामशरण शर्मा-नई दिल्ली, 1998, पृष्ठ-73)।

साक्ष्य[13] मिलते हैं, किन्तु पूर्णतया प्रमाणित करने के लिये इस क्षेत्र में गहन शोध की आवश्यकता है।**

वारुणेय क्षेत्र से प्राप्त देवालयों एवं देव प्रतिमाओं के अवशेष स्वयं इस क्षेत्र की समृद्धि को बतलाते हैं। काशी महाजनपद का एक अंग होने के कारण कालान्तर में भी यह धार्मिक गतिविधियों का केन्द्र रहा होगा इसमें तनिक संदेह नहीं।

इस क्षेत्र में बड़ी संख्या में सादे, अलंकृत एवं अभिलेखित कोल्हू प्राप्त होती है, जो वारुणेय क्षेत्र के भूमि की उर्वरता, धन-धान्य की प्रचुरता, कृषि, वाणिज्य और आर्थिक समृद्धि के साथ-साथ वरुणा नदी को एक महत्त्वपूर्ण परिवहन की भूमिका के रूप में दिखलाते हैं। ये कोल्हू विन्ध्य क्षेत्र में उपलब्ध पत्थर से निर्मित है, जिन्हें गंगा नदी से वरुणा के संगम तक तथा वहाँ से वरुणा क्षेत्र के विभिन्न भागों में पहुँचाया जाता था। साथ ही वरुणा नदी से जुड़े कुछ महत्त्वपूर्ण नाले भी परिवहन की भूमिका निभाते थे।

इस प्रकार स्पष्ट है कि वारुणेय क्षेत्र के ये आवासीय भग्नावशेष इस क्षेत्र के राजनैतिक, सामाजिक, आर्थिक एवं सांस्कृतिक इतिहास के बहुआयामी स्वरूप को नया आलोक प्रदान करते हैं, जिससे काशी एक महाजनपद के रूप में स्थापित हुआ होगा।

** प्राचीन भारत में सर्वोत्तम भूमि ब्राह्मणों अथवा उच्च वर्णों के लोगों की बस्तियों को दी जाती थी, जिसे दंडक प्रकार की बस्ती कहा जाता था। वैश्यवर्णीय शिल्पियों एवं कामगारों के लिए नियत बस्तियाँ कार्मुक कहलाती थी। छोटी जातियों के लोगों (शूद्रों) के लिए 'चतुर्मुख' अथवा 'खेट' प्रकार की बस्तियाँ बसाने का विधान था।

तालिका – 3 : वारुणेय क्षेत्र के सर्वेक्षित पुरास्थल एवं उनकी संस्कृति

क्र. सं.	पुरास्थल	प्राक् उत्तरी कृष्ण मार्जित संस्कृति	उत्तरी कृष्ण मार्जित संस्कृति	शुंग संस्कृति	कुषाण संस्कृति	गुप्त संस्कृति	पूर्व मध्य कालीन संस्कृति
1.	रशूलगढ़				√		√
2.	चमाव		√	√	√		
3.	इंदवार						√
4.	जमालपुर				√		
5	सुरवाँ		√	√	√		
6.	रशूलपुर			√	√		√
7.	कोरउत		√	√	√		√
8.	सुरही		√	√	√		
9.	सातो				√		√
10.	अमरीपुर				√		√
11.	हाथी				√		
12.	बरेमान				√		
13.	खमौना				√		
14.	सत्तनपुर				√		
15.	सोनबरसा	√	√	√	√	√	√
16.	भिटकुरी				√		
17.	रामडीह-प्रथम				√		
18.	भिखमपुर				√		
19.	दिलावलपुर						√
20.	घोसिला						√
21.	ओदरहा				√		
22.	रघुनाथपुर				√		√
23.	बाराडीह						√
24.	भरहरियाँ						√

क्र. सं.	पुरास्थल	प्राक् उत्तरी कृष्ण मार्जित संस्कृति	उत्तरी कृष्ण मार्जित संस्कृति	शुंग संस्कृति	कुषाण संस्कृति	गुप्त संस्कृति	पूर्व मध्य कालीन संस्कृति
25.	भूलईपुर				√		
26.	गैरहा						√
27.	गहरपुर						√
28.	जद्दुपुर				√		
29.	मई				√		
30.	बनकट				√		
31.	नहवानीपुर				√		√
32.	निजामपुर						√
33.	सरायबाबू						√
34.	सुरहन				√		
35.	बरदहाँ				√		
36.	शिवदासपुर			√	√		
37.	परषोत्तमपुर				√		
38.	निदूर						√
39.	डीह कोइरान						√
40.	बेरवा			√	√		√
41.	बड़गाँव				√		
42.	पिंडरा						√
43.	कुआंर			√	√		
44.	ताड़ी			√	√		
45.	कुड़ी			√	√		
46.	चिलबिला						√
47.	बिरावकोट				√		
48.	साईपुर				√		
49.	कुरूं				√		√
50.	कोईलार				√		

क्र. सं.	पुरास्थल	प्राक् उत्तरी कृष्ण मार्जित संस्कृति	उत्तरी कृष्ण मार्जित संस्कृति	शुंग संस्कृति	कुषाण संस्कृति	गुप्त संस्कृति	पूर्व मध्य कालीन संस्कृति
51.	अकोढ़ा			√	√	√	
52.	चंगवार				√		
53.	अनेई	√	√				√
54.	मझगवां				√		√
55.	मधुमाखियाँ				√		√
56.	दादूपुर				√		√
57.	महिमापुर-कोलहान		√	√	√		
58.	दुर्जनपुर			√	√		
59.	कमरूद्-दीनपुर						√
60.	तिलहरा						√
61.	कालीहद				√		
62.	सरायडीह		√	√			
63.	कठवतियां	√	√	√			
64.	करौंनी खुर्द				√		
65.	मुड़कटिया				√		
66.	अड़ियार				√		
67.	कोचारी	√	√	√	√	√	
68.	सुरेरीडीह						√
69.	हीरापट्टी			√	√	√	
70.	मलेथू				√		
71.	जगदीशपुर				√		
72.	फिफिऔना		√	√	√	√	√
73.	भानपुर				√		
74.	देहुआ				√		
75.	सकरा			√			

क्र. सं.	पुरास्थल	प्राक् उत्तरी कृष्ण मार्जित संस्कृति	उत्तरी कृष्ण मार्जित संस्कृति	शुंग संस्कृति	कुषाण संस्कृति	गुप्त संस्कृति	पूर्व मध्य कालीन संस्कृति
76.	कसेरू		√	√	√	√	√
77.	कोटगाँव				√		
78.	वनडीह				√		
79.	गौरा पट्टी				√		
80.	कटौना				√		
81.	याकुबपुर			√			
82.	बनकट				√		
83.	मरजाद पट्टी						√
84.	हरियाऊँ				√		√
85.	जयरामपुर				√		√
86.	खेमईपुर				√		√
87.	करोर				√		
88.	शाहापुर				√		
89.	परियत				√		√
90.	चतुर्भुजपुर						√
91.	महमूदपुर		√	√	√		√
92.	निगोह	√	√	√	√		
93.	भदरावँ				√		
94.	चौगुना				√		
95.	छपरियाँ						√
96.	कटवार				√		
97.	कारो-बनकट				√		
98.	मीरपुर				√		
99.	रामडीह-द्वितीय				√		

क्र. सं.	पुरास्थल	प्राक् उत्तरी कृष्ण मार्जित संस्कृति	उत्तरी कृष्ण मार्जित संस्कृति	शुंग संस्कृति	कुषाण संस्कृति	गुप्त संस्कृति	पूर्व मध्य कालीन संस्कृति
100.	भटहर				√		
101.	सराय कंसराय	√	√	√	√	√	
102.	भौथर		√	√	√		√
103.	आनंदडीह				√	√	√
104.	शेरपुर			√	√	√	
105.	बभिनियाव				√		
106.	करौर				√		
107.	सेमरी				√		√
108.	चनेथू						√
109.	पुरेडीह				√	√	√
110.	गरियाँव				√		
111.	मुड़ाँव		√	√	√	√	
112.	नडार				√		
113.	सारोडीह				√		
114.	सेरवाडीह				√		

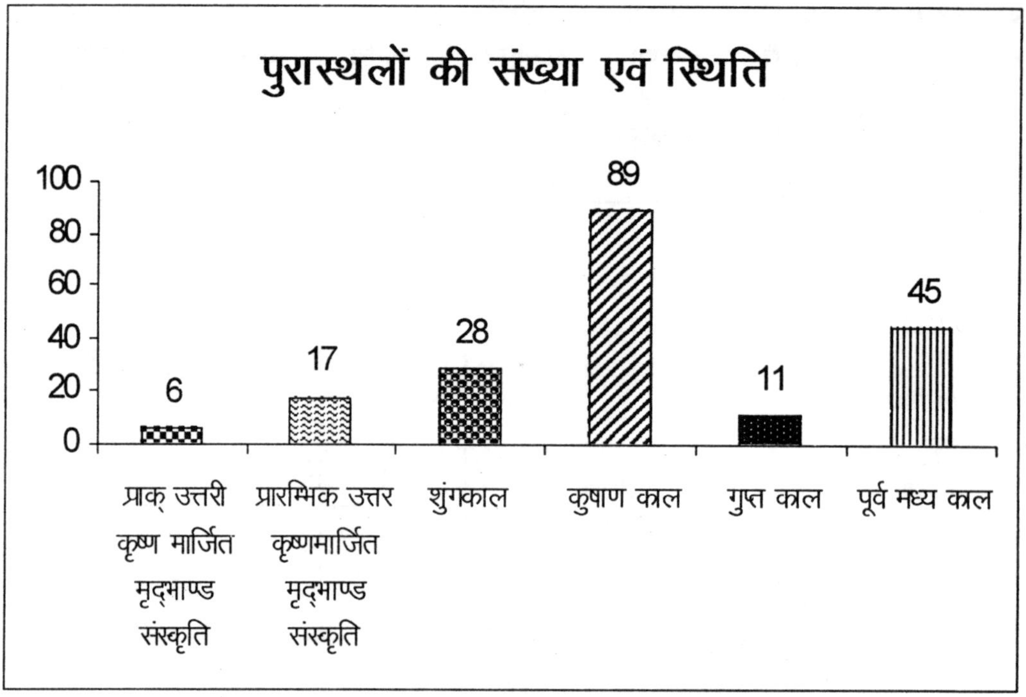
पुरास्थलों की संख्या एवं स्थिति
100
80
60
40
20
0
6
17
28
89
11
45
प्राक् उत्तरी कृष्ण मार्जित मृद्भाण्ड संस्कृति
प्रारम्भिक उत्तर कृष्णमार्जित मृद्भाण्ड संस्कृति
शुंगकाल
कुषाण काल
गुप्त काल
पूर्व मध्य काल

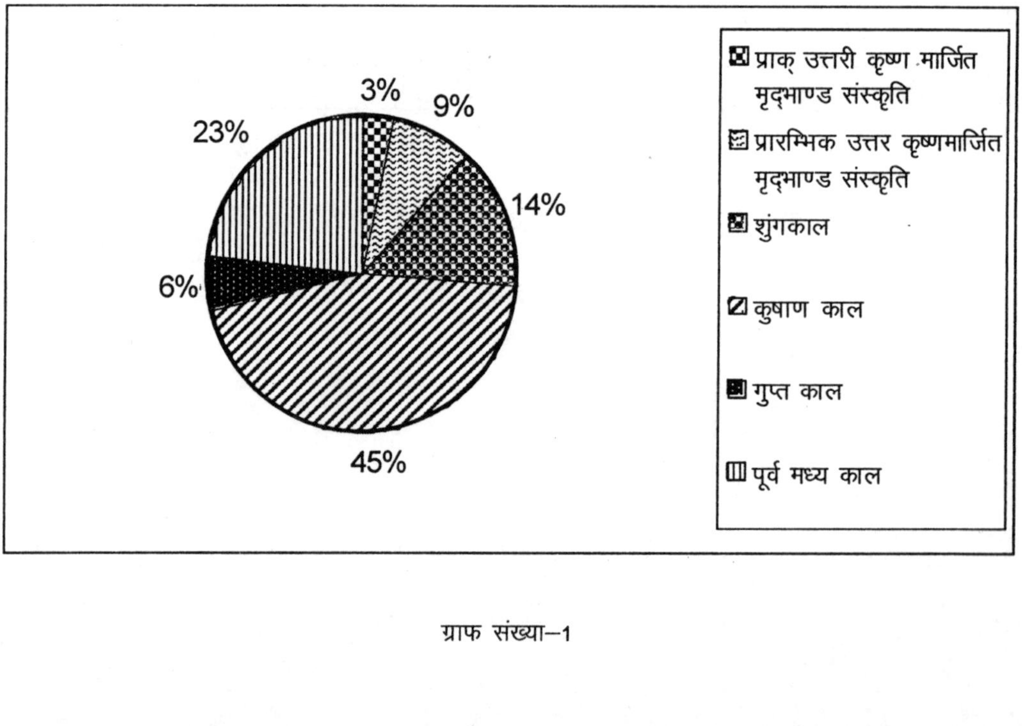
3%
9%
14%
45%
6%
23%
प्राक् उत्तरी कृष्ण मार्जित मृद्भाण्ड संस्कृति
प्रारम्भिक उत्तर कृष्णमार्जित मृद्भाण्ड संस्कृति
शुंगकाल
कुषाण काल
गुप्त काल
पूर्व मध्य काल

ग्राफ संख्या–1

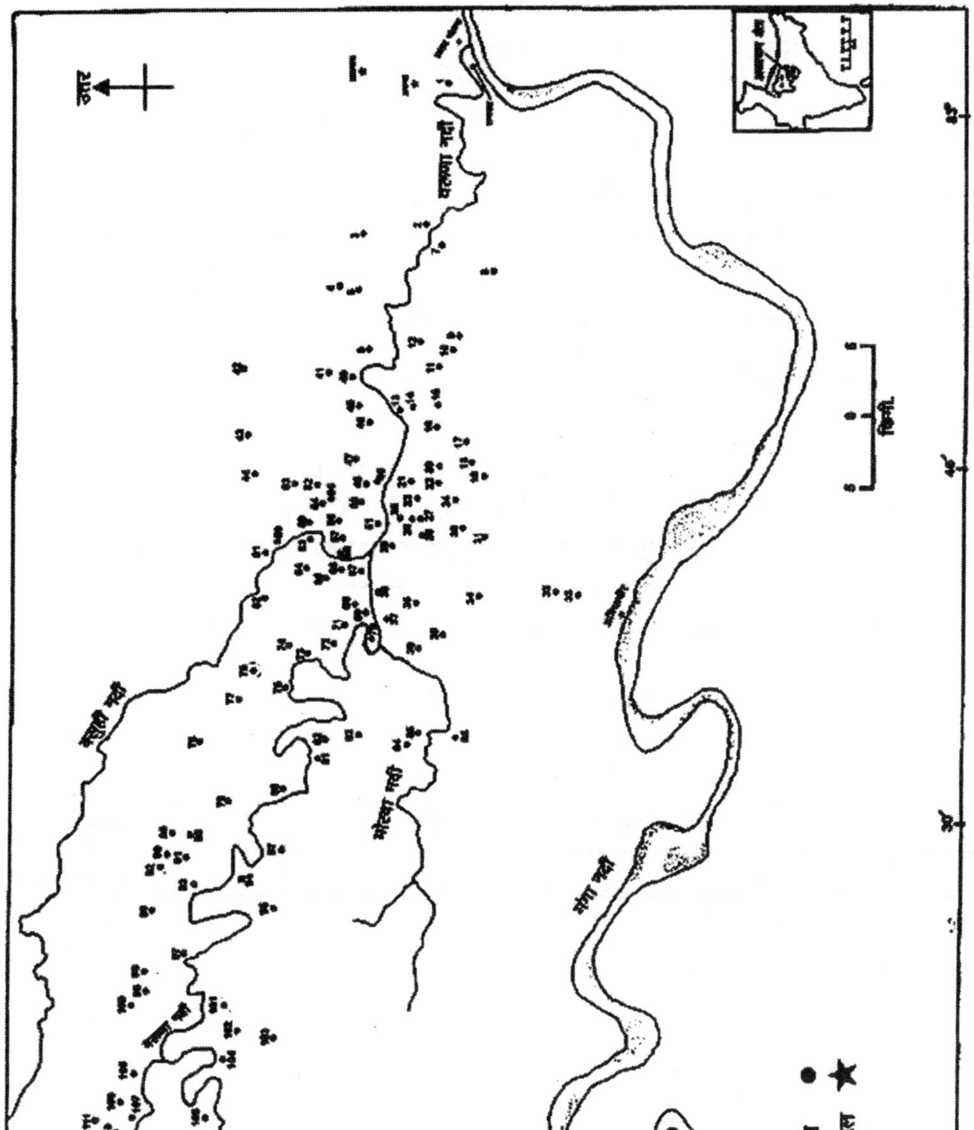

मानचित्र संख्या 1 : वरुणा नदी के सर्वेक्षित पुरास्थल

सन्दर्भ

1. दैनिक जागरण, समाचार पत्र, वाराणसी, 26.08.2001
2. तारणीश झा (अनुवादक), ब्रह्मपुराण, हिन्दी साहित्य सम्मेलन, प्रयाग, 1976, 89/1-2, 45-46।
   अरुणा वरुणा चैव नद्यौ पुण्यतरे शुभे।
   तयोश्च संगमः पुण्यो गंगायां मुनिसत्तम।।1।।
   तदुत्पत्तिं श्रृणुष्वेह सर्वपाप विनाशिनीम्।
   काश्यपस्य सुतो जेष्ठ आदित्यो लोकविश्रुतः।।2।। ब्रह्मपुराण 89/1-2
   अरुणा वरुणा नद्योर्गङ्गायां संगमः शुभः।
   देवानां तत्र तीर्थानामा गतानां पृथक्पृथक्।।45।।
   नव त्रीणि सहस्राणि तीर्थानि गुणवन्ति च।
   तत्र स्नानं च दानं च सर्वमक्षय पुण्यदम्।।46।। ब्रह्मपुराण 89/45-46
3. जर्नल ऑफ एशियाटिक सोसाइटी ऑफ बंगाल, कलकत्ता, 56, पृ. 108, लाइन 19
   IA,19 पृ. 249-52, FI, 4, पृ. 117-120
   वाराणस्यां देव श्री आदिकेशवघट्टे-महारानी-श्री पृथ्वी श्री................।
   -जर्नल ऑफ रॉयल एशियाटिक सोसाइटी ऑफ ग्रेट ब्रिटिश एण्ड आयरलैण्ड, लंदन 1896, पृ. 78
4. महाभारत, उद्योग पर्व 47/40, विष्णु पुराण 5/34
5. वाचस्पति, गैरोला, कौटिलीय अर्थशास्त्रम् 19/3/1, 2004 (चतुर्थ संस्करण), वाराणसी।
6. कोरोत्स्काया अ., भारत के नगर, दिल्ली, 1984. पृ. 77
7. मज्झिम निकाय खेमियम्बन, भाग-2 पृ. 414, बुद्धचरित्र, मृगदाव सर्ग 17, श्लोक 5-6
8. निर्यावलिकाओं (अम्बसालवन 3/3, 2:4/110)
9. मत्स्यपुराण, (आनन्द कानन, 185/65), मत्स्यपुराण (कालिंजरवन, 181/27)
10. वाचस्पति गैरोला, पूर्वोक्त 17/1/2,
11. वाचस्पति गैरोला, पूर्वोक्त 19/3/2
12. दैनिक जागरण, पेज-3, शनिवार 7 मई 2005, "पाँच सौ ईसा पूर्व आग से तबाह भी हुई थी प्राचीन काशी"।
13. कोरोत्स्काया अ., भारत के नगर, दिल्ली, 1984 पृ. 64

अध्याय – 5

वारुणेय क्षेत्र की मृद्भाण्ड परम्पराएँ

मृद्भाण्डों को पुरातत्त्व के वर्णमाला के रूप में व्यक्त किया जा सकता है। इनका महत्त्व पुराविदों के लिये किसी भी अन्य पुरावशेष से अधिक होता है क्योंकि पुरातात्त्विक उत्खनन एवं सर्वेक्षण से सर्वाधिक मात्रा में मृद्भाण्ड ही प्राप्त होते हैं। ये अपनी बनावट, रंग-रूप एवं आकार-प्रकार से क्षेत्र एवं संस्कृति विशेष के परिचायक माने जाते हैं। इसीलिए मृद्भाण्डों के नाम के आधार पर ही संस्कृतियों का भी नामकरण किया जाता है।

प्राचीन संस्कृतियों में दैनिक जीवन में उपयोग एवं खाद्य संग्रह के लिये बड़ी मात्रा में मृद्भाण्डों का निर्माण किया जाता था। इसलिए पुरातत्त्व में मृद्भाण्ड का अध्ययन प्राथमिक अवस्था के रूप में किसी भी पुरातात्त्विक स्थल के अध्ययन के लिये किया जाता है, जिसमें मृद्भाण्डों के चित्रण-आलेखन से उस काल की संस्कृति की पहचान, उनकी जीवन शैली, सामाजिक, आर्थिक एवं व्यापारिक परिस्थिति, तिथिक्रम के साथ-साथ लोक जीवन के संबंध में भी जानकारी प्राप्त होती है।

प्राचीन काल में कुम्भकारी कला का प्रादुर्भाव प्रागैतिहासिक काल से ही प्रारम्भ हो गया था। हड़प्पा के कुम्भकार इस क्षेत्र में एक ऊँचा मापदण्ड स्थापित कर चुके थे। तदोपरान्त मृद्भाण्ड नयी शैली के रूप में निरन्तर विकसित होते रहे। वैदिक काल में कुम्भकारों ने इसे बड़े रूप अपनाया। बाद की संहिता एवं ब्राह्मण ग्रन्थों में 'कुलाल' एवं 'मृतपक' उल्लिखित है।[1] जैमिनि उपनिषद् में प्रवीण कुम्भकारों के लिये 'उत्थात दक्षकर्मकर्ता' शब्द प्रयोग किया गया है।[2] साथ ही इन्हें 'चक्रोवजीविन' भी कहा जाता था, क्योंकि वे चक्र (चाक) द्वारा ही भाण्डों का निर्माण कर अपनी जीविका चलाते थे।[3] इस कला का हस्तानांतरण

परिवार के बुजुर्ग (पुरुषमेध) अपने छोटो को बराबर देते रहते थे।[4] ज्यादातर कुम्भकार शूद्र श्रेणी में आते थे।[5] कुलालों (कुम्भकार) की उच्च स्थिति का वर्णन पालि एवं सूत्र साहित्य में मिलता है।[6] पाणिनि द्वारा प्रचलित कुलिक या कुलाविक का अर्थ क्रमशः कुम्भकार या मिट्टी का बर्तन होता है।[7] पतंजलि के अनुसार सामान्य जनता कुम्भकार के पास अपने मनपसंद मिट्टी के बर्तन बनवाने के लिये जाया करती थी।[8]

प्राचीन जैन साहित्य उवासगदसाओ[9] से ज्ञात होता है कि कुम्भकार विभिन्न प्रकार के पात्रों, जिनमें जार, कटोरा, घड़ा आदि का निर्माण करता था। सद्दालपुत्त, जो पोतासपुर का प्रसिद्ध कुम्भकार था, जिसके पास 500 दुकानें थीं तथा शहर के बाहर के कारीगर भी उसके यहाँ काम करते थे। बड़ी संख्या में स्थानीय कुम्भकार पात्र का निर्माण करते थे। पहली अर्द्धसहस्राब्दी ई.पू. के काल में सम्पूर्ण गंगा घाटी में एक चमकदार मजबूत नीलवर्ण सतह युक्त मृद्भाण्ड (NBPW) प्राप्त होते हैं। ये मृद्भाण्ड 2121 किमी. क्षेत्र में उत्तर-दक्षिण तथा पूर्व-पश्चिम में 1970 किमी. क्षेत्र तक मिलते हैं, जिससे ऐसा प्रतीत होता है कि इन मृद्भाण्डों का निर्माण व्यापारिक दृष्टिकोण से बहुतायत में होता था तथा वितरण नावों द्वारा अलग-अलग जगहों पर होता था।[10]

मृद्भाण्डों का वर्गीकरण

वारुणेय क्षेत्र से प्राप्त मृद्भाण्डों का अध्ययन एवं वर्गीकरण उनके मानक प्रतिरूपों के आधार पर करना समीचीन होगा। इसमें मृद्भाण्डों के रंग, बनावट (fabric), बनाने की तकनीक, सतह पर लगे प्रलेप एवं अलंकरण प्रमुख हैं। साथ ही पात्रों को भली-भाँति समझने के लिये उसके विभिन्न भागों पर प्रकाश डाला गया है:

रंग-रूप (Colour)

इस क्षेत्र से प्राप्त मृद्भाण्डों को रंग-रूप के आधार पर छह प्रकार की पात्र परम्पराओं के रूप में श्रेणीबद्ध किया गया है:

(i) कृष्ण-लोहित मृद्भाण्ड (Black and Red Ware)

(ii) कृष्णीय मृद्भाण्ड (Black Ware)

(iii) कृष्ण मार्जित मृद्भाण्ड (Black Slipped Ware)

(iv) उत्तरी कृष्ण मार्जित मृद्भाण्ड (Northern Black Polished Ware)

(v) धूसर मृद्भाण्ड (Grey Ware)

(vi) लोहित मृद्भाण्ड (Red Ware)

(i) कृष्ण लोहित मृद्भाण्ड (Black and Red Ware) : इस प्रकार के मृद्भाण्डों का बाहरी भाग लोहित एवं भीतरी भाग काले रंग का है। इसके निर्माण विधि के विषय में मतभेद हैं, पर सभी मतों का सार संक्षेप यह है कि इस श्रेणी के मृद्भाण्ड कुम्हार के आँवे में उल्टी स्थिति में रखकर अवकारक (Reducing) स्थिति में पकाये जाते थे, जिसके कारण इन बर्तनों पर हवा का स्पर्श नहीं हो पाता था। फलतः मृद्भाण्ड का भीतरी भाग काला पड़ जाता था।

कृष्ण-लोहित मृद्भाण्डों का उल्लेख वैदिक ग्रन्थ अथर्ववेद में मिलता है, जिसमें इसे निलतोहित (Nilatohita) एवं अमा जार (Ama Jar) कहा गया है।[11] अमलानन्द घोष के अनुसार निलतोहित का अर्थ कृष्ण-लोहित से है।[12] लेकिन एन.आर. बनर्जी ने इसकी पहचा़न धूसर मृद्भाण्ड से की है। सायण (Sayana) ने इसकी वैज्ञानिक विश्लेषण इस प्रकार की है कि निलतोहित का अर्थ वे पात्र जो मिट्टी के बने हो और भट्टी (Oven) में पकाया गए हों, जिसकी आग नीले रंग की हो तथा पकने के बाद लाल रंग की हो जाती है। धुँयें छोड़ने से नीला तथा पकने के बाद लाल रंग आ जाता है। इस क्रिया में कार्बनीकृत क्रिया (Carbonization) और आक्सीकरण क्रिया से नीला यानी काला और लोहित यानी लाल रंग आ जाता है।[13]

वारुणेय क्षेत्र में सर्वेक्षण से कृष्ण-लोहित मृद्भाण्डों के अवशेष अत्यन्त अल्प मात्रा में प्राप्त हुये हैं, जिनमें अधिकांशतः आकार विहीन हैं। इस पात्र परम्परा से सम्बन्धित पुरास्थलों में राजघाट, सराय मोहाना, अकथा, सोनबरसा, कठवतियाँ, कोचारी, निगोह, अनेई एवं सराय कंसराय उल्लेखनीय है।

(ii) कृष्णीय मृद्भाण्ड (Black Ware) : वारुणेय क्षेत्र में कृष्णीय मृद्भाण्ड भी प्राप्त हुये हैं। ये मृद्भाण्ड बनावट, गढ़न एवं आकार (fabric and shape), उत्तरी कृष्ण मार्जित एवं कृष्ण मार्जित पात्रों के सदृश्य ही है। लेकिन इनमें चमक एवं लेप का अभाव है तथा इनका अन्तर्भाग (core) काला है। प्रमुख प्राप्त पात्रों में कटोरे एवं थालियाँ उल्लेखनीय हैं। इस पात्र परम्परा से सम्बन्धित पुरास्थलों मे राजघाट, सरायमोहाना, अकथा, ताड़ी, सराय कंसराय, फिफिऔना एवं अनेई प्रमुख हैं।

(iii) कृष्ण मार्जित मृद्भाण्ड (Black Slipped Ware) : वारुणेय क्षेत्र में सर्वेक्षण से कृष्ण मार्जित पात्र अच्छी मात्रा में प्राप्त हुये हैं। गढ़न के आधार पर इन्हें तीन वर्गों में विभक्त किया गया है, जो विशिष्ट गढ़न (Fine Fabric), मध्यम गढ़न (Medium Fabric) तथा मोटा गढ़न (Coarse fabric) से संबंधित है। इन पर चमकीला लेप लगाया गया है, जो कभी-कभी छूटता हुआ दिखता है। प्रमुख पात्र प्रकारों में कटोरे एवं थालियाँ हैं। कुछ द्रोणी (Basin) के प्रमाण भी मिले हैं। ये पात्र कृष्ण-लोहित, उत्तरी कृष्ण मार्जित एवं लोहित रंग के पात्रों के साथ मिलते हैं। इनका अन्तर्भाग (Core) कालापन लिये हुये भूरा (Blackish grey), लौह धवल (Steel grey) अथवा धूम्र धूसर (Smoky grey) रंग का है। इन पात्रों की चमक, खनक एवं अन्तर्भाग (Core) से ही इसे उत्तरी कृष्ण मार्जित पात्रों से अलग किया जाता है। इस पात्र परम्परा से सम्बन्धित पुरास्थलों में राजघाट, सराय मोहाना, अकथा, सोनबरसा, कोचारी, अनेई, कसेरूडीह, सरायडीह, सकराडीह, निगोह, महमूदपुर, सराय कंसराय, मुड़ाँव, शेरपुर, महिमापुर जैसे अनेक पुरास्थल उल्लेखनीय है।

(iv) उत्तरी कृष्ण मार्जित मृद्भाण्ड (Northern Black Polished Ware) : वारुणेय क्षेत्र में उत्तरी कृष्ण मार्जित पात्रों को रंगों के आधार पर दो श्रेणियों में विभक्त किया गया है–

1. एकरंगीय पात्र (Mono Chrome)
2. द्विरंगीय पात्र (Bichrome)

एकरंगीय पात्रों में विशिष्ट तथा मध्यम गठन के पात्रों को समाहित किया गया है। इनमें अधिकांश पात्र कृष्णीय तथा नीले रंग के मार्जित पात्र हैं। इनका अन्तर्भाग (Core), काली, धूसर अथवा कभी-कभी लाल रंग लिये हुये हैं। साथ ही सुनहले, गुलाबी एवं रूपहले रंग के ठीकरे भी मिले हैं।

द्विरंगी, उत्तरी कृष्ण मार्जित पात्र नगण्य हैं। इनमें दो रंगो का समावेश है। जो उच्च तकनीकी को दर्शाता है। कृष्णीय सतह पर गहरे लाल रंग से स्टोक्स के रूप में चित्रण किया गया है। प्रमुख पात्र प्रकारों में थालियाँ एवं कटोरे उल्लेखनीय हैं। इस पात्र परम्परा से सम्बन्धित पुरास्थलों में राजघाट, सरायमोहाना, अकथा, चमाव, सुरवाँ, कोरऊत, सोनबरसा, अनेई, महिमापुर-कोलहान, फिफिऔना, मुड़ाँव आदि उल्लेखनीय हैं।

(v) धूसर मृद्भाण्ड (Grey Ware) : वारुणेय क्षेत्र में धूसर रंग के पात्र मिले हैं, जो मध्यम गढ़न से संबंधित है। इनका अन्तर्भाग (Core) धूसर एवं काले रंग का है तथा इन पर हल्का धूसर रंग का लेप लगा हुआ है। संभवतः इनको घटते हुये तापक्रम पर पकाया गया है। प्रमुख पात्रों में थालियाँ एवं कटोरे हैं। इन पात्रों पर चित्रण एवं अलंकरण का पूर्णतया अभाव है। इस पात्र परम्परा से सम्बन्धित पुरास्थलों में राजघाट, सराय मोहाना, अकथा, करौनी खूर्द, गरियाँव, कोचारी, अनेई प्रमुख हैं।

(vi) लोहित मृद्भाण्ड (Red Ware) : वारुणेय क्षेत्र के प्रत्येक पुरास्थलों से लोहित रंग के पात्र मिले हैं, जो विभिन्न सांस्कृतिक काल खण्डों से सम्बन्धित हैं। ये पात्र विशिष्ट, मध्यम एवं मोटे गढ़न वाले हैं, जिन पर लाल रंग का प्रलेप लगाया गया है, जो हल्के से लेकर गाढ़े रंग का है। इन पात्रों पर विभिन्न प्रकार से अलंकरण किया गया है। लोहित रंग के पात्रों का सांस्कृतिक चरण के अनुसार गढ़न एवं बनावट में परिवर्तन दिखता है। प्रमुख पात्र प्रकारों में कटोरा, तश्तरी, द्रोणी, घड़ा, टोटीदार पात्र, कोखदार हाण्डी, सुराही, कसोरा, दवात, इत्रदानी, दियली आदि प्रमुख हैं।

गढ़न (Fabric)

वारुणेय क्षेत्र के मृद्भाण्डों को उनकी गढ़न के आधार पर तीन श्रेणियों में विभाजित किया गया है:

(i) विशिष्ट या उत्तम गढ़न से युक्त (Fine fabric)

(ii) मध्यम गढ़न से युक्त (Medium fabric)

(iii) रूक्ष या मोटे गढ़न (Coarse fabric)

(i) विशिष्ट गढ़न से सम्बन्धित मृद्भाण्ड : विशिष्ट गढ़न के अन्तर्गत कृष्ण मार्जित, उत्तरी कृष्ण मार्जित एवं कुछ लोहित रंग के पात्रों का समावेश किया गया है।

(ii) मध्यम गढ़न से सम्बन्धित मृद्भाण्ड : इस श्रेणी में कृष्ण-लोहित, कृष्ण मार्जित, उत्तरी कृष्ण मार्जित, धूसर एवं लोहित रंग के पात्रों का समावेश किया गया है।

(iii) रूक्ष गढ़न से सम्बन्धित मृद्भाण्ड : इसमें लोहित रंग के पात्रों का समावेश किया गया है।

मृद्भाण्ड के बनाने की तकनीक (Manufacturing Technique)

वारुणेय क्षेत्र में मृद्भाण्डों का निर्माण मूलतः तीन विधियों से किया गया है:

(i) चाक द्वारा निर्मित

(ii) हाथ द्वारा निर्मित

(iii) चाक एवं हाथ दोनों का सम्मिश्रण

(i) चाक द्वारा निर्मित मृद्भाण्ड (Wheel thrown pottery) : इस क्षेत्र से प्राप्त मृद्भाण्डों में सर्वाधिक मात्रा में चाक द्वारा निर्मित पात्र मिलते हैं। यद्यपि खुदाई में अभी तक चाक का प्रमाण नहीं मिला है। चाक के मध्य में बनी बनायी मिट्टी के लोए को संवारते हुए मनचाहा रूप के पात्र बनाये जाते थे। चाक को चलाने के लिए एक छड़ी का उपयोग करके चाक के किनारे किसी एक जगह पर छड़ी को फंसाकर हाथ से उसको घुमाते हैं। एक मिनट में 100 या उससे ज्यादा की गति प्राप्त हो जाती थी। फिर दोनों हाथों की सहायता से लोए को संवारते हुये मनचाहा रूप देकर पात्र को खड़ा कर लेते थे। उसके बाद गति अवस्था में ही उसे धागा या चाकू से लोए को अलग करते हैं। इस प्रकार चाक द्वारा पात्र का निर्माण किया जाता है।

(ii) हाथ द्वारा निर्मित (Hand Made) : हाथ से बने पात्रों की संख्या अल्प है, जिनमें दीया, धरिया प्रमुख हैं।

(iii) चाक एवं हाथ दोनों का सम्मिश्रण : इस प्रकार से बने पात्रों में टोटीदार घड़ा, अर्चना कुण्ड (Votive tank), इत्रदानी उल्लेखनीय है।

सतह प्रबन्ध (Surface Treatment)

मृद्भाण्डों के अध्ययन से यह ज्ञात होता है कि इन पर प्रलेप लगा कर (Slip) एवं रगड़कर (Polishing or burnishing) चमकाया गया है। इसके लिये संभवतः चाक पर आकार देने के बाद पात्र को सूर्य की रोशनी में सूखने के लिये रखा जाता है, जिससे मुलायम मिट्टी में कुछ सूखापन एवं कड़ापन लाने के

बाद उस पात्र को रगड़कर उस पर चमक एवं एकरूपता लाने का काम किया जाता है। पात्र के ऊपर कुछ कड़ी चीजों से घिसते हैं, जितनी अच्छी मिट्टी होगी उतनी अच्छी रगड़ाई से उसका निखार आयेगा। सुखाने, रगड़ने, घिसने के बाद पात्र को रंगीन घोल में (जो पतला-पतला मिट्टी का घोल) डुबाते हैं। इसमें उसी मिट्टी का घोल उपयोग में लाते हैं, जिसका पात्र बना होता है, जिससे एकरूपता बनी रहती है नहीं तो प्रलेप (Slip) नहीं आ पायेगा। इससे छिद्र बन्द हो जाते हैं और सतह चिकनी हो जाती है, जिस पर चित्रण-अलंकरण भी किया जाता है। यदि उकेर कर अलंकरण करना है तो घोल में डालने से पहले यह कार्य किया जाता है। ये घोल विभिन्न रंगों के तैयार होते हैं, जैसे दूधिया (Cream), सफेद, कत्थई (Chocalate), बैंगनी, गुलाबी आदि। रेड़ आक्साइड (Red Oxide) का घोल अच्छी गुणवत्ता के पात्रों के लिये उपयोग में लाया जाता था। हल्का उभार तो मिट्टी में विद्यमान लौह खनिज की वजह से आ जाता था, जो पकाये जाने पर गुलाबी हो जाता था। गाढ़े रंगों के लिये अलग से रंग मिलाये जाते थे। लाल घोल या लाल गेरुआ (Red Ochre) मिट्टी में पहले या घोल में ही मिला देते थे। गेरुआ रंग की उपयोगिता ज्यादा रूप में होती थी। गेरुआ रंग उस प्राकृतिक रंग से की गयी है जिसको लाल रंग से पीले रंग तक तथा जो हाइड्रेड आयरन आक्साइड को मिट्टी में मिलाकर बनाया जाता था।

सर्वेक्षित पात्रों में कुछ पात्रों को रगड़कर चमकाया गया है, जबकि कुछ पात्रों में चमक है लेकिन उन्हें रगड़ा नहीं गया है केवल प्रलेप लगाया गया है।

मिट्टी के बर्तन पकाने के आवें (Pottery Kiln)

धूप में सूखे मृद्भाण्डों को आग में पका कर स्थायित्व प्रदान किया जाता था। पात्रों की एकरूपता, चमक एवं उसकी खनक से अनुमान लगाया जा सकता है कि कुम्भकारों का पूरा ध्यान पकाने की क्रिया पर रहता था। शतपथ ब्राह्मण में 'अवधानम्' एवं 'पर्यवर्तनम्' क्रियाओं का उल्लेख मिलता है, जिसका अर्थ क्रमशः पात्रों को सही ढंग से व्यवस्थित करना एवं आग से निकालना होता था।[14] प्राचीन काल में मृद्भाण्डों को पकाने के उपयोग में तीन विधियाँ प्रयुक्त होती थीं।

1. खुली हुयी आग में पकाना, 2. भट्ठी की आग में पकाना 3. आवाँ में पकाना।

पहली विधि में पात्रों को इकट्ठा करके समतल सतह पर रखकर चारों तरफ से आग लगायी जाती थी। इसमें कम लकड़ी का प्रयोग होता था, लेकिन गाय के सुखे कंडे का प्रयोग ज्यादा होता था। इसमें पात्र को पकाये जाने के लिए 750^0C से 800^0C ताप की आवश्यकता पड़ती थी।

दूसरी विधि में पात्रों को तन्दूरे (oven) के आकार की बन्द भट्ठी में रखकर पकाया जाता था। भट्ठी ईंटों या मिट्टी का बना होता था, जिनमें अन्दर खाने बने होते थे। इसमें पात्रों को इकट्ठा रख दिया जाता था। सतह से छिद्रों के जरिये आँच पहुँचायी जाती थी तथा ताप से सीधे सम्पर्क में पात्र नहीं आता था। इसमें ईंधन का कम खपत होता था। इसमें कम से कम 450 से 700^0C ताप का प्रयोग होता था। इस प्रकार से सम्बन्धित आवाँ खैराडीह नामक पुरास्थल से प्राप्त हुआ है, जो कुषाणकाल से सम्बन्धित है (द्रष्टव्य- खैराडीह, चित्र संख्या- 1)[15]।

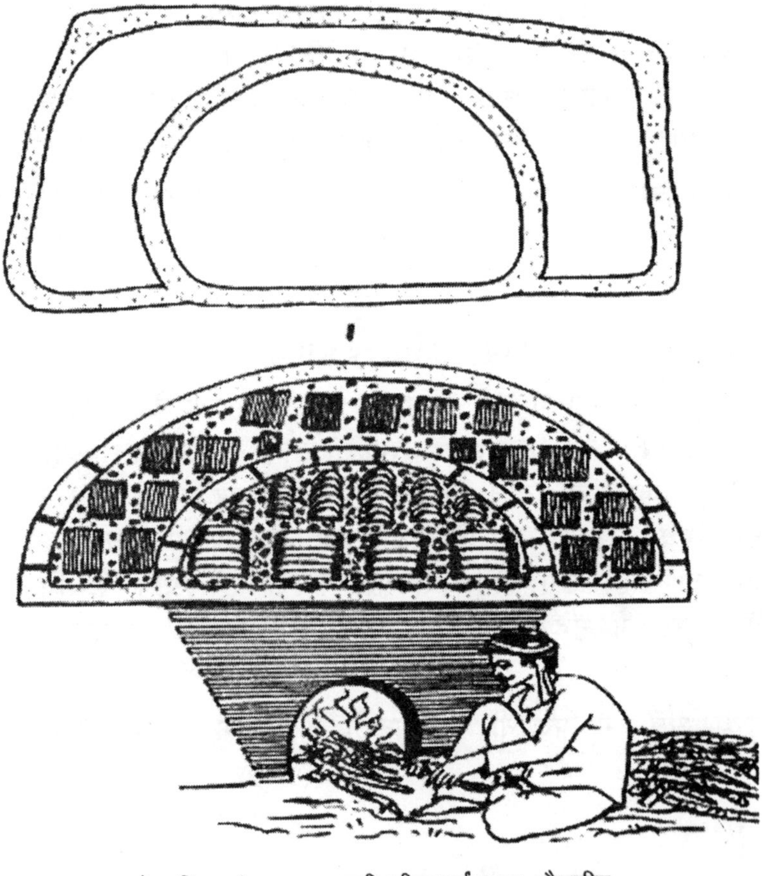

रेखाचित्र संख्या 1 : भट्ठी की पुनर्सरचना, खैराडीह

तीसरी विधि में आवाँ का रूप बड़ा साधारण होता था तथा आग अच्छी ढ़ंग से उपयोग में लाया जाता था, ईंधन बेकार नहीं जाता था। इसमें आग को चारों तरफ से जलाते थे। एक रूप में पात्रों को रखकर सीधे लौ में पकाया जाता था। इस विधि से पकाना सरल एवं आसान होता था इसमें ताप को अच्छी ढंग से सुरक्षित किया जाता था। इस प्रकार से सम्बन्धित आवाँ अनेई नामक पुरास्थल से प्राप्त हुआ है, जो उत्तरी कृष्ण मार्जित मृद्भाण्ड संस्कृति से सम्बन्धित है (द्रष्टव्य- छायाचित्र सं. 1 अनेई से सम्बन्धित आवाँ)।

अलंकरण (Decoration)

वारुणेय क्षेत्र के सर्वेक्षित मृद्भाण्डों में अलंकरण का अभाव है। अलंकरणों की एक छोटी शृंखला में विभिन्न प्रकार की भिन्नता देखने को मिलता है, जिसमें चित्रण, ज्यामितीय आकृतियाँ, साधारण रेखायें, ठप्पा एवं उकेर कर बनाये गये अलंकरण उल्लेखनीय हैं, जिसे निम्नलिखित भागों में बाँटा जा सकता है-

(i) **चित्रण (Paintings)** : उत्तरी कृष्ण मार्जित पात्र के टुकड़े पर लोहित रंग से स्टोक द्वारा चित्रण (महिमापुर, चित्र 22/4)।

(ii) **चिपकवाँ पद्धति (Applique) :** लोहित रंग का अर्चना कुण्ड (Votive Tank) जिसकी अवठ पर चिपकवा पद्धति से दीपों का निर्माण (करौनी खुर्द, चित्र 2/5)।

(iii) **उत्कीर्णन विधि (Encised designs) :** लोहित रंग के द्रोणी के स्कन्द पर उकेर कर सकेन्द्रीवृत्त का अंकन (फिफिऔना, चित्र 5/8)।

(iv) **रेखित विधि के आधार पर (Etching) :** लोहित पात्र के टुकड़े पर ज्यामितीय आकृति (नरार, चित्र 4/8)।

(v) **ठप्पा लगाकर (Stamped Decoration) :** लोहित रंग के घरिया पर ठप्पे द्वारा उभार कर अंकन (जगदीशपुर, चित्र 15/12)।

(vi) **आड़ी-तिरछी निशान बनाकर (Graffiti) :** लोहित पात्र का टुकड़ा जिस पर आड़ी तिरछी लकीर खिची गयी (करौनी खुर्द, चित्र 2/8)।

(vii) **चुटकी से दबाकर (Pinched designs) :** लोहित रंग का घड़ा, जिसकी अवठ पर चुटकी से दबा कर हल्का उभार (तिलहरा चित्र 3/8)।

(viii) **छिद्र करके बनायी गयी विधि (Puncture) :** लोहित रंग का घड़ा, जिसकी स्कन्द पर छिद्र करके अलग से टोटी लगायी गयी (लवायनडीह, चित्र 9/3)।

(ix) **एक या एक से अधिक प्रकार के विधियों को मिलाकर :** इत्रदानी जिसे दो विधियों मिलाकर बनाया गया है (निगोह, चित्र 14/6)।

मृद्भाण्ड के बनावट का वर्गीकरण (Structural Classification)

मृद्भाण्ड के बनावट के आधार पर पात्रों को पाँच भागों में बाँटा जा सकता है-

(1) अवठ (Rim)
(2) ग्रीवा (Neck)
(3) स्कन्ध (Shoulder)
(4) पार्श्व भाग (Body)
(5) पेंदी (Base)

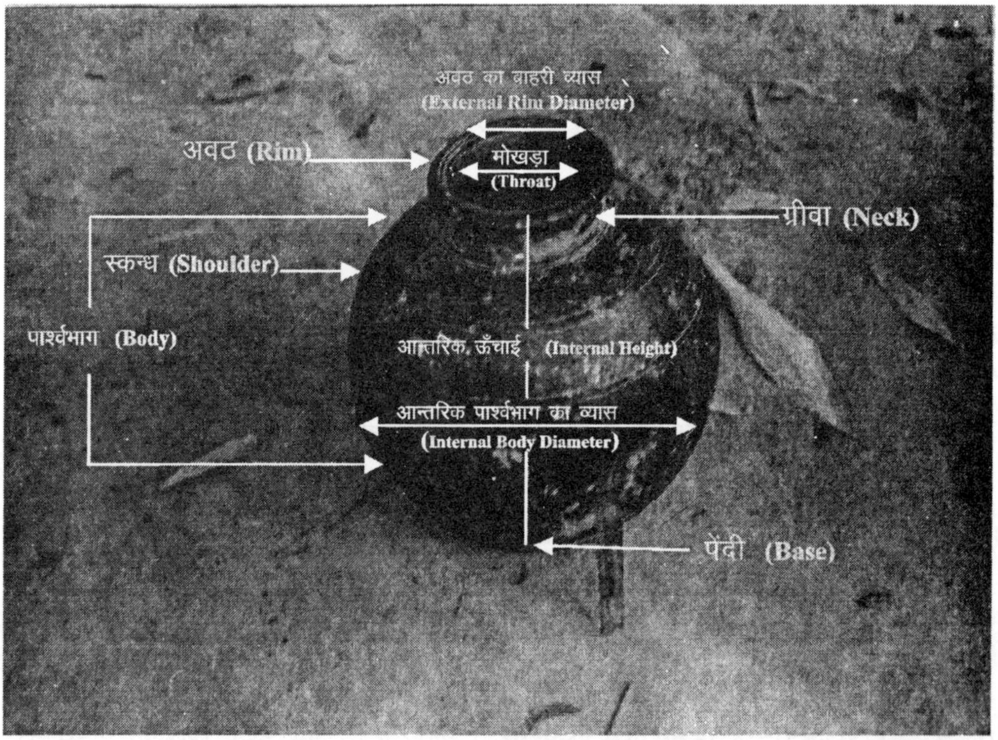

रेखाचित्र संख्या 2 : निगोह से प्राप्त प्राचीन मृद्भाण्ड के बनावट का वर्गीकरण

(1) अवठ (Rim) : पात्र का ऊपरी भाग जहाँ मुख बना होता है, अवठ कहलाता है। इसका निर्माण पात्र के उपयोग, बनावट एवं अलंकरण के आधार पर अलग-अलग प्रकार से किया जाता है। खाद्य व तरल प्रदार्थ के संग्रह एवं उपयोग को सुगमतापूर्वक प्रयोग के लिये अवठ छोटा एवं बड़ा बनाया जाता है। अवठ के आकार के आधार पर पात्र प्रकार एवं उसके कार्य के संबंध में जानकारी प्राप्त होती है।

अवठ के किनारे की नोक को ओठ (lip) कहा जाता है। वारुणेय क्षेत्र से विभिन्न प्रकार के अवठ वाले पात्र मिले हैं, जिनमें घुमावदार, बाहर एवं अन्दर की ओर झुके हुये, शुण्डाकार, चोंचदार या नुकीला तथा साधारण प्रकार के अवठ वाले पात्र उल्लेखनीय हैं।

(2) ग्रीवा (Neck) : अवठ का ठीक निचला हिस्सा ग्रीवा कहलाता है। सभी पात्रों में ग्रीवा नहीं होते हैं। पात्र में ग्रीवा का निर्माण उसके आकार एवं आवश्यकता पर निर्भर करता है।

(3) स्कन्ध (Shoulder) : स्कन्ध, पात्र के अवठ एवं ग्रीवा के निचले हिस्से को इंगित करता है। इसे नतोदर, उन्नतोदर, ढलानयुक्त, चौरस आदि रूप में बनाया जाता है। सर्वेक्षण से प्राप्त अधिकांश पात्रों पर अलंकरण स्कन्ध पर ही बना मिला है।

(4) पार्श्व भाग (Body) : यह पात्र का मुख्य भाग है, जिसका आकार पात्र प्रयोग पर निर्भर करता है। उदाहरण के लिये तरल पदार्थों के संग्रह के लिय गोलाकार मटके एवं घड़े बनाये जाते हैं। वारुणेय क्षेत्र में विभिन्न आकार वाले पात्र मिले हैं, जिनमें लम्बवत्, नतोदर, उन्नतोदर, गोलाकर, अण्डाकार एवं कोखदार आदि उल्लेखनीय है।

(5) पेंदी (Base) : पेंदी पात्र को स्थिरता प्रदान करता है। यह स्थिरता पात्र के वजन, नीचे की ओर मध्य में स्थित गुरुत्व तथा सतह के क्षेत्रफल पर निर्भर करता है। पेंदी का आकार पात्र के गढ़न, आकार एवं प्रयोग पर निर्भर होता है।

वारुणेय क्षेत्र में विभिन्न प्रकार के पेंदी वाले पात्र मिले हैं, जिनमें ऐसी पेंदी वाले पात्र जिसकी मोटाई समान रूप से एक जैसी है तथा जिनका निचला हिस्सा गोलाई लिये हुये चौरस, चौरस एवं गोड़ा युक्त एवं ठोस पेंदी आदि प्रमुख हैं।

पात्र प्रकार

वारुणेय क्षेत्र में विभिन्न आकार वाले पात्र मिले हैं, जिन्हें निम्नलिखित श्रेणियों में बाँटा जा सकता है -

(1) घड़ा (Vase)
(2) द्रोणी (Basin)
(3) कटोरा (Bowl)
(4) तश्तरी (Dish)
(5) इत्रदानी (Sprinkler)
(6) अवठ कूप/वलय कूप (Ring Well)

प्राचीन काल में विभिन्न प्रकार के पात्र बनते थे, जिसका प्रमाण पुरातात्त्विक उत्खनन एवं सर्वेक्षण के साथ-साथ साहित्यिक साक्ष्यों से भी ज्ञात होता है। संहिता एवं ब्राह्मण ग्रन्थों में विभिन्न प्रकार के पवित्र, यज्ञ संबंधित तथा घरों में काम आने वाले पात्रों का वर्णन मिलता है। श्रौत सूत्र में वैदिक पात्रों की लम्बी सूची प्राप्त होती है। कुछ महत्त्वपूर्ण पात्रों में अप्राकारन्या (Apracaraniya)[16], कारु (Caru)[17], काप्या (Capya)[18], दोहन[19], एक धना (Ekadhana)[20], ग्रहणी (Grahani)[21], कमण्डल[22], सोमा[23], कोसा[24], कुम्भा[25], महावीर[26], मनिका[27], पेकन (Pecann)[28], पान नेजान (Pan-nejan)[29], पिन्वन (Pinvana)[30], पूर्णापात्र (Puranapatra)[31], पुताभर्त (Putabhrt)[32] एवं सथाली[33] आदि का उल्लेख मिलता है।

इस क्षेत्र में विभिन्न पुरास्थलों से वलय कूपों का प्रमाण मिला है, जो उत्तरी कृष्ण मार्जित मृद्भाण्ड संस्कृति के अन्तिम चरण से सम्बन्धित है। इन वलय कूपों का निर्माण विभिन्न वलयों को एक के ऊपर एक रखकर किया गया है, जिनकी संख्या 6 से लेकर 10 तक है। इनका व्यास एवं ऊँचाई भी भिन्न है, इनका निर्माण संभवतः वलय (Well) अथवा सोख्ता गड्ढ़ों के रूप में हुआ हो, जिससे घरों की गंदगी इन्हीं वलय कूपों द्वारा पृथ्वी में चली जाती थी। ये वलय कूप टीले के आखिरी छोर पर अधिकांशतः दिखते हैं।

भारतवर्ष में मृद्भाण्ड निर्माण तकनीक में सदियों से नैरन्तर्य दृष्टिगोचर होता है। उपरोक्त तकनीकें आज भी कुम्भकारों के बीच प्रचलित हैं। आधुनिक ग्राम्य परिवेश में इस प्रकार की मृद्भाण्ड निर्माण विधि हमें प्राचीन काल की कला की स्पष्ट जानकारी की झलक देते हुए उस युग की तकनीकों को समझने की एक नई दृष्टि प्रदान करती है।

इस पृष्ठभूमि में वारुणेय क्षेत्र के सर्वेक्षित पुरास्थलों से प्राप्त मृद्भाण्डों का वर्णन किया गया है।

वारुणेय क्षेत्र से प्राप्त मृद्भाण्डों का वर्गीकरण

चित्र संख्या–1 (क्रम संख्या 1–4, भोरपुर)

1. 25 सेमी. व्यास वाले लोहित रंग का कटोरा, जिसका अवठ बाहर की ओर निकला है। पार्श्व उन्नतोदर एवं गढ़न मध्यम कोटि का है। (द्रष्टव्य - सिंह, बीरेन्द्र प्रताप एवं सिंह अशोक, सरायमोहाना (1967-68) 2002-03, चित्र- 17/6B द्वितीय काल, भारती - 27, बुलेटिन ऑफ दि डिपार्टमेन्ट ऑफ ए. आई. एच. सी. एण्ड आर्कियोलॉजी, बी.एच.यू., वाराणसी)।[34]

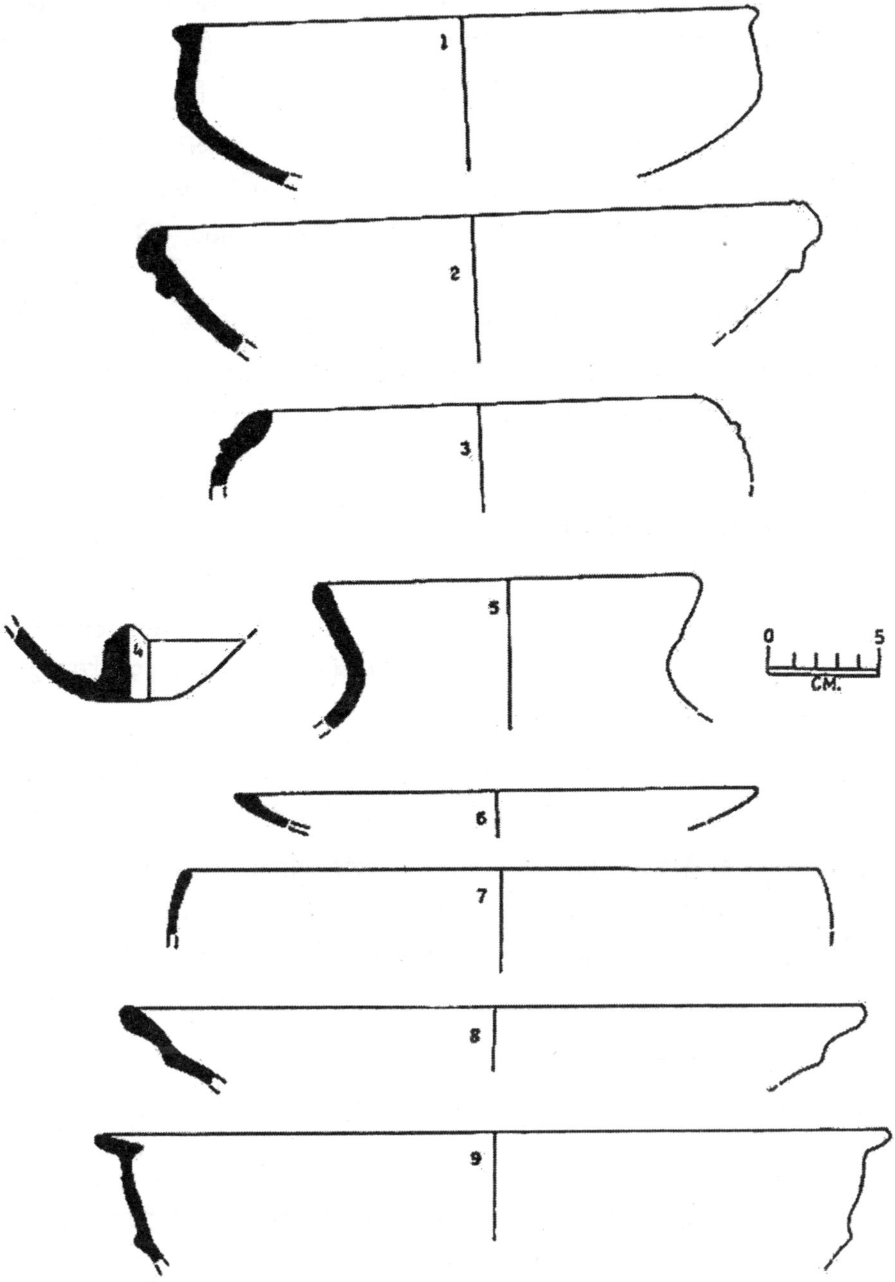

चित्र संख्या 1 : शेरपुर, लोहित पात्र 1-4, सराय कंसराय, लोहित एवं कृष्ण मार्जित पात्र 5-7, अडियार, लोहित पात्र 8-9

2. 29 सेमी. व्यास वाले लोहित रंग की द्रोणी/गमला, जिसका कंठेदार अवठ (Collared rim) अन्दर की ओर है, ग्रीवा पर कूटक बना है (द्रष्टव्य - सिन्हा, बी.पी. एवं राय, सीताराम, वैशाली, 1969, चित्र-48/I, तृतीय काल)।[35]
3. 20 सेमी. व्यास वाले लोहित रंग का द्रोणी, जिसका अवठ अन्दर की ओर गोलाई लिये हुये है। पार्श्व भाग उन्नतोदर एवं गढ़न मध्यम कोटि का है। ग्रीवा पर दो कूटक बने हुये हैं (द्रष्टव्य - सिन्हा व राय, वैशाली, 1969, चित्र-46/4, चतुर्थ काल)।
4. लोहित रंग का ढक्कन, जिसकी पेंदी ठोस चपटे आकार की है, जिसके ऊपर मध्य में घुंडी अथवा मूठ लगा हुआ है। इसका अवठ टूटा है (द्रष्टव्य- सिन्हा, बी. पी. एवं राय, सीताराम, वैशाली उत्खनन, 1969 चित्र 43/6, तृतीय काल)।

(क्रम संख्या 5-7 सराय कंसराय)

5. 17 सेमी. व्यास वाले लोहित रंग का घड़ा, जिसकी अवठ विशेषतारहित, ग्रीवा नतोदर एवं स्कन्ध वक्रता लिये हुये हैं। इस पर लाल रंग का प्रलेप लगा हुआ है। (द्रष्टव्य- शर्मा, जी.आर., कौशाम्बी उत्खनन (1949-50), 1969 चित्र-21/51, उपकाल IB, प्रारम्भिक काल-II)।[36]
6. 23 सेमी. व्यास वाले लोहित रंग का कटोरा, जिसकी अवठ चौरस, पार्श्व भाग भीतर की ओर मुड़ा हुआ तथा गढ़न मध्यम कोटि की है।
7. 28 सेमी. व्यास वाले कृष्ण मार्जित परम्परा की एक थाली, जिसका अवठ भीतर की ओर तथा पार्श्व भाग उन्नतोदर है। गढ़न मध्यम कोटि का है (द्रष्टव्य- नारायण, ए. के., एवं राय, टी.एन., राजघाट, 1977, भाग-2 चित्र-4/28, 27, उपकाल IA)।[37]

(क्रम संख्या 8-9, अड़ियार)

8. 32 सेमी. व्यास वाले लोहित रंग का छिछला तसला, जिसकी अवठ बाहर की ओर निकली हुयी, ग्रीवा पर उभार है।
9. 36 सेमी. व्यास वाले लोहित रंग का एक द्रोणी, जिसका अवठ चिपटा और बाहर की ओर मुड़ा हुआ है तथा स्कन्ध पर हल्का उभार है।

चित्र संख्या–2 (क्रम संख्या 1–8 करौनी खुर्द)

1. धूसर रंग की थाली, जिसकी व्यास 38 सेमी. एवं अवठ भीतर से तीखी की हुई है। गढ़न मध्यम कोटि का तथा पार्श्व लम्बवत् है। इस पर धूसर रंग का प्रलेप लगा हुआ है। (द्रष्टव्य- शर्मा, कौशाम्बी उत्खनन 1969, चित्र 15/VIII, उपकाल-III)
2. 20 सेमी. व्यास का लोहित पात्र, जिसकी अवठ विशेषता– रहित, पार्श्व लम्बवत् एवं पेंदी चौरस है तथा गढ़न मध्यम कोटि का है।
3. 18 सेमी. व्यास वाले लोहित रंग का एक घड़ा, जिसका अवठ चिपटा बाहर की ओर निकला हुआ तथा ग्रीवा तीक्ष्ण कोखदार है। (द्रष्टव्य- सिन्हा एवं राय, वैशाली उत्खनन, 1969, चित्र 35/4 तृतीय काल)
4. 17 सेमी. व्यास वाले लोहित रंग का एक तश्तरी, जिसका अवठ विशेषतारहित तथा गढ़न मध्यम कोटि का (द्रष्टव्य- सिन्हा एवं राय, वैशाली उत्खनन, 1969, चित्र 35/10 तृतीय काल)।
5. 24 सेमी. व्यास वाले लोहित रंग का एक अर्चना कुण्ड (Votive Tank), जिसकी अवठ अन्दर की ओर, जिस पर अलग से चिपकवा पद्धति से गोल-गोल अलंकरण किया गया है, (दीप) गढ़न रूक्ष है (द्रष्टव्य- शर्मा, कौशाम्बी उत्खनन, 1969, चित्र-30/108 तृतीय काल)।
6. लोहित रंग का एक ढक्कन, जिसका बाहरी भाग वक्र लिये हुये तथा गहरी पेंदी (Sagger base) का बना हुआ है। (द्रष्टव्य- नारायण एवं राय, राजघाट, 1977, चित्र-23/34, चतुर्थ काल)
7. 3 सेमी. व्यास वाला हाथ से बना हुआ लोहित रंग का घरिया, जिसका तीक्ष्ण अवठ बाहर की ओर निकली है। ग्रीवा नतोदर, पार्श्व बेडौल एवं पेंदी चपटी है। गढ़न रूक्ष है। (द्रष्टव्य- राजघाट, चित्र- 21/18, काल-IV)
8. लोहित रंग का एक टुकड़ा, जिस पर आड़ी-तिरछी लकीरें खीची गयी हैं, जो संभवतः ठप्पा लगाकर बनायी गयी है।

(क्रम संख्या - 9 सुरेरी डीह)

9. 6 सेमी. व्यास वाले एक लोहित रंग का गगरी, जिसका अवठ बाहर की ओर, ग्रीवा पर कूट तथा पार्श्व भाग गोलाकार है (द्रष्टव्य- शर्मा, कौशाम्बी चित्र 29/78, तृतीय काल)।

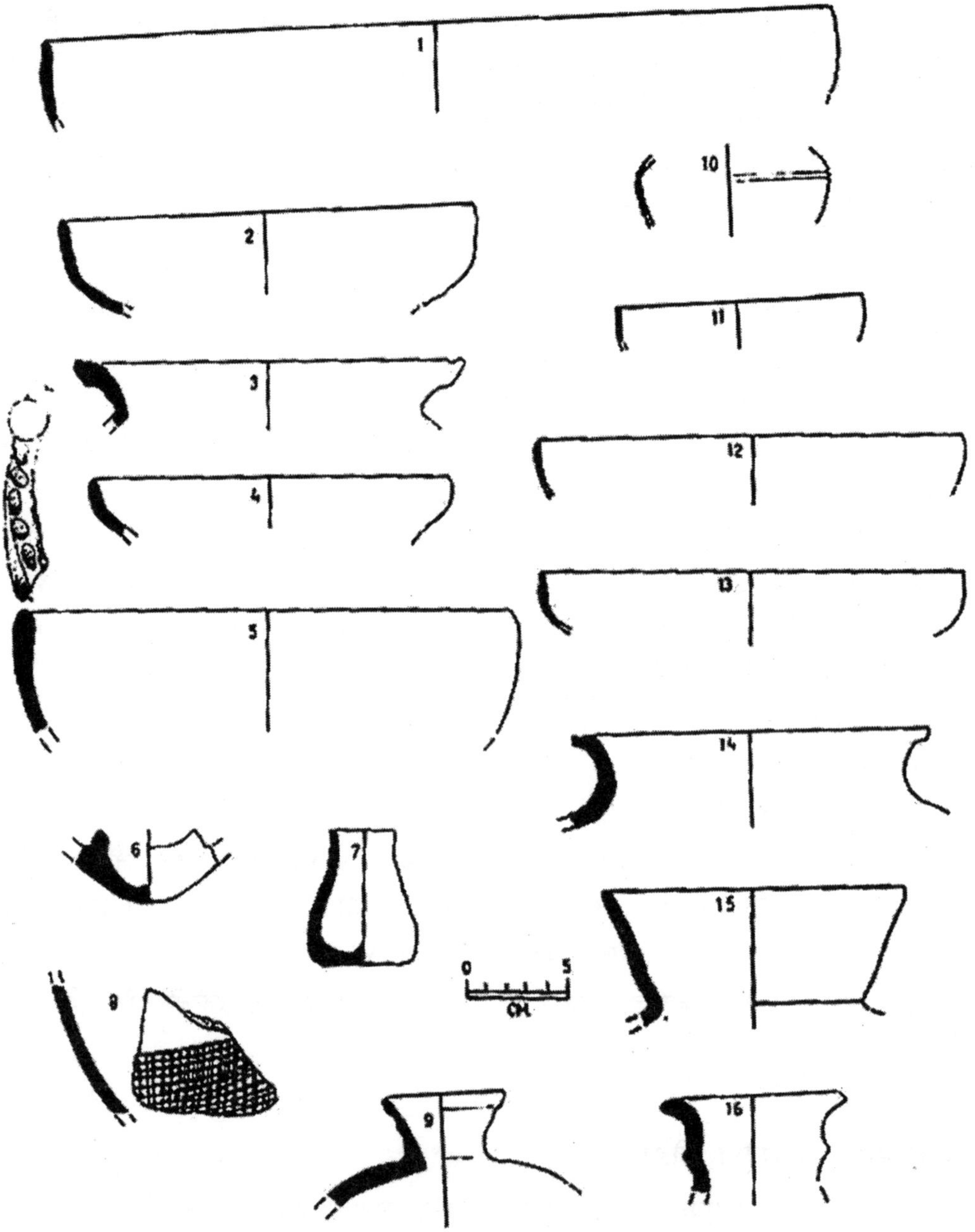

चित्र संख्या 2 : करौनी खुर्द, धूसर एवं लोहित पात्र 1-8, सुरेरीडीह, लोहित पात्र 9, सरायडीह, कृष्ण मार्जित 10-13 एवं लोहित पात्र 14-16

(क्रम. सं. 10-16 सरायडीह)

10. कृष्ण मार्जित पात्र परम्परा का एक कटोरा, जिसका अवठ अन्दर की ओर तथा स्कन्ध पर बाहर की ओर दो खाँचें बने हैं। गढ़न उत्तम कोटि का है।
11. 12 सेमी. व्यास का एक कृष्ण मार्जित पात्र परम्परा का कटोरा, जिसका अवठ तीखा की हुयी तथा गढ़न उत्तम कोटि का है (द्रष्टव्य- राजघाट, चित्र - 3/8, उपकाल-IA)।
12. 20 सेमी. व्यास वाला कृष्ण मार्जित कटोरा, जिसकी तीखी अवठ अन्दर की ओर तथा गढ़न उत्तम कोटि का है (द्रष्टव्य- राजघाट, चित्र 3/6, उपकाल IA)।
13. 20 सेमी. व्यास वाला कृष्ण मार्जित पात्र परम्परा की कटोरा/थाली, अवठ विशेषतारहित, पार्श्व भाग उन्नतोदर, गढ़न मध्यम कोटि को है (द्रष्टव्य- राजघाट, चित्र 3/30, उपकाल IA)।
14. 16 सेमी. व्यास वाला लोहित रंग का घड़ा, जिसका अवठ बाहर की ओर निकला हुआ तथा ग्रीवा नतोदर है (द्रष्टव्य- शर्मा, कौशाम्बी 1969, चित्र-22/81 उपकाल II)।
15. 14 सेमी. व्यास वाला लोहित रंग का घड़ा, जिसका अवठ विशेषतारहित, ग्रीवा कोखदार, गढ़न रूक्ष कोटि का है (द्रष्टव्य- जायसवाल विदुला, अकथा उत्खनन, 2002, चित्र-23/189, प्रथम काल, भारती- 26)।[38]
16. 8 सेमी. व्यास वाला लोहित रंग का घड़ा, जिसका अवठ बाहर की ओर निकला हुआ, ग्रीवा पर बाहर की ओर एक कूट बना है। गढ़न मध्यम कोटि का है।

चित्र संख्या - 3 (क्रम संख्या 1-5 जद्दुपुर)

1. 12 सेमी. व्यास वाला लोहित रंग का कटोरा, जिसका अवठ बाहर की ओर निकला हुआ, पार्श्व भाग नतोदर है। (द्रष्टव्य- जायसवाल, विदुला, अकथा, 2002, चित्र-30/6, चतुर्थ काल, भारती - 26)
2. 18 सेमी. व्यास वाला लोहित रंग का कटोरा/परई, जिसका अवठ बाहर की ओर तथा पार्श्व भाग नतोदर है (द्रष्टव्य- राजघाट, चित्र 24/2, पंचम काल)।
3. 18 सेमी. व्यास वाला लोहित रंग का घड़ा, जिसकी कंठेदार अवठ बाहर की ओर निकला हुआ है, लम्बी ग्रीवा पर कूट का निशान बना हुआ।

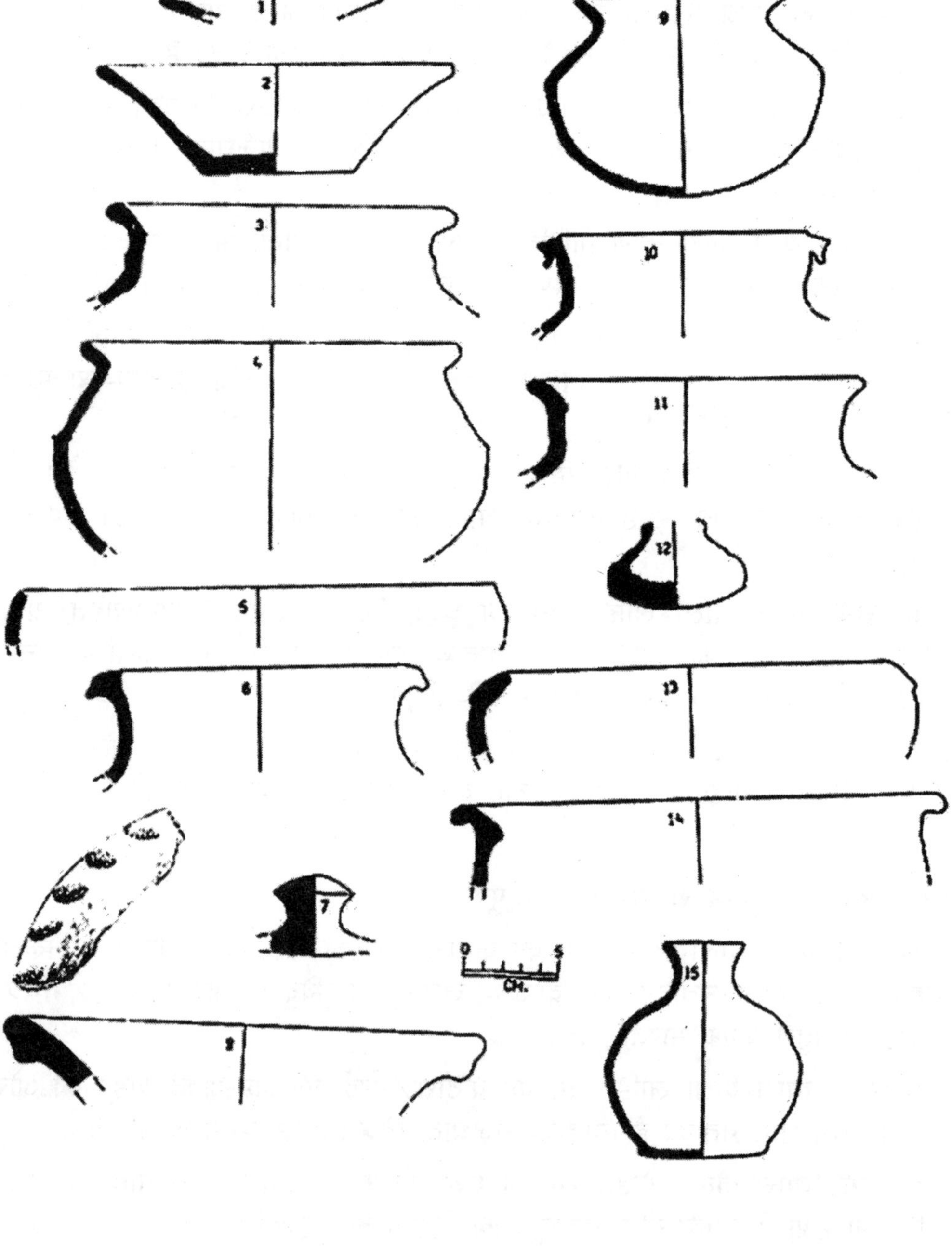

चित्र संख्या 3 : जद्दुपुर, लोहित पात्र 1-5, अमरीपुर, लोहित पात्र 6, तिलहरा, लोहित पात्र 7-8, खेमईपुर, लोहित पात्र 9-12

4. 20 सेमी. व्यास वाला लोहित रंग का हाँडी जिसका अवठ बाहर की ओर तथा लम्बी ग्रीवा पर तीक्ष्ण कूटक बना (कोखदार हाँडी)। (द्रष्टव्य- राजघाट, चित्र - 14/10, द्वितीय काल)।
5. 25 सेमी. व्यास वाला लोहित रंग का कटोरा, जिसका अवठ अन्दर की ओर पार्श्व भाग उन्नतोदर, गढ़न मध्यम कोटि का है। (द्रष्टव्य- जायसवाल, अकथा, 2002 चित्र-27/7, द्वितीय काल, शर्मा- कौशाम्बी, 1969, चित्र 18/9 द्वितीय काल)।

(क्रम संख्या- 6 अमरीपुर)

6. 16 सेमी व्यास लोहित रंग का घड़ा, जिसका अवठ बाहर की ओर झुका तथा लम्बवत् ग्रीवा नतोदर है (द्रष्टव्य - जायसवाल, अकथा-2002, चित्र - 30/15, चतुर्थ काल)।

(क्रम संख्या 7-8 तिलहरा)

7. लोहित रंग का ढक्कन, जिसकी घुंडी अवशेष मात्र है, जिस पर प्रलेप लगा हुआ है (द्रष्टव्य - सिन्हा एवं राय, वैशाली, 1969, चित्र, 45/3-8, तृतीय काल)।
8. 24 सेमी. व्यास वाला लोहित रंग का घड़ा, जिसका अवठ बाहर की ओर निकला हुआ कंठेदार, जिस पर चुटकी से दबाकर हल्का-हल्का उभारा गया है, ग्रीवा लम्बी है तथा उस पर लाल रंग का प्रलेप लगा है (द्रष्टव्य - जायसवाल, अकथा, 2002, चित्र, 31/15, पंचम काल)।

(क्रम संख्या 9-12 खेमईपुर)

9. 10 सेमी. व्यास का लोहित रंग का घरिया, जिसका अवठ बाहर की ओर निकला हुआ, सतह पर प्रलेप का अभाव तथा गढ़न सामान्य कोटि का है (द्रष्टव्य- सिन्हा एवं राय, वैशाली, 1969, चित्र- 27/8-9, द्वितीय काल)।
10. 12 सेमी. व्यास वाले लोहित रंग का घड़ा, जिसकी अवठ बाहर की ओर निकला हुआ, जिस पर दो खाँचें बने हुये हैं। ग्रीवा लम्बवत् तथा पार्श्व भाग उन्नतोदर है। गढ़न मध्यम कोटि का, जिस पर प्रलेप लगाया गया है। (द्रष्टव्य- सिन्हा व राय, वैशाली, 1969, चित्र- 46/26, चतुर्थ काल)।

11. 17 सेमी. व्यास वाले लोहित रंग का घड़ा, जिसका अवठ बाहर की ओर निकला हुआ, ग्रीवा लम्बवत् एवं गढ़न रूक्ष कोटि का है। (द्रष्टव्य- सिन्हा व राय, वैशाली, 1969, चित्र- 46/20, काल चतुर्थ)।
12. लोहित रंग का एक दवात, जिसका अवठ अन्दर की ओर है, जिसे हाथ से बनाया गया है, गढ़न रूक्ष कोटि का है।

(क्रम सं. 13-15 अकोढ़ा)

13. 20 सेमी. व्यास वाले लोहित रंग की द्रोणी, जिसका अवठ अन्दर की ओर, पार्श्व भाग नतोदर, गढ़न मध्यम कोटि का, जिस पर लाल रंग का प्रलेप लगाया गया है (द्रष्टव्य- जायसवाल, अकथा 2002, चित्र- 30/9, भारती- 26, लाल, बी.बी., श्रृंगवेरपुर[39] 1993, चित्र- 22/10-11 नारायण व राय, राजघाट, 1977, चित्र- 17/32, तृतीय काल)।
14. 24 सेमी. व्यास वाला लोहित रंग का घड़ा, जिसका अवठ बाहर की ओर झुका हुआ तथा गढ़न मध्यम कोटि का है।
15. 4 सेमी. व्यास वाला लोहित रंग की छोटी सुराही, जिसका अवठ बाहर की ओर, ग्रीवा लम्बवत् तथा पार्श्व भाग उन्नतोदर एवं पेंदी चौरस है। गढ़न रूक्ष कोटि का है।

चित्र संख्या - 4 (क्रम संख्या 1-9 नरार)

1. 20 सेमी. व्यास वाले लोहित रंग की द्रोणी, जिसका शुण्डाकार अवठ बाहर की ओर निकली हुयी एवं पार्श्व भाग नतोदार है। गढ़न रूक्ष कोटि का है।
2. 18 सेमी. व्यास वाला लोहित रंग का कटोरा, जिसका अवठ बाहर की ओर एवं पार्श्व भाग नतोदर है। (द्रष्टव्य- जायसवाल, अकथा 2002, चित्र- 30/6, चतुर्थ काल, भारती- 26)।
3. 29 सेमी. व्यास का लोहित रंग की एक द्रोणी, जिसका कंठेदार अवठ ऊपर की ओर तथा पार्श्व भाग नतोदर है।
4. 30 सेमी. व्यास वाले लोहित रंग की द्रोणी, जिसका अवठ बाहर की ओर शुण्डाकार तथा ग्रीवा पर हल्का उभार है।

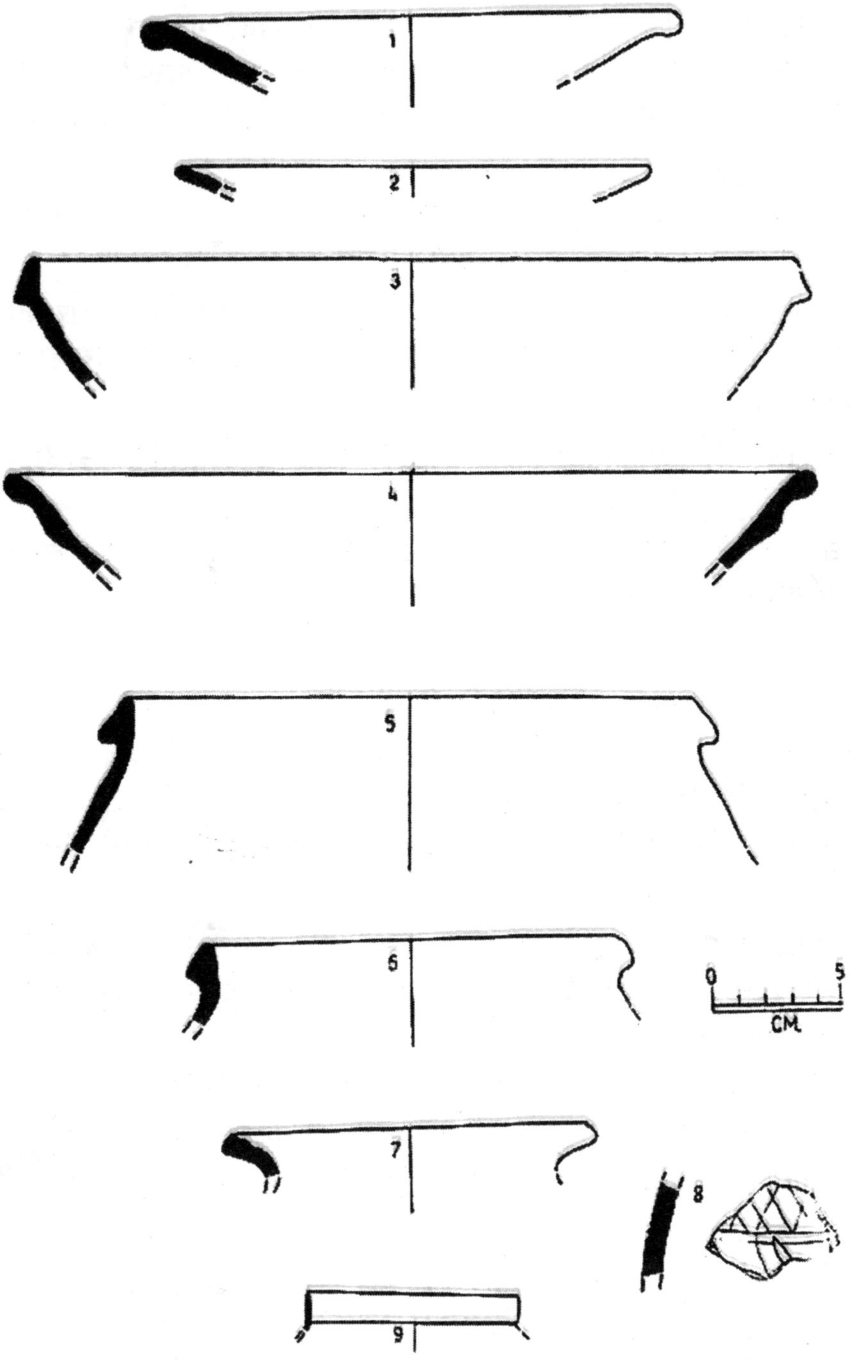

चित्र संख्या 4 : नरार, लोहित पात्र 1-9

5. 22 सेमी. व्यास वाले लोहित रंग का घड़ा, जिसका अवठ गदादार (Cubbed) है, जो बाहर की ओर निकला हुआ है, पार्श्व भाग उन्नतोदर है। प्रलेप का अभाव है तथा गढ़न साधारण कोटि का है। (द्रष्टव्य- सिन्हा एवं राय, वैशाली, 1969, चित्र- 36/1 तृतीय काल)।
6. उसी प्रकार का पात्र, लेकिन छोटे आकृति का व्यास 16 सेमी. (द्रष्टव्य- सिन्हा एवं राय, वैशाली, 1969, चित्र- 36/2 तृतीय काल)।
7. 14 सेमी. व्यास का लोहित रंग का घड़ा, जिसका अवठ शुण्डाकार तथा ग्रीवा नतोदर, प्रलेप का अभाव, गढ़न साधारण कोटि का। (द्रष्टव्य- सिन्हा एवं राय, वैशाली, 1969, चित्र 36/14)।
8. लोहित रंग के पात्र का एक टुकड़ा, जिस पर ज्यामितीय आकृति द्वारा अलंकरण किया गया है।
9. 9 सेमी. व्यास वाला लोहित रंग का घड़ा, जिसका अवठ तीक्ष्ण एवं लम्बवत् तथा गढ़न मध्यम कोटि का है।

चित्र संख्या - 5 (क्रम. सं0 1-8 फिफिऔना)

1. 25 सेमी. व्यास वाला कृष्ण मार्जित पात्र परम्परा का कटोरा, जिसका अवठ अन्दर की ओर तथा पार्श्व भाग उन्नतोदर, गढ़न मध्यम कोटि का तथा पात्र के अन्दर धूसर रंग का प्रलेप है (द्रष्टव्य- नारायण एवं राय, राजघाट, 1977, चित्र- 3/23, काल IA)।
2. 31 सेमी. व्यास वाला कृष्ण मार्जित पात्र परम्परा का तश्तरी, जिसका अवठ तीक्ष्ण एवं पार्श्व भाग उन्नतोदर, गढ़न मध्यम कोटि का है। (द्रष्टव्य- जायसवाल, अकथा, 2002, चित्र- 11/44)
3. 37 सेमी. व्यास वाला लोहित रंग की थाली, जिसका अवठ ढलवा (Bevelled), जिसपर हल्का सा खाँचा बना है तथा गढ़न उत्तम कोटि का है।
4. 30 सेमी. व्यास वाला लोहित रंग की थाली, जिसका अवठ अन्दर की ओर तथा पार्श्व भाग उन्नतोदर है।
5. 30 सेमी. व्यास वाला लोहित रंग का कटोरा, जिसका अवठ अन्दर की ओर तथा गढ़न मध्यम कोटि का है।

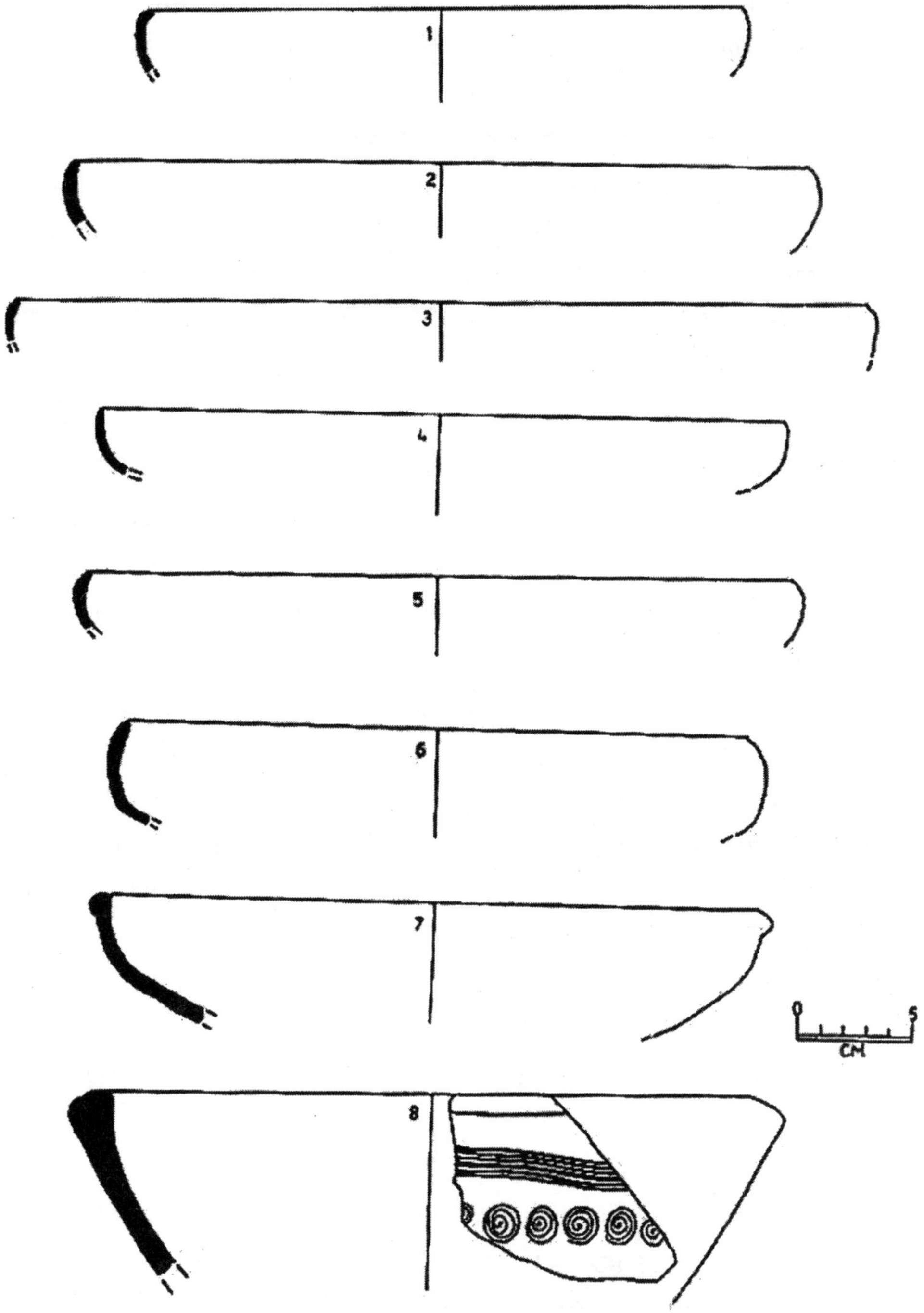

चित्र संख्या 5 : फिफिऔना, कृष्ण मार्जित 1-2 एवं लोहित पात्र 3-8

6. 26 सेमी. व्यास वाला लोहित रंग का कटोरा, जिसका अवढ़ अन्दर की ओर तथा गढ़न मध्यम कोटि का है।
7. 28 सेमी. व्यास वाला लोहित रंग का कटोरा, जिसका शुण्डाकार अवठ बाहर की ओर निकला हुआ है तथा गढ़न मध्यम कोटि का है।
8. 28 सेमी. व्यास वाला लोहित रंग की द्रोणी, जिसका अवठ मोटा, पार्श्व भाग नतोदर है। गढ़न रूक्ष कोटि का है। इस पर उकेर कर संकेन्द्री वृत्त का अंकन किया गया है। उसके ऊपर छह लहरदार पंक्तिबद्ध रेखाओं का अंकन किया गया है। (द्रष्टव्य- कौशाम्बी, चित्र- 19/24, द्वितीय काल से पंचम काल तक/अलंकरण मेल नहीं खाता है)।

चित्र संख्या - 6 (क्रम संख्या 1-9 फिफिऔना)

1. 11 सेमी. व्यास वाला एक कृष्ण मार्जित कटोरा, जिसका तीक्ष्ण अवठ लम्बवत् है तथा गढ़न मध्यम कोटि का।
2. 12 सेमी. व्यास वाला एक अन्य कृष्ण मार्जित कटोरा, अवठ तीक्ष्ण एवं पार्श्व भाग उन्नतोदर, गढ़न मध्यम कोटि का है।
3. 20 सेमी. व्यास वाला एक बड़ा कृष्ण मार्जित कटोरा, जिसका अवठ अन्दर की ओर, पार्श्व उन्नतोदर तथा गढ़न मध्यम कोटि का है (द्रष्ट्व्य जायसवाल, अकथा, 2002, चित्र 10/25, प्रथम काल)।
4. 16 सेमी. व्यास वाला लोहित रंग का कटोरा, जिसका शुण्डाकार अवठ बाहर की ओर निकला हुआ, ग्रीवा पर अन्दर की ओर तीन खाँचे बने हैं। पार्श्व भाग नतोदर तथा पेंदी चौरस है (द्रष्टव्य- कौशाम्बी, चित्र-18/5, द्वितीय काल)।
5. 14 सेमी. व्यास वाला लोहित रंग का घड़ा, जिसका अवठ ऊर्ध्वाकार, ग्रीवा लम्बवत् जिस पर कूट बना है एवं गढ़न मध्यम कोटि का है।
6. 11 सेमी. व्यास वाला लोहित रंग का घड़ा, जिसका अवठ शुण्डाकार एवं ग्रीवा उभारदार है। ग्रीवा पर उकेर कर अलंकरण किया गया है। पात्र पर गेरुए रंग का प्रलेप लगा है तथा गढ़न मध्यम कोटि का है।
7. 10 सेमी. व्यास वाला एक घड़ा, जिसकी अवठ बाहर की ओर निकली हुयी तथा ग्रीवा पर एक कूट बना हुआ है।

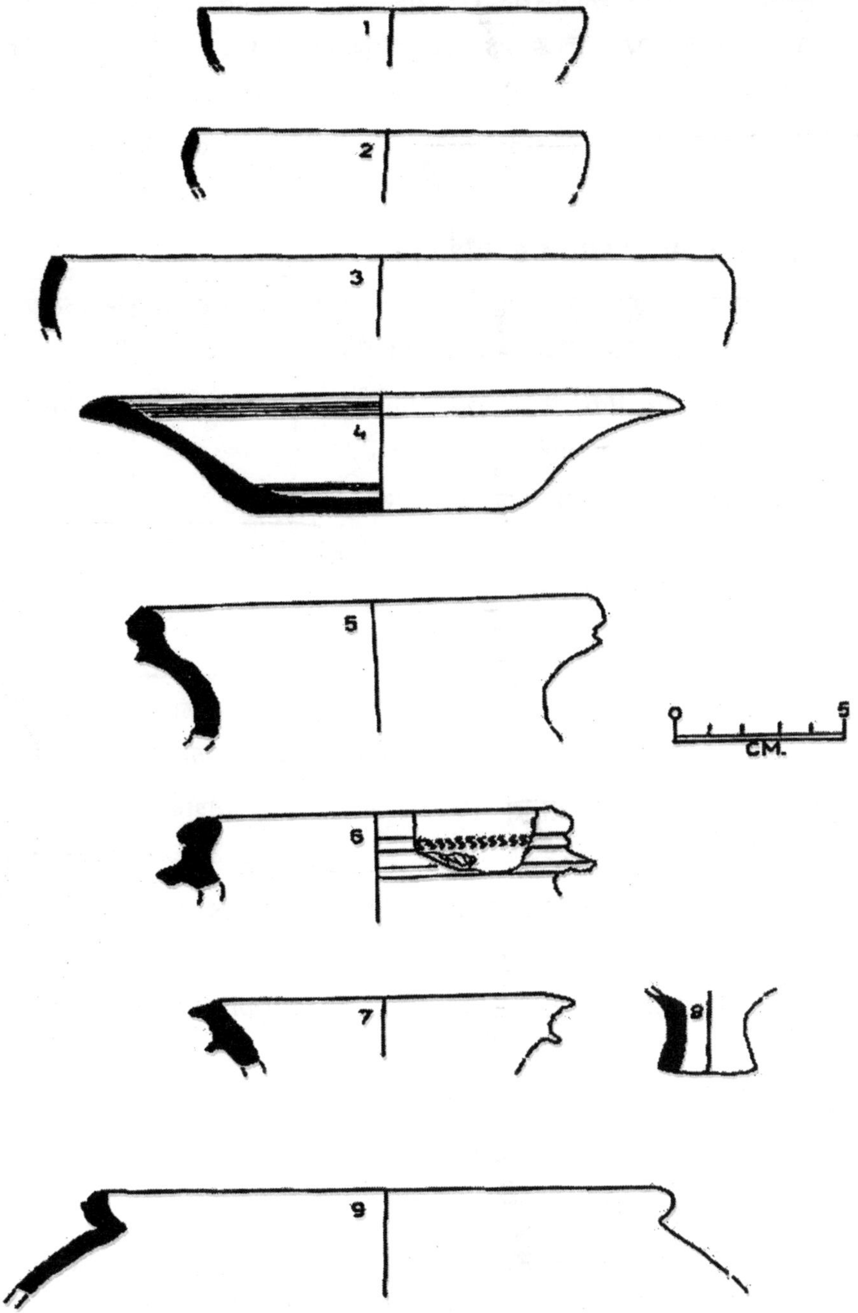

चित्र संख्या 6 : फिफिऔना, कृष्ण मार्जित 1-3 एवं लोहित पात्र 4-9

8. लोहित रंग का ढक्कन का निचला हिस्सा, जो सपाट एवं ठोस है (द्रष्टव्य, नारायण एवं राय, राजघाट 1977, चित्र- 23/36, चतुर्थ काल)।
9. 17 सेमी. व्यास वाला घड़ा, जिसका अवठ अन्दर की ओर, ग्रीवा पर हल्का सा उभार, पार्श्व भाग गोलाकार, गढ़न मध्यम कोटि का एवं प्रलेप युक्त।

चित्र संख्या - 7 (क्रम संख्या 1-9 भौथर)

1. 11 सेमी. व्यास का एक कृष्ण मार्जित पात्र परम्परा का एक नितल कटोरा (Deep), अवठ विशेषतारहित, गढ़न मध्यम कोटि का है।
2. 16 सेमी. व्यास का एक अन्य कृष्ण मार्जित परम्परा का नितल कटोरा, अवठ विशेषता रहित तथा गढ़न मध्यम कोटि का है।
3. उपरोक्त मृद्भाण्ड परम्परा का कटोरा, व्यास 15.5 सेमी.
4. उपरोक्त मृद्भाण्ड परम्परा का कटोरा, व्यास 15.0 सेमी.
5. उपरोक्त मृद्भाण्ड परम्परा का कटोरा, व्यास 17 सेमी. (द्रष्टव्य- नारायण एवं राय, राजघाट 1977, चित्र- 3/6, 7, प्रथम काल IA)।
6. 13.5 सेमी. व्यास का लोहित रंग का नितल कटोरा, जिसका अवठ बाहर की ओर निकला हुआ, पार्श्व भाग नतोदर तथा गढ़न मध्यम कोटि का है।
7. 17 सेमी. व्यास का एक लोहित रंग का घड़ा, अवठ विशेषतारहित, गढ़न मध्यम कोटि का है।
8. 21 सेमी. व्यास वाला लोहित रंग का घड़ा, अवठ बाहर की ओर निकला हुआ, ग्रीवा नतोदर तथा गढ़न मध्यम कोटि का है।
9. 18 सेमी. व्यास वाला एक लोहित रंग का घड़ा, जिसका अवठ विशेषतारहित, ग्रीवा नतोदर लम्बे आकार की, गढ़न रूक्ष कोटि का है (द्रष्टव्य-जायसवाल, अकथा, 2002, चित्र-23/189, प्रथम काल, भारती - 26)।

(क्रम संख्या 10-17 सोनबरसा)

10. 16 सेमी. व्यास वाले कृष्ण लोहित मृद्भाण्ड परम्परा का एक कटोरा, जिसकी अवठ बाहर की ओर निकली हुयी पार्श्व भाग गोलाई लिये हुये है। (द्रष्टव्य- नारायण एवं राय, राजघाट, 1977, चित्र - 6/51, प्रथम उपकाल I A)।

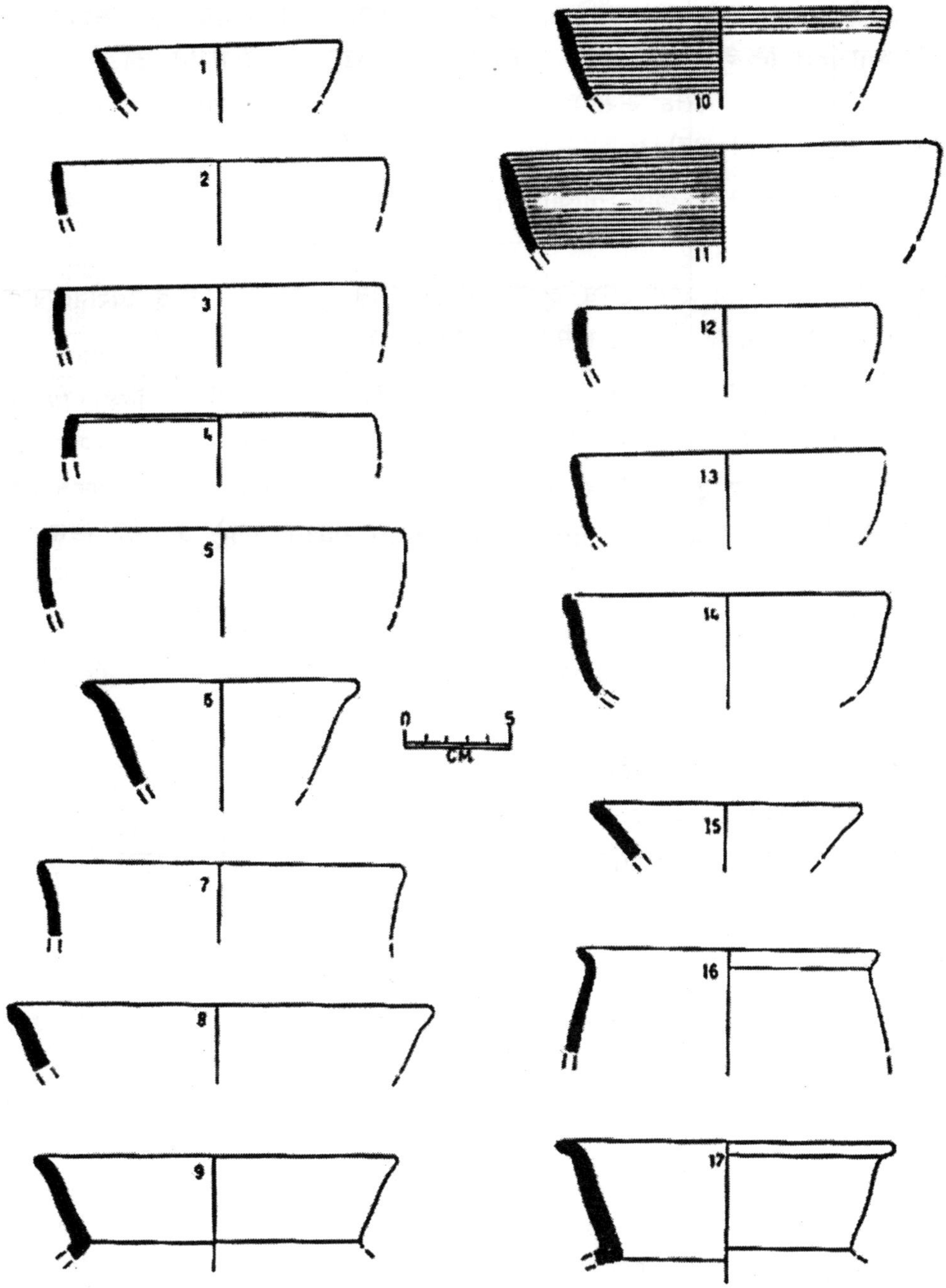

चित्र संख्या 7 : भौथर, कृष्ण मार्जित 1-5 एवं लोहित पात्र 6-9, सोनबरसा, कृष्ण लोहित 10-11, कृष्ण मार्जित 12-13 एवं लोहित पात्र 14-17

11. 22 सेमी. व्यास वाले कृष्ण-लोहित मृद्भाण्ड परम्परा का एक कटोरा, जिसका अवठ विशेषतारहित किन्तु भीतर से पुष्ट की हुयी है, गढ़न मध्यम कोटि का है (द्रष्टव्य- सिंह बीरेन्द्र प्रताप, सिंह अशोक- सराय मोहाना (1967-68) 2002-03, चित्र-7/1, प्रथम काल, भारती- 27)।
12. 14 सेमी. व्यास वाले कृष्ण मार्जित पात्र परम्परा का एक कटोरा, जिसका अवठ विशेषतारहित, पार्श्व भाग उन्नतोदर एवं गढ़न मध्यम कोटि का है।
13. 15 सेमी. व्यास का एक अन्य कृष्ण मार्जित नितल कटोरा, अवठ विशेषतारहित, पार्श्व भाग उन्नतोदर एवं गढ़न मध्यम कोटि का है।
14. 16 सेमी. व्यास का एक लोहित रंग का कटोरा, जिसका अवठ बाहर की ओर निकला हुआ, पार्श्व उन्नतोदर एवं गढ़न मध्यम कोटि का है।
15. 14 सेमी. व्यास का एक लोहित रंग का नितल कटोरा/थाली, जिसका अवठ बाहर की ओर निकला हुआ, पार्श्व भाग नतोदर, गढ़न मध्यम कोटि का है। (द्रष्टव्य - जायसवाल, अकथा 2002, चित्र- 18/125, प्रथम काल)।
16. 15 सेमी. व्यास का लोहित रंग की द्रोणी, जिसका अवठ बाहर की ओर, पार्श्व भाग उन्नतोदर तथा गढ़न मध्यम कोटि का है (द्रष्टव्य- जायसवाल, अकथा 2002, चित्र- 20/142)।
17. 16 सेमी. व्यास का एक लोहित रंग का घड़ा, जिसका अवठ बाहर की ओर फैला हुआ, ग्रीवा लम्बी कोखदार तथा गढ़न मध्यम कोटि का है (द्रष्टव्य- सिंह, बीरेन्द्र प्रताप, सिंह अशोक, सराय मोहाना, 2003-04, चित्र- 11/1, प्रथम काल)

चित्र संख्या - 8 (क्रम संख्या 1-9 कोरऊत)

1. 6 सेमी. व्यास वाले कृष्ण मार्जित पात्र परम्परा की एक छोटी कटोरी, जिसका अवठ तीक्ष्ण एवं गढ़न मध्यम कोटि का है।
2. 16 सेमी. व्यास वाले लोहित रंग पात्र का एक नितल कटोरा, जिसका अवठ बाहर की ओर, पार्श्व भाग नतोदर तथा गढ़न मध्यम कोटि का है।
3. 16 सेमी. व्यास का लोहित रंग का नितल कटोरा, जिसका अवठ बाहर की ओर, पार्श्व भाग नतोदर तथा गढ़न मध्यम कोटि का है। (द्रष्टव्य- सिंह, बीरेन्द्र प्रताप एवं सिंह अशोक, सराय मोहाना 2003-04, चित्र-11/8, प्रथम काल, भारती-27)।

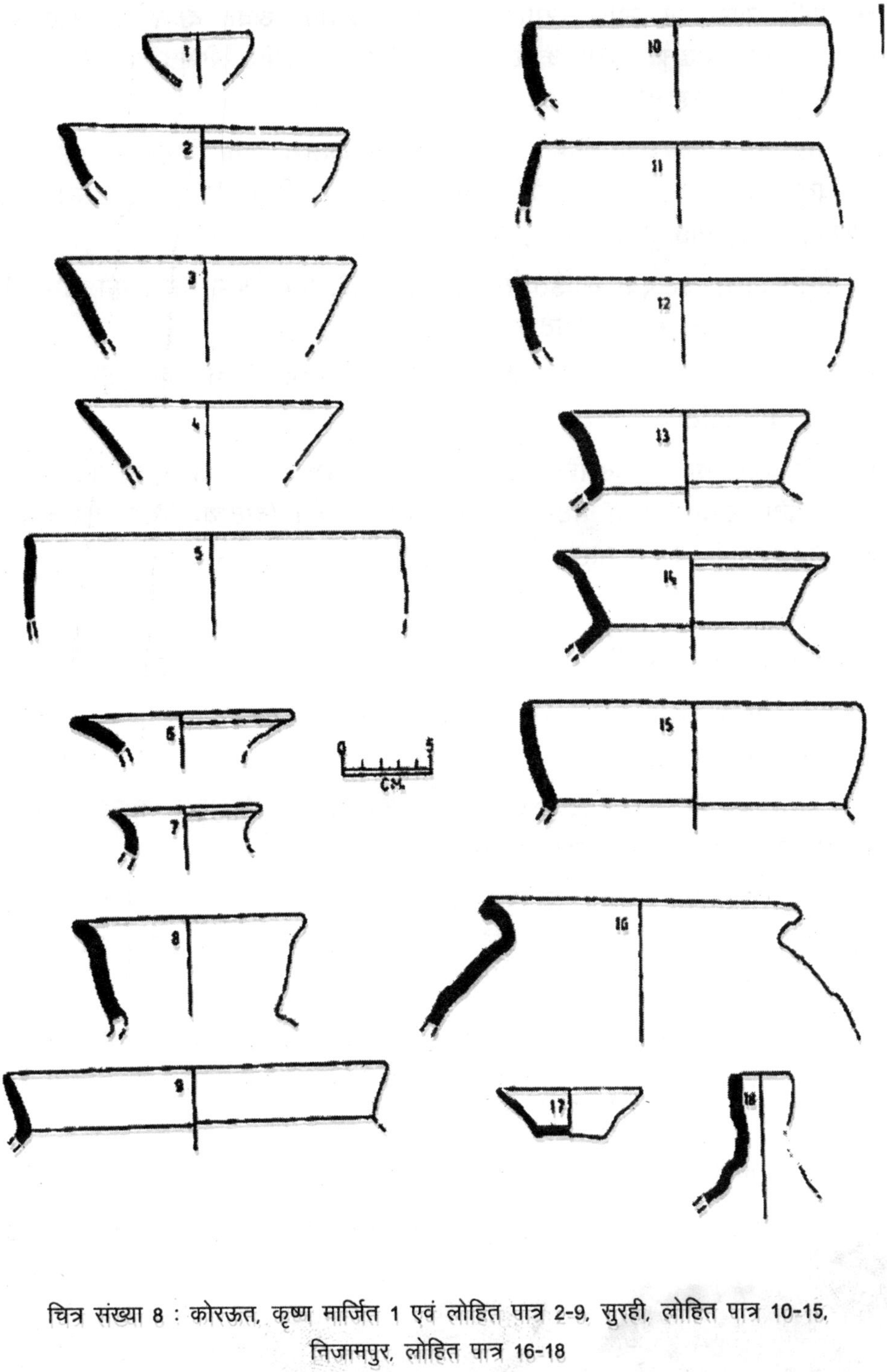

चित्र संख्या 8 : कोरऊत, कृष्ण मार्जित 1 एवं लोहित पात्र 2-9, सुरही, लोहित पात्र 10-15, निजामपुर, लोहित पात्र 16-18

4. 15 सेमी. व्यास का लोहित रंग का कटोरा, जिसका अवठ बाहर की ओर, पार्श्व भाग नतोदर, गढ़न मध्यम कोटि का है (द्रष्टव्य- सिंह, बीरेन्द्र प्रताप एवं सिंह अशोक, सराय मोहाना, 2002-03, चित्र 11/11, प्रथम काल)।
5. 22 सेमी. व्यास का एक लोहित रंग का नितल कटोरा, अवठ बाहर की ओर, पार्श्व लम्बवत् तथा गढ़न मध्यम कोटि का है (द्रष्टव्य- सिंह, बीरेन्द्र एवं प्रताप सिंह अशोक, सराय मोहाना, 2003-04, चित्र - 11/8)।
6. 13 सेमी. व्यास का एक लोहित रंग का घड़ा, जिसका अवठ बाहर की ओर, ग्रीवा नतोदर तथा गढ़न मध्यम कोटि का है।
7. 9 सेमी. व्यास का एक लोहित रंग का घड़ा, जिसका अवठ बाहर की ओर तथा गढ़न मध्यम कोटि का है।
8. 14 सेमी व्यास का एक लोहित रंग का घड़ा, जिसका अवठ बाहर की ओर निकला हुआ, ग्रीवा लम्बवत् तथा गढ़न मध्यम कोटि का है। (द्रष्टव्य- सिंह, बीरेन्द्र प्रताप एवं सिंह अशोक, सराय मोहाना, 2003-04, चित्र-11/1, प्रथम काल)।

(क्रम संख्या 10-15, सुरही)

10. 17 सेमी. व्यास वाला लोहित रंग का कटोरा, जिसका अवठ अन्दर की ओर, पार्श्व भाग उन्नतोदर तथा गढ़न मध्यम कोटि का है।
11. 16.5 सेमी. का व्यास का एक लोहित रंग का कटोरा, जिसका अवठ अन्दर की ओर, पार्श्व भाग उन्नतोदर तथा गढ़न मध्यम कोटि का है।
12. 19 सेमी. व्यास का लोहित रंग का कटोरा, जिसका तीक्ष्ण अवठ बाहर की ओर, पार्श्व नतोदर तथा गढ़न मध्यम कोटि का है। (द्रष्टव्य- सिंह, बीरेन्द्र प्रताप एवं सिंह अशोक, सराय मोहाना, 2003-04, चित्र 11/8)।
13. 14 सेमी. व्यास वाले लोहित रंग का एक घड़ा, जिसका अवठ बाहर की ओर निकला हुआ तथा ग्रीवा का निचला हिस्सा कोखदार बनाया गया है। गढ़न मध्यम कोटि का है।
14. उसी तरह का एक अन्य घड़ा, व्यास 15.5 सेमी.।
15. 19 सेमी. व्यास का एक घड़ा, जिसका अवठ अन्दर की ओर तथा गढ़न रूक्ष कोटि का है।

(क्रम संख्या 16-18 निजामपुर)

16. 18 सेमी. व्यास वाला लोहित रंग का एक घड़ा, जिसका अवठ बाहर की ओर झुका हुआ, स्कन्ध उन्नतोदर है, जिस पर उभार है (द्रष्टव्य- शर्मा, कौशाम्बी, 1969, चित्र- 29/76, तृतीय काल)।
17. 8 सेमी. व्यास वाला लोहित रंग का परई, जिसका अवठ बाहर की ओर, पार्श्व भाग नतोदर तथा गढ़न रूक्ष कोटि का है। प्रलेप का अभाव तथा पेंदी चपटी है।
18. 3.5 सेमी. व्यास वाली लोहित रंग की सुराही, जिसका अवठ विशेषतारहित, ग्रीवा सीधी तथा स्कन्ध पर उभार तथा गढ़न रूक्ष कोटि का है।

चित्र संख्या - 9 (क्रम संख्या 1-3 लवायनडीह)

1. 8 सेमी. व्यास वाला एक लोहित रंग का घड़ा, जिसका अवठ अन्दर की ओर, ग्रीवा पर कूट बना है, जिसके ठीक ऊपर उकेर कर नक्काशी की गयी है। गढ़न मध्यम कोटि का है।
2. 17 सेमी. व्यास वाला लोहित रंग का घड़ा, जिसका मनकेदार अवठ बाहर की ओर झुका हुआ, ग्रीवा नतोदर एवं गढ़न मध्यम कोटि का है।
3. 11 सेमी. व्यास का एक टोटीदार घड़ा, जिसका अवठ बाहर की ओर निकला हुआ, जिस पर दो खाँचे बने हुये हैं, ग्रीवा नतोदर एवं गढ़न मध्यम कोटि का है (द्रष्टव्य- सिन्हा एवं राय, वैशाली 1969, चित्र- 46/22, चतुर्थ काल)।

(क्रम संख्या 4-7 हरियाऊँ)

4. लोहित रंग का एक ढ़क्कन, जिसकी पेंदी ठोस चपटे आकार का है, जिसके मध्य में घुंडी लगी है। इसकी अवठ टूट गयीं है। (द्रष्टव्य- वैशाली, चित्र- 43/6, तृतीय काल, राजघाट, चित्र- 16/16, तृतीय काल)।
5. लोहित रंग के पात्र का एक टुकड़ा, जिस पर उकेर कर लहरदार लाइनें खींची गयी हैं।
6. 17 सेमी. व्यास वाला एक नौतली स्कन्ध युक्त हाँडी, जिसकी अवठ बाहर की ओर निकली हुयी, गढ़न रूक्ष कोटि का तथा प्रलेप से युक्त है (द्रष्टव्य- शर्मा, कौशाम्बी, 1969, चित्र- 26/54, तृतीय काल)।

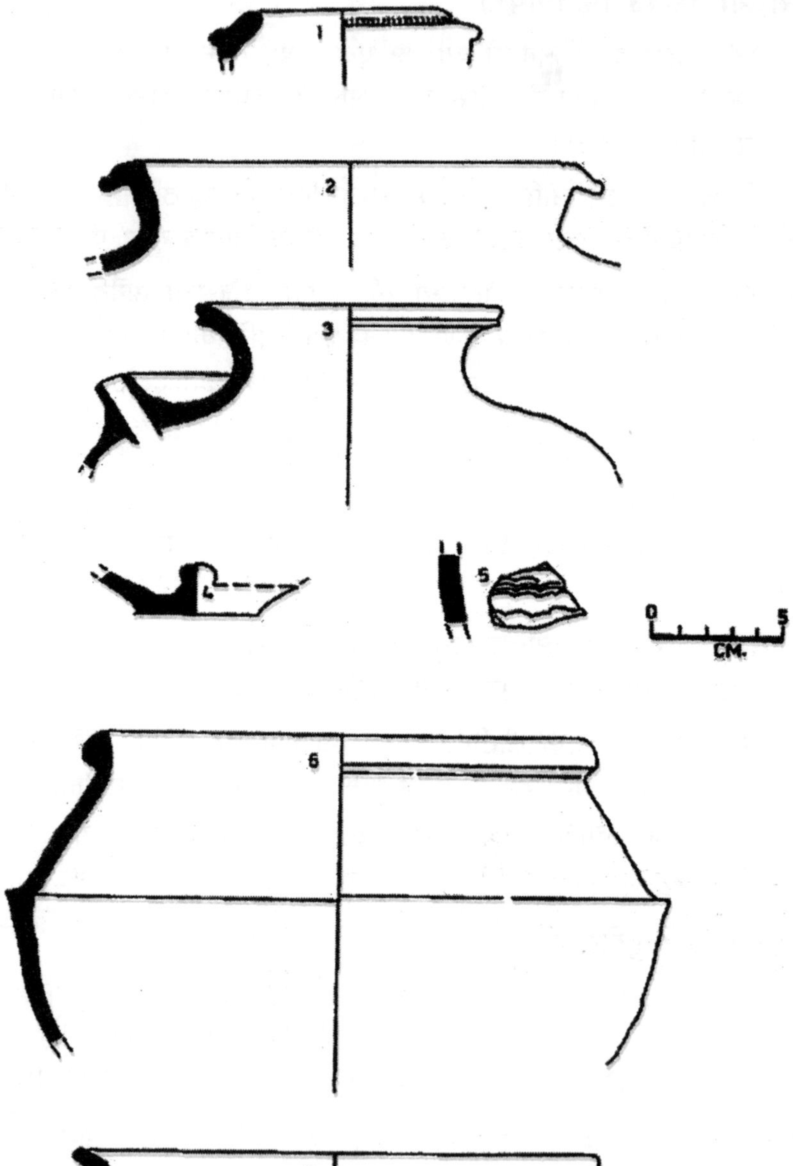

चित्र संख्या 9 : लवायनडीह, लोहित पात्र 1-3, हरियाऊँ, लोहित पात्र 4-7

7. 20 सेमी. व्यास का एक लोहित रंग का घड़ा, जिसका अवठ बाहर की ओर निकला हुआ स्कन्ध पर हल्का सा उभार किया गया है। गढ़न मध्यम कोटि का है।

चित्र संख्या - 10 (क्रम संख्या 1-4 चकिया चौथावा)

1. 30 सेमी. व्यास वाला नौतनी स्कन्ध युक्त छोटी हाँडी, जिसका चोंचदार अवठ अन्दर से पुष्ट तथा ग्रीवा पर हल्का सा उभार है। गढ़न मध्यम श्रेणी का है।
2. 26 सेमी. व्यास वाला लोहित रंग का कोखदार हाँडी, जिसका अवठ बाहर की निकला हुआ, ग्रीवा पर हल्का सा खाँचा बना हुआ है। (द्रष्टव्य- शर्मा, कौशाम्बी, 1969, चित्र 26/43, काल तृतीय)।
3. 16 सेमी. व्यास वाला लोहित रंग का घड़ा, जिसकी अवठ बाहर की ओर निकला हुआ तथा ग्रीवा नतोदर एवं गढ़न मध्यम कोटि का है (द्रष्टव्य- शर्मा, कौशाम्बी, 1969, चित्र- 29/80, तृतीय काल)।
4. 20 सेमी. व्यास वाला लोहित रंग का घड़ा, जिसका पुष्ट अवठ बाहर की ओर निकला हुआ, पार्श्व भाग छिछला तथा गढ़न रूक्ष कोटि का है (द्रष्टव्य- सिन्हा व राय, वैशाली, 1969, चित्र-42/18, तृतीय काल, राजघाट- चित्र- 24/10, पंचम काल)।

(क्रम संख्या 5-8 ताड़ी)

5. 12 सेमी. व्यास का कृष्णीय रंग का कटोरा (flange bowl), जिसकी अवठ सीधी तथा पार्श्व में उभार है। गढ़न उत्तम कोटि का है।
6. उसी तरह का एक अन्य कृष्ण मार्जित रंग का कटोरा।
7. 28 सेमी. व्यास का एक लोहित रंग का द्रोणी, जिसका गदादार अवठ बाहर की ओर निकला हुआ, जो अन्दर से पुष्ट है। स्कन्ध पर कूट बना हुआ है। पार्श्वभाग नतोदर तथा गढ़न मध्यम कोटि का है।
8. 27 सेमी. व्यास वाला एक लोहित रंग का घड़ा, जिसका अवठ बाहर की ओर निकला हुआ तथा गढ़न मध्यम कोटि का है।

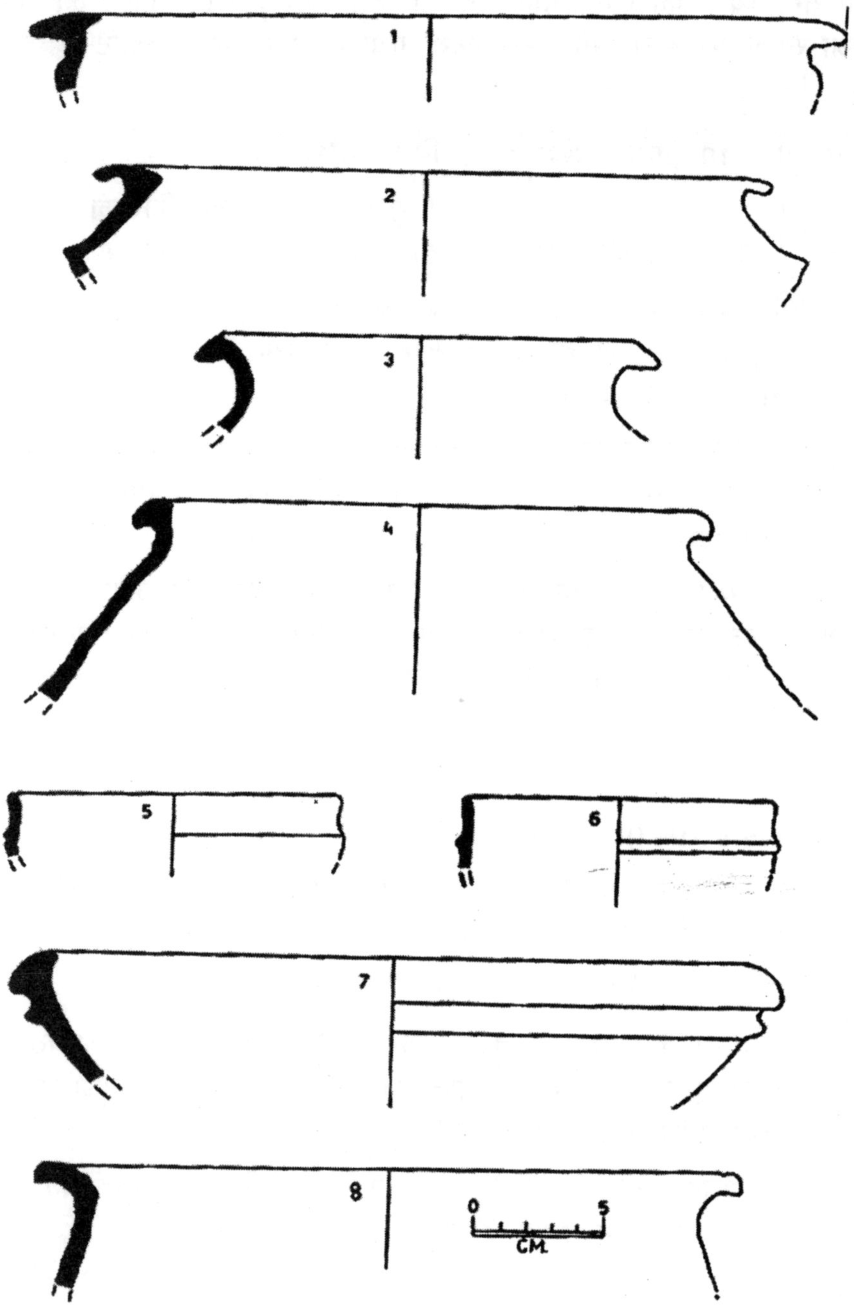

चित्र संख्या 10 : चकिया चौथावा, लोहित पात्र 1-4, ताड़ी, कृष्णीय 5-6 एवं लोहित पात्र 7-8

चित्र संख्या - 11 क्रम संख्या 1-11 कसेरुडीह

1. 8 सेमी. व्यास का कृष्ण मार्जित कटोरा, जिसका अवठ बाहर की ओर निकला हुआ, पार्श्व भाग नतोदर तथा गढ़न मध्यम कोटि का है।
2. 16 सेमी. व्यास का लोहित रंग का घड़ा, जिसका चौड़ा अवठ बाहर की और निकला हुआ, तथा ग्रीवा पर एक कूटक बना है। गढ़न मध्यम कोटि का है (द्रष्टव्य- शर्मा, कौशाम्बी, 1969, चित्र- 30/99, तृतीय काल)।
3. कृष्ण मार्जित रंग का इत्रदानी (द्रष्टव्य- नारायण व राय, राजघाट, 1977, चित्र- 20/67, तृतीय काल, लोहित रंग का)।
4. 29 सेमी. व्यास का लोहित रंग की द्रोणी, जिसका शुण्डाकार अवठ बाहर की ओर निकला हुआ, पार्श्व भाग नतोदर, जिस पर कूट बना हुआ है। गढ़न रूक्ष कोटि का है।
5. 28 सेमी. व्यास वाला लाल रंग की द्रोणी, क्रम संख्या- 4 के समतुल्य, बारी (Section) मोटा है।
6. 17.5 सेमी. व्यास का लोहित रंग का कटोरा, जिसका अवठ बाहर की ओर निकला हुआ, पार्श्व भाग उन्नतोदर एवं गढ़न मध्यम कोटि का है।
7. 13 सेमी. व्यास का उत्तरी कृष्ण मार्जित पात्र परम्परा का कटोरा, अवठ विशेषतारहित पार्श्व भाग उन्नतोदर तथा गढ़न उत्तम कोटि का है।
8. 11 सेमी. व्यास का उत्तरी कृष्ण मार्जित पात्र परम्परा की कटोरी, अवठ विशेषतारहित, पार्श्व भाग उन्नतोदर तथा गढ़न उत्तम कोटि का है (द्रष्टव्य- जायसवाल, अकथा, 2002, चित्र 25/11, द्वितीय काल)।
9. 18 सेमी. व्यास का लोहित रंग का कटोरा, अवठ बाहर की ओर, पार्श्व भाग नतोदर तथा गढ़न मध्यम कोटि का है।
10. 14 सेमी. व्यास का कृष्ण-मार्जित पात्र परम्परा का कटोरा, अवठ विशेषतारहित तथा गढ़न मध्यम कोटि का है।
11. क्रम संख्या 9 के सदृश्य लोहित रंग का कटोरा, व्यास- 24 सेमी.।

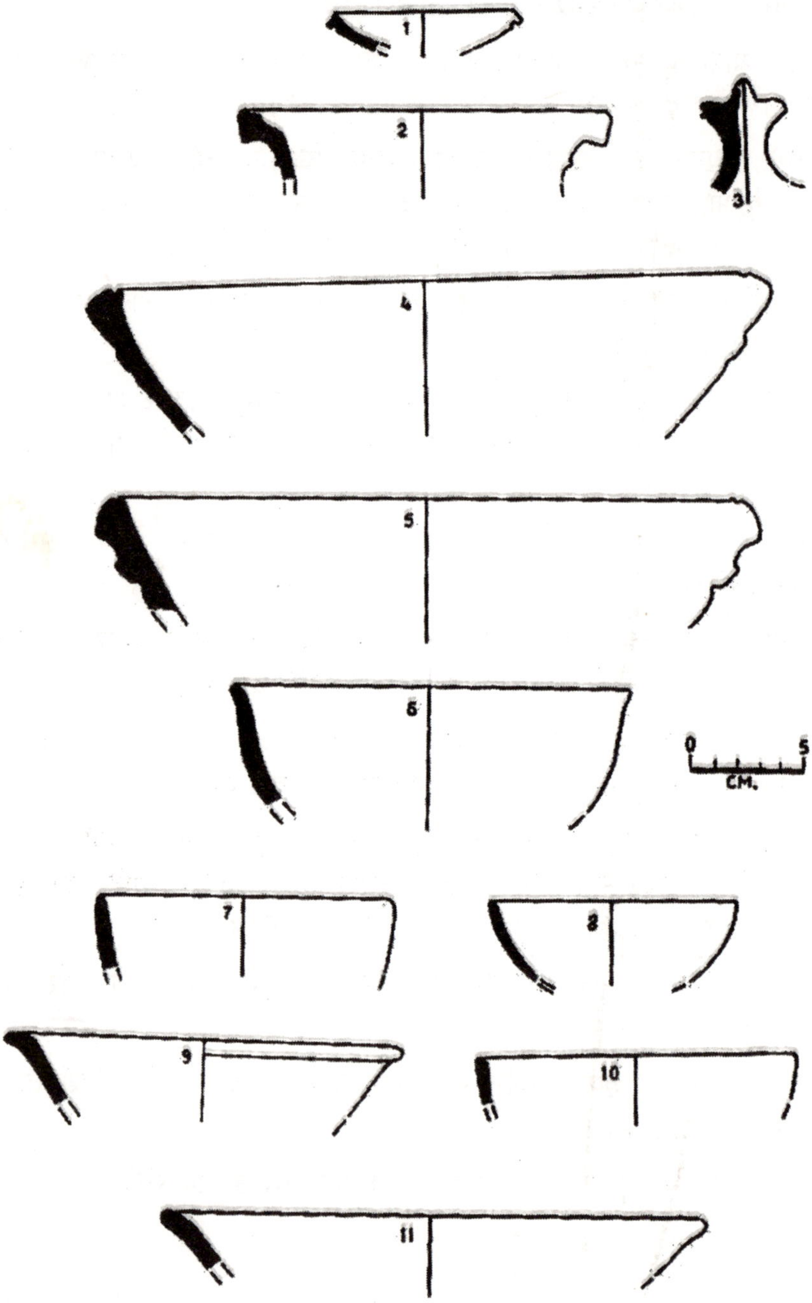

चित्र संख्या 11 : कसेरुडीह, कृष्ण मार्जित 1, 3, 10, उत्तरी कृष्ण मार्जित 7-8 एवं लोहित पात्र 2, 4, 5, 6, 9, 11

चित्र संख्या - 12 (क्रम संख्या 1-6 नहवानीपुर)

1. 13 सेमी. व्यास का एक लोहित रंग का कटोरा, जिसकी अवठ सीधी, पेंदी चौरस, गढ़न मध्यम कोटि का तथा प्रलेप युक्त है।
2. 12 सेमी. व्यास का एक लोहित रंग का घड़ा, जिसका अवठ बाहर की ओर निकला हुआ है, ग्रीवा नतोदार लम्बे आकार की तथा गढ़न रूक्ष कोटि का है (द्रष्टव्य- सराय मोहाना, चित्र- 23/2, तृतीय काल)।
3. उपरोक्त जैसा ही, परन्तु आकार में बड़ा, व्यास 18 सेमी.।
4. उपरोक्त जैसा ही, परन्तु आकार में बड़ा, व्यास 18.5 सेमी.।
5. 15 सेमी. व्यास का एक लोहित रंग का घड़ा, जिसका अवठ बाहर की ओर निकला हुआ, ग्रीवा लम्बी कोखदार तथा गढ़न रूक्ष कोटि का है।
6. 11 सेमी. व्यास का एक टोटीदार घड़ा, जिसका अवठ बाहर की ओर निकला हुआ, जिस पर दो खाँचे बने हैं। ग्रीवा नतोदर एवं गढ़न मध्यम कोटि का है।

(क्रम संख्या 7-10 सुरवाँ)

7. 27 सेमी. व्यास का एक लोहित रंग की द्रोणी, जिसका अवठ बाहर की ओर निकला हुआ, स्कन्ध पर दो खाँचे बने हैं तथा गढ़न मध्यम कोटि का है।
8. 13 सेमी. व्यास का एक लोहित रंग की द्रोणी, जिसका मनकेदार अवठ बाहर की ओर निकला हुआ है, स्कन्ध पर दो कूट बने हुये हैं। गढ़न मध्यम कोटि का है।
9. 12.5 सेमी. व्यास वाला लोहित रंग का घड़ा, जिसका मनकेदार अवठ बाहर की ओर निकला हुआ है, ग्रीवा नतोदर तथा गढ़न मध्यम कोटि का है।
10. 23 सेमी. व्यास का लोहित रंग का कटोरा, जिसका शुण्डाकार अवठ बाहर की ओर निकला हुआ, पार्श्व भाग नतोदर तथा गढ़न मध्यम कोटि का है। (द्रष्टव्य- जायसवाल, अकथा, 2002, चित्र 29/5, तृतीय काल)।

(क्रम संख्या 11-13 गैरहा)

11. 14 सेमी. व्यास का लोहित रंग का कटोरा, जिसका अवठ बाहर की ओर निकला हुआ, पार्श्व भाग नतोदर तथा गढ़न सामान्य कोटि का है।

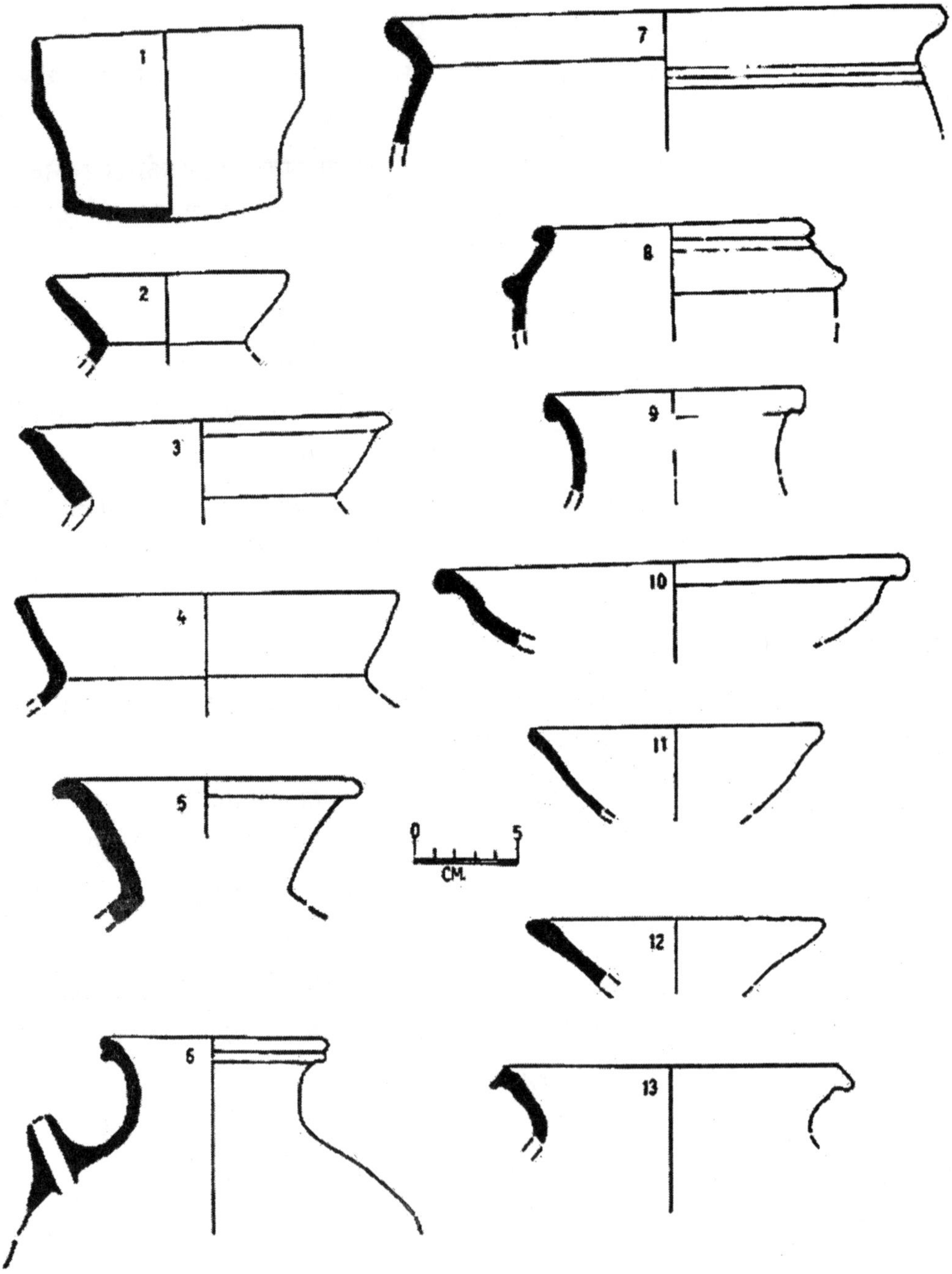

चित्र संख्या 12 : नहवानीपुर, लोहित पात्र 1-6, सुरवाँ, लोहित पात्र 7-10, गैरहा, लोहित पात्र 11-13

12. 14.5 सेमी. व्यास का लोहित रंग का कटोरा, जिसका पुष्ट अवठ बाहर की ओर निकला हुआ है। पार्श्वभाग नतोदर तथा गढ़न सामान्य कोटि का है। (द्रष्टव्य- जायसवाल, अकथा, 2002, चित्र- 32/2, पंचम काल, भारती- 26)।
13. 16.5 सेमी. व्यास का एक लोहित रंग का घड़ा, जिसका चोंचदार फैला हुआ अवठ बाहर की ओर निकला हुआ है, ग्रीवा पर हल्का सा उभार है तथा वह नतोदर है। गढ़न सामान्य कोटि का है।

चित्र संख्या - 13 (क्रम संख्या 1-17 निगोह)

1. 12.5 सेमी. व्यास का कृष्ण मार्जित पात्र परम्परा का कटोरा, जिसकी अवठ तीक्ष्ण एवं पार्श्व भाग उन्नतोदर है। गढ़न उत्तम कोटि का है (द्रष्टव्य- सिंह, बीरेन्द्र प्रताप, सिंह अशोक, सराय मोहाना, 2003-04, चित्र-14/14, द्वितीय काल)।
2. उसी तरह की पात्र परम्परा, लेकिन बारी (Section) मोटी, व्यास 12.5 सेमी.।
3. 13 सेमी. व्यास का उत्तरी कृष्ण मार्जित पात्र परम्परा का कटोरा, जिसका अवठ बाहर की ओर तथा गढ़न उत्तम कोटि का (द्रष्टव्य- सिंह, बीरेन्द्र प्रताप, सिंह अशोक, सराय मोहाना, 2003-04, चित्र- 15/4B. द्वितीय काल, प्रारम्भिक चरण)।
4. 12.5 सेमी. व्यास का एक कृष्ण मार्जित परम्परा का कटोरा, जिसका अवठ विशेषतारहित, पार्श्व भाग उन्नतोदर तथा गढ़न मध्यम कोटि का है। (द्रष्टव्य- सिंह बीरेन्द्र प्रताप, सिंह अशोक, सराय मोहाना, 2003-04, चित्र-13/1B, द्वितीय काल)।
5. उसी तरह की पात्र परम्परा का कटोरा, व्यास 15 सेमी.।
6. 17 सेमी. व्यास का कृष्ण मार्जित पात्र परम्परा का कटोरा, जिसका अवठ तीक्ष्ण तथा पार्श्व भाग लम्बवत् है। गढ़न उत्तम कोटि का है (द्रष्टव्य- सिंह, बीरेन्द्र प्रताप, सिंह अशोक, सराय मोहाना, 2003-04, चित्र- 13/2 A 2, द्वितीय काल)।
7. उसी तरह का पात्र, व्यास 17.5 सेमी.
8. 25 सेमी. व्यास का उत्तरी कृष्ण मार्जित परम्परा की थाली, जिसका अवठ तीक्ष्ण, पार्श्व भाग उन्नतोदर तथा गढ़न उत्तम कोटि का है। (द्रष्टव्य- सिंह, बीरेन्द्र प्रताप, सिंह अशोक, सराय मोहाना, 2003-04, चित्र - 16/13A, द्वितीय काल)।
9. 22 सेमी. व्यास का कृष्ण मार्जित पात्र परम्परा की थाली, जिसकी अवठ तीक्ष्ण एवं गढ़न मध्यम कोटि का है।

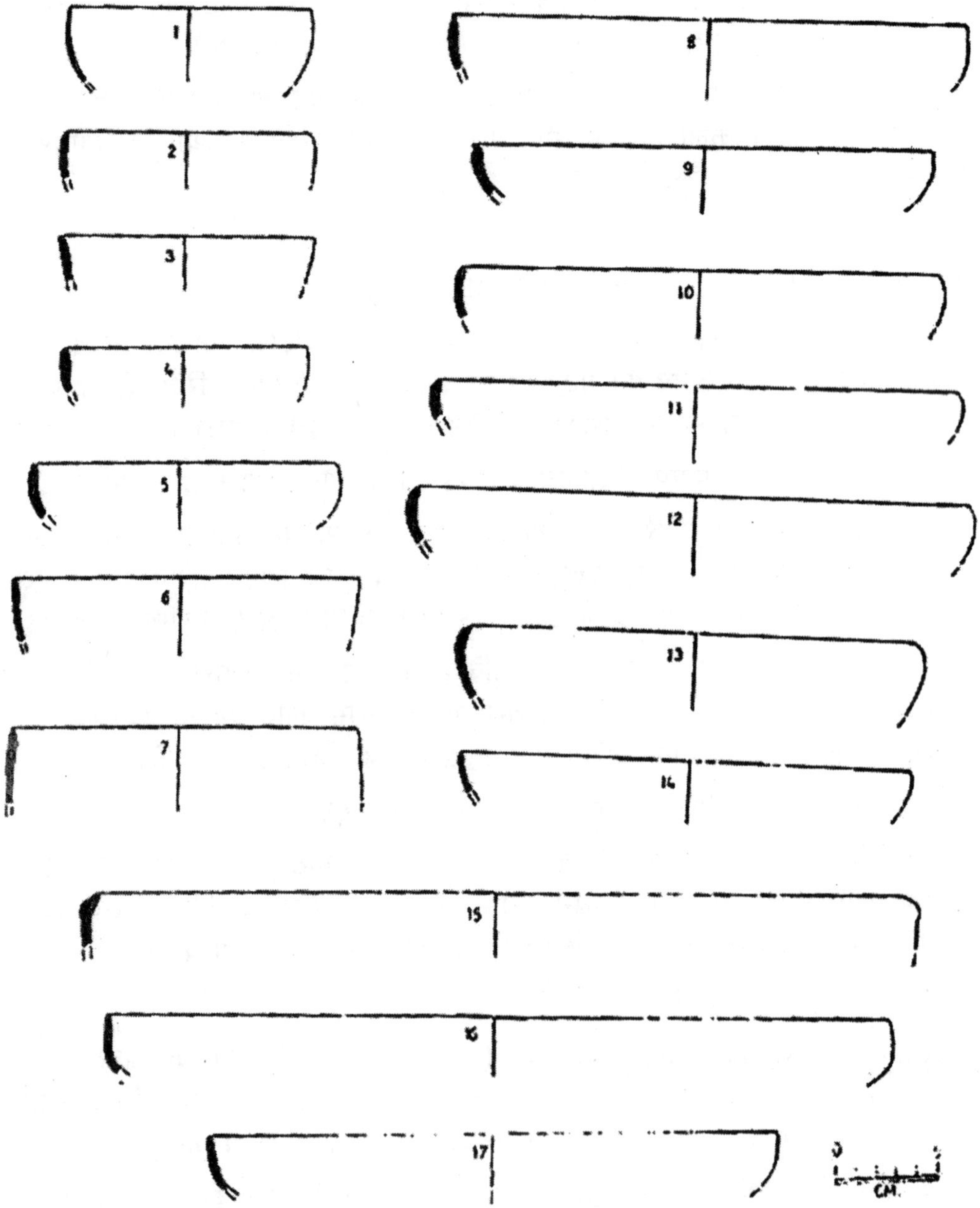

चित्र संख्या 13 : निगोह, कृष्ण मार्जित, उत्तरी कृष्ण मार्जित एवं लोहित पात्र 1-17

10. 23.5 सेमी. व्यास का कृष्ण मार्जित पात्र परम्परा की थाली/छिछली कटोरा, जिसका अवठ अन्दर की ओर तथा पार्श्व भाग उन्नतोदर है। गढ़न मध्यम कोटि का है (द्रष्टव्य- जायसवाल, अकथा, चित्र-11/42, प्रथम काल)।

11. उसी तरह की पात्र, व्यास 25.5 सेमी.।

12. 27 सेमी. व्यास का लोहित रंग की थाली, जिसका अवठ अन्दर की ओर तथा पार्श्व-भाग उन्नतोदर एवं गढ़न मध्यम कोटि का है (द्रष्टव्य- सिंह, बीरेन्द्र प्रताप एवं सिंह, अशोक, सराय मोहाना, 2002-2003, चित्र- 18/17 द्वितीय काल, भारती 27)।

13. उसी तरह की पात्र, व्यास 22 सेमी.।

14. उसी तरह की पात्र, व्यास 22 सेमी.।

15. 40 सेमी. व्यास का कृष्ण मार्जित पात्र परम्परा की द्रोणी, जिसका अवठ अन्दर की ओर तथा बाहर से पुष्ट तथा पार्श्व भाग लम्बवत् है। गढ़न मध्यम कोटि का है।

16. 39 सेमी. व्यास का उत्तरी कृष्ण मार्जित पात्र परम्परा की एक थाली, जिसका अवठ तीक्ष्ण तथा पार्श्व भाग उन्नतोदर एवं गढ़न उत्तम कोटि का है (द्रष्टव्य- सिंह, बीरेन्द्र प्रताप, सिंह अशोक, सराय मोहाना, 2003-04, चित्र- 16/13, द्वितीय काल)।

17. उसी तरह की थाली (कृष्ण मार्जित) व्यास- 28 सेमी.।

चित्र संख्या - 14 (क्रम संख्या 1-7 निगोह)

1. 24.5 सेमी. व्यास का एक कृष्ण मार्जित पात्र परम्परा का कटोरा, जिसका अवठ अन्दर की ओर और पार्श्व भाग उन्नतोदर है। गढ़न माध्यम कोटि का है। (द्रष्टव्य- सिंह, बीरेन्द्र प्रताप, सिंह, अशोक, सराय मोहाना, 2003-04, चित्र- 10/13, प्रथम काल, भारती संख्या- 27)।

2. 25 सेमी. व्यास का लोहित रंग का कटोरा, जिसका अवठ अन्दर की ओर, पार्श्व भाग उन्नतोदर, जिसपर दो जगह खाँचे बने हैं तथा गढ़न मध्यम कोटि का है (द्रष्टव्य- सिंह, बीरेन्द्र प्रताप, सिंह, अशोक, सराय मोहाना, 2003-04, चित्र-12/13, प्रथम काल)।

3. 24.5 सेमी. व्यास का लोहित रंग का कटोरा, जिसका अवठ नालीदार (Collared), जो अन्दर की ओर पुष्ट है। पार्श्व भाग उन्नतोदर तथा गढ़न मध्यम कोटि का है।

4. 24.5 सेमी. व्यास का लोहित रंग की द्रोणी, जिसका अवठ अन्दर की ओर तथा गढ़न मध्यम कोटि का है।

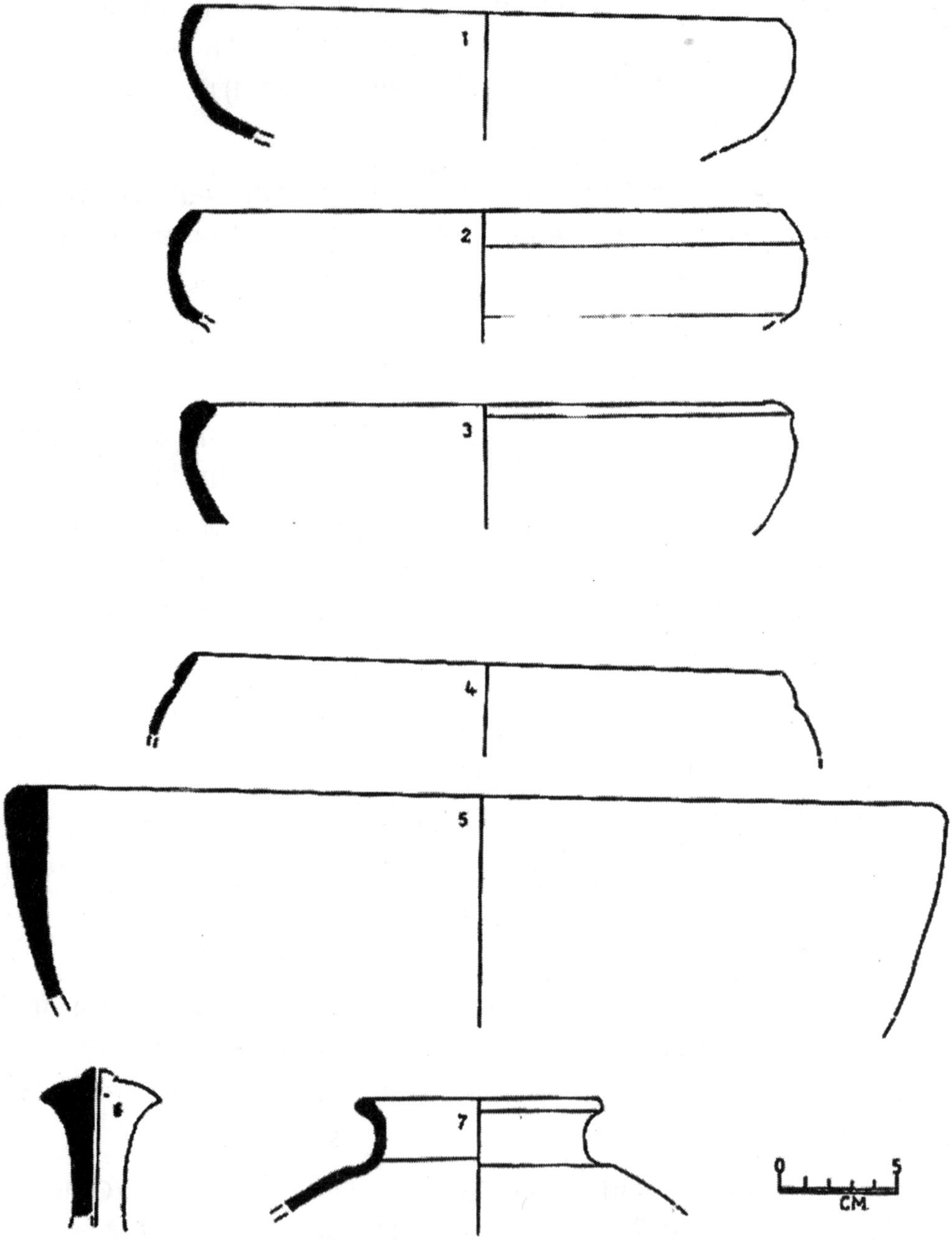

चित्र संख्या 14 : निगोह, कृष्ण मार्जित 1 एवं लोहित पात्र 2-7

5. 38 सेमी. व्यास की एक द्रोणी, जिसका अवठ चौरस तथा गढ़न मध्यम कोटि का है।
6. इत्रदानी का ऊपरी भाग (मुठ)।
7. 10 सेमी. व्यास का एक लोहित रंग का घड़ा, जिसका अवठ बाहर की ओर निकला हुआ, ग्रीवा नतोदर, पार्श्व भाग गोलाकार तथा गढ़न मध्यम कोटि का है।

चित्र संख्या - 15 (क्रम संख्या 1-7, चमाव)

1. 17 सेमी. व्यास का मार्जित लोहित कटोरा, अवठ विशेषतारहित, पार्श्व भाग उन्नतोदर तथा गढ़न मध्यम कोटि का है। (द्रष्टव्य- सिंह, बीरेन्द्र प्रताप, सिंह, अशोक, सराय मोहाना, 2003-04, चित्र- 17/2C, द्वितीय काल)।
2. 17 सेमी. व्यास का लोहित रंग का कटोरा, जिसका अवठ बाहर की ओर और पार्श्व भाग उन्नतोदर तथा गढ़न मध्यम कोटि का। (द्रष्टव्य- सिंह, बीरेन्द्र प्रताप, सिंह, अशोक, सराय मोहाना, 2003-04, चित्र- 18/2)।
3. 12.5 सेमी. व्यास का लोहित रंग का कटोरा, अवठ बाहर की ओर तथा गढ़न मध्यम कोटि का है।
4. 12 सेमी. व्यास का लोहित रंग का घड़ा, जिसका अवठ बाहर की ओर निकला हुआ, ग्रीवा नतोदर तथा गढ़न मध्यम कोटि का है (द्रष्टव्य- कौशाम्बी, पूर्वोक्त, चित्र - 20/33, द्वितीय काल)।
5. 17 सेमी. व्यास वाला लोहित रंग का घड़ा, जिसका फैला हुआ अवठ बाहर की ओर निकला हुआ, जिस पर खाँचे बने हैं, ग्रीवा नतोदर तथा गढ़न मध्यम कोटि का है।
6. 19 सेमी. व्यास वाला लोहित रंग का कोखदार हाँड़ी जिसका अवठ बाहर की ओर निकला हुआ तथा गढ़न मध्यम कोटि का है (द्रष्टव्य- नारायण व राय, राजघाट, 1977, चित्र- 18/40 तृतीय काल)।
7. 47 सेमी. व्यास का एक अवठ कूप (Ring Well) का एक टुकड़ा, जिसका अवठ चौरस एवं अन्दर से पुष्ट है। गढ़न रूक्ष कोटि का है।

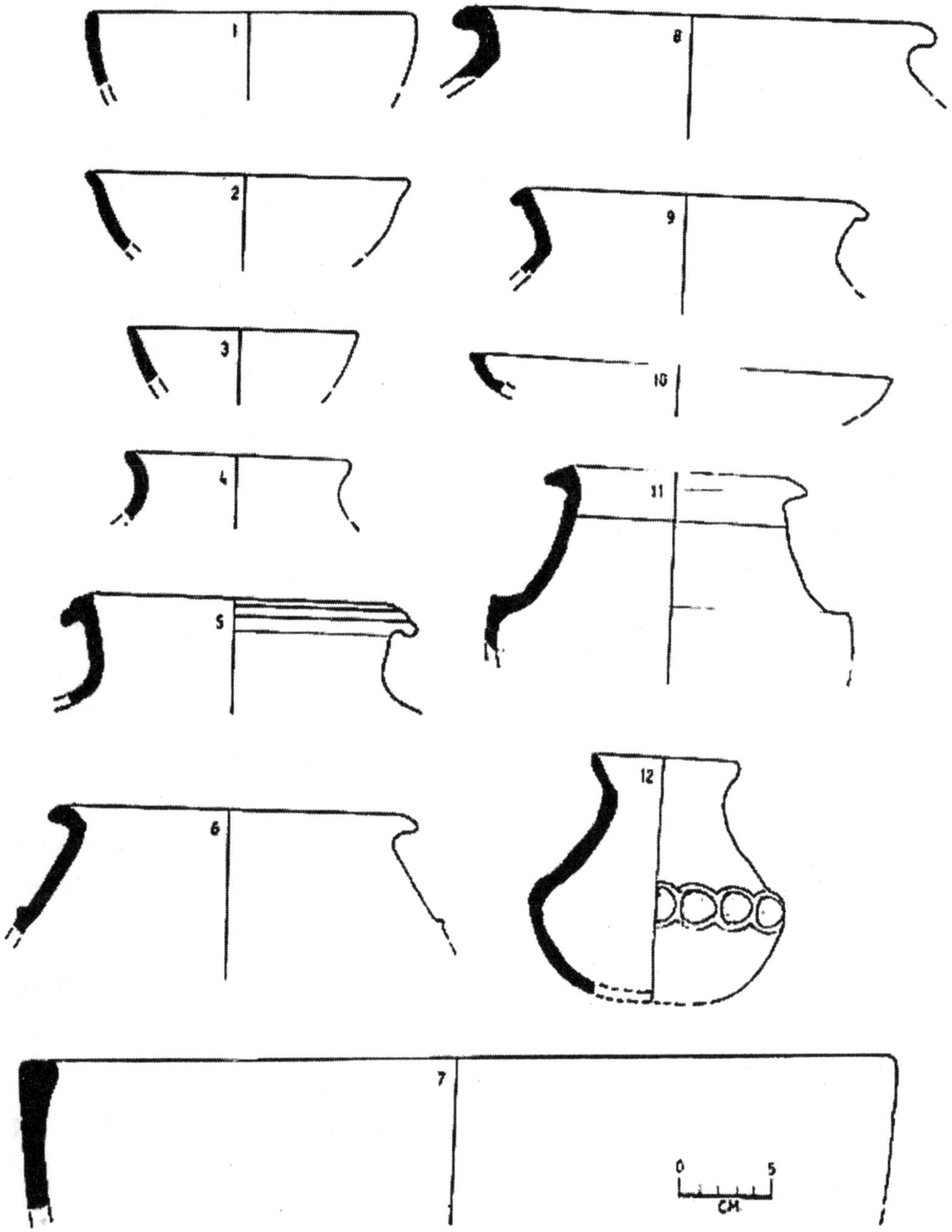

चित्र संख्या 15 : चमाव, लोहित पात्र 1-7, जगदीशपुर, लोहित पात्र 8-12

(क्रम संख्या 8-12 जगदीशपुर)

8. 24 सेमी. व्यास का लोहित रंग का घड़ा, जिसका अवठ बाहर की ओर निकला हुआ तथा गढ़न मध्यम कोटि का है।
9. 18 सेमी. व्यास वाला लोहित रंग का घड़ा, जिसका अवठ बाहर की ओर चोंचदार निकला हुआ, ग्रीवा लम्बी है तथा पार्श्व भाग गोलाकार लिये हुये है। गढ़न मध्यम कोटि का है (द्रष्टव्य- राजघाट, पूर्वोक्त, चित्र- 22/23, चतुर्थ काल)।
10. 22 सेमी. व्यास वाली लोहित रंग की थाली, जिसका अवठ चौरस तथा लम्बी चौड़ी पेंदी तथा गढ़न मध्यम कोटि का है (द्रष्टव्य- राजघाट, उपरोक्त, चित्र-23/29, चतुर्थ काल, राजघाट- चित्र- 19/60, तृतीय काल)।
11. 12 सेमी. व्यास वाली लोहित रंग का हाँड़ी, जिसका चोंचदार अवठ बाहर की ओर निकला हुआ तथा गढ़न मध्यम कोटि का है (द्रष्टव्य- राजघाट, उपरोक्त, चित्र-18/39, तृतीय काल)।
12. 8 सेमी. व्यास वाला लोहित रंग का घरिया, जिसका अवठ बाहर की ओर निकला हुआ, पार्श्व भाग नतोदर तथा मध्य से स्कन्ध नौतली (Corinated) तथा पेंदी चौरस है। पात्र के मध्य में ठप्पे द्वारा उभार कर अलंकरण किया गया है, जिसमें कड़ी अथवा वृत्त एक-दूसरे से जुड़े दिखलाये गये हैं।

चित्र संख्या - 16 (क्रम संख्या 1-9 हीरापट्टी)

1. 13.5 सेमी. व्यास का लोहित रंग का कटोरा, जिसका चौड़ा अवठ बाहर की ओर निकला हुआ, पार्श्व भाग कटाव लिये हुये अन्दर की ओर, जिसका निचला हिस्सा अपेक्षाकृत मोटा तथा पेंदी चौरस है (द्रष्टव्य- शर्मा, कौशाम्बी, 1969, चित्र- 24/11, तृतीय काल)।
2. 15 सेमी. व्यास का लोहित रंग का कटोरा, जिसका अवठ बाहर की ओर निकला हुआ तथा गढ़न मध्यम कोटि का है।
3. उसी तरह की पात्र, व्यास 16 सेमी.
4. 18 सेमी. व्यास वाला लोहित रंग का कटोरा, जिसका अवठ बाहर की ओर, पार्श्व भाग उन्नतोदर तथा गढ़न मध्यम कोटि का है (द्रष्टव्य- सिंह, बीरेन्द्र प्रताप, सिंह, अशोक, सराय मोहाना, 2003-04, चित्र- 18/12, द्वितीय काल)।

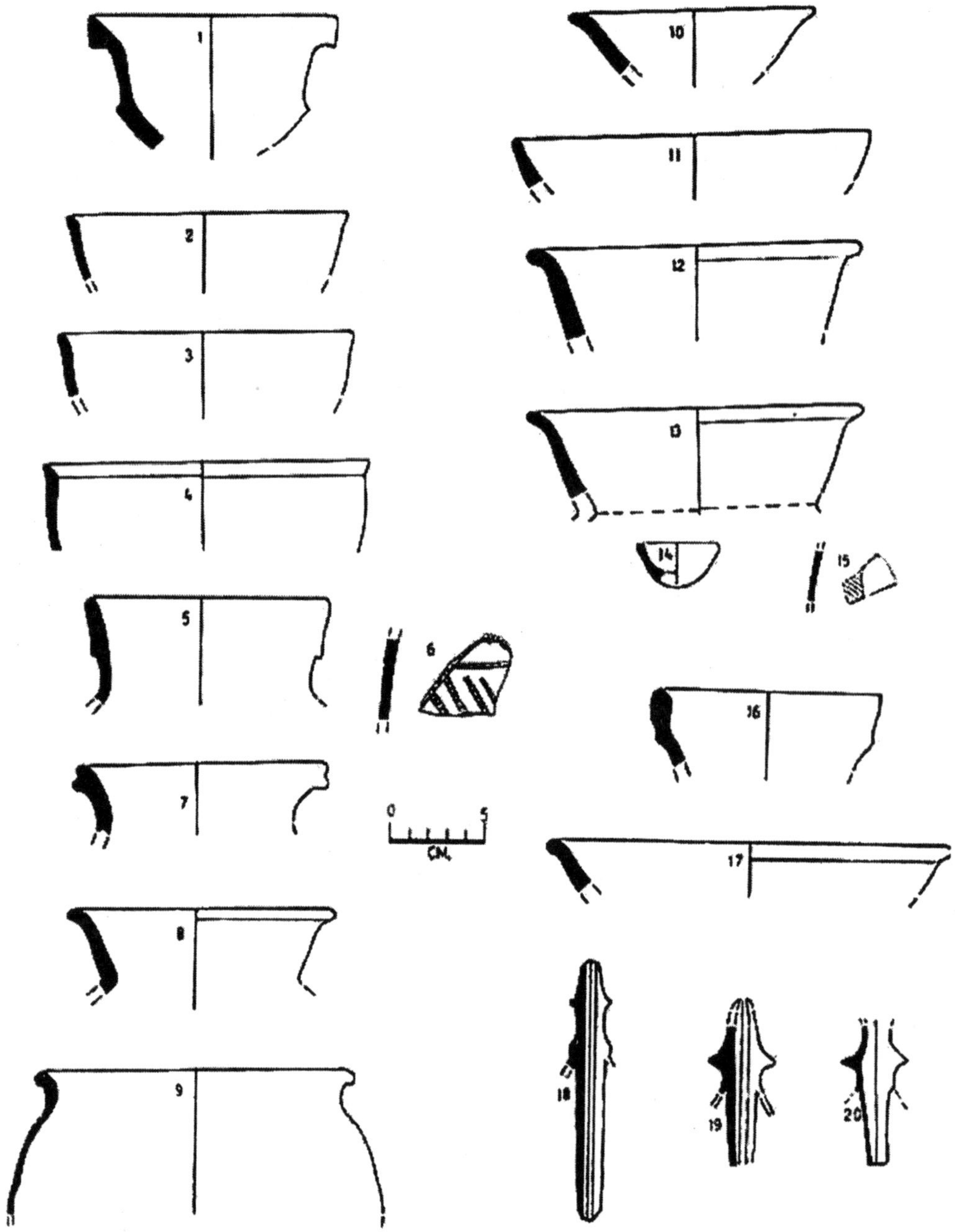

चित्र संख्या 16 : हीरापट्टी, लोहित पात्र 1-9, महमूदपुर, लोहित पात्र 10-13, याकूबपुर, लोहित एवं कृष्ण मार्जित पात्र 14-17, साईपुर, भुलईपुर एवं कठौना, 18, 19, 20 इत्रदानी

5. 13.5 सेमी. व्यास वाला लोहित रंग का जार, जिसका अवठ बाहर की ओर निकला हुआ तथा गढ़न रूक्ष कोटि का है (द्रष्टव्य- शर्मा, कौशाम्बी, 1969, चित्र- 21/53, द्वितीय काल)।
6. लोहित रंग के पात्र का एक टुकड़ा, जिस पर दो प्रकार का अलंकरण किया गया है। पहला पट्टियों में वृत्त एवं दूसरा पट्टियों में बिन्दुओं का अंकन किया गया है।
7. 14 सेमी. व्यास का लोहित रंग का घड़ा, जिसका अवठ बाहर की ओर निकला हुआ, जिस पर दो खाँचे बने हैं, ग्रीवा नतोदर तथा गढ़न मध्यम कोटि का है (द्रष्टव्य- शर्मा, कौशाम्बी, उपरोक्त, चित्र-30/98, तृतीय काल)।
8. 15 सेमी. व्यास वाला लोहित रंग का जार, जिसका अवठ बाहर की ओर निकला हुआ, ग्रीवा लम्बे आकार का तथा गढ़न मध्यम कोटि का है।
9. 17 सेमी. व्यास का लोहित रंग की हाँड़ी, जिसका अवठ बाहर की ओर निकला हुआ, ग्रीवा के ठीक नीचे हल्का-सा उभार बनाया गया है। पार्श्व भाग क्रमशः फैला हुआ (द्रष्टव्य- सिन्हा व राय, वैशाली उत्खनन, 1969, चित्र- 35/6, तृतीय काल)।

(क्रम संख्या 10-13 महमूदपुर)

10. 13 सेमी. व्यास का लोहित रंग का कटोरा, जिसका अवठ बाहर की ओर निकला हुआ तथा गढ़न मध्यम कोटि का है।
11. 19 सेमी. व्यास का लोहित रंग का कटोरा, जिसका अवठ बाहर की ओर तथा गढ़न मध्यम कोटि का है (द्रष्टव्य- सिंह बीरेन्द्र प्रताप, सिंह अशोक, सराय मोहाना, 2003-04, चित्र- 11/8, प्रथम काल)।
12. 18 सेमी. व्यास का लोहित रंग का घड़ा, जिसका अवठ बाहर की ओर निकला हुआ, कोखदार ग्रीवा तथा पार्श्व भाग बाहर की ओर फैलता हुआ। गढ़न मध्यम कोटि का है (द्रष्टव्य- सिंह बीरेन्द्र प्रताप, सिंह अशोक, सराय मोहाना, 2003-04, चित्र संख्या- 11/1)।
13. उसी तरह का घड़ा।

(क्रम संख्या 14-17 याकुबपुर)

14. 4.5 सेमी. व्यास का लोहित रंग की दियरी, जिसका अवठ बाहर की ओर तथा गढ़न मध्यम कोटि का है।

15. कृष्ण मार्जित पात्र परम्परा का एक टुकड़ा, जिस पर हल्का उकेर कर रेखाओं का अंकन किया गया है।

16. 12.5 सेमी. व्यास का एक लोहित रंग का नितल कटोरा, जिसका अवठ मोटा एवं पार्श्व भाग में कूट बना है। गढ़न रूक्ष कोटि का है।

17. 22 सेमी. व्यास का लोहित रंग का पात्र कटोरा, जिसकी अवठ बाहर की ओर निकला हुआ तथा गढ़न मध्यम कोटि का है (द्रष्टव्य- वैशाली, उपरोक्त, चित्र-42/18, तृतीय काल)।

(क्रम संख्या 18, 19, 20 - साईपुर, भूलईपुर, कटौना)

18. इत्रदानी की टोटी लम्बाई 12.5 सेमी.

19. वही, लम्बाई - 6.5 सेमी.

20. वही, लम्बाई - 6.8 सेमी.

चित्र संख्या - 17 (क्रम संख्या 1-12 गरियाँव)

1. 7 सेमी. व्यास का धूसर रंग का नितल कटोरा, जिसका अवठ बाहर की ओर, ग्रीवा नतोदर तथा पार्श्व भाग कोखदार बनाया गया है। पेंदी चौरस तथा गढ़न उत्तम कोटि का है।

2. 9.5 सेमी. व्यास का लोहित रंग का शंक्वाकार कटोरा, जिसका अवठ बाहर की ओर निकला हुआ, अन्दर से पुष्ट तथा पेंदी चौरस है। गढ़न मध्यम कोटि का है। (द्रष्टव्य- वैशाली, उपरोक्त, चित्र-27/10, द्वितीय काल)

3. लोहित रंग का ढक्कन के बीच की घुंडी, जिसका अवठ क्षतिग्रस्त तथा पेदी चौरस है।

4. 11 सेमी. व्यास का लोहित रंग का कटोरा, जिसका अवठ अन्दर की ओर तथा पार्श्व भाग उन्नतोदर, जिस पर दो बाहर की ओर निकला हुआ हत्थी। (द्रष्टव्य- सराय मोहाना, वही, चित्र-22/11, द्वितीय काल)

5. 14 सेमी. व्यास का लोहित रंग का कटोरा, अवठ बाहर की ओर निकला हुआ, जो अन्दर से पुष्ट है। गढ़न मध्यम कोटि का है।

6. 16.5 सेमी. व्यास का कृष्ण मार्जित पात्र परम्परा का एक कटोरा, जिसका तीक्ष्ण अवठ बाहर की ओर निकला हुआ, तथा गढ़न मध्यम कोटि का है।

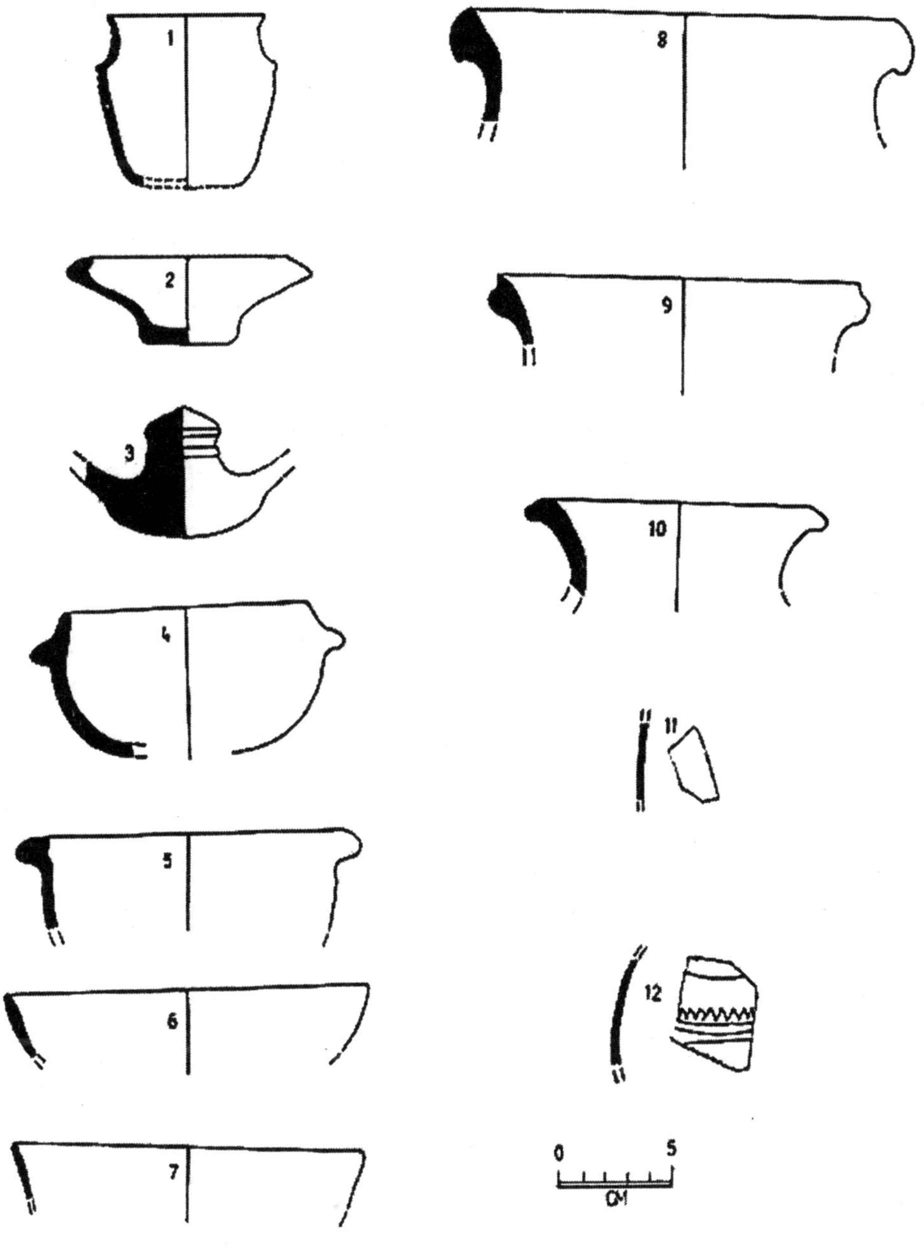

चित्र संख्या 17 : गरियांव, धूसर 1, लोहित 2-5, 8-10, 12, कृष्ण मार्जित 6, 7 एवं उत्तरी कृष्ण मार्जित पात्र 11

7. 16 सेमी. व्यास का कृष्ण मार्जित पात्र परम्परा का नितल कटोरा, अवठ बाहर की ओर निकला हुआ। गढ़न मध्यम कोटि का है।
8. 19 सेमी. व्यास का लोहित रंग का घड़ा, जिसका कंठेदार अवठ (Collared Rim) बाहर की ओर निकला हुआ, गढ़न मध्यम कोटि का प्रलेप युक्त (द्रष्टव्य- सिन्हा एवं राय, वैशाली उत्खनन, 1969, चित्र- 42/15 तृतीय काल)।
9. 16 सेमी. व्यास का लोहित रंग का घड़ा, जिसका मनकेदार (Beaded Rim) अवठ बाहर की ओर निकला हुआ तथा गढ़न मध्यम कोटि का है (द्रष्टव्य- सिन्हा एवं राय, वैशाली, 1969, चित्र- 40/7, तृतीय काल)।
10. 13 सेमी. व्यास वाला लोहित रंग का घड़ा/गगरी, जिसका अवठ बाहर की ओर निकला हुआ, ग्रीवा नतोदर तथा गढ़न मध्यम कोटि का है।
11. उत्तरी कृष्ण मार्जित पात्र परम्परा का एक टुकड़ा, गढ़न उत्तम कोटि का है।
12. लोहित रंग के पात्र का परम्परा का एक टुकड़ा, गढ़न उत्तम कोटि का है।

चित्र संख्या - 18 (क्रम संख्या 1-7 गरियाँव)

1. 23 सेमी. व्यास का लोहित रंग की थाली, जिसका अवठ विशेषतारहित, पार्श्व भाग सीधा, जो पेंदी से जुड़ते हुये कोखदार हो जाती है, पेंदी चौरस तथा गढ़न मध्यम कोटि का है (द्रष्टव्य- जायसवाल, अकथा, 2002-2003, चित्र - 18/121, प्रथम काल)।
2. 32 सेमी. व्यास वाला लोहित रंग की द्रोणी, जिसका अवठ पुष्ट तथा गढ़न रूक्ष कोटि का है (द्रष्टव्य- सिन्हा एवं राय, वैशाली, 1969, चित्र संख्या, 34/20, तृतीय काल)।
3. 29.5 सेमी. व्यास का कृष्ण मार्जित परम्परा की थाली, जिसका अवठ तीक्ष्ण एवं गढ़न मध्यम कोटि का है (द्रष्टव्य- जायसवाल, अकथा, 2002-03, चित्र 11/49, प्रथम काल)।
4. 27 सेमी. व्यास वाला लोहित रंग का घड़ा, जिसका अवठ बाहर की ओर फैली हुयी तथा गढ़न रूक्ष कोटि का है (द्रष्टव्य- सिन्हा एवं राय, वैशाली, 1969, चित्र-39/29, तृतीय काल)।
5. 27 सेमी. व्यास का लोहित रंग की कोखदार थाली, जिसका चौड़ी अवठ बाहर की ओर फैला हुआ तथा पेंदी चौरस है।

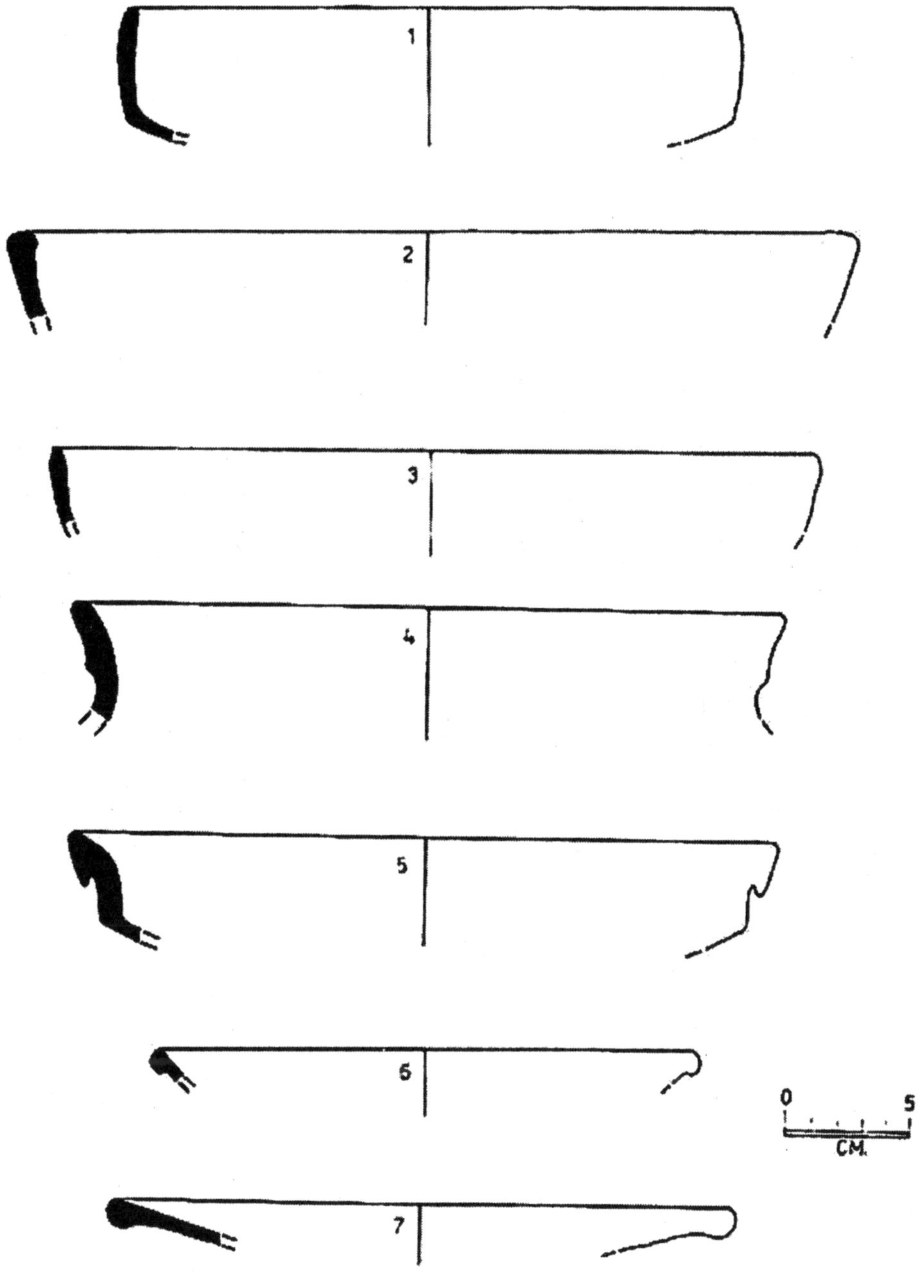

चित्र संख्या 18 : गरियांव, लोहित पात्र 1, 2, 4-7 एवं कृष्ण मार्जित पात्र 3

6. 20.5 सेमी. व्यास वाला लोहित रंग का छिछला कटोरा, जिसका अवठ गदादार, (Collered Cubbed) जो बाहर की ओर झुकी हुयी है तथा गढ़न मध्यम कोटि का है (द्रष्टव्य- सिंह, बीरेन्द्र प्रताप एवं सिंह, अशोक, सराय मोहाना, 2003-04, चित्र 22/10B, द्वितीय काल का अन्तिम चरण)।
7. उसी तरह का पात्र आकार में बड़ा, व्यास- 24 सेमी.।

चित्र संख्या - 19 (क्रम संख्या 1-9, कोचारी)

1. 13 सेमी. व्यास का लोहित रंग का लम्बी गर्दन वाली सुराही, जिसका चौड़ा अवठ बाहर की ओर झुका हुआ, जिस पर चार खाँचे बने हुये हैं। गढ़न सामान्य कोटि का, प्रलेप का अभाव है (द्रष्टव्य- सिन्हा एवं राय, कौशाम्बी उत्खनन, 1969, चित्र- 39/35, तृतीय काल)।
2. उपरोक्त जैसा ही पात्र, व्यास 13.5 सेमी.।
3. धूसर रंग के पेंदी का निचला हिस्सा (Footed round) (द्रष्टव्य - वैशाली, उपरोक्त, चित्र- 31/8, द्वितीय काल)।
4. लोहित रंग का एक खण्डित द्रोणी का हिस्सा, जिसके स्कन्ध पर उकेर कर अलंकरण किया गया है।
5. 12 सेमी. व्यास वाला लोहित रंग का घड़ा, जिसका चोंचदार अवठ बाहर की ओर निकला हुआ तथा गढ़न मध्यम कोटि का है (द्रष्टव्य- वैशाली, उपरोक्त, चित्र-37/11, तृतीय काल)।
6. 20 सेमी. व्यास का लोहित रंग का घड़ा, जिसका फैला हुआ अवठ बाहर की ओर निकला हुआ, ग्रीवा नतोदर है, जिस पर एक कूट बना है तथा गढ़न मध्यम कोटि का है (द्रष्टव्य- कौशाम्बी, उपरोक्त, चित्र-29/76 तृतीय काल)।
7. 18 सेमी. व्यास वाला लोहित रंग का जार, जिसका अवठ बाहर की ओर निकला हुआ, जिस पर खाँचा बना है। गढ़न मध्यम कोटि का है।
8. लोहित रंग का ढक्कन, जिसके बीच का घुंडी सुरक्षित है। अवठ वाला भाग टूट गया है।
9. लाल रंग की टोटी जो संभवतः किसी टोटीदार पात्र का है। अवठ गोलाई लिया हुआ है (द्रष्टव्य- वैशाली, उपरोक्त, चित्र-45/10, तृतीय काल)।

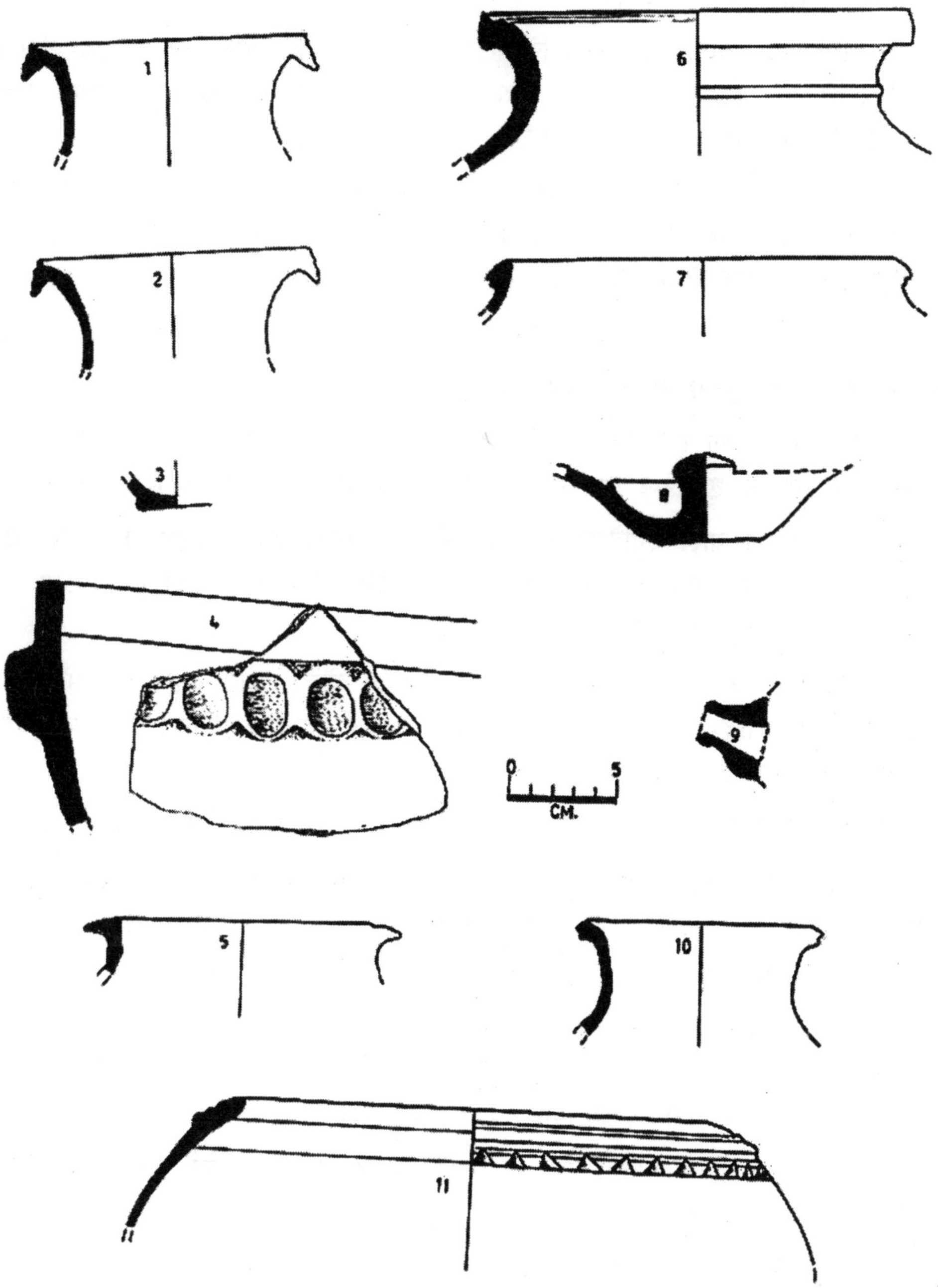

चित्र संख्या 19 : कोचारी, लोहित पात्र 1, 3-9, धूसर पात्र 2, बदरहाँ, लोहित पात्र 10-11

(क्रम संख्या 10 - 11 बरदहाँ)

10. 10.5 सेमी. व्यास का एक घड़ा, जिसका अवठ बाहर की ओर निकला हुआ, जिस पर दो खाँचे बने हैं, ग्रीवा नतोदर तथा गढ़न मध्यम कोटि का है (द्रष्टव्य- वैशाली, उपरोक्त, चित्र- 40/19, तृतीय काल)।
11. 22 सेमी. व्यास का लोहित रंग की एक द्रोणी/अथरी, जिसका अवठ अन्दर की ओर है। अवठ के ठीक नीचे दो कूट का निर्माण किया गया है। पार्श्व पर उकेर कर त्रिभुजों का अंकन किया गया है।

चित्र संख्या - 20 (क्रम संख्या 1-7 बेरवाँ)

1. 10 सेमी. व्यास का लोहित रंग का हाँड़ी, जिसका अवठ बाहर की ओर निकला हुआ, मध्य भाग को कोखदार बनाया गया है तथा गढ़न मध्यम कोटि का है।
2. 20 सेमी. व्यास वाले लोहित रंग की थाली, जिसका अवठ बाहर की ओर निकला हुआ, स्कन्ध को कोखदार बनाया गया तथा गढ़न मध्यम कोटि का है (द्रष्टव्य- सिन्हा एवं राय, वैशाली, 1969, चित्र-46/8, चतुर्थ काल)।
3. 9 सेमी. व्यास का लोहित रंग का घड़ा, जिसका चौड़ा अवठ बाहर की ओर निकला हुआ, ग्रीवा नतोदर तथा गढ़न मध्यम कोटि का है (द्रष्टव्य- सिन्हा एवं राय, वैशाली, 1969, चित्र-39/28, तृतीय काल)।
4. उपरोक्त प्रकार का मृद्भाण्ड, किन्तु आकार में बड़ा, व्यास-16 सेमी.।
5. 14 सेमी. व्यास का लोहित रंग का घड़ा, जिसका गद्देदार अवठ बाहर की ओर निकला हुआ, ग्रीवा नतोदर तथा गढ़न मध्यम कोदि का है। (द्रष्टव्य- वैशाली, उपरोक्त, चित्र - 39/32, तृतीय काल)।
6. 30 सेमी. व्यास वाला लोहित रंग की द्रोणी/जार, जिसका अवठ बाहर की ओर निकला हुआ, पार्श्व भाग पर कूट का निर्माण किया गया है। गढ़न मध्यम कोटि का है (द्रष्टव्य- वैशाली, उपरोक्त, चित्र-42/1, तृतीय काल)।
7. 45 सेमी. व्यास वाला लोहित रंग का अवठ कूप/वलय कूप का एक हिस्सा, जिसका अवठ गदादार एवं मोटे आकार की है।

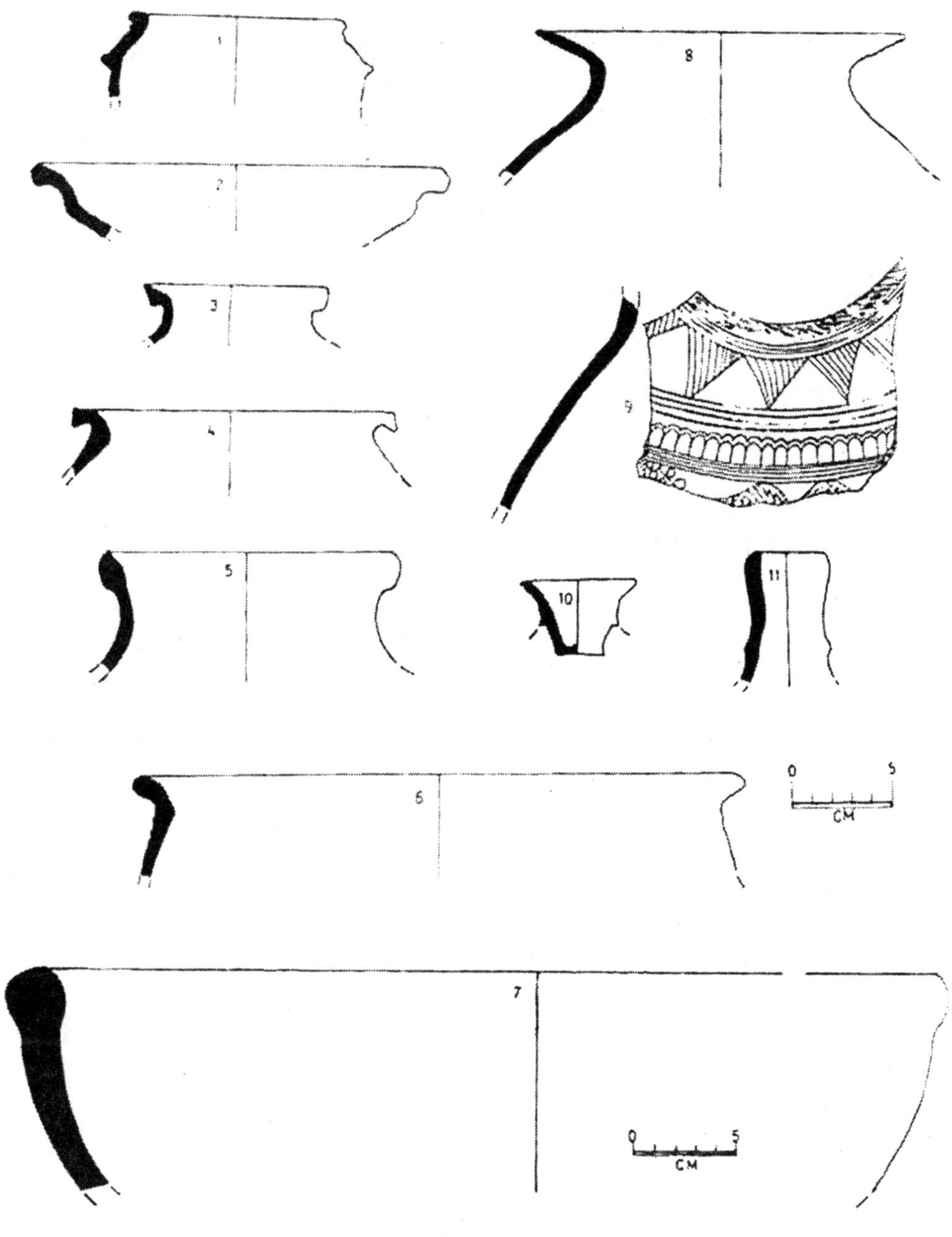

चित्र संख्या 20 : बेरवाँ, लोहित पात्र 1-7, सुरहन, लोहित पात्र 8-9, मुडकटिया, लोहित पात्र 10-11

(क्रम संख्या 8-9 सुरहन)

8. 18 सेमी. व्यास का लोहित रंग का जार, जिसका अवठ बाहर की ओर तथा गढ़न मध्यम कोटि का है। (द्रष्टव्य- वैशाली, उपरोक्त, चित्र- 42/3, तृतीय काल)।
9. लोहित रंग के खण्डित पात्र को स्कन्ध पर उकेर क़र अलंकरण किया गया है।

(क्रम संख्या - 10-11 मुड़कटियाँ)

10. 5.5 सेमी. व्यास वाला ढक्कन युक्त कटोरा (Lid Cum Bowl), जिसका अवठ बाहर की ओर तथा गढ़न रूक्ष कोटि का है।
11. 4 सेमी. व्यास वाला लोहित रंग की सुराही की ग्रीवा, जिसका अवठ अन्दर की ओर गढ़न रूक्ष कोटि का है।

चित्र संख्या - 21 (क्रम संख्या 1-8 सकराडीह)

1. 9.5 सेमी. व्यास वाला कृष्ण मार्जित पात्र का नितल कटोरा, जिसका अवठ विशेषतारहित तथा गढ़न मध्यम कोटि का है (द्रष्टव्य- सिंह, बीरेन्द्र प्रताप, सिंह, अशोक, सराय मोहाना, 2002-03, चित्र- 13/2 द्वितीय काल)।
2. 10 सेमी. व्यास वाला कृष्ण मार्जित पात्र परम्परा का कटोरा, जिसका अवठ बाहर की ओर निकला हुआ विशेषतारहित तथा गढ़न मध्यम कोटि का है।
3. 11.5 सेमी. व्यास का कृष्ण मार्जित पात्र परम्परा का कटोरा, जिसका अवठ अन्दर की ओर मोटे आकार का पार्श्व भाग उन्नतोदर तथा गढ़न मध्यम कोटि का है।
4. 8.5 सेमी. व्यास का कृष्ण मार्जित पात्र परम्परा का कटोरा, जिसका अवठ बाहर की ओर, पार्श्व भाग नतोदर तथा गढ़न मध्यम कोटि का है।
5. कृष्ण मार्जित पात्र परम्परा का ढक्कन युक्त कटोरा (Lib Cub Bowl), जिसकी अवठ बाहर की ओर निकला हुआ, तथा गढ़न मध्यम कोटि का है।
6. लोहित पात्र का एक टुकड़ा, जिसके ऊपर उकेर कर मेहराबनुमा आकृति बनायी गयी है।
7. 24.5 सेमी. व्यास वाला कृष्ण मार्जित पात्र परम्परा की एक थाली, जिसकी अवठ बाहर की ओर निकला, पार्श्व भाग उन्नतोदर तथा गढ़न मध्यम कोटि का है (द्रष्टव्य- जायसवाल, अकथा 2002-03, चित्र- 11/44, प्रथम काल, भारती- 26)।

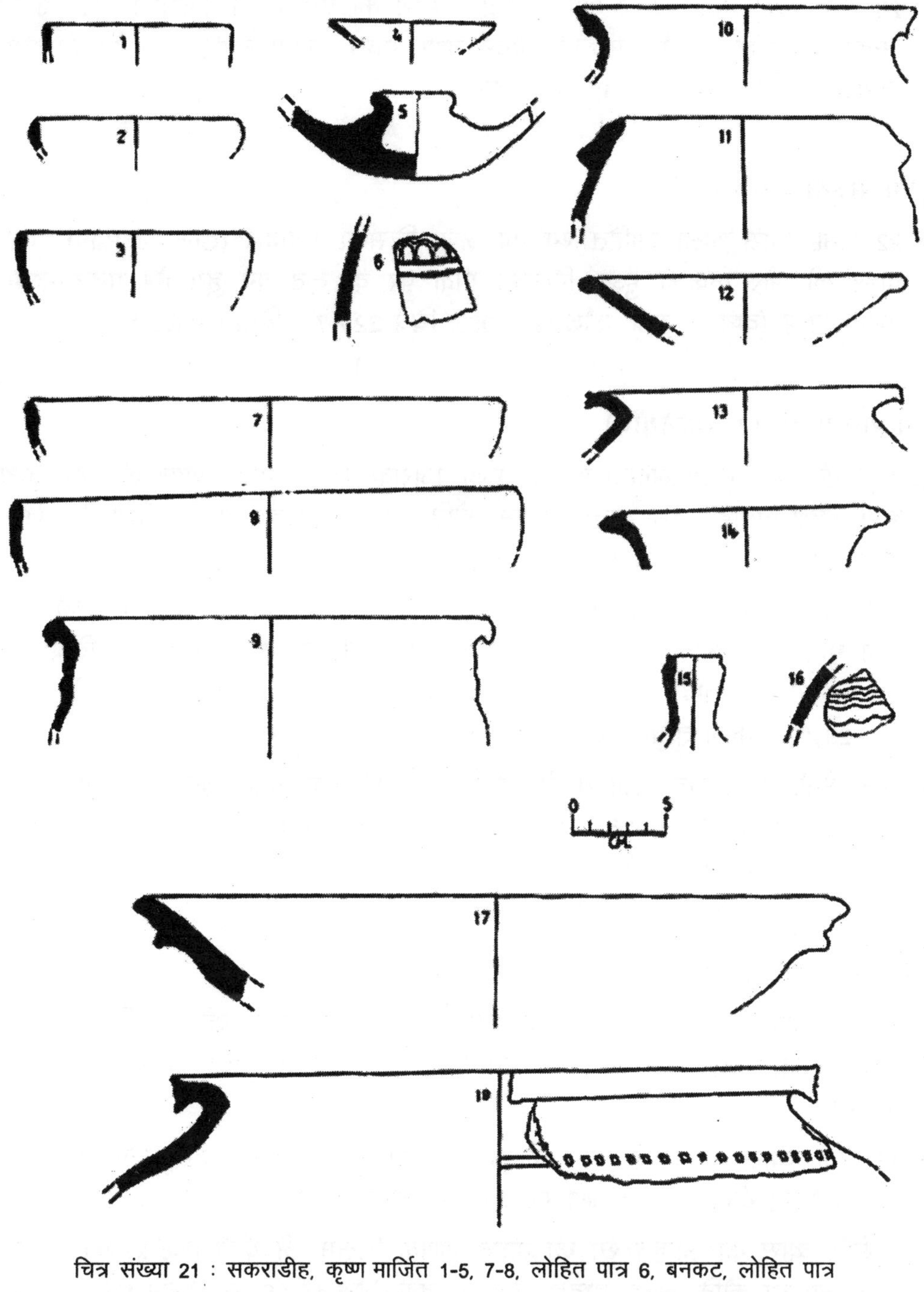

चित्र संख्या 21 : सकराडीह, कृष्ण मार्जित 1-5, 7-8, लोहित पात्र 6, बनकट, लोहित पात्र 9, बभनियांव, 10-12, भानपुर, लोहित पात्र 13-16, कालिहद, लोहित पात्र 17-18

8. 26 सेमी. व्यास वाला कृष्ण मार्जित पात्र परम्परा की एक थाली, जिसका तीक्ष्ण अवठ अन्दर की ओर, पार्श्व भाग उन्नतोदर तथा गढ़न मध्यम कोटि का है। (द्रष्टव्य- जायसवाल, वही, चित्र-11/45, प्रथम काल)।

(क्रम संख्या - 9 बनकट)

9. 22 सेमी. व्यास वाला लोहित रंग का जार, जिसका गदादार (Cubbed Rim) अवठ बाहर की ओर निकला हुआ, जिसकी ग्रीवा पर दो कूट बने हुये हैं। गढ़न मध्यम कोटि का है (द्रष्टव्य- शर्मा, कौशाम्बी, 1969, चित्र 22/70, द्वितीय काल)।

(क्रम संख्या 10-12 बभनियाँव)

10. 17 सेमी. व्यास वाला लोहित रंग का घड़ा, जिसका चिपटा अवठ बाहर की ओर फैला हुआ, ग्रीवा नतोदर तथा गढ़न मध्यम कोटि का है (द्रष्टव्य- शर्मा, कौशाम्बी, 1969, चित्र-30/99, तृतीय काल)।
11. 13 सेमी. व्यास वाला लोहित रंग की द्रोणी/अथरी, जिसकी अवठ अन्दर की ओर तथा मुख संकरे आकार का है तथा स्कन्ध पर उभारदार कूट का निर्माण किया है। पार्श्व भाग उन्नतोदर तथा गढ़न रूक्ष कोटि का है (द्रष्टव्य- कौशाम्बी, वही, चित्र-29/91, काल तृतीय, (उपकाल पंचम से उपकाल अष्टम)।
12. 16.5 सेमी. व्यास वाला लोहित रंग का कटोरा, जिसका अवठ शुण्डाकार तथा पार्श्व भाग नतोदर है। गढ़न रूक्ष कोटि का है। पेदी चौरस है (द्रष्टव्य- कौशाम्बी, वही, चित्र-24/10, तृतीय काल)।

(क्रम संख्या 13-16 भानपुर)

13. 16 सेमी. व्यास वाला लोहित रंग का घड़ा, जिसका अवठ बाहर की ओर निकला हुआ, जिस पर तीन खाँचे बने हैं। ग्रीवा अन्दर की ओर कोखदार तथा गढ़न मध्यम कोटि का है।
14. 13 सेमी. व्यास का लोहित रंग का घड़ा, जिसका अवठ शुण्डाकार, जिस पर तीन खाँचे बने हैं। ग्रीवा लम्बवत् तथा गढ़न मध्यम कोटि का है।
15. 3 सेमी. व्यास का लोहित रंग का बोतल अथवा चिलम की ग्रीवा (Neck) का हिस्सा, गढ़न सामान्य कोटि का है (द्रष्टव्य- वैशाली, वही, चित्र-47/6, चतुर्थ काल)।

16. लोहित पात्र का एक टुकड़ा, जिस पर उकेर कर लहरदार आकृति बनायी गयी है।

(क्रम संख्या 17-18 कालीहद)

17. 35.5 सेमी. व्यास वाला लोहित रंग का तसला, जिसका अवठ बाहर की ओर निकला हुआ तथा पार्श्व भाग पर कूट का निर्माण किया गया है। गढ़न मध्यम कोटि का है।
18. 33.5 सेमी. व्यास वाला लोहित रंग का कुण्डा, जिसका चपटी अवठ बाहर की ओर निकला हुआ, जिस पर तीन खाँचे बने हुये हैं। ग्रीवा कोखदार, जो अन्दर की ओर है। स्कन्ध पर उकेर कर चौकोर आकृति बनायी गयी है, जो चारों ओर समान रूप से व्याप्त है। गढ़न मध्यम कोटि का है (द्रष्टव्य- सिन्हा, बी. पी. एवं सीताराम राय, वैशाली उत्खनन, 1969, चित्र- 46/11, चतुर्थ काल)।

चित्र संख्या - 22 (क्रम संख्या 1-12 महिमापुर-कोलहान)

1. 8 सेमी. व्यास वाला लोहित रंग का कटोरा, जिसका अवठ विशेषतारहित तथा गढ़न उत्तम कोटि का है (द्रष्टव्य- सिंह, बीरेन्द्र प्रताप एवं सिंह, अशोक, सराय मोहाना, 2002-03, चित्र- 17/3A, द्वितीय काल, भारती- 27)।
2. 12 सेमी. व्यास वाला कृष्ण मार्जित पात्र परम्परा का कटोरा, अवठ विशेषतारहित, गढ़न मध्यम कोटि का है। (द्रष्टव्य- सराय मोहाना, वही, चित्र- 13/IB, द्वितीय काल)।
3. 12.5 सेमी. व्यास वाला उत्तरी कृष्ण मार्जित पात्र परम्परा का कटोरा, जिसका अवठ बाहर की ओर निकला हुआ तथा पार्श्व भाग उभारदार एवं उन्नतोदर (Flanged Bowl) है। गढ़न उत्तम कोटि का है (द्रष्टव्य- सराय मोहाना, वही, चित्र- 15/2 B, द्वितीय काल)।
4. उत्तम कोटि के उत्तरी कृष्ण मार्जित पात्र परम्परा का एक टुकड़ा, जिस पर लाल रंग से चित्रण (Painting) किया गया है।
5. 11 सेमी. व्यास वाला लोहित रंग का घड़ा, जिसका शुंडाकार अवठ बाहर की ओर निकला हुआ, ग्रीवा नतोदर जिस पर कूट का निर्माण किया गया है। गढ़न मध्यम कोटि का है, (द्रष्टव्य- सिन्हा एवं राय, वैशाली, 1969, चित्र- 36/2, तृतीय काल)।
6. 20.5 सेमी. व्यास का उत्तरी कृष्ण मार्जित पात्र परम्परा का कटोरा जिसकी अवठ विशेषतारहित तथा गढ़न मध्यम कोटि का है।

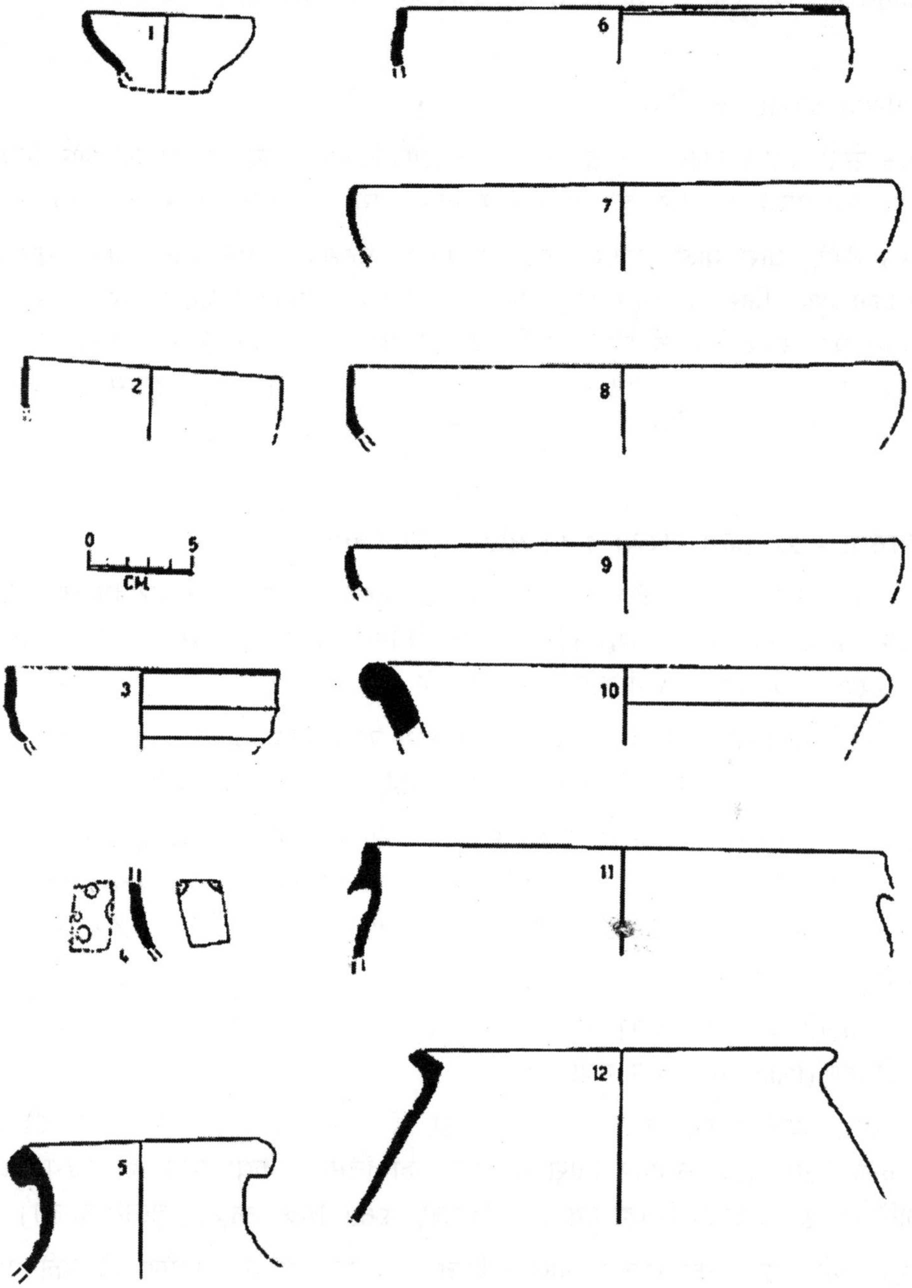

चित्र संख्या 22 : महिमापुर कोलहान, लोहित पात्र 1, 5, 10-12, कृष्ण मार्जित 2, 8, 9,
उत्तरी कृष्ण मार्जित 3-4, 6-7

7. 26 सेमी. व्यास का उत्तरी कृष्ण मार्जित पात्र परम्परा का कटोरा, जिसका अवठ अन्दर की ओर तथा पार्श्व भाग उन्नतोदर एवं गढ़न उत्तम कोटि का है। (द्रष्टव्य, वैशाली, वही, चित्र 24/3, द्वितीय काल)।
8. 25.5 सेमी. व्यास का कृष्ण मार्जित पात्र परम्परा का कटोरा, जिसका अवठ अन्दर की ओर, पार्श्व भाग उन्नतोदर तथा गढ़न मध्यम कोटि का है।
9. उपरोक्त प्रकार का कृष्ण-मार्जित पात्र, व्यास- 25 सेमी.।
10. 23.5 सेमी. व्यास का एक घड़ा, जिसका शुण्डाकार अवठ बाहर की ओर निकला हुआ तथा गढ़न मध्यम कोटि का है।
11. 24 सेमी. व्यास वाला लोहित रंग की द्रोणी, जिसका चौड़ा अवठ बाहर की ओर निकला हुआ, जिसका निचला हिस्सा तीक्ष्ण एवं स्कन्ध पर तीन कूट बना हुआ है तथा गढ़न मध्यम कोटि का है (द्रष्टव्य, वैशाली, वही, चित्र- 42/2, तृतीय काल)।
12. 19 सेमी. व्यास वाला लोहित रंग की द्रोणी, जिसका अवठ बाहर की ओर निकला हुआ, पार्श्व भाग क्रमशः फैलता हुआ है। गढ़न मध्यम कोटि का है (द्रष्टव्य- वैशाली, वही, चित्र- 42/13, तृतीय काल)।

चित्र संख्या - 23 (क्रम संख्या 1-12 कठवतियाँ)

1. 12 सेमी. व्यास वाला लोहित रंग का कटोरा, जिसका शुण्डाकार (Tupering) अवठ एवं पार्श्व भाग पर दो कूट का निर्माण किया गया है। गढ़न मध्यम कोटि का है।
2. 11 सेमी. व्यास का लोहित रंग का घरिया, जिसका अवठ बाहर की ओर निकला हुआ तथा पार्श्व भाग उन्नतोदर है। गढ़न मध्यम कोटि का है।
3. 29.5 सेमी. व्यास वाला धूसर रंग की थाली, जिसका अवठ विशेषतारहित तथा पार्श्व भाग उन्नतोदर है। गढ़न मध्यम कोटि का है।
4. 25.5 सेमी. व्यास वाला कृष्ण मार्जित पात्र परम्परा की थाली, जिसका अवठ तीक्ष्ण एवं पार्श्व भाग उन्नतोदर है। गढ़न मध्यम कोटि का है (द्रष्टव्य- अकथा, वही, चित्र- 12/50, प्रथम काल)।
5. 22 सेमी. व्यास वाला उत्तरी कृष्ण मर्जित पात्र परम्परा की थाली, जिसका अवठ अन्दर की ओर तथा पार्श्व भाग उन्नतोदर है। गढ़न मध्यम कोटि का है (द्रष्टव्य- सराय मोहाना, वही, चित्र- 16/12A, द्वितीय काल)।

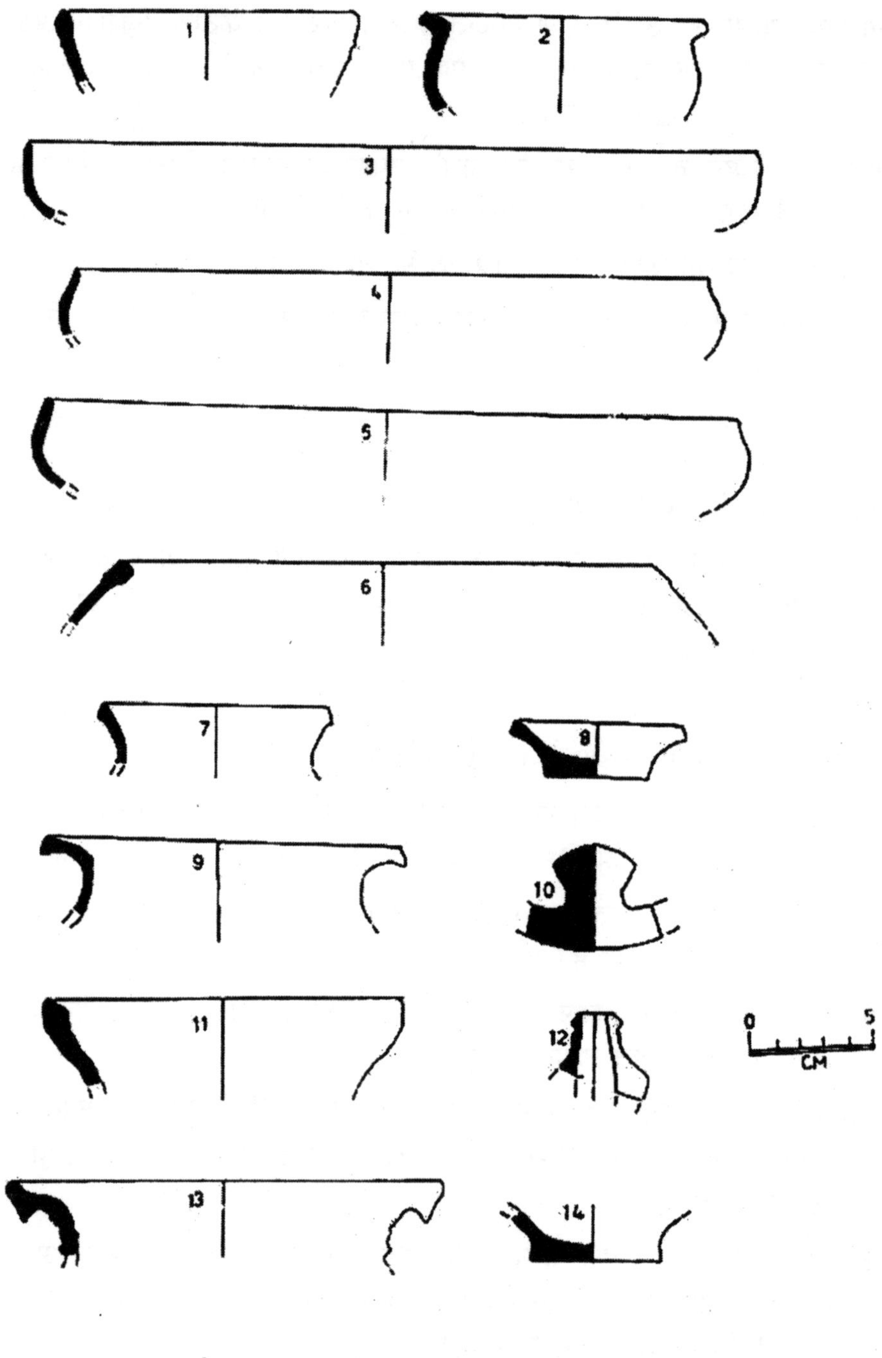

चित्र संख्या 23 : कठवतिया, लोहित पात्र 1, 2, 6-12, धूसर पात्र 3, कृष्ण मार्जित 4, उत्तरी कृष्ण मार्जित 5

6. 22 सेमी. व्यास वाला लोहित रंग की द्रोणी, जिसका गद्देदार अवठ अन्दर की ओर तथा पार्श्व भाग बाहर की ओर फैलता हुआ, गढ़न मध्यम कोटि का है (द्रष्टव्य- वैशाली, उपरोक्त, चित्र- 42/4, तृतीय काल)।
7. 9.5 सेमी. व्यास वाला लोहित रंग का घड़ा, जिसका चिपटा अवठ बाहर की ओर निकला तथा ग्रीवा नतोदर है। गढ़न मध्यम कोटि का है (द्रष्टव्य- वैशाली, उपरोक्त, चित्र- 46/18, चतुर्थ काल)।
8. 6.6 सेमी. व्यास वाला लोहित रंग की कटोरी, जिसका अवठ बाहर की ओर तथा पेंदी चौरस है।
9. 14.5 सेमी. व्यास वाला लोहित रंग का घड़ा, जिसका अवठ बाहर की ओर निकला हुआ, ग्रीवा नतोदर एवं गढ़न मध्यम कोटि का है।
10. लाल रंग के ढक्कन के बीच की घुंडी, जिसका अवठ टूटी हुयी तथा पेंदी चौरस है (द्रष्टव्य- कौशाम्बी, वहीं, चित्र- 33/136, तृतीय काल)।
11. 14.5 सेमी. व्यास वाला लोहित रंग का घड़ा, जिसका अवठ बाहर की ओर तथा गढ़न रूक्ष कोटि का है।
12. 1.5 सेमी. व्यास वाला लोहित रंग का छोटे आकार की सुराही की ग्रीवा का हिस्सा।

(क्रम संख्या 13-14 शाहाँपुर)

13. 17.5 सेमी. व्यास वाला लोहित रंग का घड़ा, जिसका चौड़ी अवठ बाहर की ओर निकला हुआ तथा ग्रीवा पर कूट का अंकन है। गढ़न मध्यम कोटि का है। (द्रष्टव्य- सिन्हा एवं राय, वैशाली, 1969, चित्र 42/16, तृतीय काल)।
14. कृष्ण-मार्जित पात्र के चौरस पेंदी का हिस्सा।

चित्र संख्या- 24 (मुड़ाँव 1-7)

1. 8 सेमी. व्यास वाला उत्तरी कृष्ण मार्जित पात्र परम्परा का कटोरा, जिसकी अवठ विशेषतारहित तथा पार्श्व भाग में उभार है। गढ़न उत्तम कोटि का है।
2. 8 सेमी. व्यास वाला कृष्ण मार्जित रंग का नितल कटोरा, जिसका अवठ बाहर की ओर तथा पार्श्व भाग हल्का सा दबा हुआ है। गढ़न उत्तम कोटि का है।

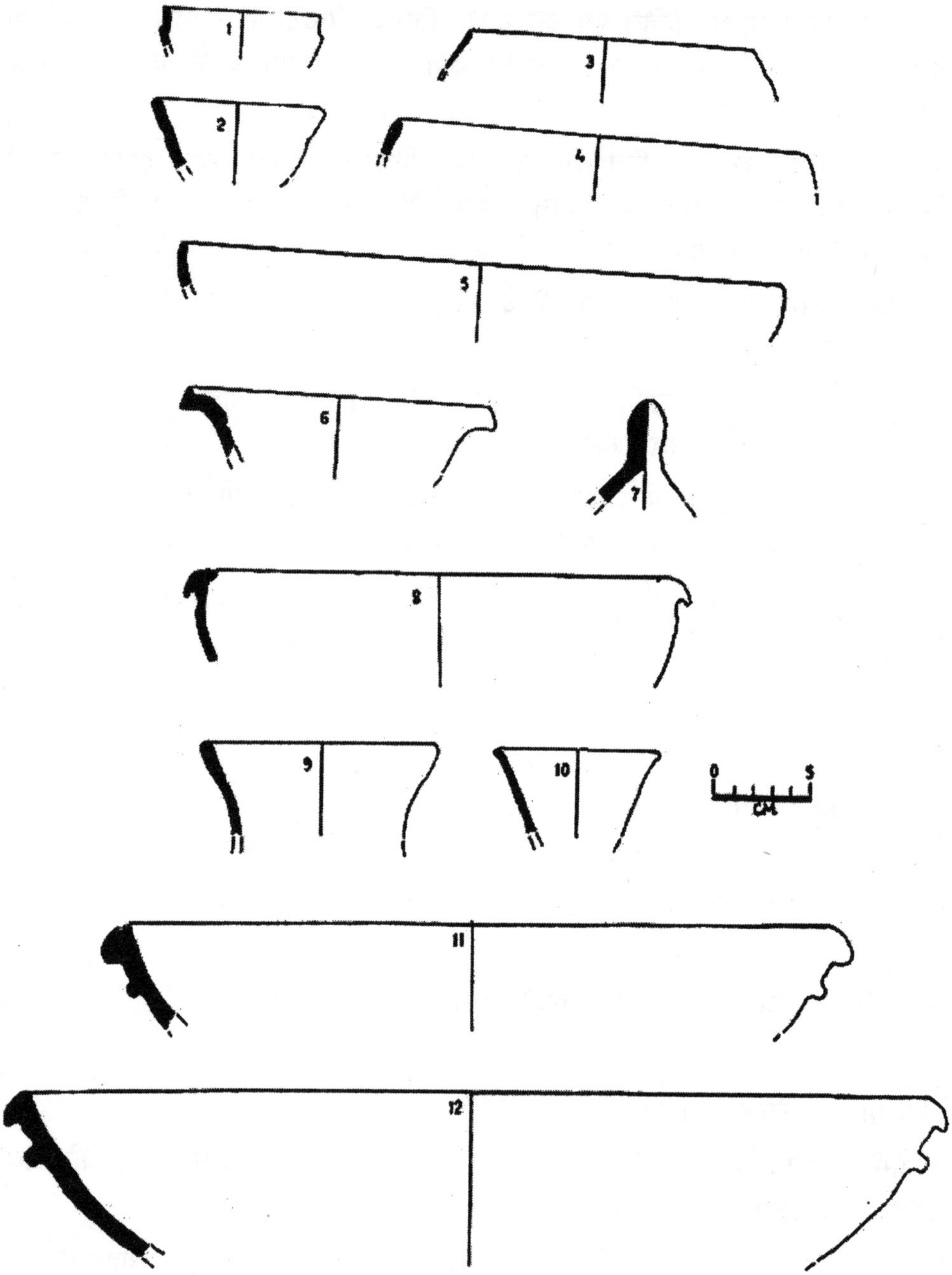

चित्र संख्या 24 :मुड़ाँव, उत्तरी कृष्ण मार्जित 1, कृष्ण मार्जित 2, 4, 5, लोहित पात्र 3, 6, 7, रशूलगढ़, लोहित पात्र 8-10, परषोत्तमपुर, लोहित पात्र 11-12

3. 15 सेमी. व्यास वाला लोहित रंग हाड़ी जिसका तीक्ष्ण अवठ अन्दर की ओर, पार्श्व भाग क्रमशः बाहर की ओर फैलता हुआ तथा गढ़न मध्यम कोटि का है (द्रष्टव्य- वैशाली, उपरोक्त, चित्र- 41/7, तृतीय काल)।
4. 21 सेमी. व्यास वाली कृष्ण मार्जित प्रकार की हाँड़ी, जिसका तीक्ष्ण अवठ अन्दर की ओर तथा पार्श्व भाग क्रमशः बाहर की ओर फैलता हुआ। गढ़न मध्यम कोटि का है।
5. 31 सेमी. व्यास वाला कृष्ण मार्जित परम्परा की थाली, जिसका अवठ अन्दर की ओर तथा पार्श्व भाग उन्नतोदर है। गढ़न मध्यम कोटि का है।
6. 16 सेमी. व्यास वाला लोहित रंग का नितल कटोरा, जिसका चपटा अवठ बाहर की ओर निकला हुआ तथा गढ़न मध्यम कोटि का है।
7. लोहित रंग के ढक्कन का उभरा हुआ भाग (घुंडी) (Plano knobbed lid of red ware) (द्रष्टव्य- वैशाली, पूर्वोक्त 1969, चित्र संख्या- 27/12, द्वितीय काल)।

(रशूलगढ़ 8-10)

8. 24 सेमी. व्यास वाला लोहित रंग की द्रोणी, जिसका चोंचदार अवठ बाहर की ओर निकला हुआ, पार्श्व भाग उन्नतोदर तथा गढ़न मध्यम कोटि का है।
9. 12 सेमी. व्यास वाला लोहित रंग का घड़ा, जिसका अवठ बाहर की ओर निकला हुआ तथा गढ़न मध्यम कोटि का है।
10. 8.5 सेमी. व्यास वाला मार्जित लोहित रंग का शंक्वाकार कटोरा, जिसका अवठ बाहर की ओर निकला हुआ तथा गढ़न मध्यम कोटि का है। (द्रष्टव्य- सिंह एवं राय, वैशाली, उत्खनन 1969, चित्र संख्या- 34/10, तृतीय काल)।

(क्रम संख्या 11-12 परषोत्तमपुर)

11. 37.5 सेमी. व्यास वाला लोहित रंग की द्रोणी (गमला), जिंसका अवठ कंठेदार (Collared rim) तथा पार्श्व भाग नतोदर, जिस पर एक कूट बना है। (द्रष्टव्य- वैशाली, उपरोक्त, चित्र-11/1, पंचम काल)।
12. उपरोक्त तरह का पात्र, लेकिन आकार में बड़ा, व्यास 47.5 सेमी.।

वारुणेय क्षेत्र के सर्वेक्षित मृद्भाण्ड परम्पराओं के अध्ययन से यह ज्ञात होता है कि लोहित पात्रों के अवशेष सर्वाधिक मात्रा में उपलब्ध हुये, जिनमें अधिकांशतः कुषाणकालीन संस्कृति से सम्बन्धित हैं। इसके बाद कृष्ण मार्जित पात्रों की संख्या है, जो

प्राक् उत्तरी कृष्ण मार्जित मृद्‌भाण्ड से सम्बन्धित है, प्राप्त हुये। साथ ही उत्तरी कृष्ण मार्जित मृद्‌भाण्ड, कृष्णीय एवं धूसर मृद्‌भाण्ड भी प्राप्त हुए, यद्यपि उनके मिलने की प्रतिशतता कम है। इस क्षेत्र से उपलब्ध कृष्ण-लोहित पात्रों के अवशेष अत्यन्त अल्प हैं जिनमें अधिकांशतः आकारविहीन हैं। सम्भवतः इनका कारण प्राचीनतम सांस्कृतिक काल खण्ड से सम्बन्धित होने के कारण टीले के सबसे निचले स्तर से मिलते हैं, जिनका सर्वेक्षण से मिलना अत्यन्त दुरुह है। कुषाणकालीन पात्रों की संख्या के आधार पर यह अनुमान लगाया जा सकता है कि इस संस्कृति की संख्या अन्य संस्कृतियों की अपेक्षा अधिक थी।

पात्र प्रकारों के अध्ययन से यह अनुमान लगाया जा सकता है कि इनमें अधिकांशतः पात्र दैनिक जीवन में प्रयोग में आने वाले हैं, जो साधारण समाज से सम्बन्धित थे। कुछ विशेष गढ़न एवं आकार वाले पात्रों से समृद्ध समाज की कल्पना की जा सकती है, जिनमें उत्तरी कृष्ण मार्जित मृद्‌भाण्ड, कृष्ण-मार्जित एवं इत्रदानी प्रमुख हैं। धार्मिक क्रिया-कलापों की ओर संकेत करने वाले पात्रों में दियरी, नक्कासीदार घड़ा, कलश एवं अर्चना कुण्ड प्रमुख हैं। आर्थिक समृद्धि की ओर इशारा करने वाले पात्रों में बड़े आकार के पात्र, जिनमें जार, कुण्डा एवं घड़ा है, जिन्हें अनाज संग्रह के लिए प्रयोग में लाया जाता रहा होगा। इस क्षेत्र में अवठ कूपों के प्रमाण, जहाँ लोगों के साफ-सफाई की ओर इशारा करते हैं, वहीं सघन बस्ती का भी अनुमान किया जा सकता है। पात्रों की एक छोटी श्रृंखला में अलंकरणों एवं चित्रणों से लोगों की कलात्मक अभिरुचि पर प्रकाश पड़ता है।

संदर्भ

1. वैदिक इंडेक्स, पृ. 171
2. जैमिनि उपनिषद् 2.226,
3. मार्कण्डेय पुराण 121, 16, पद्‌म पुराण 3,56.5-6
4. मनुस्मृति, 1.8, 3
5. वही।
6. बरलींगम, बुद्धिष्ट लिजेन्ड्स, वाल्यूम, 30, प्लेट 3, पृ. 44
7. अष्टाध्यायी, 43.118
8. महाभाष्य, सम्पा. शास्त्री अभियंकर पृ. 23 पूना।
9. वैद्य, पी. एल. (सम्पादक), उवासगदसाओ, पूना, 1930, पृ. 47-60
10. राय, अर्धेन्दु शेखर, क्राफ्ट्स एण्ड टेक्नोलॉजी इन एंशियेंट इण्डिया, 1998, दिल्ली, पृ. 101
11. अथर्ववेद 4.17.4

12. घोष, ए, द सिटी इन द अर्ली हिस्टोरिकल इण्डिया, शिमला, 1973, पृ. 6
13. राय, अर्धेन्दु शेखर, क्राफ्ट्स एण्ड टेक्नोलाजी इन एंशियेंट इण्डिया, 1998, दिल्ली, पृ. 79
14. शतपथ ब्राह्मण, 6.5.4.15
15. त्रिपाठी, विभा एवं सिंह संतोष कुमार, एक्सक्वेशन ऐट खैराडीह (1996-97), 2003-2004, भारती, 28, बुलेटिन ऑफ दि डिपार्टमेन्ट ऑफ ए.आई.एच.सी. एण्ड आर्कियोलॉजी, बी.एच.यू., वाराणसी, चित्र संख्या- 6, तृतीय काल
16. आपस्तम्भ श्रौतसूत्र, 15.6.11
17. वैदिक इण्डेक्स, वाल्यूम-I, पृ. 225
18. वाजसनेयी संहिता, 19.88
19. आपस्तम्भ श्रौतसूत्र, 6. 3. 15
20. वही, 12.2.13
21. वही, 12.17.2
22. वही, 3.8.1
23. ऋग्वेद, 1.11.17.12, अथर्ववेद, 3.12.7
24. वही, 1.30.2, 2.32, 15
25. वही, 10.89.7
26. वही, 15.2.14
27. आश्वलायन गृह्यसूत्र, 2.9.3, गौतम धर्मसूत्र, 1.1.26
28. ऋग्वेद, 1.162.6 शतपथ ब्राह्मण, 6.5.43.4
29. शतपथ ब्राह्मण, 3.8.2.1, 13.5.2.1
30. वही, 1.4.12.1.7
31. आपस्तम्भ श्रौतसूत्र, 5.20.7
32. वही, 5.20.7
33. अथर्ववेद, 8.6.17
34. सिंह, बीरेन्द्र प्रताप एवं सिंह, अशोक, एक्सकेवेशन एट सराय मोहाना (1967-68) 2002-03 भारती- 27 बुलेटिन ऑफ दि डिपार्टमेन्ट ऑफ ए.आई.एच.सी. एण्ड आर्कियोलॉजी, बी.एच.यू., वाराणसी।
35. सिन्हा, वी. पी. एवं राय, सीताराम, वैशाली एक्सकेवेशन (1958-1962), पटना, 1969
36. शर्मा, जी.आर., एक्सकेवेशन एट कौशाम्बी (1949-50), दिल्ली, 1969
37. नारायण ए. के. एवं राय टी. एन., एक्सकेवेशन एट राजघाट (1957-58, 1960-65) द्वितीय भाग, बी.एच.यू., वाराणसी, 1977
38. जायसवाल, विदुला, अकथा : ए सेटेलाइट सेटलमेन्ट ऑफ सारनाथ, वाराणसी (रिपोर्ट ऑफ एक्सकेवेशन कन्डेक्टेड इन ईयर 2002), 2002-03 भारती-26, बुलेटिन ऑफ दि डिपार्टमेन्ट ऑफ ए.आई.एच.सी. एण्ड आर्कियोलाजी, बी.एच.यू., वाराणसी।
39. लाल, बी.बी., एक्सकेवेशन एट श्रृंग्वेरपुर (1977-86) वाल्युम-1, आर्कियोलॉजिकल सर्वे ऑफ इण्डिया, नई दिल्ली, 1993

अध्याय – 6

वारुणेय क्षेत्र की धर्म एवं संस्कृति

मनुष्य अपनी बुद्धि व विवेक से विचार एवं कर्म के क्षेत्र में जो नवीन सृजन करता है, वह संस्कृति है। इसमें सामान्यतः तीन मूलभूत तत्त्वों यथा-धर्म-दर्शन, विज्ञान एवं कला का समावेश होता है। प्राचीन काल से ही कला एवं धर्म में अटूट संबंध रहा है। कला के विकास एवं उत्थान में धर्म का महती योगदान रहा है। मानव के विचारों, भावनाओं एवं आस्थाओं की मूर्त अभिव्यक्ति का जीवन्त रूप कलाकृतियों एवं तत्ससम्बन्धी तकनीकी दक्षता के रूप में दिखता है। ये कलाकृतियाँ किसी भी समाज अथवा देश के धार्मिक विश्वास एवं परम्परा की अवधारणापरक मूर्त अभिव्यक्ति होती है, जिनमें नैतिक मूल्यों का आचरण, अभिव्यक्तियों तथा जगत नियन्ता के प्रति समर्पण की भावना के साथ-साथ तत्कालीन सामाजिक, सांस्कृतिक और कुछ सीमा तक राजनीतिक पक्षों का समावेश होता है। इनका ऐतिहासिक अध्ययन एवं सौन्दर्य शास्त्रीय मूल्यांकन स्वयं में विशेष रोचक होने के साथ-साथ उच्चस्तरीय अध्ययन की अपेक्षा करता है।

वारुणेय क्षेत्र की धार्मिक एवं सांस्कृतिक परम्परा का अवलोकन सर्वेक्षण से उपलब्ध कलाकृतियों में दिखता है, जो सदियों के सांस्कृतिक यशः प्रवाह की गाथा को बतलाते हैं। ये कलाकृतियाँ लौकिक एवं धार्मिक अभिव्यक्ति को पूर्णरूप से उजागर करती है, जिनमें सौन्दर्य, लालित्य एवं अलंकरण का सामंजस्य है। साथ ही इसमें धार्मिक प्रचलन एवं विविध मत-मतान्तरों की स्पष्ट रूपरेखा दिखती है। जहाँ एक ओर वैष्णव, शैव एवं शाक्त मतों की सशक्त उपस्थिति के साक्ष्य उपलब्ध होते हैं, वही बौद्ध व जैन धर्मों के प्रचलन की भी उतनी ही सशक्त अभिव्यक्ति कला साक्ष्य करते हैं। साथ ही प्रमुख धारा के इन मतों के साथ ही लोक संस्कृति एवं लोक धर्म की अन्तर्धारा का प्रभाव स्पष्टतः देखा जा सकता है। अधोलिखित कला साक्ष्य इस धार्मिक समन्वय के साक्षी है, जिनमें मूर्तिशिल्प, मृण्मूर्तियाँ, सिक्के, आयुध एवं अन्य छोटे पुरावशेष उल्लेखनीय हैं। इन्हें तीन खण्डों में विभक्त गया है।

मूर्तिकला

काशी अनादि काल से ही धार्मिक महत्त्व का स्थान रहा है। पवित्र नदियों के तटों पर स्थान-स्थान पर देवालय बनाने एवं उनमें आराध्य की प्रतिमाओं की स्थापना का प्रचलन आज तक है। वारुणेय क्षेत्र में सर्वेक्षण के दौरान मूर्तिशिल्प एवं स्थापत्य की सामग्री सम्पूर्ण भूभाग एवं काल विस्तार में भग्नावशेषों के रूप में प्राप्त हुए, जो विभिन्न धर्मों यथा वैष्णव, शैव, शाक्त, बौद्ध, जैन एवं लोक जीवन से संबंधित है। इनका समावेश यहाँ किया गया है।

विष्णु

वारुणेय क्षेत्र वैष्णव धर्म के प्रभाव की दृष्टि से प्राचीन काल से ही महत्त्वपूर्ण रहा है। पौराणिक ग्रन्थों में इस क्षेत्र को वैष्णव तथा केशव क्षेत्रों के रूप में मान्यता मिली है। वामन पुराण में विष्णु के दाहिने चरण से निकलकर महादेव के त्रिशूल पर बसी काशी तक की इसकी यात्रा का वर्णन स्पष्ट प्राप्त होता है।[1] नारद पुराण में ऐसा वर्णन मिलता है कि काशी क्षेत्र पहले विष्णु का निवास स्थान था, जहाँ भगवान पूर्ण रूप से निवास करते थे।[2] वामन पुराण में इसे 'विष्णु का क्षेत्र' बताया गया है, जो आगे चलकर शिव का हो जायेगा।[3] ब्रह्मवैवर्त पुराण में काशी क्षेत्र को 'महालिंगमय जनार्दन' कहा गया है।[4] काशीखण्ड में काशी में नारायण की पाँच सौ, जलशायी की एक सौ, कच्छप रूप का तीस, मत्स्य रूप का बीस, गोपाल की एक सौ आठ, परशुराम की तीस, रामचन्द्र की एक सौ एक तथा बुद्ध की सहस्त्रों मूर्तियों के होने का वर्णन है।[5] काशीखण्ड में ही वर्णित है कि जब विष्णु पहली बार काशी आये तो उन्होंने दो प्रतिरूपों की स्थापना की। इनमें पहला आदि केशव वह स्थान है जहाँ विष्णु ने अपना पहला चरण रखा। वाराणसी के उत्तरी सीमा पर जहाँ वरुणा और गंगा का समागम होता है, यह स्थान स्थित है। यहीं पर विष्णु ने गंगा एवं वरुणा मे अपने चरण धोये। इस तीर्थ को पादोदक तीर्थ कहते हैं। दूसरे 'बिन्दु माधव' है, जो पंचगंगा घाट पर स्थित है।[6] इसी ग्रन्थ में विष्णु से संबंधित तीर्थों का उल्लेख मिलता है, जिसमें पद्मतीर्थ, गरूणतीर्थ, प्रह्लादतीर्थ, आम्बरीषतीर्थ, वाराहतीर्थ, हयग्रीवतीर्थ आदि प्रमुख हैं।[7] वारुणेय क्षेत्र (काशी) में विष्णु से संबंधित विविध तीर्थ स्थलों का उल्लेख मिलता है :[8]

1. आदिकेशव (पादोदकतीर्थ) राजघाट किले में, म.नं. 37/51
2. ज्ञानकेशव (श्वेतद्वीपतीर्थ) ''आदिकेशव के बगल में'', म.नं. 37/51

3. तार्क्ष्यकेशव (तार्क्ष्यतीर्थ) 'मंदिर के बाहर''
4. गजाधर भगवान (गजाधरतीर्थ) ''मंदिर के बाहर''
5. नारदकेशव (नारदघाटतीर्थ) प्रह्लादघाट म.नं. 10/80 के सामने।
6. प्रह्लादकेशव (प्रह्लादघाटतीर्थ) म.नं. 10/80
7. आदित्यकेशव (अम्बरीषतीर्थ) आदिकेशव के पास, म.नं. ए. 37/51
8. आदिगजाधर (दत्तात्रयेश्वर तीर्थ) नीचे, म.नं. ए. 37/51
9. भृगुकेशव (भार्गवतीर्थ) गोलाघाट, नन्दूफड़िया की सीढ़ी पर।
10. बामनकेशव अयोध्या राजा की कोठी, त्रिलोचन पर मधुसूदन के नाम से, म.नं.ए. 2/29
11. नरनारायण (नारायणतीर्थ) मेहताघाट बद्रीनारायण नाम, म.नं. ए. 1/72
12. यज्ञबाराह (वाराहतीर्थ) स्वर्लीनेश्वर के बाहर दीवाल में म. नं. ए. 19/30
13. विदारनृसिंह (विदारनरसिंहतीर्थ) प्रह्लाद घाट, म. नं. 10/82
14. गोपीगोविन्द (गोपीगोविन्दतीर्थ) लालघाट, म.नं. 4/24
15. लक्ष्मीनृसिंह (लक्ष्मीनरसिंहतीर्थ) राजमंदिर, हनुमानजी में, म.नं. के 20/159 में
16. शेषमाधव (शेषमाधवतीर्थ) शीतलाघाट, नीचे मढ़ी में विष्णु।
17. शंखमाधव (शंखमाधव तीर्थ) राजमन्दिर के 20/137 में लुप्त।
18. हयग्रीवकेशव (हयग्रीवतीर्थ) भदैनी, आनन्दमयी अस्पताल के बगल, म.नं. बी. 3/25
19. भीष्मकेशव (बृद्धकालेश्वर के पश्चिम, के. 52/39)
20. निर्वाणकेशव (प्राचीन राम मन्दिर में, भदैनी पानीकाल) बी. 2/64
21. त्रिभुवनकेशव (दशाश्वमेघ घाट के ऊपर, बन्दी देवी में) डी. 17/100
22. ज्ञानमाधव विश्वनाथजी की कचहरी, कपिल मुनी के बगल दीवाल में, नं. सी. के. 35/21
23. श्वेतमाधव इनकी पुरानी मूर्ति लुप्त है, दूसरी मीरघाट हनुमान जी में, डी. 3/71
24. प्रयागमाधव मानमन्दिर घाट के ऊपर लक्ष्मीनारायण के नाम से, डी. 16/21

25. विष्णु	विश्वनाथ मन्दिर में दण्डपाणि के दक्षिण दीवाल में, सी.के. 35/19।
26. गंगाकेशव	ललिता घाट, डी. 1/67 में।
27. बैकुण्ठमाधव	सिंधियाघाट के ऊपर, हरिश्चन्द्रेश्वर के बगल में, सीके. 7/165
28. वीरमाधव	आत्मा वीरेश्वर के दरवाजे पर, राहु की मूर्ति को कहते हैं, सीके. 7/158 और दूसरे वहीं सामने 7/30
29. कालमाधव	काठ की हवेली के पीछे, के. 34/4
30. निर्वाणनृसिंह	स्वर्गद्वारेश्वर के पास, पुलस्तेश्वर के समीप लुप्त
31. महाबलनृसिंह	कामेश्वर महादेव के घेरे में मच्छोदरी से पूर्व, ए. 2/9
32. प्रचण्डनृसिंह	अस्सी घाट, नगरनाथ जी के पीछे उसी जगह, वी. 1/159
33. गिरिनृसिंह	देहलीविनायक के पास
34. महाभयनृसिंह	कश्मीरीमल हवेली के पास, पितामहेश्वर में, नीचे दीवाल में, म.नं. सीके. 7/92
35. अत्युग्रनृसिंह	गोमठ, म.नं. सीके. 8/21
36. ज्वालानृसिंह	कपिलधारा के पास, कोटवा गाँव में
37. कोलाहलनृसिंह	सिद्धविनायक से ऊपर, मठ के अन्दर, म.नं. सीके. 8/189
38. विकटनृसिंह	केदारेश्वर के बाये मढ़ी में, गंगा की तरफ, म.नं.बी. 6/102 के बाहर।
39. अनन्तवामन	बिंदुमाधव ही, नं.के. 22/37 का.खं.अ. 60, श्लोक. 125, 126 सत्युग में आदिमाधव, त्रेता में अनन्तमाधव, द्वापर में श्रीदमाधव, कलि में बिन्दुमाधव।
40. दधिवामन	अस्सीघाट, तुलसीदास के आश्रम।
41. त्रिविक्रमय	त्रिलोचनमहादेव के मंदिर के बाहर, उत्तर घेरे, म.नं.ए. 37/51
42. बलिवामन	वरुणा आदिकेशव के मंदिर के बाहर, उत्तर घेरे, में म.नं ए. 37/59
43. ताम्रवाराह	नीलकंठ मोहाल नीचे ढ़ाल पर, म.नं. सीके. 33/57 के बाहर।
44. धरणीवाराह	दशाश्वमेधघाट, म.नं.डी. 17/111

45. कोकावाराह भदैनी।

46. विंशतिमच्छ वीसमच्छ भगवान् शंकूधारा, म.नं. 22/195 शिला में।

47. विष्णुरूप रामघाट, म.नं.के. 24/25 में.

48. बिन्दुमाधव पंचगंगाघाट, म.नं.के. 22/37

बिन्दुमाधव का युग में अलग-अलग नाम थे, सत्युग में आदिमाधव, त्रेतायुग में अनन्तमाधव, द्वापर में श्रीदमाधव और कलयुग में बिन्दुमाधव।

49. खर्वनृसिंह दुर्गाघाट, के. 22/53 में ब्रह्मचारिणी के पास।

पुरातात्त्विक दृष्टिकोण से वारुणेय क्षेत्र में विष्णु से संबंधित अभिलेख, मुद्राओं, मुहरें, मूर्तियों एवं देवालयों के भग्नावशेषों के प्रमाण मिलते हैं। राजघाट के उत्खनन से प्राप्त गुप्तकालीन मुद्राओं पर कृष्णषेण, हरिषेण, भागवत, हरिदास, माधव, दिवपुत्र, देवरक्षित, बल्लभ, विष्णुमित्र इत्यादि नाम एवं लक्षण मिलते हैं। एक मुद्रा पर विष्णु मन्दिर अंकित है, कुछ पर विष्णु चरणों की छाप है। मन्दिर में एक पर एक चक्र और दो शंख दिखलाए गये हैं।[9] इसी काल की बकरियाँ कुण्ड (अलईपुर) से गोवर्धनधारी कृष्ण की आदमकद से बड़ी प्रतिमा एवं राजघाट से उत्खनन से चतुर्भुज स्तम्भ (क्रमांक-29) पर चार दिशाओं में क्रमशः चतुर्भुज स्थानक विष्णु तथा वामन, नृसिंह एवं वाराह अवतारों की आकृतियाँ उल्लेखनीय हैं। वर्तमान में दोनों प्रतिमाएँ भारत कला भवन, काशी हिन्दू विश्वविद्यालय में सुरक्षित है।

वारुणेय क्षेत्र में सर्वेक्षित विभिन्न पुरास्थलों से विष्णु की विविध स्वरूपों वाली मूर्तियाँ प्राप्त हुयी हैं, जिनमें विष्णु स्तम्भ, द्विभुजी, चतुर्भुजी एवं दशावतार की प्रतिमाएँ उल्लेखनीय हैं। ये प्रतिमाएँ साहित्यिक साक्ष्यों की पुष्टि तो करती हैं साथ ही साथ इस क्षेत्र में विष्णु पूजा की प्राचीनता और लोकप्रियता को भी दर्शाती है। इन प्रतिमाओं का संक्षिप्त विवरण निम्नलिखित है–

छाया चित्र संख्या – 1, 2

पुरास्थल – सातो, जिला- वाराणसी

प्रतिमा – विष्णु स्तम्भ

काल – सातवीं शताब्दी ईस्वी

प्रकृति — बलुआ पत्थर

आकार — लगभग 12 फीट ऊँचा

प्रस्तुत लाट का निचला हिस्सा जमीन में धँसा हुआ है। ऊपरी भाग लगभग 12 फीट ऊँचा है। सबसे ऊपरी हिस्सा चौकोर है। स्तम्भ (लाट) नीचे से ऊपर की ओर क्रमशः पतला होता जाता है। नीचे के भाग में चार पहल, जिसके ऊपरी भाग में उकेर कर विष्णु की आकृति बनायी गयी है। उसके ऊपर आठ पहल लेकिन मोटाई नीचे से कम तथा ऊपर कम मोटाई में 16 पहल है। सबसे ऊपर चौकी जिस पर कोई आकृति रखी गयी होगी बनी है। स्तम्भ पर अंकित विष्णु को चक्र द्वारा पहचाना जा सकता है। विष्णु का मुख क्षतिग्रस्त हो गया है, किन्तु मुकुट एवं प्रभामंडल स्पष्ट दिखायी दे रहे हैं। विष्णु की दो भुजाओं में बायीं भुजा चक्र के ऊपर रखी है, चक्र को ऊँचे अधिष्ठान पर रखा गया है। दाहिने भुजा में संभवतः गदा का अंकन है, जिसकी मूठ के ऊपर उनका हाथ है। विष्णु वनमाला पहने हुये हैं, जो उनके कन्धे से लटकती हुयी घुटने तक दिखायी गयी है।

छाया चित्र संख्या – 3

पुरास्थल — मुडाँव, जिला– जौनपुर

प्रतिमा — द्विभुजी विष्णु

काल — दूसरी–तीसरी शताब्दी ईस्वी

प्रकृति — बलुआ पत्थर

आकार — लगभग 105 सेमी. लम्बा

विष्णु उष्णीष (पगड़ी) धारण किये हुये हैं, जो चौकोर आकार का है, जिसमें अलंकरण किया गया है। विष्णु के गले में कंठहार, कटिसूत्र (कमरबंद), यज्ञोपवीत तथा वनमाला का अंकन है। वनमाला कन्धे से लटकती हुयी घुटने तक जाती है। इसके अतिरिक्त विष्णु को कंकड़, अंगद या भुजबंद तथा कुण्डल से अलंकृत किया गया है। हरिवंश पुराण के अनुसार वनमाला में अर्जुन, नींप, कन्दल और कदम्ब के पुष्प होते हैं। इस प्रकार की प्रतिमा का उल्लेख डॉ. नीलकण्ठ पुरुषोत्तम जोशी जी ने किया है।[10]

छाया चित्र – 4

पुरास्थल — भीखमपुर (लवायनडीह), जिला – वाराणसी

प्रतिमा — विष्णु

काल — गुप्तकाल

प्रकृति — पाषाण (काले रंग का)

आकार — 23 X 15 सेमी.

प्रस्तुत प्रतिमा खण्डित अवस्था में है जिसका कमर के नीचे का हिस्सा, भुजाएँ तथा चेहरा क्षतिग्रस्त हो गया है। अलंकृत मुकुट धारण किये विष्णु के लहराते बाल कन्धों तक दिखलायी दे रहे हैं। मुकुट के मध्य में चक्र बना हुआ है, जिसके किनारे-किनारे झालर दिखलायी दे रहे हैं। मस्तक के ठीक पीछे प्रभामण्डल है, जो मुकुट तक ही सीमित है। उसके पीछे एक बड़ा प्रभामण्डल दिखलायी दे रहा है। विष्णु के गले में माला भी दिखलायी दे रही है। भुजाओं को चतुर्भुज दिखाने के लिये कन्धे के पिछले मध्य भाग में एक हल्की-सी लकीर खींच दी गयी है। यह प्रक्रिया दोनों भुजाओं में समान रूप से अंकित है। विष्णु की दो अतिरिक्त भुजाएँ नीचे की ओर लटकती हुयी तथा दो अन्य भुजाएँ पीछे की ओर समकोण बनाती हुयी प्रतीत हो रही है। साहित्यिक ग्रन्थों में उठी हुयी भुजाएँ उद्बाहु तथा लटकती हुयी प्रलम्बबाहु के रूप में वर्णित है।

इसी प्रकार की प्रतिमा मथुरा से प्राप्त हुयी है।[11]

छाया चित्र - 5

पुरास्थल — हीरापट्टी, जिला — जौनपुर

प्रतिमा — विष्णु

काल — गुप्तकाल

प्रकृति — बलुआ पत्थर

आकार — 15×15 सेमी.

विष्णु के वक्ष का ऊपरी हिस्सा गायब है। पीठिका पर स्थापित यह प्रतिमा स्थानक मुद्रा में है। विष्णु के दाहिने हाथ, जो गदा के ऊपरी भाग को आवृत्त किये हुए हैं, मुठ नीचे की ओर स्थित है। बायीं तरफ चक्र को एक ऊँचे पीठ (पाद स्थान) पर स्थापित किया गया है। चक्र को लम्ब अवस्था में स्थापित किया गया है, जिसके दोनों तरफ 12-12 अरे दिखलायी दे रहा है। साथ ही बीच वाला हिस्सा भी दिखलायी दे रहा है। चक्र के ऊपरी हिस्से में विष्णु के हाथ का पंजा दिखलायी दे रहा है, जिसमें चार

अंगुलियों को एक साथ संयुक्त कर चक्र के बाहरी हिस्से में तथा अंगुठे को दाहिने तरफ अंकित किया गया है, जो चक्र को पकड़े हुये हैं। विष्णु के घुटने के ऊपर का हिस्सा (संभवतः कोट) ढका है, बीच में एक लम्बी उभारदार लकीर खींची गयी है, जो संभवतः आभूषण या मेखला होगी। वनमाला को दिखाने के लिये घुटने के दाहिने तरफ उभारदार अंकन किया गया है।

छाया चित्र संख्या – 6, 7

पुरास्थल	–	सुरेहीडीह, जिला- जौनपुर
प्रतिमा	–	विष्णु की दशावतार प्रतिमा
प्रकृति	–	बलुआ पत्थर
काल	–	8वीं-9वीं शताब्दी
आकार	–	105×68 सेमी.

सुरेरी डीह नामक पुरास्थल से विष्णु के दशावतार की तीन प्रस्तर प्रतिमाएँ प्रकाश में आयी हैं, जो एक-दूसरे से समानता ली हुई है। चतुर्भुज विष्णु स्थानक खड़े हैं, जिनकी नीचे की दो भुजाएँ खण्डित हो गयी हैं। ऊपर की दोनों भुजाएँ दिख पड़ती हैं। बायें हाथ में चक्र एवं दाहिने में गदा लिये हुये हैं। गदा को बहुत ही छोटे आकार में बनाया गया है। विष्णु के नेत्र बड़े, होंठ पतले और लम्बे एवं मुख पर मंदस्मित भाव है। अलंकृत कीरीटमुकुटधारी विष्णु के कानों में कुण्डल, बाहों में मणिबन्ध एवं भुजबन्ध तथा गले में कौस्तुभमणि है। साथ ही वनमाला, यज्ञोपवीत तथा उत्तरीय धारण किये हुए हैं।

तीनों दशावतार की प्रतिमाओं में प्रभामंडल का अंकन अलग-अलग प्रकार से हुआ है। विष्णु के मस्तक के पीछे कमल आकृति वाला प्रभामंडल है, जिसके चारों तरफ गोल पट्टी पर उकेर कर अलंकरण किया गया है। विष्णु के दोनों तरफ पाँच-पाँच अवतारों का अंकन किया गया है, जिसका उल्लेख अग्नि पुराण, वामन पुराण, पद्म पुराण तथा मत्स्य पुराण[12] में उल्लिखित क्रम से समानता रखता है।

"मत्स्यः कूर्मा वाराहश्च नरसिंहोथवामनः ।
शमो रामश्च कृष्णश्च बुद्ध कल्किश्च ते दश ।।"

मत्स्यपुराण, 2-16

विष्णु के दाहिने तरफ अंकित पाँच अवतारों में मत्स्य, वाराह, वामन, राम एवं बुद्ध तथा बायें तरफ क्रमशः नीचे की ओर कच्छप, नरसिंह, परशुराम, कृष्ण एवं कल्कि का अंकन हुआ है। पीठिका पर मानव देहधारी गरुड़, उपासकों एवं अनुचरों की आकृतियाँ उत्कीर्ण की गयी हैं। लक्ष्मी का भी अंकन किया गया है।

इसी तरह की प्रतिमा प्रतापगढ़ के काला कंकड़ नामक स्थान से मिली है, जिसकी तिथि 8वीं शताब्दी मानी गयी है, जो प्रतिहार काल से सम्बन्धित है।[13]

छाया चित्र संख्या - 8

पुरास्थल	–	चिलबिला, जिला - वाराणसी
प्रतिमा	–	विष्णु की दशावतार प्रतिमा
प्रकृति	–	बलुआ पत्थर
काल	–	पूर्व मध्यकाल
आकार	–	82×45 सेमी.

प्रस्तुत प्रतिमा में विष्णु का मुख क्षतिग्रस्त हो गया है। उनकी आकृति मुकुट, कुण्डल, हार, भुजबन्ध, केयूर, वनमाला, यज्ञोपवीत एवं उत्तरीय से सुशोभित है। चतुर्भुज विष्णु के तीन हाथ क्षतिग्रस्त हो गये हैं, दाहिने तरफ के नीचे का हाथ नीचे किये हुए हैं। इसमें भी दसअवतारों का अंकन किया गया है। विष्णु के नीचे किये हाथ के पास लक्ष्मी का अंकन है, साथ ही अनुचरों का भी अंकन किया गया है।

हरिहर

शिव एवं विष्णु के संयुक्त स्वरुप का अंकन हरिहर की प्रतिमाओं से संबंधित है। शिल्प कला में इस प्रकार का अंकन शैव – वैष्णव सिद्धान्तों में समन्वय का प्रतीक है। विष्णुधर्मोत्तर पुराण में हरिहर प्रतिमा में दाहिने भाग में सदाशिव तथा वमार्ध भाग में हृषीकेश का उल्लेख है। इस प्रतिमा में शिव नीलवर्ण एवं विष्णु श्वेत वर्ण के होने चाहिये।

कार्य हरिहरस्यामि दक्षिणार्ध सदाशिव।
वामार्ध ह्रशीकेशश्वेतनीलाकृतिः कृमात् ।

विष्णु धर्मोत्तर पुराण, 108.35

छाया चित्र संख्या – 9

पुरास्थल	–	चतुर्भुजपुर, जिला – जौनपुर
प्रतिमा	–	हरिहर
प्रकृति	–	बलुआ पत्थर
काल	–	पूर्व मध्यकाल
आकार	–	लगभग 75 × 55 सेंमी0

प्रस्तुत प्रतिमा में हरिहर पंचरथ पादपीठ के ऊपर उफुल्ल कमल पर स्थानक मुद्रा में प्रदर्शित है, जिसमें उनका दाहिना भाग 'हर'(शिव) तथा बायाँ 'हरि'(विष्णु) से संयुक्त है। चतुर्भुजी हरिहर की दो भुजाएँ खण्डित हो गयी है तथा दो भुजाओं में दाहिने भुजा में संभवतः त्रिशूल तथा बायीं में शंख धारण किये हुये है। बायीं तरफ कन्धे के बगल में अलंकृत चक्र का अंकन किया गया है। हरिहर के बाल घुघराले है, जो कन्धे पर बिखरे हुये है। इनके कानों में कुण्डल, गले में द्विवली हार, हाथों में भुजबन्ध, यज्ञोपवीत, कमर में दाहिनी ओर कटिसूत्र में डमरु तथा कन्धे से घुटने तक लटकती हुयी वनमाला धारण किये हुये दिखलाया गया है। आभूषणों के मध्य वक्षस्थल में श्रीवत्स के चिन्ह को कुशलता पूर्वक उकेरा गया है। हरिहर के मस्तक के दाहिने तरफ ऊपरी हिस्से में अर्द्धचन्द्र का अंकन किया गया है। हर को चन्द्रशेखर भी कहा गया है, क्योकि उनके जटा–जूट में चन्द्रमा स्थित रहता है। हरिहर के सिर पर जिस वस्तु का अंकन किया गया हैं, उसकी ठीक–ठीक पहचान संभव नही हो सकी है। ऐसी संभावना व्यक्त की जा सकती है कि यह अंकन संभवतः देवी गंगा का हो। हरिहर का प्रभामण्डल वृत्ताकार है, जिसे उकेर कर बनाया गया है। हरि तथा हर के चेहरे पर सौम्य भाव तथा उनके अर्धनिमीलित नेत्र शिल्पकार की भावात्मक अभिव्यक्ति कहे जा सकते है। हरिहर के स्वरुप का निर्धारण, तालमान, अंग सौष्ठव व अलंकरणों का सामन्जस्य कला एवं भाव दोनो पक्षों को पूर्ण रुप से अभिव्यक्त करता है।

हरिहर प्रतिमा में शैव एवं वैष्णव धर्म से संबंधित विविध विषयो का अंकन किया गया है। दाहिने तरफ शैव धर्म से संबंधित विषयों में प्रतीकात्मक अंकनों, पौराणिक आख्यानों, शिव परिवार के सदस्यों, गणों एवं उपासक का अंकन है। वही बायीं तरफ वैष्णव धर्म से संबंधित कथानकों में विष्णु के अवतारों, उनके वाहन, पत्नी लक्ष्मी एवं उपासिका का अंकन किया गया है।

भौव धर्म से संबंधित विविध विशयों का अंकन

हरिहर प्रतिमा के सबसे ऊपरी हिस्से में दाहिने तरफ पाँच शिवलिंगो का अंकन किया गया है। पाँचों शिवलिंग एकरुपता लिये हुये है, जो एक कमलरुपी पादपीठ के ऊपर स्थापित किये गये है। शिवलिंग के दाहिने तरफ खण्डित होने के कारण दो प्रतिमाओं का अंकन स्पष्ट नही है। हरिहर प्रतिमा में दाहिने परिकर के आन्तरिक शाखा में अलंकृत स्तम्भ पर अंधकासुर–वध का पौराणिक दृश्य उत्कीर्ण किया गया है। इसमें प्रत्यालीढ़ मुद्रा में खड़े द्विभुजी शिव के दोनो हाथों में त्रिशूल है, जिसमें अन्धकासुर का शरीर टँगा हुआ है। अंधकारि प्रतिमा के ठीक नीचे स्तम्भ पर कार्तिकेय का अंकन किया गया है। प्रस्तुत प्रतिमा में द्विभुजी कार्तिकेय के बायें हाथ में शूल (शक्ति ?) तथा दाहिने हाथ में फल का अंकन है, जो कार्त्तिकेय मूर्त्तियों की विशिष्टता रही है। कार्तिकेय के पैरों के मध्य में मयूर का अंकन है।

कार्तिकेय के ठीक नीचे द्विभुजी पार्वती का अंकन किया गया है। पार्वती के कानों में कुण्डल, गले में हार, हाथों में भुजबंध व कंकण तथा कमर में कटिसूत्र शोभित है। लोलमुद्रा में पार्वती के अर्धउन्मीलित नेत्र, मुख पर स्मित हास्य व शान्त मुद्रा अवलोकनीय है। हरिहर प्रतिमा के निचले हिस्से में हर (शिव) के पैरों के समीप वृषरुप में शिव के वाहन नन्दी का अंकन किया गया है। अपने इष्टदेव की ओर गर्दन उठाकर देखते हुये (देववीक्षणःतत्परः) नन्दी के गले में घण्टिका को मनमोहक ढ़ग से अलंकृत किया गया है। नन्दी के ठीक नीचे करबद्ध किये हुये पुरुष उपासक का अंकन किया गया है। कदाचित् यह अंकन प्रतिमा का निर्माण करने वाले उपासक का है।

हरिहर प्रतिमा में दाहिने तरफ हर (शिव) के बाह्य शाखा में सबसे ऊपरी हिस्से में अंकित प्रतिमा खण्डित होने के कारण अस्पष्ट है। उसके ठीक नीचे ललितासन मुद्रा में शिव के ही किसी रुप का अंकन किया गया है, जिसकी पहचान संभव नही हो सकी है। हर प्रतिमा के बाह्य शाखा में व्याल का अंकन किया गया है, जो संभवतः सर्पव्याल सा प्रतीत होता है। सर्पव्याल के ठीक नीचे गणेश का अंकन किया गया है। आसनस्थ गणेश द्विभुजी है, जिनकी शुंड वाममुखी है। वामन एवं लम्बोदर गणेश एकदंत हैं। उनके गले में हार, हाथों में कंकण एवं कटि में मेखला शोभायमान है। गणेश का वाहन मूषक उनके पैरो के मध्य में स्थित है। बाह्य शाखा में ही गणेश के ठीक नीचे शिव के गण महाकाल का अंकन किया गया है। स्थानक द्विभुजी महाकाल के दाहिने हाथ में कपालपात्र तथा बायाँ हाथ पार्वती प्रतिमा के कारण ढ़का हुआ है। महाकाल की आँखें बड़ी–बड़ी भयानक और उभरी हुई हैं। अत्यन्त भयानक मुख में बड़े–बड़े नासापुट है। मूँछें ऊपर की ओर ऊठी हुयी है। कानों का कुण्डल उनके कन्धे तक लटक रहा है। गले में ऊर्ध्वबंध (हार) एवं घुटने तक लटकती हुयी वनमाला सुशोभित है।

वैष्णव धर्म से संबंधित विविध विशयों का अंकन

हरिहर प्रतिमा के बायें परिकर में हरि (विष्णु) से संबंधित विषयों का अंकन किया गया है, जिनमें विष्णु के दशावतार, उनकी पत्नी, वाहन गरुड़ एवं अनुचर प्रमुख है। दस अवतारों में क्रमशः ऊपर से नीचे की ओर निम्नांकित रुप में मत्स्य, कच्छप, वराह, नरसिंह, वामन, परशुराम, बलराम, बुद्ध एवं कल्कि का अंकन है। पीठिका पर देवी लक्ष्मी, वाहन गरुड़ एवं उपासिका की आकृति भी उत्कीर्ण की गयी है।

हरिहर प्रतिमा के शीर्ष भाग पर पंचलिंगों की बायीं ओर कमलपीठिका पर मत्स्यविग्रह का अंकन किया गया है। मत्स्य के बायीं तरफ कच्छप का अंकन किया गया है, जो खण्डित अवस्था में है। हरिहर प्रतिमा में बायें परिकर की आन्तरिक शाखा में विष्णु के वराह अवतार को आलीढ़ मुद्रा में प्रदर्शित किया गया है। द्विभुजी वराह की बायीं तलहथी पर नारी रुप में पृथ्वी का अंकन है। दाहिना हाथ कट्यवलम्बित है। इसमें नृ–वराह अपना मुख उठाकर पृथ्वी की ओर देखते हुये प्रतीत हो रहे है। आन्तरिक शाखा में ही वराह अवतार के बायीं तरफ हिरण्यकश्यप के उदर विदीर्ण मुद्रा में नरसिंह का अंकन किया गया है। द्विभुजी नरसिंह का दाहिना पैर मुड़ा हुआ तथा बायाँ पैर नीचे की ओर लटकता हुआ दिख रहा है।

हरिहर प्रतिमा में बायें परिकर की बाह्य शाखा में द्विभुजी वामन अवतार का अंकन किया गया है। छत्र धारण किये हुये वामन के बायें हाथ में दण्ड तथा दाहिने हाथ में का अंकन अस्पष्ट है। वामन के नीचे की प्रतिमा खण्डित होने के कारण स्पष्ट नही है। हरिहर प्रतिमा के आन्तरिक शाखा में हरि के चक्र के ठीक नीचे परशुराम अवतार का अंकन किया गया है। जटामुकुट युक्त द्विभुजी परशुराम के दाहिने हाथ में परशु तथा बायाँ हाथ का अंकन स्पष्ट नही है। परशुराम को एक आसन पर बैठे हुये दिखलाया गया है। हरिहर प्रतिमा के बाह्य शाखा में सिंह व्याल का अंकन किया गया है। सिंह व्याल के ठीक नीचे ललितासन मुद्रा में बलराम को दिखलाया गया है। द्विभुजी बलराम सर्पफण धारण किये हुये है, जिनके बायें हाथ में हल तथा दाहिनें हाथ में पात्र है। बलराम के ठीक नीचे ध्यानस्थमुद्रा में पùksनासीन बुद्ध का अंकन किया गया हैं। हरिहर प्रतिमा के बाह्यशाखा में सबसे निचले हिस्से में कल्कि का अंकन किया गया है। खण्डित होने के कारण केवल अश्व एवं खड्ग का अंकन ही दिखलायी दे रहा है। हरिहर प्रतिमा के आन्तरिक शाखा में हरि के शंखयुक्त हाथ के ठीक नीचे स्थानक मुद्रा में गरुड़ का अंकन किया गया है। उन्हें कानों में कुण्डल, गले में हार, यज्ञोपवीत, कमर में मेखला तथा दाहिने हाथ में सर्प धारण किये हुये दिखलाया गया है। गरुड़ के बायीं तरफ लोलमुद्रा में द्विभुजी देवी लक्ष्मी का अंकन किया गया है।

जटाजूट धारण किये देवी के कानों में कुण्डल, गले में हार, हाथों में भुजबंध तथा कमर में कटिसूत्र का आरेखण किया गया है। हरिहर के बायीं तरफ पैरो के पास करबद्ध मुद्रा में उपासिका का अंकन किया गया है।

प्रस्तुत हरिहर प्रतिमा आलेखन की दृष्टि से अत्यन्त महत्त्वपूर्ण है। हरिहर के बायें परिकर में हरि सें संबंधित दशावतारों को प्रमुखता से अंकित किया गया है। पूर्व मध्य कालीन मूर्तियों में विष्णु के दशावतारों का अंकन सामान्य बात है, किन्तु हरिहर प्रतिमा में विष्णु के परिकर देवता के रुप में इस प्रकार का अंकन असामान्य है। यहाँ आठवें अवतार के रुप में कृष्ण को न दिखलाकर बलराम को दिखलाया गया है। प्रस्तुत प्रतिमा में मत्स्य, कच्छप, वराह, नरसिंह, वामन, परशुराम, बलराम, बुद्ध एवं कल्कि का अंकन तो स्पष्ट है, लेकिन राम की पहचान स्पष्ट नही है। हरिहर प्रतिमा में परम्परानुसार हरि एवं हर की पत्नियों एवं वाहनों का अंकन किया गया है, जिनमें क्रमशः लक्ष्मी एवं पार्वती तथा गरुड़ व नन्दी है। हरि परिकर में सिंहव्याल तथा हर परिकर में सर्पव्याल का अंकन महत्वपूर्ण है। हरिहर प्रतिमा के हर परिकर में शिव के लीलास्वरुप अंधकासुर, उनका परिवार, जिनमें गणेश, कार्तिकेय, पार्वती एवं गण महाकाल तथा वाहन नन्दी के अंकन है। साथ ही शिव के मस्तक के ऊपर बायीं ओर एक पंक्ति में बने हुये पंचलिंग विशेष महत्वपूर्ण है। पंचलिंगों का इस प्रकार का एक पंक्ति में अंकन मध्य भारत की पूर्व मध्यकालीन उमा महेश्वर प्रतिमाओं में तो सामान्य है, किन्तु हरिहर प्रतिमा में इस प्रकार का अंकन अबतक ज्ञात नही है। शैव सम्प्रदाय में शिव के साथ पाँच के अंक का अपना महत्व है। यथा शिव का एक नाम पंचानन (पंचपिण्डनाथ), शिव का पंचाक्षर मन्त्र 'नमः शिवाय', शिव के पाँच मुख (सद्योजात, वामदेव, अघोर, तत्पुरुष तथा ईशान) आदि प्रमुख है। निश्चित रुप से यह हरिहर प्रतिमा शैव–वैष्णव सिद्धान्तों व मान्यताओं की एकता के प्रतीक के साथ–साथ इस क्षेत्र में कला एवं धर्म की दृष्टि से भी महत्वपूर्ण है।

चतुर्भजपुर नामक पुरास्थल से विष्णु के दशावतार की प्रतिमा प्राप्त हुयी है, जो चिलबिला नामक पुरास्थल की प्रतिमा से समानता ली हुयी है। इसमें विष्णु का सिर गायब है **(छाया चित्र – 10)**।

कोरऊत नामक पुरास्थल से भी विष्णु के दशावतार की प्रतिमा प्राप्त हुयी है, जिसे पट्ट पर उकेर कर बनाया गया है। इसमें अवतारों का अंकन अत्यन्त छोटी आकृति में बनाया गया है **(छाया चित्र संख्या – 11)।**

निजामपुर से विष्णु के दशावतार प्रतिमा के खण्डित अवशेष प्राप्त हुए हैं **(छाया चित्र संख्या – 12)।** इसके अतिरिक्त विभिन्न पुरास्थलों यथा अनेई, हीरापट्टी,

आनन्दडीह, कुरुँ, भरहरियाँ, सरायडीह, कसेरुडीह, भौथर, चनेथू आदि से भी विष्णु से संबंधित स्थापत्य अवशेष मिलते हैं। सुरेरी डीह नामक पुरास्थल, विष्णु देवालय के रूप में ख्यात रहा होगा। यहाँ विष्णु स्थापत्य के अतिरिक्त वास्तुशिल्प के अवशेष भी मिले हैं **(छाया चित्र संख्या – 13)।**

बलराम

कृष्ण के अग्रज बलराम मूलतः कृषि के देवता हैं। बाराडीह नाम पुरास्थल से स्तम्भ के निचले हिस्से में बलराम की दो उकेर कर प्रतिमाएँ बनायी गयी हैं, जिनमें वे स्थानक मुद्रा में खड़े हैं। उनके मस्तक पर सर्पफणों के छत्र दिखलाए गए हैं **(छाया चित्र– 14, 15)**।

वैकुण्ठ

भगवान विष्णु के वैकुण्ठ स्वरूप को समन्वय की परिणति माना जाता है। बृहद्देवता में विष्णु के वैकुण्ठ स्वरूप की चर्चा है। तद्नुसार वैकुण्ठ प्रजापति की आसुरी कन्या विकुण्ठा का पुत्र और इन्द्र का अवतार है[14] (प्रजापत्या सुरीत्वासीद् विकुण्ठा नाम नामतः)। वैदिक परम्परा में वैकुण्ठ इन्द्र से सम्बद्ध रहे हैं, किन्तु महाभारत में विष्णु के सहस्रनामों में वैकुण्ठ का उल्लेख हुआ है। पुराणों में वैकुण्ठ या विकुण्ठ विष्णु का ही एक नाम बताया गया है। भागवत पुराण की कथा के अनुसार पापों को कुण्ठित करने के कारण ही विष्णु का नाम विकुण्ठ पड़ा और उनके निवास लोक को वैकुण्ठ कहा गया है।[15] सर्वप्रथम पूर्व मध्यकाल में वैकुण्ठ की प्रतिमा को विशेष लोकप्रियता मिली।

वारुणेय क्षेत्र से वैकुण्ठ की दो छोटी प्रस्तर प्रतिमायें प्राप्त हुयी हैं। इसी तरह की प्रतिमाओं के संदर्भ में डॉ. नीलकण्ठ पुरुषोत्तम जोशी ने अपना लेख 'मिनिएचर वोटिव टैबलेट्स एण्ड फिगरिंग्स शोविंग ब्राह्मीनिकल डिटिस' लिखा है।[16]

इस प्रकार की बनी प्रतिमाओं को पत्थरों, धातुओं, हाथी दाँत, रत्नों, लकड़ी एवं मिट्टी आदि पर उकेर कर बनाया जाता था। पहला, सजावट के लिये जिसका प्रयोग दीवारों, मुख्य द्वारों, धरनों, खम्भों एवं मकान के किनारे तथा दूसरा, पूजा के उद्देश्य एवं धार्मिक एवं आध्यात्मिक उद्देश्य के पूर्ति के लिए उपयोग में लायी जाती थी।

संस्कृत शब्द जैसे मूर्ति, प्रतीक, आर्क, विम्ब, विग्रह वेरा प्रतिमा के पर्यायवाची तो नहीं हैं लेकिन प्रायः उसका प्रयोग इसी उद्देश्य की पूर्ति करता है। मन्दिर में बड़ी

प्रतिमा को स्थापित किया जाता था और बिना हटाये उसकी पूजा की जाती थी, इसको ध्रुववेरा के नाम से जाना जाता है। जबकि दूसरे मूर्तियाँ को कलामूर्ति या कलावेरा या उत्सव मूर्ति के रूप में जाना जाता है। उसको उत्सव के दौरान एक स्थान से दूसरे स्थान पर ले जाया जाता था।

अधिक से अधिक प्रभाव वाली धरोहर मूर्तियाँ प्रायः निर्माण में शीघ्रता, व्यवहार, प्रयोग में सुविधा, सुरक्षित एवं उनके निर्माण में प्रयुक्त होने वाली चीजों की आसानी से सुलभता दर्शाती है। हमारे वर्तमान विषय में इस तथ्य का पुष्टि हर जगह होती है। सभी मूर्तियाँ इस संदर्भ में 25 सेमी. से कम ऊँचाई की पायी गयी है। इन मूर्तियों की निम्नलिखित विशेषतायें हैं–

1. वे वजन में हल्की तथा एक स्थान से दूसरे स्थान तक ले जाने में सुविधाजनक है।
2. ऐसी सभी आकृतियाँ हाथ द्वारा बनायी गयी हैं।
3. इन मूर्तियों के बड़ी संख्या में निर्माण बहुत ही कम लागत में रूक्ष (अप्रौढ़ शैली), शास्त्रीय शैली में चित्रण किया गया है। अपवाद में कुछ मूर्तियों में उच्च कलात्मक मापदंड दिखता है।
4. लोकप्रिय उपयोगिता को ध्यान में रखते हुए ये मूर्तियाँ सामान्य रूप में बनायी गयीं, जिसमें बहुत विविधता नहीं है।
5. अधिक मात्रा में निर्माण की प्रक्रिया के लिये मुलायम तरह के पत्थरों का उपयोग किया गया है, जैसे गुलाबी, लाल बलुआ पत्थर, क्रिस्टल, बेसाल्ट, स्टेटाइट और शालग्राम का उपयोग कभी कभार किया गया है।
6. आकृति की नक्काशी छिछले सतह पर की गयी है और जब भी गोल नक्काशी की गयी पीछे क़ी तरफ ध्यान दिया गया है।
7. इन मूर्तियों में गुणों के विशद् अंकन पर ज्यादा ध्यान नहीं रखा गया। पहचान के लिये साधारण उच्चावच्च, वस्तु का भद्दा स्केचिंग या मूर्तियों का निर्माण एक प्रदर्शक के रूप में परिलक्षित होता है।

इस प्रकार का छोटी आकृति की मूर्तियाँ उत्तर भारत के विभिन्न भागों से प्राप्त हुयी हैं, जिसको विभिन्न संग्रहालयों में रखा गया है। राष्ट्रीय संग्रहालय लखनऊ, मथुरा, पुरातात्त्विक संग्रहालय सारनाथ, कन्नौज संग्रहालय, विदिशा आदि में ऐसी मूर्तियाँ रखी गयी हैं। सोंख (मथुरा) के उत्खनन से ऐसी प्रतिमा प्राप्त हुयी है।[17] लखनऊ संग्रहालय को इस प्रकार की 34 मूर्तियाँ प्राप्त हुयी हैं।

तिथि

उत्खनन से इस प्रकार की प्रतिमा बहुत ही कम मात्रा में प्राप्त हुयी है। अग्रोहा से प्राप्त प्रतिमा का ठीक ढंग से स्तरीकृत नहीं किया गया है। डॉ. देवेन्द्र हाण्डा, पंजाब विश्वविद्यालय, चण्डीगढ़ के निर्देशन में एक संक्षिप्त उत्खनन से इस तरह की प्रतिमा मिली, जो प्रारम्भिक प्रतिहार काल से संबंधित है, जिसकी तिथि 7वीं-8वीं शती मानी जा सकती है।[18] सोंख (मथुरा) के उत्खनन से संबंधित मृद्भाण्ड के साथ मिली प्रतिमा को डॉ. हार्टेल उत्खनकर्त्ता ने गुप्तकाल से संबंधित रखा है।[19] इसमें कुछ मूर्तियों में मुख्यतया विष्णु की मूर्तियाँ गुप्तकालीन लक्षण को दर्शाती हैं। साथ ही विश्वरूप विष्णु की मूर्तियाँ प्रतिहार कला की उत्तम रचना को दर्शाती है। ये मूर्तियाँ 7वीं से 13वीं शताब्दी के मध्य की है। इसके बाद की भी मूर्तियाँ मिलती हैं, जो लोक जीवन को दर्शाती है, जो समय सीमा से रहित है।

छाया चित्र – 16

पुरास्थल	–	आनन्दडीह, जिला-संत रविदास नगर
प्रतिमा	–	वैकुण्ठ
काल	–	पूर्व मध्य काल
प्रकृति	–	बलुआ पत्थर
आकार	–	16×8.5 सेमी.

प्रस्तुत प्रतिमा, प्रस्तर पर उकेर कर बनायी गयी है। वैकुण्ठ के चतुर्भुज हाथों को दोनों तरफ दो-दो की संख्या में संयुक्त कर बनाया गया है। वनमाला जो घुटने तक है, ऊपर लाते हुये हाथों में मिला दिया गया है तथा उनके बाल कन्धे तक लहरा रहे हैं, साथ ही इनके चरण पादुका के दोनों तरफ तथा मस्तक के दोनों तरफ भी अनुचरों का अंकन किया गया है, जो अस्पष्ट है।

इसी तरह की प्रतिमा भीषमपुर (लवायनडीह) से भी प्राप्त हुयी है, जिसका सिर गायब है, यह 12.5×6.5 सेमी. आकार की है।

शिव

वारुणेय क्षेत्र शैवधर्म का एक प्रधान केन्द्र रहा है, जिसके कारण यहाँ शिव पूजा से सम्बन्धित साहित्यिक एवं पुरातात्त्विक साक्ष्य मिलते हैं। शिव अपने पाँच स्वरूपों

सद्योजात, वामदेव, अघोर, तत्पुरुष और ईशान में सृष्टि के पाँच मूल तत्त्वों जल, पृथ्वी, अग्नि, वायु और आकाश को भी नियन्त्रित करते हैं। शिव को ईश्वर, नीलकण्ठ, त्र्यम्बक, पशुपतिनाथ, भूतनाथ, महेश्वर, महेश, विश्वनाथ, त्रिपुरारि, उमापति, महादेव, पंचानन, नटेश या नटराज जैसे अनेक नामों से अभिहित किया गया है।[20] शिव का पूजन प्रतीक (लिंग, त्रिशूल) एवं मानव विग्रह दोनों ही रूपों में हुआ है।

शिवलिंग

रूपमण्डन[21] में एक, तीन और चार मुखों वाले शिवलिंगों का उल्लेख मिलता है। काशी खण्ड[22] में वाराणसी क्षेत्र के 511 शिवालयों का उल्लेख हुआ है, जिसमें 11 स्वयंभूलिंग, 46 देवताओं द्वारा स्थापित शिवलिंग, 47 ऋषियों द्वारा स्थापित लिंग (आर्ष), 7 ग्रन्थों द्वारा पूजित लिंग, 40 गणों द्वारा अर्चित तथा 295 अन्य शिवलिंग सम्मिलित है।

वारुणेय क्षेत्र में सर्वेक्षण के दौरान अनेक पुरास्थलों से शिवलिंग प्रकाश में आये, जिनमें नहवानीपुर, डीहकोइरान, मधुमाखियाँ एवं खेमईपुर उल्लेखनीय हैं।

छाया चित्र – 17

पुरास्थल	–	डीह कोइरान, ज़िला - संत रविदास नगर
प्रतिमा	–	शिवलिंग
काल	–	पूर्व मध्यकाल
प्रकृति	–	बलुआ पत्थर
आकार	–	ऊँचाई 50 सेमी.

चौकोर अरघा को गोलाकार छिद्र करके उसमें शिवलिंग स्थापित किया गया है। शिवलिंग पूर्ण रूप से तराशा नहीं गया है। उसके पीछे स्तम्भ पर विभिन्न देवी देवताओं की आकृतियाँ उकेर कर बनायी गयी है।

छाया चित्र – 18

पुरास्थल	–	दिलावलपुर, जिला - वाराणसी
प्रतिमा	–	चतुर्मुख – शिवलिंग

काल	–	पूर्व मध्यकाल
प्रकृति	–	बलुआ पत्थर
आकार	–	60 सेमी.

इस शिवलिंग के चारों ओर चार मुख बने हैं। महाभारत में देवमण्डल की प्रदक्षिणा करने वाली तिलोत्तमा को देखने के लिये शिव द्वारा चार मुख प्रकट करने का उल्लेख आया है।[23] प्रस्तुत प्रतिमा में शिव के सामान्य मुख ओर विकराल मुख दिखलायी दे रहा है। सामान्य मुख सौम्य दर्शन वाले हैं, जिनके मस्तक पर अर्द्धचन्द्र एवं जटाजूट है। उग्र मुखाकृति में मुख खुला, जिह्वा बाहर निकली हुयी और मस्तक पर सर्पाकृति स्पष्ट हैं। शिवलिंग का ऊपरी हिस्सा सादा एवं चिकना है।

उमा महेश्वर

भारतीय परम्परा में शिव और शक्ति की संयुक्त मूर्ति के रूप में उमा-महेश्वर स्वरूप पर्याप्त लोकप्रिय था। विष्णुधर्मोत्तर पुराण[24] के अनुसार इस प्रकार के प्रतिमा के अन्तर्गत उमा और शिव को एक ही पीठिका पर आलिंगन करते हुये प्रदर्शित किया जाना चाहिये। जटा - जूटधारी शिव के दाहिने हाथ में नीलोत्पल तथा बायाँ हाथ उमा के कंधे पर दिखना चाहिये। उमा का दाहिना हाथ शिव के कंधे पर, बायें हाथ में कमल पुष्प प्रदर्शित किया जाना चाहिए। रूपमण्डल[25] में भी लगभग इसी तरह प्रतिमा लक्षण बतलाये गये हैं।

वरुणा क्षेत्र से उमा महेश्वर की एक प्रतिमा मिली है।

छाया चित्र – 19

पुरास्थल	–	नहवानीपुर, जिला – वाराणसी
प्रतिमा	–	उमा–महेश्वर
काल	–	800-900 ईस्वी
प्रकृति	–	बलुआ पत्थर
आकार	–	34×21 सेमी.

प्रस्तुत प्रतिमा में उमा अनुपस्थित हैं, किन्तु महेश्वर के कमर के ऊपरी हिस्से में उमा की अंगुलियाँ दिखलायी दे रही हैं, जो संभवतः महेश्वर का आलिंगन की हुयी है।

दाहिने हाथ में महेश्वर त्रिशूल धारण किये हुये हैं। वे जटा धारण किये हुये हैं तथा कानों में कुण्डल तथा गले में माला का अंकन किया गया है।

इस प्रकार की प्रतिमा लखनऊ संग्रहालय में है, जो ऊँच गाँव, सीतापुर से प्राप्त हुयी है।[26]

कार्त्तिकेय

देव सेनापति के रूप में शिव पुत्र कार्तिकेय को कुमार, महासेना, विशाख, षडानन, अग्नि, गंगापुत्र, शक्तिधर, स्कन्द आदि नामों से अभिव्यक्त किया गया है। कार्त्तिकेय प्रारम्भ में लोक विश्वास के देवता थे, किन्तु कालान्तर में उनकी महत्ता बढ़ी और ब्राह्मण देवमण्डल में समाविष्ट कर लिये गये। इनका पालन 6 कृत्तिकाओं द्वारा हुआ इसी कारण इनको कार्त्तिकेय और षण्मुख कहा गया।[27]

वैदिक वाङ्मय में स्कन्द का सर्वप्रथम उल्लेख मैत्रायणी संहिता [28] एवं तैत्तिरीय-आरण्यक[29] के परवर्ती भागों में मिलता है। मैत्रायणी संहिता में इन्हें कुमार कार्तिकेय तथा स्कन्द कहा गया है। सर्वप्रथम महाभारत[30] में स्कन्द के जन्म की कथा का विस्तार से उल्लेख हुआ है। कार्त्तिकेय की प्रतिमा निरूपण से संबंधित प्राचीनतम उल्लेख बृहत्संहिता में है, जिसका विस्तार विष्णुधर्मोत्तर पुराण, अपराजितपृच्छा और रूपमंडन में मिलता है। बृहत्संहिता[31] में कार्त्तिकेय को द्विभुज और शक्तिधारी तथा मयूरासीन कहा गया है।

'स्कन्द कुमार रूपः शक्ति धरो वर्हिकेतुश्य।'

वरुणा क्षेत्र से कार्त्तिकेय की दो प्रतिमायें प्राप्त हुयी हैं, जिनमें एक प्रतिमा का केवल मस्तक ही बचा है।

छाया चित्र – 20

पुरास्थल	–	हीरापट्टी, जिला - जौनपुर
प्रकृति	–	बलुआ पत्थर
प्रतिमा	–	कार्त्तिकेय
काल	–	लगभग 8वीं -9वीं शताब्दी
आकार	–	20×15 सेमी.

प्रस्तुत प्रतिमा में कार्त्तिकेय मयूर पर आसीन है, जो अपने बाँयें हाथ में शूल धारण किये हुये है तथा दाहिने हाथ में फल या दाना, जो अस्पष्ट है मयूर को चुगा रहे हैं। गले में विशिष्ट रक्षा-सूत्र और केश रचना काकपक्षीय शैली में है, जो कार्त्तिकेय मूर्त्तियों की विशिष्टता रही है। किशोर रूप में ऊर्जा सम्पन्न कार्त्तिकेय एकमुखीय है। इस प्रतिमा को शिलापट्ट पर उकेर कर उभारा गया है।

प्रस्तुत प्रतिमा की तरह ही कार्त्तिकेय की एक मनोज्ञ उदाहरण भारत कला भवन वाराणसी (क्रमांक-156)[32] में है। लेकिन इस प्रतिमा में मयूर पंखों का फैलाव प्रभामंडल के रूप में किया गया है।

छाया चित्र संख्या – 21

पुरास्थल	–	हीरापट्टी, जिला- जौनपुर
प्रकृति	–	बलुआ पत्थर
प्रतिमा	–	कार्त्तिकेय
काल	–	लगभग छठी शताब्दी ईस्वी
आकार	–	11×8सेमी.

प्रस्तुत प्रतिमा में कार्त्तिकेय का केवल मस्तक ही बचा है, जिनके मुख का भाव कैशोर्य प्रतीत होता है। माथे पर उभार (त्रिशिखण्ड) है, जो अग्नि की उठती हुयी ज्वाला (प्रभा) के समान दिखता है।

इस प्रकार की प्रतिमा विक्टोरिया एण्ड अलबर्ट संग्रहालय में रखी मूर्ति में मस्तक के पीछे उठती अग्नि की ज्वालाओं के अंकन से साम्य रखती है।[33]

गणेश

भारतीय परम्परा में गणेश विघ्ननाशक एवं सिद्धिदायक देवता माने गये हैं। गणेश को गणपति, गजानन, गणेश्वर, एकदन्त, लम्बोदर, शूर्पकर्ण, विनायक, तथा वक्रतुण्ड आदि नामों से भी जाना जाता है। गणों का प्रमुख होने के कारण, उन्हें गणनायक या गणपति कहा गया है।[34] शिल्पशास्त्रीय ग्रन्थों में गणपति के लक्षणों का उल्लेख मिलता है। अपराजितपृच्छा[35] में गजमुख, एकदन्त, व्याल-यज्ञोपवीत एवं मूषक वाहन से युक्त बताया गया है। उनके करों में स्वदन्त, परशु, पद्म और मोदक होने का उल्लेख है। रूपमंडन[36] में भी चतुर्भुज गणेश के यही लक्षण बताये गये हैं।

वरुणा क्षेत्र से गणेश की एक प्रतिमा प्राप्त हुयी है।

छाया चित्र संख्या – 22

पुरास्थल	–	गहरपुर, जिला- वाराणसी
प्रकृति	–	बलुआ पत्थर
प्रतिमा	–	गणेश
काल	–	7वीं-8वीं शताब्दी
आकार	–	22.5×22 सेमी.

प्रस्तुत प्रतिमा में प्रभामण्डल से युक्त गणेश की आकृति है। इसका निचला हिस्सा टूट गया है। द्विभुजी गणेश के दोनों हाथों में आयुध है बाँयें हाथ में अंकुश तथा दाहिने हाथ में स्वदन्त है। कलाई में कड़ा तथा गले में मोतियों की माला है गणेश का शुंड वाममुखी है।

सूर्य

मानव जीवन का स्रोत, प्रकाश और शक्ति का प्रतीक एवं प्रत्यक्ष रूप से प्राकृतिक शक्ति का प्रतिनिधित्व करने वाला सूर्य 'विश्व की अनेक प्राचीन संस्कृतियों में आराध्य देवता बने रहे। भारत में सूर्योपासना का आरम्भ कब से हुआ यह बहुत स्पष्ट रूप से कहना कठिन है। नवपाषाण युगीन संस्कृतियों में सूर्योपासना के अस्तित्व का उल्लेख विचारकों द्वारा किया गया है।[37]

प्रागैतिहासिक संस्कृतियों में प्रचलित विभिन्न प्रतीकों का सूर्य से तादात्म्य कर यह कल्पना की जाती है कि सूर्योपासना का प्रचलन प्रागैतिहासिक संस्कृतियों में था साथ ही पाषाण काल से लेकर आद्यैतिहासिक काल तक सूर्योपासना की अविराम श्रृंखला को भी जोड़ने का प्रयास किया गया है।[38] भारत की सैन्धव सभ्यता में भी सूर्योपासना का कोई बहुत स्पष्ट प्रमाण नहीं प्राप्त होता है, परन्तु कुछ ठीकरों पर अवश्य ऐसे चिह्न मिलते हैं, जो परवर्ती युग में सूर्य प्रतीक समझे जाते थे, जैसे– स्वस्तिक, चक्र, 'किरण युक्त मण्डल' और मयूर विशेष उल्लेखनीय हैं। वैदिक लोगों ने सूर्य से संबंधित अनेक देवताओं की कल्पना कर ली थी।[39] कीथ के अनुसार वैदिककालीन सूर्योपासना परम्परा में आर्य और अनार्य दोनों ही तत्त्व मिले हुये हैं। इनमें सविता, पूषन, मित्र, अर्यमन् और विष्णु प्रमुख हैं।[40] ऋग्वेद में सूर्य के द्वारा रथ पर

भ्रमण करने की कल्पना की गयी है।[41] उनके रथ में एक से अधिक या सात घोड़ों की बात भी की गयी है।[42] परवर्ती वैदिक काल में सूर्यपूजा का उल्लेख पाणिनि के अष्टाध्यायी[43] एवं पतंजलि के महाभाष्य[44] में भी है तथा नवग्रह के रूप में सौर-पूजन जैन परम्परा में भी लोकप्रिय थी।

गुप्तकालीन लेखों में भी सूर्य पूजा का वर्णन प्राप्त होता है। इस काल में उनके रथों में सात अश्व प्रदर्शित किये जाने लगे थे।[45] गुप्त शासक कुमार गुप्त- प्रथम के मंदसोर अभिलेख से जुलाहों की एक श्रेणी द्वारा दशपुर में एक सूर्य मन्दिर के निर्माण का परिचय मिलता है।[46] स्कन्द गुप्त के इन्दौर तामपत्र से ज्ञात होता है कि इन्द्रपुर में एक प्राचीन सूर्य मन्दिर था।[47] हूण शासक मिहिरकुल के ग्वालियर लेख से मातृचेट द्वारा निर्मित सूर्य मन्दिर का उल्लेख मिलता है।[48] मध्यकाल में भी सूर्योपासना की परम्परा के अनेक ऐतिहासिक प्रमाण प्राप्त होते हैं। बलभी के मैत्रक तथा थानेश्वर के वर्धन वंश के राजवर्धन, आदित्यवर्धन और प्रभाकरवर्धन सूर्य के उपासक थे। इस काल में भारत के विभिन्न भागों में सूर्य मन्दिरों का निर्माण किया गया।

मूर्तिकला में ईसापूर्व दूसरी-पहली शताब्दी से ही प्रतीक और मानव दोनों रूपों में सूर्य का निरूपण देखने को मिलता है। चक्र, पद्म और रश्मि-मण्डल जैसे सूर्य के प्रतीकों का अंकन आहत-मुद्राओं के अतिरिक्त पांचाल एवं मित्रवंशी मुद्राओं पर भी देखा जा सकता है। प्रतीक रूप में सूर्य के अंकन के दो परवर्ती उदाहरण दक्षिण भारत के गंगैकोण्डचोलपुरम तथा वाराणसी स्थित सूर्यकुण्ड के सूर्य मन्दिर में देखे जा सकते हैं, जिनमें एक विशाल पद्म के रूप में सूर्य अंकित हैं।[49]

सूर्य की प्रारम्भिक मानव-मूर्तियाँ (दूसरी-पहली शती ई.पू.) ब्राह्मण, बौद्ध और जैन तीनों ही धर्मों से संबंधित है। कुषाणकाल से सूर्य मूर्तियों में ईरानी प्रभाव (उपानह, वर्म एवं अव्यंग) देखने को मिलता है। गुप्तकाल के बाद विदेशी प्रभाव क्रमशः उपानह के रूप में मिलता है। मध्यकाल में सूर्य पूजन की विशेष लोकप्रियता प्राप्त हुयीं। इस काल की सूर्य मूर्तियों को मुख्यतः तीन वर्गों में विभक्त किया जा सकता है। पहले वर्ग में साधारण रचना वाली मूर्तियाँ आती है, जिनके परिकर में दो या तीन आकृतियाँ बनायी गयीं। दूसरे वर्ग मे ऐसी आकृतियाँ आती हैं, जिनमें पार्श्व देवताओं की संख्या में वृद्धि हुई और तीसरे वर्ग में पूर्ण विकसित कोटि के उदाहरण आते हैं, जिनमें सूर्य के साथ सप्ताश्वरथ, सारथी अरुण, दण्ड-पिंगल, उषा-प्रत्युषा के अतिरिक्त परिवार में नवग्रह द्वादशादिव्य, 6 ऋतुएँ, गणेश एवं कार्त्तिकेय की आकृतियाँ भी दिखायी गईं।[50] इस काल की सूर्य मूर्तियाँ- ओसिया, खजुराहो, मोढ़ेरा एवं कोणार्क विशेष रूप से उल्लेखनीय है।

सूर्य प्रतिमाओं के शास्त्रीय संदर्भ बृहत्संहिता[51], विष्णुधर्मोत्तर पुराण[52], अपराजितपृच्छा[53] तथा रूपमंडन[54] आदि ग्रन्थों में प्राप्त होते हैं। वारुणेय क्षेत्र विशेषतः वाराणसी में स्थित द्वादश आदित्यों का वर्णन मिलता है, जो सूर्योपासाना के महत्त्व एवं लोकप्रियता को दर्शाता है।[55]

(1) द्रोपदादित्य (विश्वनाथ मंदिर के बगल में, म.नं. सी. के. 35/21)
(2) गंगादित्य (ललिताघाट, नेपाली मन्दिर के नीचे, म.नं. 1/68 डी.)
(3) वृद्धादित्य (मीर घाट, म.न.डी. 3/15)
(4) लौलार्कादित्य (लोलार्ककुण्ड की सीढ़ी पर नीचे मढ़ी में)
(5) साम्बादित्य (सूर्यकुण्ड, म.नं. डी. 51/90)
(6) विमलादित्य (जंगमबाड़ी खारीकुआँ के पीछे गली, म.नं. डी. 35/273)
(7) उत्तरार्कादित्य (अलईपुर, बकरिया कुण्ड)
(8) केशवादित्य (वरुणा, आदि केशव मन्दिर, म.नं. ए. 37/51)
(9) खखोलादित्य (मच्छोदरी से पूर्व कामेश्वर के द्वार पर, म.नं. ए. 2/9)
(10) अरुणादित्य (त्रिलोचन महादेव, म.नं. ए. 2/80)
(11) मयूखादित्य (पंचगंगा घाट के उपर, मंगलागौरी में म.नं. के. 25/34)
(12) यमादित्य (संकठाघाट के सीढ़ी पर, के. 7/164)

वारुणेय क्षेत्र में सर्वेक्षण से सूर्य की विविध स्वरूपों वाली प्रतिमाएँ प्राप्त हुयी हैं, जिनका संक्षिप्त विवरण निम्नलिखित है:

छाया चित्र संख्या – 23

पुरास्थल	–	रशूलगढ़, जिला - वाराणसी
प्रतिमा	–	सूर्य
काल	–	लगभग सातवीं-आठवीं शताब्दी ईस्वी
प्रकृति	–	बलुआ पत्थर
आकार	–	64×38 सेमी.

प्रस्तुत प्रतिमा में सूर्य को औधे कमल के पीठ पर समभंग मुद्रा में दिखलाया गया है। सूर्य का चेहरा एवं कन्धे तक ऊपर उठे हुये दोनों हाथ क्षतिग्रस्त हो गये हैं, जिन हाथों में वे संभवतः सनाल कमल धारण किये रहे होंगे। सूर्य का प्रभामण्डल खिले हुये पुष्प की तरह है, जिसे उकेर कर बनाया गया है। उनकी बाँहों से उत्तरीय तथा कन्धे के नीचे से यज्ञोपवीत को क्रमशः लटकते हुये दिखलाया गया है। सूर्य कमर में अव्यंग (मेखला) धारण किये हुये हैं, जो मोतियों को गूँथ कर बनाया गया है, उसे शास्त्रों में यावियाङ्ग कहा गया है।[56] वे पैरों में ऊँचे उपानह (बूट) धारण किये हुये हैं। प्रतिमा के ऊपरी भाग में धनुष की प्रत्यंचा चढ़ाये उषा एवं प्रत्युषा की आकृतियाँ बनी हैं। सूर्य के वाम पार्श्व में प्रभामण्डल युक्त देवी दण्डी और दाहिने पार्श्व में पिंगल प्रदर्शित हैं। दोनों प्रतिमाएँ खण्डित हो गयी हैं। पिंगल के साथ ही एक अन्य प्रतिमा भी बनी है, जिसका ऊपरी भाग पूर्णतः नष्ट हो गया है; किन्तु उसके पैर दिखलायी दे रहा है। भविष्य पुराण में दण्डी और पिंगल को 'राज्ञ' और स्त्रोष (सेवक) कहा गया है। सूर्य के दोनों पैरों के मध्य में एक देवी को प्रदर्शित किया गया है, जो क्षतिग्रस्त हो गयी है। मध्यकालीन अनेक सूर्य प्रतिमाओं में सूर्य के दोनों पैरों के मध्य में इस प्रकार की देवी का अंकन किया गया है। भविष्य पुराण[57] में इस देवी को महाश्वेता बतलाया गया है। आर.पी. चन्द्रा[58], एम. गांगुली[59] और जे.एन. बनर्जी[60] ने भी इस देवी का समीकरण सूर्य की एक पत्नी भू-देवी महाश्वेता से ही किया है।

इसी प्रकार की प्रतिमा कौशाम्बी से प्राप्त हुयी है।[61]

छाया चित्र संख्या – 24

पुरास्थल	–	कमरुद्दीनपुर (सिसहट), जिला - जौनपुर
प्रतिमा	–	सूर्य
काल	–	लगभग 7वीं-8वीं शताब्दी ईस्वी
प्रकृति	–	बलुआ पत्थर
आकार	–	105 सेमी. x 66 सेमी.

प्रस्तुत प्रतिमा सूर्य के पूर्ण विकसित स्वरूप को परिलक्षित करता है, जिसमें सूर्य देव को एक पीठिका पर समभंग खड़े प्रदर्शित किया गया है। नीचे पादपीठ पर सात अश्वों को पंक्तिबद्ध दिखलाया गया है। रथ एवं चक्र का अंकन नहीं हुआ है। सूर्य के ऊपर की ओर उठे हुये दोनों हाथ कलाई से खण्डित है, जिनमें संभवतः सनाल कमल धारण किये हों। अलंकृत प्रभामण्डल से सुशोभित सूर्य के सिर पर मुकुट, गले में हार,

बाँह में भुजबन्द, कानों में कुण्डल तथा कमर में अव्यंग धारण किये हुये हैं। उनके कपोल भरे हुये, ठुड्ढी कुछ नुकीली, नेत्र अर्धोन्मीलित और मुख पर मन्दस्मित भाव व्यक्त है। ऊर्जायुक्त तरुण सूर्य की शरीर रचना आनुपातिक है।

सूर्य के वाम पार्श्व में उनकी पत्नियाँ राज्ञी एवं निक्षुभा तथा दाहिने पार्श्व में छाया एवं सुर्वचसा को प्रदर्शित किया गया है। इन दोनों के ठीक ऊपर सूर्य पुत्र रेवन्तक एवं यम तथा उसके ऊपर दोनों तरफ वाम में उषा एवं सूर्यपुत्र मनु तथा दाहिने में प्रत्युषा एवं सूर्यपुत्र द्वितीय का अंकन किया गया है। इनके ठीक ऊपर दोनों पार्श्वों में पिंगल एवं दण्डी तथा वाद्ययन्त्र लिये हुये देव गणों को दर्शाया गया है।

विष्णुधर्मोत्तर पुराण में उपर्युक्त प्रतिमा से मिलते-जुलते शास्त्रीय विधान का उल्लेख मिलता है:[62]

छाया चित्र संख्या – 25, 26

पुरास्थल	–	घोसिला, जिला -वाराणसी
प्रतिमा	–	सूर्य एवं अश्विनी कुमार
काल	–	पूर्व मध्य काल
प्रकृति	–	बलुआ पत्थर

प्रस्तुत प्रतिमा में सूर्य, समभंग मुद्रा में स्थानक रूप में प्रदर्शित हैं, जिनमें प्रतिमाशास्त्रीय लक्षणों के पालन के साथ ही उत्कृष्ट शिल्प का दर्शन होता है। सूर्य का सिर एवं दोनों हाथ खण्डित हैं। दोनों कन्धों के अगल-बगल समान रूप से कमल का अंकन है, जिसकी नाल नीचे की ओर दिखलायी दे रही है, साथ ही दोनों बाहों से लटकता हुआ उत्तरीय दिखलाया गया है। गले में कंठहार, कमर में अव्यंग का अंकन है। इस प्रतिमा में सूर्य की पत्नियाँ, पुत्रों एवं अनुचरों को पार्श्व भाग में प्रदर्शित किया गया है। इनमें दण्डी, पिंगल, उषा, प्रत्युषा के साथ सूर्य पत्नियों राज्ञी, निक्षुभा, छाया और सुर्वचसा तथा भू-देवी महाश्वेता एवं दो अश्विनीकुमारों का अंकन परिलक्षित होता है। भविष्य पुराण में सूर्य प्रतिमा के बगल में अश्विनीकुमार के प्रदर्शन का उल्लेख मिलता है।[63] ज्ञातव्य है कि सूर्य पुत्र अश्विनीकुमार का मुख अश्व का है।

कुबेर

भारतीय साहित्य में कुबेर को धन का देवता मानते हैं। यद्यपि इस शब्द के अर्थ में इस देवता का शरीर कुरूपवान प्रकट होता है, परन्तु वैभव एवं सौभाग्य से सम्बन्धित होने के कारण ब्राह्मण, बौद्ध एवं जैन कला में कुबेर को समादर तथा सम्मान दिया गया है। इसकी प्रतिमा में लम्बोदर तथा दो बड़े दाँत दिखाई पड़ते हैं, किन्तु शरीर, मूल्यवान आभूषणों से सुसज्जित है।[64]

मत्स्य पुराण[65] में निम्न प्रकार का वर्णन आता है–

कुबेर च प्रवक्ष्यामि कुण्डलाभ्यामलंकृतम्। हार, केयूर, रचितं सिताम्बाधरं सदा।।
लम्बोदरः चतुर्बाहु वामपिंगल लोचनः। वामोत्संगगता कार्य्या वृद्धिदेवी वरप्रदा।।

–(हेमाद्रि)

लम्बोदर होने के कारण कुबेर गणेश के सदृश प्रतीत होते हैं। रामायण[66] के अनुसार प्रजापति ने जल का संरक्षण करने के लिए विशेष प्रकार के जनों का सृजन किया। उनमें से एक यक्ष भी है। ब्राह्मण परम्परा के अनुसार यक्ष दल कुबेर के अधीन था। यक्षों को सामर्थ्यवान वीर पुरुष मानकर लोकोक्ति प्रसिद्ध हुई है कि 'गली-गली चौरा गाँव-गाँव को वीर।' जन साधारण में यक्षों को वीर, वीर वरहन, बरहम बाबा या जाख-जखैया के नाम से भी जाना जाता था। यक्षों का वृक्षों से घनिष्ट सम्बन्ध है। लोक धर्म में पीपल वृक्ष को बरम बाबा का निवास स्थान माना गया है। यक्षों की बड़े आकार की मूर्तियाँ पूजा के उद्देश्य से देवस्थानों पर स्थापित की जाती थीं। कुषाण काल में छोटे आकार की यक्ष मूर्तियाँ बहुतायत से मिलती है। पाली-खेड़ा ग्राम[67] से प्राप्त फलक पर आसवपायी कुबेर के दाहिनी ओर चषक पात्र लिये सेविका भी खड़ी है। कुछ यक्ष मूर्तियों में हाथ में दंड, भाला या धन की थैली भी अंकित है।

वरुणा क्षेत्र के तीन पुरास्थलों से कुबेर की प्रतिमायें प्राप्त हुयी हैं, जिनमें दो प्रतिमाएँ पाषाण की तथा एक पकी मिट्टी की है।

छाया चित्र संख्या – 27

पुरास्थल	–	शेरपुर, जिला - संत रविदास नगर
प्रतिमा	–	यक्ष
प्रकृति	–	बलुआ पत्थर

काल – कुषाण काल

आकार – 25 सेमी. लम्बा

प्रस्तुत प्रतिमा में यक्ष बैठा हुआ है, जिसके दाहिने हाथ में चषक या पान पात्र है[68], जिसे वह हथेली के सहारे लिया हुआ है तथा बायें हाथ में मग/कटोरा है, जो आकार में बेलनाकार तथा अन्दर से कई कमरखी पर्तोयुक्त है। यक्ष के बाल कन्धे तक लटके हुये हैं तथा वह मुकुटविहीन है, उसका पेट निकला हुआ तथा चेहरा घिस गया है।

छाया चित्र संख्या – 28

पुरास्थल – नहवानीपुर, जिला – संतरविदास नगर

प्रकृति – पाषाण

प्रतिमा – कुबेर

काल – आठवीं शताब्दी ईस्वी

आकार – 16.5×23 सेमी.

इस प्रतिमा में कुबेर बैठा हुआ है, जिसका दाहिना पैर एवं मस्तक क्षतिग्रस्त हो गया है। इसके दाहिने हाथ में पान पात्र है, जिसे पकड़ी हुयी उसकी चार अंगुलियाँ दिखलायी देती हैं। बायें हाथ में कुबेर थैली लिये हुये हैं। हाथों को इस प्रकार मोड़ दिया गया है कि हाथ और शरीर के बीच की जगह में दण्ड को फसाया गया है, जिसका ऊपरी हिस्सा टूट गया है। थैली पैर से सटा कर रखी गयी है। ग्रन्थों में इसे नकुली, नेवली या थविका कहा गया है।[69]

कुबेर गले में अर्द्धचन्द्राकार कंठग्राह्य तथा हाथों में अंगद (बाजूबंद या भुजबन्द) धारण किये हुये है, जो अलंकृत है। साथ ही कलाई में भी कंकण पहने हुये दिखाया गया है, जो संभवतः मनकों या मोतियों से युक्त प्रतीत होता है। कुबेर की बायें तरफ सेवक खड़ा है, जो उसकी तरफ देख रहा है। इसके गले मे हार तथा कानों में कर्णफूल का अंकन किया गया है।

इसी तरह की प्रतिमा इलाहाबाद संग्रहालय में द्रष्टव्य है।[70]

छाया चित्र संख्या– 29

पुरास्थल – हीरापट्टी, जिला - जौनपुर

प्रकृति	–	पकी मिट्टी
प्रतिमा	–	कुबेर
काल	–	कुषाण काल
आकार	–	28×25 सेमी.

इस प्रतिमा में कुबेर सुखासन मुद्रा में बैठे हुये हैं, इसमें कुबेर का सिर गायब है तथा उनके दोनों हाथों में पात्र हैं दाहिने हाथ में चषक तथा बायें हाथ में छोटा घरिया है, जिसको ऊपर से गोल-गोल पिण्डों से भरा दिखाया गया है, जो संभवतः मुद्रा के रूप में अलंकृत किया गया हो। कुबेर का पेट निकला हुआ है तथा शरीर पर कहीं भी अलंकरण नहीं किया गया है।

इसी प्रकार की प्रतिमा मोहाली से मिली है, जिसकी तिथि तीसरी-चौथी शताब्दी की बताई गई है, जो राष्ट्रीय संग्रहालय मथुरा में है; लेकिन यह बलुएँ पत्थर की है।[71]

हनुमान

भारतीय परम्परा और संस्कृति में हनुमान जैसा व्यक्तित्व विरले ही दिखलायी देता है, जो अपनी विद्वता, बुद्धिमता, सेवाभाव, भक्ति, विनम्रता, दृढ़निश्चय तथा अपने अपरिमित बल से सर्वथा अनिभिज्ञ होने जैसी विशेषताओं के साथ दिखलाई देते हैं। रामभक्त और सेवक के रूप में हनुमान के पूजन की परम्परा प्राचीन काल से ही वारुणेय क्षेत्र में समान रूप से लोकप्रिय है। हनुमान को मारुति, महावीर, बजरंग (बज्रांग), वायुकुमार, पवनपुत्र एवं संकटमोचन जैसे नामों से भी संबंधित किया गया है।[72]

छाया चित्र संख्या – 30

पुरास्थल	–	सुरेरीडीह, जिला - जौनपुर
प्रकृति	–	बलुआ पत्थर
प्रतिमा	–	हनुमान
काल	–	10वीं शताब्दी ईस्वी

हनुमान प्रत्यालिंग मुद्रा में स्थानक दिखलायी दे रहे हैं, जिनका दाहिना हाथ मस्तक पर विजयमुद्रा में उठा हुआ तथा बायाँ हाथ वक्षस्थल के समीप तरजनी मुद्रा में दिखलाया गया है। करण्डमुकुट पहने हनुमान के गले में हार, हाथ में कड़ा एवं

भुजबन्ध तथा जनेऊ धारण किये हुये हैं। इस प्रतिमा का कमर के नीचे का हिस्सा टूट गया है। इसी तरह की प्रतिमा कौशाम्बी (इलाहाबाद) से मिली है।[73]

वारुणेय क्षेत्र से सर्वेक्षण के दौरान हनुमान की तीन स्थलों से प्रतिमाएँ प्रकाश में आयी हैं, जिनमें मुड़ाँव से प्राप्त प्रतिमा को स्तम्भ पर विष्णु के साथ उकेर कर बनाया गया है। (छाया चित्र संख्या - 31)।

शक्ति या देवी की प्रतिमाएँ

हिन्दू धर्म में देवी को विशेष महत्त्व प्राप्त है। वह आदिकाल से ही शक्ति के रूप में पूज्य रही है। इस आदि शक्ति को मातृत्व के गौरवान्वित पद पर सुशोभित किया गया है। मातृ-पूजन की परम्परा भारतीय संस्कृति की मूल धरोहर है। माता के रूप में देवी जनसाधारण के मध्य अन्य देवताओं की अपेक्षा अधिक निकट है। इन्हें महिमाता, जगदम्बा, अम्बा, अम्बामाई, महामाई, माता, मातृदेवी आदि नामों से जाना जाता है।[74]

वारुणेय क्षेत्र से विभिन्न देवियों की प्रतिमाएँ प्राप्त हुयी हैं, जिनमें वैष्णवी, महिषमर्दिनी, गंगा-यमुना, चामुण्डा, सप्तमातृका एवं सद्योजात आदि उल्लेखनीय हैं।

महिषासुरमर्दिनी दुर्गा

महिषासुरमर्दिनी दुर्गा शक्ति सम्पन्न दुर्गा का ही एक रूप है, जो महिषासुर का वध करने के कारण महिषासुरमर्दिनी कहलायी। इनकी स्तुति महाभारत में महिषासुरनाशिनी[75] तथा महिषासृक प्रिया[76] आदि नामों से की गयी है। इस देवी के उत्पत्ति से संबंधित विवरण पुराणों में विस्तार से मिलते हैं, जहाँ इनको देवताओं के तेजपुंज से प्रकट हुआ बताया गया है। मार्कण्डेय पुराण[77] एवं देवी भागवत पुराण[78] के अनुसार पूर्वकाल में दैत्यराज महिषासुर देवराज इन्द्र को पराजित कर स्वयं इन्द्र बन बैठा। देवताओं की पराजय के कारण क्रोधित विष्णु, शिव, ब्रह्मा, इन्द्राणी तथा देवताओं के शरीर से निकला हुआ तेजपुंज एकत्र होकर स्त्री रूप में परिणत हो गया। विभिन्न देवताओं के तेज से देवी के भिन्न-भिन्न अंगों का प्रादुर्भाव हुआ यथा शिव के तेज से मुख, विष्णु के तेज से भुजाएँ, ब्रह्मा के तेज से चरण आदि। इस देवी को सभी देवताओं ने अपने-अपने विशिष्ट आयुधों को देकर सम्मानित किया। हिमालय ने वाहन के रूप में सिंह को भेंट दिया। इस रूप में दुर्गा रणभूमि में महिषासुर की सेना का संहार करने लगी।

अपनी सेना की यह दशा देखकर महिषासुर ने महिष का रूप धारण किया और अपने सीगों, मुख, खुरों, पूँछ आदि से देवी के गणों पर प्रहार किया। दबे हुये महिष के मुख से दैत्य (पुरुष रूप) बाहर आने लगा, किन्तु देवी ने दैत्य का निकलना रोक दिया। तब दैत्य इसी रूप में देवी से युद्ध करने लगा। अन्ततः देवी ने उसका वध कर दिया। यही कथा आंशिक भिन्नता के साथ अन्य पुराणों[79] में भी मिलती है। पुराणों[80] में महिषासुरमर्दिनी दुर्गा को अम्बिका, भद्रकाली, चण्डिका, कात्यायनी तथा विन्ध्यवासिनी आदि नामों से विभूषित किया गया है।

वारुणेय क्षेत्र से महिषासुरमर्दिनी की दो स्थलों से प्रतिमाएँ प्रकाश में आयी हैं।

छाया चित्र संख्या – 32

पुरास्थल	–	बदरहाँ, जिला - संत रविदास नगर
प्रतिमा	–	महिषासुरमर्दिनी
प्रकृति	–	बलुआ पत्थर
काल	–	पूर्व मध्यकाल
आकार	–	52×60 सेमी.

पाषाण पट्ट पर उकेर कर उभार युक्त, महिषासुरमर्दिनी दुर्गा के चतुर्भुज प्रतिमा में देवी अपने दायें चरण में महिष रूप में अंकित दैत्य का मस्तक कुचल रही है और उसका बायाँ चरण पाद पीठ पर स्थित है। वे दक्षिणार्द्ध कर में खड्ग धारण किए हैं और दक्षिणोर्ध्व कर में धारण किए त्रिशूल से महिष को बेध रही है। उनके वामोर्ध्व कर में खेटक है और वे अपने वामाधः कर से महिष की पूँछ पकड़कर उसके पृष्ठ भाग को ऊपर उठाये हुये हैं। दायें पार्श्व में सिंह, महिष पर आक्रमण करता हुआ प्रदर्शित है। शरसन्धान मुद्रा से देवी का आत्मविश्वास उनकी अनन्त शक्ति तथा विजय की आश्वस्ति का भाव व्यक्त कर रहा है।

इसी तरह की प्रतिमा दो स्थलों से प्रकाश में आयी है।[81]

चामुण्डा

मातृकाओं के मध्य चामुण्डा का स्थान विशिष्ट है। विभिन्न ग्रन्थों में चामुण्डा का प्रतिमा शास्त्रीय लक्षण मिलता है। विष्णुधर्मोत्तर पुराण [82], गरुड़ पुराण [83], अपराजितपृच्छा[84], रूपमण्डन[85] एवं अंशुमद्भेदागम[86] में चामुण्डा को प्रेत पर बैठी हुयी

रक्तवर्णी क्षीण, विकृत देह वाली बतलाया गया है। उनके दाँत निकले हुये, रूप भयंकर एवं उसकी दस भुजाएँ होती हैं, जिनमें से दाहिने तरफ की पाँच भुजाओं में मूसल, चक्र, बाण, अंकुश और खड्ग तथा बायें तरफ पाँच भुजाओं में ढ़ाल, पाश, धनुष, दण्ड और कुल्हाड़ी (कुठार) होती है।

वारुणेय क्षेत्र में चामुण्डा देवी की प्रतिमा मिली है।

छाया चित्र संख्या – 33

पुरास्थल – रशूलगढ़, जिला - वाराणसी

प्रतिमा – चामुण्डा

काल – पूर्व मध्यकाल

प्रकृति – बलुआ पत्थर

प्रस्तुत प्रतिमा में देवी के केवल पैर का अवशेष बचा हुआ है। पैर के नीचे उनका वाहन प्रेत लेटा है, जिसका दहिना हाथ मस्तक को टेक लगाकर शयनावस्था की मुद्रा को प्रदर्शित कर रहा है। प्रेत के ठीक ऊपर भयभीत अवस्था में एक कंकाल आकृति अस्थिपंजर रूप में प्रेत के ऊपर टेक लगाकर खड़ी है। उसकी बड़ी-बडी दाँतें निकली हुई दिखायी दे रही हैं तथा आँखें बड़ी-बड़ी खुली हुई भयंकरता का आभास कराती हैं। यह प्रतिमा एक पाषाण चौकी (पीठिका) पर एकाश्म रूप से तराश कर बनायी गयी है।

इसी तरह की प्रतिमा भारत कला भवन (क्रमांक - 205) तथा बाधोरा, इलाहाबाद से प्राप्त हुयी है, जिसमें देवी का अंकन पूर्व रूप से है।[87]

सद्योजात देवी

छाया चित्र संख्या – 34

पुरास्थल – हीरापट्टी, जिला - संत रविदास नगर

प्रतिमा – सद्योजात

काल – गुप्तकाल

प्रकृति – बलुआ पत्थर

आकार – 50×24 सेमी.

इस तरह की प्रतिमा का उल्लेख जोशी जी ने किया है तथा उसे सद्‌योजात, शिशुसह पार्वती व देवकी का नाम दिया है।[88]

गंगा-यमुना

हिन्दू धर्म की देवियों के मध्य गंगा और यमुना की मान्यता जल देवियों के रूप में है। प्राचीन शास्त्रों में गंगा को विष्णुपदी, जह्वनुतनया, भागीरथी, त्रिस्त्रोता, मंदाकिनी, अलकनन्दा तथा यमुना को कालिन्दी, सूर्यतनया, शमनस्वसा आदि नामों से संबोधित किया गया है।[89]

पुराणों में गंगा त्रिदेव-ब्रह्मा, विष्णु और शिव से किसी न किसी रूप में सम्बद्ध है। कुछ पुराणों के अनुसार गंगा, ब्रह्मा के कमण्डल का जल है, जो भगवान विष्णु के पाँव पखारने से पवित्र होकर गंगा के रूप में परिवर्तित हुई।[90] इन्हें विष्णु के बायें चरण के अंगुठे से उत्पन्न होने के कारण भगवत्पदी अथवा विष्णुपदी नामों से विभूषित किया गया है।[91] विष्णु के चरणों से प्रकट होकर गंगा, शिव की जटाओं में वास करती है। इनका उल्लेख शिव की प्रिया[92], उपपत्नी और स्कन्द की माता के रूप में मिलता है। स्कन्द पुराण[93] के गंगास्रोत में गंगा के लिये प्रयुक्त विष्णुरूपिणी, रुद्ररूपिणी आदि विशेषण विष्णु और शिव से इस नदी देवी के समान सम्बन्धों को दर्शाते हैं।

गंगा और यमुना की मूर्ति को वरुण के साथ द्वार देवता के रूप में अथवा स्वतन्त्र रूप से निर्मित करने का विधान बताया गया है।

वारुणेय क्षेत्र में गंगा-यमुना की एक प्रतिमा प्रकाश में आयी है –

छाया चित्र संख्या – 35

पुरास्थल	–	घोसिला, जिला - वाराणसी
प्रतिमा	–	गंगा-यमुना
काल	–	पूर्व मध्यकाल
प्रकृति	–	बलुआ पत्थर

स्तम्भ पर अंकित गंगा एवं यमुना दोनों देवियों का अंकन एक साथ हुआ है। संभवतः यह स्तम्भ किसी मन्दिर के गर्भगृह के द्वार शाखा का एक भाग रहा हो, क्योंकि गुप्तकाल एवं पूर्व मध्यकाल में मन्दिरों के प्रवेश द्वार पर नदी देवियों का पार्श्व देवता के रूप में अंकन होता था। प्रस्तुत प्रतिमा में मकरवाहिनी गंगा और बायीं ओर

यमुना (कूर्मवाहिनी यमुना में कूर्म का अंकन स्पष्ट नहीं है) चित्रित है। नदी देवियाँ दाहिने हाथ में कुम्भ उठाये हुये हैं तथा बायाँ हाथ नीचे की ओर है, जिसमें औधे मुँह पद्म लिये हुये प्रदर्शित है।

इस तरह की प्रतिमा उत्तर प्रदेश, मध्य प्रदेश[94], हिमाचल प्रदेश एवं राजस्थान आदि से प्राप्त मन्दिरों के द्वार शाखाओं के निचले हिस्से पर देखा जा सकता है।

वैष्णवी

विष्णु से उद्भूत शक्ति का नाम वैष्णवी है। रूपमण्डन में इसे विष्णु के सदृश तथा गरुड़ पर आसीन दिखाया गया है। इसके अनुसार वैष्णवी की चार भुजाएँ होनी चाहिये। उनके चार भुजाओं में क्रमशः शंख, चक्र, गदा तथा वरद मुद्रा में होनी चाहिए।[95] देवी पुराण में उसके वस्त्र को पीला तथा हाथों को शंख, चक्र, गदा और कमल से युक्त बतलाया है।[96]

वरुणा क्षेत्र से वैष्णवी की एक प्रतिमा प्रकाश में आयी है –

छाया चित्र संख्या – 36

पुरास्थल	–	पूरे डीह, जिला – इलाहाबाद
प्रतिमा	–	वैष्णवी
काल	–	पूर्व मध्यकाल
प्रकृति	–	बलुआ पत्थर
आकार	–	110 सेमी. लम्बा

प्रस्तुत प्रतिमा में देवी खड़ी अवस्था में है, उनके बाल खुले हुये हैं जो कन्धे तक फैले हुये हैं। उनमें फूलों का गुच्छा लगा हुआ है। गले में अलंकृत हार तथा वनमाला का अंकन हुआ है, जो घुटनों तक आया है। कटिसूत्र (कमर बंद) की पट्टी को गाँठ बनाने के बाद नाभि के नीचे दाहिने जाँघ पर लटक रही है। पेट को भी कसकर बाँधा गया है। देवी के हाथों के भुजबंध को बहुत ही सुन्दर ढंग से सुसज्जित किया गया है। देवी के पैरों के अगल-बगल दो छोटी प्रतिमायें हाथ जोड़कर खड़ी हैं। दायें वाली प्रतिमा के ठीक दाहिनी तरफ चक्र बनाया गया है, जिसकी तीलियों को उकेर कर तराशा गया है, जिस पर देवी का हाथ है। बायें तरफ की प्रतिमा पर भी देवी का हाथ है, जिससे एक अंगूठे तथा चारों अंगुलियों को एक साथ तराशा गया है।

वारुणेय क्षेत्र में देवियों की अन्य प्रस्तर प्रतिमाएँ विभिन्न पुरास्थलों से प्राप्त हुयी हैं। जिनका विवरण निम्नलिखित है –

छाया चित्र संख्या – 37

पुरास्थल	–	कुरूँ, जिला – वाराणसी
प्रकृति	–	बलुआ प्रस्तर
प्रतिमा	–	देवी
काल	–	पूर्व मध्यकाल
आकार	–	25x12 सेमी.

चतुर्भुजी देवी के दाहिने दो हाथों में ऊपरी हाथ में आयुध (सभवतः त्रिशूल) एवं नीचे का हाथ अभय मुद्रा में है। बायीं तरफ दोनों हाथों में, ऊपरी हाथ में आयुध (अस्पष्ट) एवं नीचे के हाथ में कलश धारण की हुयी हैं। जटाजूट धारण की हुई देवी के दोनों कानों में कुण्डल दिखलायी दे रहे हैं तथा कमर में धारण की हुयी मेखला पैरों पर लिपटी हुयी दिख रही है। यह किसी बड़ी प्रतिमा का एक हिस्सा है, क्योंकि देवी के सिर के ऊपर मुड़े हुये पैरों का अंकन दिखता है, साथ ही बायीं तरफ खण्डित प्रभामण्डल का एक हिस्सा दिखलायी दे रहा है।

छाया चित्र संख्या – 38

पुरास्थल	–	गहरपुर, जिला – वाराणसी
प्रतिमा	–	देवी
प्रकृति	–	काला पत्थर
काल	–	10वीं शताब्दी
आकार	–	15x10 सेमी.

काले पत्थर की बनी इस प्रतिमा का केवल मस्तक बचा है। देवी के मस्तक के ऊपरी भाग पर अलंकरण किया गया है। मस्तक पर बिन्दी बनी है तथा दाहिने कान में एक बड़ा सा कुण्डल तथा बायें कान में लटकता हुआ आभूषण दिख रहा है। यह अर्द्धनिमीलित अवस्था में दिख रही है। गले को उभारदार बनाया गया है, जिसका निचला हिस्सा क्षतिग्रस्त होने के कारण सपाट है।

छाया चित्र संख्या – 39

पुरास्थल	–	मझगवाँ, जिला - वाराणसी
प्रतिमा	–	देवी
प्रकृति	–	बलुआ पत्थर
काल	–	पूर्व मध्यकाल
आकार	–	11x8 सेमी.

द्विभुजी देवी के दाहिने हाथ मे खड्ग एवं बायें हाथ प्रत्यालिंग मुद्रा में है। दोनों पैर मुड़े हुये (घुटने तक) तथा कमर में मेखला एवं गले में मोतियों की माला का अलंकरण है।

छाया चित्र संख्या – 39

पुरास्थल	–	गहरपुर, जिला - वाराणसी
प्रतिमा	–	देवी
प्रकृति	–	बलुआ पत्थर
काल	–	प्रारम्भिक मध्यकाल
आकार	–	7.5x5 सेमी.

देवी का मस्तक ही बचा है। देवी अर्द्धन्मीलित अवस्था में है। दाहिने कान में कुण्डल धारण की हुई है, जिनमें तीन घेरे बने हुए हैं। गले में आभूषण बना है। बालों को दिखाने के लिये उसे हल्का उभार दिया गया है।

छाया चित्र संख्या – 40

पुरास्थल	–	डीह कोइरान, जिला - संत रविदास नगर
प्रतिमा	–	कीर्तिमुख
प्रकृति	–	बलुआ पत्थर
काल	–	7वीं-8वीं शताब्दी

यह कीर्तिमुकुट सिंह की आकृति का बना हुआ है। सबसे ऊपरी भाग में आँखों का अंकन किया गया है। आँखों के मध्य में उभार बनाया गया है। सिंह की नाक

नोंकदार बनायी गयी है तथा मूछों को उठाकर लहरदार बनाया गया है। मुख से अलंकृत मोतियों की माला दोनों तरफ निकलती हुयी दिखलायी गयी है।

वारुणेय क्षेत्र के अन्य सर्वेक्षित प्रस्तर पुरावशेष में खण्डित शंख, त्रिशूल, चक्र एवं व्याल की आकृतियाँ (सिंह के मुख से अग्नि की ज्वाला निकल रही) सुरेरी डीह से प्राप्त हुई हैं (चित्र संख्या 41)।

वारुणेय क्षेत्र में लोकधर्म

वारुणेय क्षेत्र में लोकधर्म से संबंधित प्रतिमाओं का प्रमाण मिलता है। प्रतिमा विज्ञान में इस प्रकार की कलाकृतियों का अध्ययन लोकधर्म एवं उसके प्रभाव को ज्ञात करने का बहुत बड़ा साधन है। इस प्रकार से संबंधित प्रतिमाएँ जहाँ एक ओर अर्द्धविकसित समाज अथवा ग्रामीण परिवेश में व्याप्त सामाजिक एवं धार्मिक अवस्था का ज्ञान कराती है, वहीं दूसरी ओर समाज में व्याप्त विभिन्न प्रकार के प्रचलित प्रथाएँ, रीति-रिवाज, त्यौहार, पूजा-पाठ, देवी-देवताओं, कला आदि में छिपी हुयी उपयोगी तथ्यों को ऐतिहासिक संधि से जोड़कर किसी अंचल की संस्कृति का इतिहास को ज्ञात करने का माध्यम बनती है।

लोकधर्म जब मुख्य धारा की संस्कृतियों के संसर्ग में आता है, तब वह धीरे-धीरे अपना आकार खो देता है, परन्तु कालान्तर तक कुछ रूपों में अपनी छाप अवश्य बनाए रहती है, परन्तु लोक-कथा तथा लोकधर्म के रूप में मूल देवता अवश्य बने रहते हैं। मूर्ति विज्ञान के अध्ययन से यह पता चलता है कि किस प्रकार नव विकसित ऊँची सभ्यताएँ अपना विस्तार करने के लिये अर्द्ध- विकसित सभ्यताओं की लोक देवताओं को अपने यहाँ किस प्रकार समाविष्ट करती है। ब्राह्मण, बौद्ध एवं जैनधर्म का युगों-युगों में विकसित होने वाला देव परिवार ही इसका सबसे बड़ा प्रमाण है। यक्ष, नाग, राक्षस, भूत, वीर, जो मूलतः लोक-देवताओं के रूप में विद्यमान थे। तीनों धर्मों में अनुचर देवता के रूप में समाविष्ट हो गये। कार्त्तिकेय के समान 'तस्कर देव' पौराणिक काल में देव सेनापति बन गये तथा राक्षस राज कुबेर को लोकपालों में स्थान मिला। इस प्रकार सभ्यताओं के परस्पर प्रभाव का मूर्तिविज्ञान की सहायता से अच्छा अध्ययन किया जा सकता है।[97]

वाराह प्रतिमा

वारुणेय क्षेत्र में दो पुरास्थलों से वाराह की प्रतिमा प्राप्त हुयी है। जो प्रस्तर की बनी हुयी है –

छाया चित्र संख्या – 42

पुरास्थल	–	डीह कोइरान, संत रविदास नगर
प्रकृति	–	बलुआ पत्थर
प्रतिमा	–	वाराह
काल	–	पूर्व मध्यकाल
आकार	–	12×14 सेमी.

प्रस्तुत प्रतिमा में वाराह घुटना मोड़कर बैठा हुआ है (पिछला हिस्सा)। आगे का पैर लम्बवत् अवस्था में है तथा दोनों पैरों के बीच में दो छोटे-छोटे वाराह के बच्चे एक के ऊपर एक बनाये गये हैं। आगे के पैरो में अलंकरण दिखाने के लिये निचले हिस्से को उकेरा गया है।

आगे की तरफ वाराह के गर्दन से लेकर पैरों तक पाँच वाराह के बच्चे लम्बवत् अवस्था में एक के ऊपर एक बनाये गये हैं, सभी के मुख सामने की ओर हैं। बड़े वाराह के गले में मोतियों की माला पिरो कर बनायी गयी है। साथ ही अलंकरण पट्ट, जो शरीर पर डाला गया है, दो पट्टियों में पैरों से लेकर पीठ तक बनाया गया है। वाराह के दोनों कान उठे हुये दिखलाये गये हैं, जिनमें छिद्र किया गया है तथा पूँछ लटकती हुयी पैर से दूर दिखलाई गयी है।

छाया चित्र संख्या – 42

पुरास्थल	–	फिफिऔना, जिला - जौनपुर
प्रकृति	–	बलुआ पत्थर,
प्रतिमा	–	वाराह
काल	–	पूर्व मध्यकाल
आकार	–	17×21 सेमी.

प्रस्तुत प्रतिमा में वाराह के मस्तक के ठीक नीचे एक स्त्री को बनाया गया है, जिसने अपने हाथों पर वाराह के अगले दो पैरों को उठाई हुयी है। वाराह के दोनों पैरों के नीचे पाँच छोटे आकार के उसके बच्चे बनाये गये हैं। वाराह के मुख को लम्ब आकार का बनाया गया है। उसके दोनों कान उठे हुये हैं तथा गले में माला पहनाया गया है।

दोनों वाराह प्रतिमाएँ प्रस्तर खण्ड पर उकेर कर बनायी गयी है, जिसका पृष्ठ भाग सपाट है।

प्राचीन भारतीय साहित्य में वाराह की महत्ता ऋग्वैदिक[98] काल से ही मिलनी प्रारम्भ हो जाती है। जिसकी निरन्तरता ब्राह्मण ग्रन्थों[99], महाकाव्यों[100], पुराणों[101] एवं आगमों ग्रन्थों आदि में मिलता है। पुरातात्त्विक साक्ष्यों से भी वाराह से संबंधित प्रतिमाओं का वर्णन मिलता है, जिसे शिल्पशास्त्रीय ग्रन्थों के अनुरूप दो रूपों में प्रकट किया गया है। यज्ञ वाराह (पूर्ण पशुरूप) एवं नृवाराह (मानव-पशु रूप)। नृवाराह को भू-वाराह अथवा आदि वाराह आदि नामों से भी जाना जाता है।[102]

यज्ञ वाराह के रूप में वाराह के विभिन्न अंगों का रूपक में वर्णन शिल्परत्न, अपराजितपृच्छा, मानसोल्लास तथा देवता मूर्ति प्रकरण में भी मिलता है।[103] इन शास्त्रों में यह निर्देश है कि वाराह तीक्ष्ण डाढ़ों, चौड़े स्कन्ध तथा ऊर्ध्व रोमों से युक्त महाकाय शूकर की भाँति निर्मित होना चाहिये।[104] अभिलेखों में भी वाराह उपासना के प्रमाण मिलते हैं। बुद्धगुप्त के समय के एक अभिलेख में 'कोकामुख स्वामिन' और 'श्वेत वाराह, स्वामिन' नामक दो देवताओं का उल्लेख है।[105] यशोवर्मन का खजुराहो अभिलेख (वि.स. 1011) तथा गुर्जर शासक मिहिरभोज का आदि वाराह उपाधि धारण करना तथा उसके सिक्कों पर वाराह प्रतिमा का अकंन भी 9वीं शती में वाराहोपासना के महत्त्व को प्रदर्शित करता है।[106]

वाराह मूर्तियों के निर्माण का आरम्भ कुषाणकाल से ही मिलना प्रारम्भ हो जाता है। यद्यपि इस काल के यज्ञ वाराह प्रक्रिया अभी तक अज्ञात है। गुप्तकाल तक आते-आते इनकी संख्या में पर्याप्त वृद्धि हो जाती है। गुप्तकाल में शिल्पियों द्वारा उत्कीर्ण उदयगिरि (विदिशा, म. प्र.) की नृवाराह मूर्ति तथा एरण (सागर, म. प्र.) से प्राप्त यज्ञ वाराह प्रतिमा विशेष रूप से उल्लेखनीय है।

पूर्व मध्य एवं मध्यकालीन अनेक विशाल आकार वाली यज्ञवाराह मूर्तियाँ मध्य प्रदेश, उत्तर प्रदेश, राजस्थान, गुजरात और बिहार आदि विभिन्न प्रान्तों से प्राप्त हुई हैं।[107]

वाराहोपासना का धार्मिक महत्त्व के साथ-साथ सामाजिक एवं आर्थिक महत्त्व भी रहा होगा। ब्रह्मपुराण में वाराह रूप विष्णु और महि अथवा छाया (पृथ्वी) के संयोग से नरकासुर का जन्म बतलाया गया है।[108] यहाँ नरकासुर का जन्म असुर संस्कृति के प्रभाव का द्योतक हो सकता है। गोण्डा ने वाराह और पृथ्वी देवी के प्रेम प्रसंग तथा उनके पुत्र नरकासुर के जन्म का उल्लेख करते हुये वाराह का सम्बन्ध प्रजनन शक्ति से जोड़ा है।[109]

विष्णुधर्मोत्तर पुराण के अनुसार विष्णु के वाराह अवतार को 'गया शीर्ष' में पूजा जाना चाहिये।[110] इसी पुराण के अनुसार श्राद्ध संस्कार में भी वाराह की पूजा करनी चाहिये।[111] ज्ञातत्व है कि गया में श्राद्ध संस्कार किया जाता है।

विष्णुधर्मोत्तर पुराण में ही एक स्थान पर नदी को पार करने से पूर्व वाराह की पूजा किये जाने का विधान किया गया है।[112] यहाँ यह उल्लेखनीय है कि वारुणेय क्षेत्र से प्राप्त दोनों वाराह प्रस्तर प्रतिमाएँ नदी के तटवर्ती भू-भाग से प्राप्त हुयी हैं।

वाराह को कृषि के प्रारम्भिक स्वरूप और उसकी उर्वरा-शक्ति से जोड़ा गया है। वाराह जिस प्रकार से भूमि को खोदकर अपना भोजन एकत्र करता है, वह भूमि जुती या गोड़ी हुई सी प्रतीत होती है। अतः किसी न किसी प्रकार से शूकर, भूमि और कृषि कर्म परस्पर सम्बन्धित था।[113] इस बात के संकेत हमें विष्णुधर्मोत्तर पुराण से भी मिलते हैं, जिसमें कृषि सम्बन्धी कार्य आरम्भ करने से पूर्व विष्णु के वाराह अवतार की पूजा का विधान किया गया है।[114]

वाराहं पूजयेद् देवं प्रारम्भे कृषि कर्माणि।

— विष्णुधर्मोत्तर पुराण, 3/119/6

विद्वानों के अनुसार वाराह अवतार का मूल उत्स अथर्ववेद के पृथ्वी सूक्त का अग्रांकित मन्त्र (12/1/48) माना जाता है।[115]

वराहेण पृथिवी संविदाना सूकराय विजिहीते मृगाय।

पं. सातवलेकर ने इसका भाष्य करते हुये लिखा है कि "यह (पृथ्वी) भूमि (वाराहेण) उत्तम जल देने वाले के साथ (संविदाना) अच्छी तरह पाकर अर्थात् अच्छी बरसात वाली होकर (शूकराय) अच्छी किरण वाले (मृगाय) अपनी किरणों से अपवित्रता को पवित्र करने वाले सूर्य के चारों ओर (विजिहीते) विशेष जाती है।" अर्थात् अच्छा जल बरसाने वाले मेघ से युक्त सूर्य जिसकी अपवित्रता को अपनी किरणों से हटा देता है। ऐसी हमारी मातृभूमि विशेष प्रकार से सूर्य के साथ जाती है। वस्तुतः यहाँ सूर्य से ही वाराह का अभिप्राय है।[116]

पाश्चात्य लेखकों में जे. गोण्डा ने सृष्टि (प्रजनन) और उर्वरता के प्रतीक के रूप में वाराह के संबंध में विस्तार से विचार किया। हिरणाक्ष्य वध को अनावृष्टि व वृष्टिकारक शक्तियों की विषय का रूपक मानना ही वाराह के सृष्टि के प्रतीक को ही स्वीकार करना है।[117] कृषि से वाराह का संबंध-स्थापन वैदिक मान्यता का विकास है।

नीलकंठ पुरुषोत्तम जोशी जी ने इस तरह की प्रतिमाओं का उल्लेख किया है।[118]

सती पट्ट

प्राचीन भारतीय साहित्य में सती एवं वीर के गौरव की चितरंजन व्याख्या[119] तथा युद्ध संस्कृति के विकास के कारण वीर एवं सती के प्रति अन्यान्य क्षेत्रों[120] की भाँति वारुणेय क्षेत्र में भी विशेष सम्मान का भाव जागृत था।

प्राचीन काल में ऐसे स्थल जहाँ पर, किसी व्यक्ति ने युद्ध आदि में वीर गति प्राप्त की होगी अथवा उसका अंतिम संस्कार हुआ होगा वहाँ वीर एवं सती के प्रति श्रद्धांजलि व्यक्त करने हेतु सती-शिला, छतरी अथवा कीर्ति स्तम्भ के रूप में स्मृति स्मारक बनाने की प्रथा विद्यमान रही है।[121] वारुणेय क्षेत्र में फिफिऔना नामक पुरास्थल से सती फलक का प्रमाण मिला है।

छाया चित्र संख्या – 43

पुरास्थल	–	फिफिऔना, जिला - जौनपुर
प्रकृति	–	बलुआ पत्थर
प्रतिमा	–	सती पट्ट / सती फलक
काल	–	मध्यकाल
आकार	–	44×25.5 सेमी. (ऊपरी हिस्सा)/36 सेमी. (निचला हिस्सा)

प्रस्तुत प्रतिमा को शिलापट्ट पर उकेर कर बनाया गया है, जो मेहराबदार आकृति में है, जिसमें एक व्यक्ति घोड़े पर सवार है, जो दाहिने हाथ में लगाम पकड़े तथा बायें हाथ में कोई वस्तु लिया है, जो अस्पष्ट है। घोड़ा गतिशील अवस्था में है, जिसके दोनों पैर आगे उठे हुये हैं।

इसी तरह की प्रतिमा का उल्लेख एक शोध पत्र[122] में किया गया है, जिसमें सतीपट्ट पर वीर के प्रतीक स्वरूप अश्वारोही पुरुषाकृति के साथ-साथ उसकी दो पत्नियों का भी अंकन किया गया है।

वारुणेय क्षेत्र में तंत्रयान

भारतीय कला में प्रतीक एक तथ्यपूर्ण और मौलिक प्रेरणा रहा है, जिसमें भावनाओं, विचारों एवं कल्पनाओं के आधार पर धार्मिक क्रिया-कलापों के स्वर्णिम भावों को मूर्त रूप दिया जाता है, जो कलावशेष के रूप में धार्मिक तथा सामाजिक

परिस्थितियों एवं परम्पराओं के मूक साक्षी के रूप में अनन्त काल तक चिरनवीन बनी रहती है।

यह मृत्तपट्टिका सोनबरसा नामक (अक्षांश $25^0 21'4''$ उत्तर, देशान्तर $82^0 46'19''$ पूर्व) पुरास्थल से प्राप्त हुयी है (छाया चित्र संख्या- 44, रेखाचित्र-1), जो उत्तर प्रदेश के वाराणसी जिले में स्थित है। वरुणा नदी से लगभग तीन किमी. दक्षिण दिशा में मटूका नाले के समीप स्थित इस स्थल की ऐतिहासिक महत्ता उसके बसाव, सांस्कृतिक संचय एवं पुरातात्त्विक अवशेषों के साथ-साथ लोक किंवदन्तियों से भी ज्ञात होती है। इसकी पुष्टि सर्वेक्षण से प्राप्त उपरोक्त मृत्तपट्टिका पर अंकित प्रतीकों से होती है, जिस पर अंकित तत्त्व संबंधित प्रतीकों की आध्यात्मिक एवं तान्त्रिक परम्पराओं एवं उपलब्धियों की पूंजीभूत ज्ञानराशि संचित है। यह बौद्ध तन्त्र विद्या के वज्रयान से संबंधित है, जो नितान्त स्वतन्त्र एवं रहस्यात्मक दृष्टिकोण से प्रेरित है, जिसमें प्रतीकों को सांकेतिक और लाक्षणिक (प्रतीकात्मक अभिव्यक्ति) रूप में व्यक्त किया गया है, जिसके आधार पर भाव पक्ष, कला पक्ष, काल गणना के साथ-साथ वारुणेय क्षेत्र में वज्रयान के स्वरूप की चर्चा की गयी है।

इस मृत्तपट्टिका में सबसे ऊपर कीर्तिमुकुट है, जो दो व्यालों के मस्तक पर समान रूप से अंकित है। दोनों व्याल पंजे पर एक दूसरे की ओर पीठ किये हुये खड़े हैं, जिसके मध्य में वज्र है, जिस पर पद्म या चक्र बना हुआ है। वज्र के ठीक नीचे बुद्ध का शीर्ष बनाया गया है। पट्टिका को अलंकृत करने के लिये उसके चारों तरफ किनारे-किनारे बिन्दुओं का अंकन किया गया है।

मृत्तपट्टिका पर अंकित प्रत्येक प्रतीकों की निम्नलिखित प्रकार से व्याख्या की जा सकती हैः

1. व्याल : प्रस्तुत मृत्तपट्टिका में दो व्यालों का अंकन किया गया है, जिसका मुख श्वान अथवा वृक तथा धड़ सिंह का बना हुआ है। इस प्रकार के व्यालों का उल्लेख साहित्यिक[123] एवं पुरातात्त्विक[124] साक्ष्यों से मिलता है, जिसे श्वानव्याल अथवा वृकव्याल के नाम से उल्लिखित किया गया हैं। श्रीज्ञानरत्नकोष में इस प्रकार के व्याल को 'वारालिका' कहा गया है, जिसका मुख श्वान का, सींग भेड़ का, गर्दन अश्व का तथा धड़ सिंह का है।[125]

सिंह के धड़ का अंकन उसके प्रतीकात्मक महत्त्व के कारण किया गया है, जो अपने अदम्य पराक्रम, पौरूष एवं तेजस्विता के लिये जाना जाता था।[126] बौद्ध कला में सिंह को दृढ़ता से अपने धर्म की घोषणा करने वाले बुद्ध के 'शाक्य सिंह' के व्यक्तित्व

का प्रतीक माना गया है। साथ ही इसको सिंहासन का प्रतीक विधान के रूप में भी उल्लिखित किया गया है, जिनमें कभी सामने बैठे हुये, खड़े हुए अथवा एक-दूसरे की ओर पीठ किये हुए दिखलाया गया है।[127]

प्रस्तुत मृत्तपट्टिका में व्याल के पीठ पर आरोहकयुक्त कर और भी सुशोभन भव्य बनाया गया है। इस प्रकार के श्रृंगवान सिंह पश्चिमी एशिया या जम्बूद्वीप की कलाकृतियों की ओर संकेत करती है।

दोनों व्यालों के मस्तक के ऊपर समान रूप से कीर्तिमुकुट का अंकन किया गया है, जो संभवतः व्याल के श्रृंग ही हैं। इस प्रकार के कीर्तिमुकुट (कीर्ति मुख) का उल्लेख साहित्यिक साक्ष्यों में मिलता है, जिनमें व्यालों के श्रृंग को कीर्तिमुकुट या व्याल को ही कीर्ति मुख के रूप में इंगित किया जाता है।[128]

2. वज्र : मृत्तपट्टिका में दूसरा प्रतीकात्मक अंकन वज्र का है, जिसे दो व्यालों के मध्य मे अंकित किया गया है। तान्त्रिक बौद्ध सम्प्रदाय के वज्रयान शाखा में 'वज्र' को परमतत्त्व एवं सर्वोत्तम सत्ता के रूप में प्रस्तुत किया गया है, जो शून्यता का पर्यायवाची है। इस रूप में वज्र बौद्ध तान्त्रिक परम्परा में एक सर्वव्यापी कल्पना के रूप में विकसित दिखलाई देता है। वह दृढ़ता, सार, कभी शीर्ण न होने वाला अच्छेद, आदाही और अविनाशी होने के कारण शून्यता का प्रतीक है।[129]

शून्यता निरात्मा है, जो देवी का रूप है, जिसके अंक से बोधिचित्त विज्ञान सर्वदा आलिंगित रहता है तथा उल्लास एवं आनन्द को उदित करता है। शून्यता और करुणा का वज्रयानी प्रतीक प्रज्ञा और उपाय अथवा पद्म और वज्र हैं।

बोधिसत्व वज्रधारण करने वाले तिब्बती धर्म गुरु वज्र के संरक्षक बतलाये गये हैं। वज्र विभिन्न तान्त्रिक देवों के नाम से भी जुड़ा हुआ है और उनके आयुध के रूप में भी मिलता है, जिसका अंकन तान्त्रिक कला में हुआ है। एक विचारधारा के अनुसार वज्र मणि का पर्यायावाची है और पुरुषत्व का प्रतीक है।[130]

3. पद्म या मण्डल : वज्र के मध्य में पद्म का अंकन किया गया है, जिसका स्वरूप पद्म की पंखुड़ियों के एक मण्डल या चक्र द्वारा दिखता है। तान्त्रिक कला में आत्मिक विकास और चेतना के प्रसार का सशक्त प्रतीक पद्म को माना गया है। पद्म के माध्यम से साधक अविद्या के अंधकार को नष्ट करके आन्तरिक ज्योति प्राप्त करता है, जिस प्रकार पद्म अविद्यारूपी कीचड़ से प्रकट होकर जल की सतह पर विकसित होता

है और सदैव कीचड़ और जल की मलिनता से बचा रहता है। उसी की भाँति साधक की आत्मिक शक्ति भौतिक सीमाओं से ऊपर उठकर माया और अविद्या के जाल से प्रभावित हुए बिना साधक साधना की ऊँचाई प्राप्त करता है। मानव शरीर में इस प्रकार पद्म या चक्रों की स्थिति शक्ति के ऊर्ध्वमुखी विकास का क्रम अभिव्यक्त करता है। सर्वोच्च पद्म के रूप में सहस्रार चक्र की स्थिति, शक्ति का सर्वोपरि स्थान है। जहाँ वह पुरुषमय होकर निवास करता है।[131]

पद्म को विश्व सृष्टि का द्वारमुख भी माना गया है। तान्त्रिक परिभाषा के अनुसार पुरुष और शक्ति का संयुक्त बिन्दु सृष्टि के प्रसार के लिये विकसित होकर वृत्त या मण्डल का रूप धारण कर लेती है। सृष्टि परक विस्तार की समस्त परिभाषा वृत्त या मण्डल में ही प्राप्त होती है।[132] यहाँ पर वज्र के मध्य में पद्म या मण्डल को धर्मचक्र प्रवर्तन का प्रतीक स्वीकार किया जा सकता है।

4. बुद्ध शीर्ष : मृत्तपट्टिका के सबसे निचले हिस्से में मानव सिर का अंकन किया गया है, जिसे बुद्ध शीर्ष का प्रतीक माना जा सकता है। बुद्ध की मुखाकृति गोल है। मस्तक पर ऊर्णा का अभाव इसकी स्वाभाविकता को इंगित करता है तथा मुखाकृति से यह भाव सहज ही व्यक्त हो रहा है कि बुद्ध में परम शान्ति और परमानन्द का सामंजस्य है। उनके प्रलम्बकर्णपाश, नासाग्र दृष्टि एवं अर्द्धोन्मीलित नेत्र का सहज सामंजस्य प्रस्तुत किया गया है।

उपरोक्त प्रतीकों के आधार पर इसे वज्रयान से सम्बन्धित कर निम्नलिखित प्रकार से व्याख्या की जा सकती है। यहाँ दोनों व्याल मंत्र के रूप में स्थापित वज्र एवं पद्म की रक्षा कर रहे हैं, जिसे शून्यता एवं करुणा अर्थात् प्रज्ञा एवं उपाय के रूप में प्रस्तुत किया गया है, जिसको वज्रयानियों ने सूत्रबद्ध किया कि शून्य 'निरात्मा' एक देवी है, जिसके अनन्त आलिंगन से अकेला चित्त, जो कि बोधिचित्त अथवा विज्ञान है, बंध जाता है और आलिंगन में परम सुख एवं आनन्द में रहता है अर्थात् तब उसे निर्वाण की प्राप्ति होती है।

दार्शनिक चिन्तन (वज्रयान के सम्बन्ध में)

वज्रयान सम्प्रदाय में 'प्रज्ञोपाय' की युगनद्ध सत्ता को परम तत्त्व स्वीकार किया गया है। जगत के उद्धार के लिये करुणा ही एकमात्र उपाय। चूँकि प्रज्ञा अभेद्य और विशुद्ध है, इसलिये उसे वज्र (हीरा) माना जाता है और उपाय अथवा करुणा को पद्म। मिथुन कल्पना में वज्र पुरुषतत्त्व और पद्म स्त्रीतत्त्व।[133] इस प्रकार चतुर्काय

(स्वाभाविककाय, धर्मकाय, संभोगकाय और निर्माणकाय) के स्थान पर काय-वाक्-चित्त-वज्राधिपति माना गया। वज्रधर से पाँच ध्यानस्थ बुद्धों का निःसरण हुआ, जो सर्वथा 'ध्यानस्थ' रहते हैं। इनके नाम हैं– वैरोचन, रत्नसंभव, अमिताभ अमोघसिद्धि और अक्षोभ्य। इन बुद्धों का संबंध धर्मचक्रप्रवर्तन, वरद, समाधि, भय और भूमिस्पर्श नामक मुद्राओं तथा रूप, वेदना, संज्ञा, संस्कार और विज्ञान नामक स्कन्धों से है। प्रत्येक ध्यानस्थ अथवा ध्यानीबुद्ध 'शक्ति' सम्पन्न है और इन मिथुनों के साथ बोधिसत्त्व भी आबद्ध है। जब इनकी क्रमबद्ध स्थापना कर दी जाती है, तब तथागत-मण्डल बनता है और उसके विवरण से गुह्य समाज प्रारम्भ होता है। तन्त्रशास्त्र में मण्डल या चक्र एक चित्र के समान होता है, जिसमें देवता और उसकी शक्तियाँ निरूपित होती हैं। मण्डल एवं उसके उद्भव के मूल में मन्त्र शक्ति निहित है, जिसके माध्यम से तथागत ने 'विद्यापुरुषों' और 'विद्यास्त्रियों' को अभिव्यक्त किया। मण्डल में अद्वैत भावनायुक्त शक्ति-सम्पन्न उपासना विहित की गयी तथा यह कहा गया कि चांडाल और वेणुकार जैसे अधम भी इस माध्यम से सिद्धि प्राप्त कर सकते हैं, परन्तु गुरु-निन्दा करने वाले को कोई भी स्थान नहीं प्राप्त हो सकता।

स्त्रीमात्र में बुद्ध जननी प्रज्ञा या शक्ति के साथ गुरु के अभिषेक की बात की गई, जिसे विद्याव्रत का नाम प्रदान किया गया। भिक्षा, तप, नियम आदि परित्याग यथोचित ठहराया गया है। साथ ही विभिन्न कामोपभोग माँसाहार को विहित किया गया।[134] यह भी अभिव्यक्त किया गया कि रूप, स्पर्श, आदि भोगों से बुद्ध की पूजा की जानी चाहिये। रागचर्या ही सर्वश्रेष्ठ चर्या कही गई तथा यह अभिव्यक्त किया गया कि आचार्य से संदृष्ट होकर मण्डल की मंत्र जप या शक्ति पूजा करके सिद्धि प्राप्त की जा सकती है।[135]

कालक्रम

सांस्कृतिक संचय एवं प्राप्त पुरावशेषों के आधार पर यह स्थल उत्तर वैदिक काल (प्राक् उत्तरी कृष्ण-मार्जित चरण) से लेकर पूर्व मध्यकाल तक की संस्कृति का प्रतिनिधित्व करता है। तिब्बती इतिहासकार तारानाथ के अनुसार गुह्य समाज की तान्त्रिक परम्परा का उदय संभवतः तीसरी सदी में हुआ और छठी सदी तक इसका गुप्त प्रचार होता रहा। सातवीं सदी मे गुह्य समाज की तीव्रता के साथ इसकी महत्ता बढ़ी और फलस्वरूप अनेक आचार्यों एवं सिद्धों ने इसका प्रचार-प्रसार किया (भाष्य)।[136] वस्तुतः गुह्य समाज ही वज्रयान के सूत्रपात की जननी थी। तथा पाल शासकों ने इस सम्प्रदाय को प्रश्रय दिया।[137] वारुणेय क्षेत्र के सर्वाधिक महत्त्वपूर्ण बौद्ध स्थल सारनाथ

से बौद्ध तन्त्रयान से संबंधित प्रतिमाएँ मिली हैं, जिनमें मंजुश्री, तारा, मरीचि, प्रज्ञापारमिता एवं जम्भल आदि प्रमुख हैं, जो सातवीं सदी से 9वीं-12वीं सदो के मध्य की है,[138] जिससे यह अनुमान लगाया जा सकता है कि यह मृत्तपट्टिका भी इसी काल की होगी।

निष्कर्ष

प्राचीनकाल में तांत्रिकों ने पूजा, ध्यान और साधना के लिए जिन यंत्रों, मूर्ति, उपकरणों, प्रतीकों आदि की रचना की उन्हीं के माध्यम से तंत्रयान अस्तित्व में आयी। उपर्युक्त अंकनों (प्रतीकों) के अध्ययन से यह प्रतीत होता है कि व्रजयान का तान्त्रिक कला को नितान्त सांकेतिक और प्रतीकात्मक अभिव्यक्ति के रूप में प्रस्तुत किया गया है। ये जटिल प्रतीक की तुलना आगम ग्रन्थों के शाब्दिक विचारों और सैद्धान्तिक कथनों से की जा सकती है। ये तान्त्रिक विचारधारा भारतीय दर्शन के विचारों को अपने ढंग से स्वतन्त्र एवं विशेष प्रयोग करती है। साथ ही इन तान्त्रिक कला के स्वरूप प्रतीक और अभिव्यक्तियाँ किसी न किसी रूप मे मूल कलात्मक परम्परा से जुड़ी हुयी देखी जा सकती है।

इस प्रकार के नवीन अनुसंधानों के परिणामस्वरूप पुरावशेषों के सन्दर्भ में उपस्थित की गयी कतिपय मान्यतायें पुनर्व्याख्येय होती जा रही हैं। ये प्रतिमाएँ कला के कतिपय महत्त्वपूर्ण बिन्दुओं के उद्घाटित करने के साथ-साथ वारुणेय क्षेत्र के धार्मिक समन्वय पर भी महत्त्वपूर्ण प्रकाश डालती है।

वारुणेय क्षेत्र का सर्वाधिक महत्त्वपूर्ण स्थल सारनाथ है, जो बुद्ध की प्रथम धर्मस्थली होने के कारण प्रारम्भ से ही बौद्ध परम्परा एवं कला का केन्द्र रहा है। यहाँ पर बौद्ध कला के प्रमाण मौर्य काल से ही मिलते हैं, जिसकी अक्षुण्ण परम्परा किसी न किसी रूप में पूर्व मध्यकाल तक दिखती है। पूर्व मध्यकाल में सारनाथ से प्राप्त मूर्तियों के आधार पर यह कहा जा सकता है कि इस युग में वज्रयान चरमोत्कर्ष पर था।

सारनाथ के समीपवर्ती क्षेत्रों में वज्रयान की स्थिति का ज्ञान सोनबरसा जैसे पुरास्थलों से प्राप्त अवशेषों से होता है, जिसके आधार पर यह अनुमान लगाया जा सकता है कि जन साधारण में भी वज्रयान अपनी पैठ बना लिया था। मृत्तपट्टिका पर अंकित व्याल का अंकन विदेशी प्रभाव की ओर इंगित करता है। संभवतः नेपाल, तिब्बत अथवा मध्य एशिया की बौद्ध तान्त्रिक परम्परा भारत वर्ष के तान्त्रिक परम्परा के सम्पर्क में आयी हो।

वस्तुतः यह पुरास्थल सोनबरसा अपने नाम के अनुरूप सम्पन्नता, समृद्धि एवं शान्ति के कारण महत्त्वपूर्ण केन्द्र के रूप में प्रतिस्थापित रहा होगा।

मृत्तिका पुरावशेष

कला के विविध माध्यमों में मृत्तिका कला अपनी विषय की विविधता, सरल निर्माण प्रक्रिया, प्रचुर उपलब्धता एवं सर्वस्व व्यापकता के कारण प्राचीन काल से ही मानव अभिव्यक्ति का सर्वाधिक लोकप्रिय माध्यम बनी रही। यह भारतीय सांस्कृतिक चेतना की एक प्रमुख देन है। इनमें लोक जीवन, सामाजिक जीवन एवं धार्मिक जीवन के साथ-साथ तत्कालीन कला के क्रमिक विकास का इतिहास ज्ञात होता है। मृत्तिका कला के विषयों की सीमा व्यापक है, जो जन-जीवन से जुड़ा हुआ है, इनमें एक अपूर्व शक्ति है, जिसके कारण यह सदियों तक लोकप्रिय माध्यम बनी रही।

वरुणा नदी का यह तटवर्ती भू-भाग अपनी उर्वरकता एवं क्षेत्र के लोगों की सांस्कृतिक क्रियाशीलता के कारण प्राचीन काल से ही समृद्धि की पराकाष्ठा को प्राप्त किया है। लोगों ने अपनी लौकिक एवं धार्मिक भावनाओं को व्यक्त करने के लिये अनेकविध माध्यम को चुना, जिनमें मृण की बनी मूर्तियाँ सबसे प्राचीन एवं सरल अभिव्यक्ति का प्रथम सोपान बनी। कुम्हार जातक[139] एवं घटिकारसुत्त[140] में वाराणसी के आसपास कुम्भकारों की बस्ती का उल्लेख है, जो मृण से बने खिलौने बनाने में निपुण थे। जैन ग्रन्थ उक्तिव्यक्ति प्रकरण[141] में मृण्मूर्तियों के साथ खेलते हुये बच्चों का वर्णन मिलता है। इस क्षेत्र के सर्वेक्षित एवं उत्खनित पुरास्थलों राजघाट, सारनाथ, सराय मोहाना व अकथा आदि से प्राप्त मृण्मूर्तियों के आधार पर यह कहा जा सकता है कि मृण कला के इतिहास में यहाँ के लोगों ने अपना विशिष्ट स्थान बना लिया।

वारुणेय क्षेत्र में सर्वेक्षण से उपलब्ध मृण्मूर्तियों के निर्माण में निम्नलिखित प्रकार की तकनीक का प्रयोग किया गया है।

(1) हाथ से निर्मित मृण्मूर्तियाँ (Hand Made Terracotta)

(2) आंशिक रूप से हाथ एवं साँचे का मिश्रित प्रयोग
(Partly Moulded and Partly Hand Modelled Terracotta)

(3) साँचे से ढ़ालकर निर्मित मृण्मूर्तियाँ (Moulding Terracotta)

(1) हाथ से निर्मित मृण्मूर्तियाँ : वारुणेय क्षेत्र में इस तकनीक से निर्मित मृण्मूर्तियाँ प्रारम्भिक सांस्कृतिक काल से संबंधित है। इस प्रकार से निर्मित मृण्मूर्तियों को दो

प्रकार से बनाया गया है। पहले प्रकार में पूर्णतः हाथ से निर्मित मृण्मूर्तियाँ हैं। इनमें मिट्टी का लोआ लेकर आकृति को इच्छानुसार मूर्तरूप दिया गया है। अलंकरण के लिये अंगुठे से दबाकर (Pinching Technique) शरीर के विशिष्ट अंगों विशेषतः नाक, कान, ओठ आदि को आकार दिया गया है। इस प्रकार की मूर्तियों में स्वाभाविक रूप से निर्जीव एवं भौड़ापन दिखता है। इन्हें एजलेस (Ageless) कहा गया है।[142] संभवतः अपने निर्माण की सरल विधि के कारण ये मृण्मूर्तियाँ सर्वत्र एवं भिन्न-भिन्न काल खण्डों से प्राप्त हुयी हैं। द्वितीय प्रकार में हाथ से ही बनी मृण्मूर्तियों को तीक्ष्ण औजार से उकेरकर (Incised Technique) अलंकरण किया जाता है। इनमें मुख्यतः आँख, केश, वस्त्र व आभूषण आदि प्रमुख हैं।[143] इस विधि से बने मृण पुरावशेषों में मातृदेवी एवं पशु आकृतियाँ प्रमुख हैं।

(2) आंशिकरूप से हाथ एवं साँचे का मिश्रित प्रयोग : इस तकनीक से बनी हुयी मृण्मूर्तियों को आंशिकरूप से साँचे एवं हाथ के प्रयोग द्वारा निर्मित किया जाता है। सिर को साँचे में ढ़ालकर तथा धड़ का हिस्सा हाथ से बनाया जाता है। वारुणेय क्षेत्र में इस विधि से बनी मृण्मूर्तियाँ उत्तरी कृष्ण मार्जित मृद्भाण्ड सांस्कृतिक चरण से मिलनी प्रारम्भ हो जाती हैं। इस प्रकार की तकनीक से बनी मृण्मूर्तियों में यथासंभव तीनों विधियों चुटकी द्वारा, जड़ाऊ विधि एवं उकेर कर अलंकरण (Pinching, Applique and Incised Technique) का प्रयोग किया जाता है। केश विन्यास, आँखों एवं वस्त्र के अलंकरण के लिये उकेर कर, आभूषणों के लिये जड़ाऊ विधि तथा शरीर के विविध भागों को आवश्यकता अनुसार दबाकर निश्चित आकार दिया जाता है।

(3) साँचे से ढ़ालकर निर्मित मृण्मूर्तियाँ : साँचे से निर्मित मृण्मूर्तियाँ विकसित तकनीक का द्योतक है। साँचे से ढ़ली मूर्ति को देखकर ऐसा अनुमान लगाया जा सकता है कि प्राप्त मृण्मूर्ति की ठीक प्रतिकृति साँचे की बनी होगी। इस साँचे में गीली मिट्‌टी रखकर ऊपर से दबाया और पुनः उलट कर रख दिया जाता था, जिससे फलक पर उभर कर साँचे में निर्मित हुबहू प्रतिकृति आ जाती थी।[144] इस प्रकार की बनी मृण्मूर्तियाँ इकहरे साँचे से बनी होती थीं, जिसका पृष्ठ भाग सादा एवं ठोस होता था।

दोहरे साँचे से निर्मित मृण्मूर्तियाँ तकनीकी विकास की चरम परिणति है। इनमें दो साँचों के मध्य में गीली मिट्‌टी रखकर दबा दी जाती थी। ये साँचे आगे एवं पीछे के लिये अलग-अलग प्रकार के होते थे तथा दोनों भागों को एक साथ मिलाकर संयुक्त

किया जाता था। इस विधि से निर्मित मूर्ति का मध्य भाग खोखला होता था तथा इसके कुछ भागों को अलग से भी जोड़ा जाता था। पकने से पूर्व मूर्ति के अतिरिक्त मिट्टी को काट-छाँट कर अलग कर दी जाती थी। तत्पश्चात् ब्रस या मिट्टी के घोल में डुबोकर रंगा जाता था और अन्त में आँवें में पकाया जाता था। वारुणेय क्षेत्र में इस तकनीक से बनी मातृदेवी की प्रतिमा कुरुँ नामक पुरास्थल से प्राप्त हुयी है।

वारुणेय क्षेत्र के सर्वेक्षण से विभिन्न प्रकार के संग्रहीत मृण पुरावशेष प्राप्त हुये हैं, जिनमें स्त्री एवं पुरुष आकृतियाँ, पशु-पक्षी, मनके, मृण्मण्डल, थपुआ आदि उल्लेखनीय हैं। इन पुरावशेषों को विषय-वस्तु के आधार पर दो श्रेणियों में विभक्त कर अध्ययन किया गया है।

(1) मानव मृण्मूर्तियाँ, (2) पशु मृण्मूर्तियाँ।

मानव मृण्मूर्तियाँ

इसके अन्तर्गत स्त्री एवं पुरुष आकृतियों का वर्णन किया गया है।

मातृदेवी : छाया चित्र संख्या - 45

(1) यह मृण्मूर्ति खमौना नामक पुरास्थल से प्राप्त हुआ है, जिन पर दो देवियों का अंकन किया गया है, जो स्थानक मुद्रा में खड़ी हैं। बड़ी आकृति वाली देवी के गलें में दो लड़ियों की माला है। इनके चेहरे को अंगुलियों द्वारा दबा कर उभारा गया है। आँख तथा मुख का अंकन छिद्र द्वारा दिखलाया गया है। कमर में संभवतः खंजर लटकायी हुयी है। बायीं तरफ अलंकरणविहीन छोटे आकार की देवी का अंकन है। उनकी आँखें को दर्शाने के लिये अलग से छोटी टिकिया ऊपर से चिपका कर उसमें छिद्र किया गया है। यह मृण्मूर्ति कुषाणकाल से सम्बन्धित है।

(2) यह मृण्मूर्ति खमौना से ही प्राप्त हुयी है। पट्ट पर अंकित देवी के चेहरे को अंगूठे से दबाकर नाक को उभारा गया, जिनमें दो छिद्र है। मुख खुला हुआ तथा आँखें बड़ी हैं, जिसे अलग से चिपका कर उसमें छिद्र बनाया गया है। गले में हार तथा कमर में चौड़ी करधनी का अंकन है। यह मृण्मूर्ति कुषाणकाल से सम्बन्धित है।

(3) यह मातृ देवी की मूर्ति सोनबरसा नामक पुरास्थल से प्राप्त हुयी है। इसमें देवी का मुख चिपटा, नाक एवं ठुड्ढ़ी को उभारा गया है। मुख को दर्शाने के लिये मोटी लकीर खींची गयी है। आँखें लम्बी हैं, जिन्हें उकेर कर उभारा गया तथा उसमें छिद्र बनाया गया है। मस्तक पर उत्फूला एवं पीछे चोटी है। धड़ का हिस्सा

गोलाकार है। दोनों हाथ टूटे हुये तथा स्तन एक-दूसरे से हटे हुये और चिपटापन लिये है, जो शुंगकालीन स्त्री आकृतियों का विशेष लक्षण है।[145] पेट उभरा हुआ है, जिसमें छिद्र किया गया है, इसका निचला हिस्सा गोलाकार तथा आधार चपटा है, जिससे इसको बिना किसी सहारे का खड़ा किया जा सकता है।

मातृदेवी : छाया चित्र संख्या-46

(1) यह मृण्मूर्ति कुरुँ नामक पुरास्थल से प्राप्त हुआ है, जिनमें बैठी हुयी दो देवियाँ जिनका मुख शंकु के आकार का है, जिसमें एक के मुख को छिद्र कर तथा दूसरे को लकीर खींच कर दर्शाया गया है। दोनों के पैर घुटने तक मुड़े हुये हैं। अंगुलियों को दर्शाने के लिये उनमें लकीर खींचा गया है।

(2) एवं (3) यह मृण्मूर्ति कुरुँ नामक पुरास्थल से प्राप्त हुआ है जो साँचे से बना है। इनमें चतुर्भुजी देवी को बैठे हुये दिखलाया गया है, जिनकी दो भुजायें ऊपर उठी हुयीं तथा दो जंघे पर हैं, जिनमें चूड़ियाँ एवं भुजबंध का अंकन किया गया है। गले में हार तथा लम्बी माला घुटने तक है। वस्त्र को दिखलाने के लिये लहरदार रेखाओं का अंकन किया गया है। देवी की बायीं तरफ दो घड़ों का अंकन है, जिसे एक के ऊपर एक रखा गया है।

(4) कुरुँ नामक पुरास्थल से मिट्टी की पट्टीका पर शिवलिंग का अंकन प्राप्त हुआ है।

(5) यह मृण्मूर्ति कोचारी नामक पुरास्थल से प्राप्त हुआ है, जिसे एक ही साँचे द्वारा बनाया गया है। 6.8 सेमी. ऊँची स्त्री के माँग के दोनों ओर बनी केशों की पट्टियों के मध्य में जुड़ा का अंकन है, दोनों पट्टियाँ सिर के दोनों कानों के नीचे कंधे तक लहराते हुये दिखलायी गयी हैं। मुख सौम्य, आभूषणों का कम प्रयोग एवं सादगी की प्रतिवेषित अभिरुचि, केश-विन्यास, कानों में कुण्डल एवं उन्नत स्तन गुप्तकालीन विशेषताओं के द्योतक है। इसकी हाथ एवं कमर का निचला हिस्सा क्षतिग्रस्त है। इसी प्रकार की प्रतिमा राजघाट से प्राप्त हुयी है।[146]

(6) कोचारी नामक पुरास्थल से अलंकरणविहीन मातृदेवी की मूर्ति, जिसके चेहरे को अंगुठे से दबाकर चिपटा एवं नाक उभारदार बनाया गया है। दोनों बाँह एवं पैर बाहर की ओर लम्बवत् फैली हुयी तथा पार्श्व भाग समतल है। इस प्रकार की प्रतिमा राजघाट से प्राप्त हुयी है।[147]

नैगमेश

वारुणेय क्षेत्र में सर्वेक्षण से नैगमेश से संबंधित प्रतिमाएँ मिली हैं। मृत्तिका कला में इस प्रकार से संबंधित मृण्मूर्तियों में एक विशिष्ट लक्षण दिखता है, जिनमें मुख बकरे के आकार का (अजमुख) तथा धड़ पुरुष अथवा स्त्री का होता है। अजमुख के आधार पर इस प्रकार की मृण्मूर्तियों का संबंध हरिणेगमेशी के साथ किया जाता है, जो जैन देवता नैगमेश के रूप में प्रतिष्ठित है। जैन ग्रन्थ कल्पसूत्र में नैगमेशिन उल्लेख मिलता हैं।[148] कंकाली टीले से अजमुखी प्रस्तर मूर्ति पर 'भगवानेमेसो' अंकित है।[149] आयुर्वेद संहिता तथा महाभारत में नैगमेश को स्कन्द के भ्राता या कार्त्तिकेय का स्वरूप माना गया तथा नैगमेशी को षष्ठी का।[150] सुश्रुत संहिता में नैगमेश का उल्लेख नवग्रहों के अन्तर्गत हुआ है। नवाँग्रह नैगमेश पितृग्रह कहा गया है।[151] कौमारभृत्य तन्त्र में नैगमेश को बच्चों का संरक्षक कहा गया है।[152] मूलतः संतान प्राप्ति हेतु इस देवता की पूजा की जाती थी।[153] राजघाट से नैगमेश की मूर्तियाँ प्रथम शताब्दी ईस्वी से सातवीं-आठवीं शताब्दी के स्तरों से प्राप्त हुयी है।[154]

नैगमेश की मृण्मूर्ति : छाया चित्र संख्या-47

क्रम संख्या 1 से 10 तक की मृण्मूर्तियाँ नैगमेश से सम्बन्धित है। इनमें स्त्री एवं पुरुष दोनों आकृतियाँ हैं, जिनका मुख कोरदार प्रकट किया गया है। हाथ कन्धों से तिरछे फैले हैं, जिनकी अंगुलियाँ हाथ से दबा कर चम्मच की आकृत जैसे बनायी गयी है (क्रम-2)। कहीं-कहीं ये सामने की ओर भी हैं (क्रम- 1)। प्रस्तुत मृण्मूतियों में चेहरा चिपटा है, मुख का अंकन लकीर द्वारा तथा आँख अलग से गोल मिट्टी लगाकर उसमें छिद्र द्वारा दिखलाया गया है, गले में माला है।

क्रम- 11 की मृण्मूर्ति, प्लेट- 2 के क्रम- 6 के समतुल्य है।

पुरुष आकृति : छाया चित्र संख्या - 48

(1) इस पुरुष का मस्तक हीरापट्टी नामक पुरास्थल से प्राप्त हुआ है, जिसका चेहरा लम्बे आकार का, माथा चौड़ा, भौंहे उभरी हुयी तथा आँखों को बीज के आकार का उभार कर पुतली दिखाने के लिये उनमें छिद्र कर दिया गया हैं। इसकी नाक चिपटी, मूँछ उठी हुयी, ओठ एवं ठुड्डी उभरे हुये हैं। कान बृहद आकार का है, जो माथे से लेकर गाल तक फैला है। बायाँ कान क्षतिग्रस्त हो गया है। यह मृण्मूर्ति शुंगकाल से संबंधित है।

(2) यह पुरुष का मस्तक जगदीशपुर नामक पुरास्थल से प्राप्त हुआ है, जो गोलाकार है, जिनमें माथे के ऊपर केशों को पीछे कर के उभारा गया है। बड़ी-बड़ी आँखों को बीज के आकार का उकेर कर उसमें पुतली को दिखाने के लिये गोल कर छिद्र कर दिया गया है। नाक उठी हुयी, जिनमें दो छिद्र हैं। मूँछ को अलग से चिपका कर ऊपर की ओर उठाया गया है। गर्दन का निचला हिस्सा नोंकदार है, जो संभवतः किसी जगह फसाने के लिए है। यह मृण्मूर्ति कुषाणकाल से सम्बन्धित है।

पशु मृण्मूर्तियाँ : छाया चित्र संख्या - 49

(1) फिफिऔना नामक पुरास्थल से अलंकृत घोड़े की मृण्मूर्ति प्राप्त हुयी है, जिसका गर्दन तक का भाग सुरक्षित है। घोड़े को चार जगह से सजाया गया है। पहला गर्दन के निचले भाग, गर्दन के मध्य भाग तीन मालाओं को गूँथकर बनाया गया, जिसमें चिपकवाँ पद्धति से मिट्टी का प्रयोग किया गया है। गर्दन के ऊपर मुख से लेकर कान तक के अलंकरण के लिये पट्टी का प्रयोग किया गया है। उसके ऊपर के अलंकरण के लिये दो सटे हुये छल्लों का प्रयोग किया गया है। नाक दिखलाने के लिये छिद्र तथा अंगूठे से कान को उभारा गया है। घोड़े की यह मृण्मूर्ति गुप्तकाल से सम्बन्धित है। इस पर लोहित रंग का प्रलेप लगाया गया है।

(2) यह भेड़ की मृण्मूर्ति बरदहाँ नामक पुरास्थल से प्राप्त हुयी है। इसके चारों पैर क्षतिग्रस्त हो गये हैं, लेकिन मुख पूर्णरूप से बचा है। आँखों को छेद कर बनाया गया है। गले में माला को दिखलाने के लिये उकेर कर उभारा गया है। यह मृण्मूर्ति कुषाण काल से सम्बन्धित है।

(3) यह मृण्मूर्ति सोनबरसा नामक पुरास्थल से प्राप्त हुयी है, जिनमें भेड़ की मुख, पैर तथा पूँछें छतिग्रस्त हो गयी हैं। आगे का पैर थोड़ा बचा हुआ है, पीछे कमर पर उकेर कर सज्जा की गयी है।

(4) कोचारी नामक पुरास्थल से बन्दर की मृण्मूर्ति प्राप्त हुयी है, जिनमें बन्दर के मुख को साँचे में अच्छी तरह से उभारा गया है। उसके कान खड़े तथा मुख खुले हुये हैं, जिनमें चार दाँतें दिखलायी दे रही हैं, पूँछ अपूर्ण है तथा हाथ-पैर क्षतिग्रस्त हो गये हैं। इस तरह की प्रतिमा अहिछत्रा, भीतरी, श्रावस्ती एवं राजघाट[155] से प्राप्त हुयी है, जो गुप्तकाल से सम्बन्धित है।

(5) याकुबपुर नामक पुरास्थल से हिरण का सिर प्राप्त हुआ है। इसके दोनों कानों एवं सींगों को हल्का सा उभार कर बनाया गया है। हिरण का मुख पतला है, जिसे हल्का सा रेख लगाकर अलग किया गया है।

(6) सुरवाँ नामक पुरास्थल से हिरण का सिर प्राप्त हुआ है, जिसमें एक आँख को अलग से चिपकाकर बनाया गया है। सिंग भी दिखलायी दे रहा है। गर्दन के नीचे का हिस्सा क्षतिग्रस्त है। यह मृण्मूर्ति कुषाणकाल से सम्बन्धित है।

(7) मई नामक पुरास्थल से तोता की मृण्मूर्ति प्राप्त हुयी है, जिसकी पूँछ टूट गयी है, लेकिन यह बहुत अच्छी अवस्था में है। चोंच को उभार कर उसके ऊपर छिद्र कर नासिका बनाया गया है। गले में माला दिखाने के लिये उभार दिया गया है तथा दोनों पंखों को भी पत्ती की तरह उभारा गया है। दोनों पैरों को एक साथ मिलाकर चौड़ा किया गया है, जिससे इसे कहीं भी खड़ा किया जा सकता है।

(8) यह बन्दर की क्षतिग्रस्त आकृति कोचारी नामक पुरास्थल से प्राप्त हुयी है जिनमें बन्दर का मुख, नीचे का पैर तथा पूँछ गायब है, लेकिन हाथ पूर्ण हैं। यह मृण्मूर्ति गुप्तकाल से सम्बन्धित है।

(9) सरायडीह नामक पुरास्थल से हाथी का क्षतिग्रस्त पैर प्राप्त हुआ है। हाथ से बना होने के कारण यह बेडौल है।

(10) कोचारी नामक पुरास्थल से बारहसिंहा की मृण्मूर्ति प्राप्त हुयी है, जिनमें उसके सिंग को उठाया गया तथा कान को हल्का सा पीछे घुमाया गया है। मुँह को लम्बा सा करके आगे पतला कर बीच में चीरा लगाया गया है। आगे का एक पैर क्षतिग्रस्त दूसरा पैर सुरक्षित तथा पिछला हिस्सा क्षतिग्रस्त है।

(11) वारुणेय क्षेत्र के विभिन्न सर्वेक्षित पुरास्थलों से मानव एवं पशुओं के पैरों के अवशेष के साथ इत्रदानी के अवशेष प्राप्त हुए हैं **(छाया चित्र संख्या- 50)**।

अन्य लघु पुरावशेष

वारुणेय क्षेत्र के सर्वेक्षित पुरास्थलों से प्रस्तर एवं मृण्मूर्तियों के अतिरिक्त विभिन्न प्रकार के पुरावशेष प्राप्त हुये, जिनमें मनके, मृण्मण्डल, थपुऐ, गेंद, सिक्के एवं लौह उपकरण उल्लेखनीय है, जिनका संक्षिप्त विवरण निम्नलिखित है:

लोढा एवं गेंद (मृण एवं प्रस्तर) : छाया चित्र संख्या - 51

(1) रघुनाथपुर नामक पुरास्थल से पीपानुमा आकार का मिट्टी का लोढ़ा मिला है, जिसके पार्श्व भाग में गहरे त्रिभुज के आकार का दाँतेदार अंकन किया गया है। इस पर लाल रंग का प्रलेप लगाया गया है। यह कुषाण काल से सम्बन्धित है। इस प्रकार का पुरावशेष राजघाट एवं सराय मोहाना के तृतीय काल से मिला है।[156]

(2) सराय कंसराय नामक पुरास्थल से बलुआ प्रस्तर का लोढ़ा खण्डित अवस्था में प्राप्त हुआ है इसका ऊपरी सिरा गोलाकार तथा नीचे से चपटा है। यह प्रयोग में लाया जाता रहा होगा क्योंकि इसका निचला हिस्सा चिकना है जो घिसने के कारण है। इस तरह का प्रस्तर लोढ़ा सराय मोहाना के तृतीय काल से मिला है।[157]

(3) खेमईपुर नामक पुरास्थल से छोटे आकार का लोढ़ा प्राप्त हुआ है, जो खण्डित अवस्था में लेकिन इसे पुनः तराश कर प्रयोग में लाया गया है। इसको ऊपर तथा नीचे समान रूप से तराशा गया है।

(4) यह प्रस्तर लोढ़ा कोचारी नामक पुरास्थल से प्राप्त हुआ है, जो खण्डित अवस्था में है।

(5) यह प्रस्तर गोला मझगवाँ नामक पुरास्थल से प्राप्त हुआ है, जो बलुआ पत्थर से बना है। यह सराय मोहाना के तृतीय काल से समानता लिये हुये हैं।[158]

थपुआ : छाया चित्र संख्या - 52

वारुणेय क्षेत्र के सर्वेक्षित पुरास्थल कोचारी एवं नहवानीपुर से लोहित रंग का थपुआ प्राप्त हुआ है। कोचारी से तीन भिन्न-भिन्न आकार का थपुआ, जिसका हत्था ठोस तथा प्रलेप युक्त (क्रम संख्या 1, 2, 3) है। नहवानीपुर (क्रम संख्या 4) का थपुआ अपेक्षाकृत कुछ बड़ा है। ये राजघाट[159] एवं वैशाली से प्राप्त थपुए से समानता लिये हुये है।[160]

लघु पुरावशेष : छाया चित्र संख्या - 53

(1) मृण्मण्डल, जो मृद्भाण्ड को तराश कर गोल आकार दिया गया है (Pottery Disc) कोचारी पुरास्थल से सम्बन्धित है।

(2) बिल्लौर पत्थर (Quarrtz) का टुकड़ा, जिसमें से चिप्पड़ निकाला गया है। यह फिफिऔना पुरास्थल से सम्बन्धित है।

(3) हड्डी का बना अवशेष सरायडीह से प्राप्त हुआ है।

(4) मृत्तिका के खरबुजे (Gadroned) आकार की गोल मनका, जिसमें प्रलेप लगाया गया है। यह राजघाट के द्वितीय काल से समानता लिये हुए है।[161]

(5) मृण्मण्डल, जो चमाव नामक पुरास्थल से प्राप्त हुआ है।

(6) प्रस्तर मण्डल, जो छपरिया नामक स्थल से प्राप्त हुआ है।

(7) षड्कोणीय प्रस्तर मनका, जिसके ऊपरी सतह पर दो छिद्र है। सुरहन नामक पुरास्थल से प्राप्त हुआ है।

(8) मृत्तिका की बनी खण्डित गेंद, कोचारी पुरास्थल से प्राप्त हुआ है।

(9) उपरोक्त प्रकार की ही गेंद लेकिन आकार में बड़ा एवं प्रलेप युक्त है। कोचारी पुरास्थल से प्राप्त हुआ है।

(10) सुलेमानी पत्थर (Agate) का टुकड़ा, जिससे चिप्पड़ निकाला गया है। सुरहन नामक पुरास्थल से प्राप्त हुआ है।

(11) लवायनडीह नामक पुरास्थल से मृत्तिका का बना सुपाड़ीनुमा मनका (Arecanat Shaped Bead), जिसकी पेंदी चपटी तथा प्रलेप का अभाव है। यह राजघाट के चतुर्थ काल से समानता लिये हुये हैं।[162]

(12) लवायनडीह से ही एक अन्य सुपारीनुमा मनका, जिस पर उकेर कर वृत्त बनाया गया है। आकार में छोटा है।

(13) कोचारी नामक पुरास्थल से सुपाड़ीनुमा मनका, जिसका ऊपरी हिस्सा थोड़ा चपटा है। प्रलेप का अभाव है।

(14) कोचारी नामक पुरास्थल से ही एक लोहित रंग का मोहरा (Gamesman), जिसकी पेंदी चपटी, घुण्डी अण्डाकार तथा प्रलेप का अभाव है। इस तरह के मोहरे का प्रमाण सराय मोहाना के द्वितीय काल से मिला है।[163]

भाला : छाया चित्र संख्या - 54

सराय डीह नामक पुरास्थल से लोहे का भाला प्राप्त हुआ है, जो 66.4 सेमी. लम्बा है। इस भाले का शीर्ष बाणाग्र जैसा है। इसकी फलकें चौड़ी व तीक्ष्ण तथा

उनका निचला हिस्सा वलययुक्त है, जो नीचे क्रमशः पतला होता जाता है (रेखाचित्र-2 द्रष्टव्य)।

सिक्के : छाया चित्र संख्या - 55, 56

(1) नहवानीपुर नामक पुरास्थल से कनिष्क का एक ताँबे का सिक्का, जिसके अग्रभाग भाग पर राजा की खड़ी आकृति, जो दाहिने हाथ से यज्ञवेदी में आहुति दे रहा है। पृष्ठ भाग पर संभवतः माओं का अंकन है। इस सिक्के का व्यास 2.53 सेमी., मोटाई 0.43 सेमी. तथा वजन 14.57 ग्राम है।

(2) नहवानीपुर से ही ताँबे का गोल सिक्का, दोनों तरफ अंकन अस्पष्ट है, जिसका व्यास 1.84 सेमी., मोटाई 0.79 सेमी. तथा वजन 18.34 ग्राम।

(3) नहवानीपुर नामक पुरास्थल से कुषाण शासक कनिष्क का ताबे का सिक्का प्राप्त हुआ है। अग्रभाग पर अंकन अस्पष्ट तथा पृष्ठ भाग पर ओशयो का अंकन है। इसका अधिकतम व्यास 2.46 सेमी., न्यूनतम 2.57 सेमी. तथा वजन 14.44 ग्राम।

(4) यह आहत सिक्का शेरपुर से प्राप्त हुआ है, जो चाँदी का है तथा इसका एक हिस्सा टूटा हुआ है। इसके अग्रभाग पर गोल चक्र के उलझाये स्वरूप (Wheel complex) का अंकन है। अन्य अंकन अस्पष्ट है। इस सिक्के का अधिकतम व्यास 1.64 सेमी., न्यूनतम व्यास 1.33 सेमी., मोटाई 0.14 सेमी. तथा वजन 1.99 ग्राम है।

(5) यह सिक्का भी शेरपुर से प्राप्त हुआ है, जो हैदराबाद के निजाम मीर उस्मान अली (ब्रिटिश काल) से संबंधित है, जिसका व्यास 2.2 सेमी., मोटाई 0.14 सेमी. तथा वजन 3.55 ग्राम है।

(6) शेरपुर नामक पुरास्थल से ताँबे का छोटा गोल आकार का सिक्का मिला है, जिसके अग्रभाग पर मुहम्मद शाह बीन हुसैन शाह (शर्की राजवंश) तथा पृष्ठ भाग का लेख अपठनीय है, जिसका व्यास 1.51 सेमी., मोटाई 0.33 सेमी. वजन 4.04 ग्राम है।

(7) लवायनडीह नामक पुरास्थल से ताँबे का एक गोल आकार का सिक्का प्राप्त हुआ है, जिसके अग्रभाग पर शेरशाहसूरी हिजरी संवत् 952 अंकित है। पृष्ठ भाग पर लेख अपठनीय है, जिसका व्यास 1.85 सेमी., मोटाई 0.44 सेमी. तथा वजन 9.60 ग्राम है।

ब्रिटिशकालीन भारतीय सिक्के : छाया चित्र संख्या-57, 58

27 ब्रिटिशकालीन भारतीय सिक्के, जो 1835 ईस्वी से लेकर 1947 ई. तक है, जिसका औसत व्यास, मोटाई तथा वजन क्रमशः 2.51 सेमी., 0.14 सेमी. तथा वजन 4.932 ग्राम है। ये सिक्के कालिकाबारा नामक पुरास्थल से प्राप्त हुये है।

कोल्हू : छाया चित्र संख्या - 59, 60

वारुणेय क्षेत्र के विभिन्न पुरास्थलों से सादे, नक्काशीदार एवं अभिलिखित कोल्हुओं के प्रमाण मिले हैं, जिसके ऊपरी हिस्से में चारों तरफ से विभिन्न प्रकार से अलंकरण किया गया है, जिसमें पशु-पक्षी, फूल-पत्तियाँ, कलश, पालकी एवं सैनिक आदि के साथ-साथ देवनागरी लिपि में लेख मिलता है। ये कोल्हू जहाँ एक ओर विन्ध्य क्षेत्र के पर्वतीय भागों और मैदानी भागों के अन्तर्सम्बन्धों को बयान करते हैं, वहीं गन्ने की पेराई तथा तेल निकालने के प्रचलित उद्योग की भी पुष्टि करते हैं।

उपरोक्त विवरण से वारुणेय क्षेत्र में प्रचलित धार्मिक एवं सामाजिक व्यवस्था के बहुआयामी स्वरूप पर पर्याप्त प्रकाश पड़ता है। प्रथम सहस्राब्दी ईसा पूर्व से लेकर 12वीं-13वीं शताब्दी ईस्वी तक के अवशेष इस क्षेत्र में यत्र-तत्र बिखरे प्राप्त होते हैं। लगभग तीन सहस्राब्दी वर्षों के इस काल खण्ड में आर्थिक प्रगति के साथ सामाजिक एवं धार्मिक परिवर्तन दृष्टिगोचर होते हैं, वहीं ईसा की प्रारम्भिक शताब्दी में धार्मिक प्रतिमाएँ मिलनी प्रारम्भ हो जाती हैं, जो ब्राह्मण धर्म में होने वाले परिवर्तनों में स्पष्ट संकेत करती है। बौद्ध एवं जैन धर्मों के प्रचार-प्रसार के साथ तत्संबंधी अवशेष मिलने लग जाते हैं। बुद्ध की प्रथम धर्मोपदेशस्थली होने के कारण सारनाथ महत्त्वपूर्ण केन्द्र के रूप में विकसित हुआ। कालान्तर में तन्त्र के विकास की ओर संकेत करने वाली प्रतिमाओं के साक्ष्य मिलते हैं, जो विषय की विविधता एवं कला दोनों ही दृष्टियों से महत्त्वपूर्ण हैं।

वारुणेय क्षेत्र से प्राप्त प्रतिमाओं के अध्ययन से धार्मिक विविधता एवं समन्वय की झाँकी दिखती है। वरुणा का तटवर्ती क्षेत्र प्रारम्भ से ही ब्राह्मण धर्म के प्रचार-प्रसार का केन्द्र रहा है। इनमें वैष्णव धर्म सर्वाधिक महत्त्वपूर्ण है। सर्वेक्षण से कुछ महत्त्वपूर्ण प्रतिमाएँ प्रकाश में आयीं, जिनमें मुडाँव से प्राप्त विष्णु की प्रतिमा विकास की प्रारम्भिक अवस्था को दर्शाता है। उष्णीश धारण किये विष्णु चक्र, शंख, गदा के साथ ही पद्म के स्थान पर पात्र लिये हुये दिखलाये गये हैं। दूसरा महत्त्वपूर्ण उदाहरण विष्णु स्तम्भ है। प्राचीन काल में विष्णु की उपासना के निमित्त विष्णु स्तम्भ, गरुड़ स्तम्भ एवं विष्णु ध्वज स्थापित करने की परम्परा रही है। इसके प्रमुख उदाहरण बेसनगर का गरुड़ स्तम्भ

लेख एवं महरौली का लौह स्तम्भ लेख है। इस परम्परा का परवर्ती रूप सातों के विष्णु स्तम्भ में देखा जा सकता है। पूर्व मध्यकाल में विष्णु की दशावतार प्रतिमाओं का अंकन विशेष लोकप्रिय हुयी। अधिकांश पुरास्थलों से विष्णु की दशावतार प्रतिमाएँ मिली हैं। इसके अतिरिक्त बलराम, वैकुंठ एवं गोवर्धनधारी कृष्ण की प्रतिमाएँ भी उल्लेखनीय हैं। निश्चित ही ये प्रतिमाएँ पौराणिक आख्यानों में उपलब्ध वरुणा का विष्णु से उद्‌भव एवं तादात्म्य की पुष्टि करती है।

वारुणेय क्षेत्र शैवधर्म के प्रधान केन्द्र के साथ-साथ शिव की नगरी के रूप में भी विख्यात है। संभवतः इसी कारण यहाँ प्रचुर मात्रा में शिव के प्रतीक (लिंग व त्रिशूल) एवं मानव विग्रह वाली प्रतिमाओं के साक्ष्य मिलते हैं। शिव परिवार के रूप में गणेश एवं कार्त्तिकेय का साक्ष्य भी इस क्षेत्र में उल्लेखनीय है। काशी में गणेश की कुल संख्या 56 मानी गयी है, जो 56 विनायक के नाम से जाने जाते हैं।[164]

वारुणेय क्षेत्र में सूर्योपासना का प्रचलन भी जनमानस में व्यापक रूप से रहा है। इस क्षेत्र में द्वादश आदित्य की उपस्थिति सूर्योपासना के महत्त्व एवं लोकप्रियता को दर्शाता है। सर्वेक्षित प्रतिमाएँ, कला साक्ष्यीय स्वरूप को व्यक्त करने के साथ-साथ पौराणिक ग्रन्थों में इस क्षेत्र के संदर्भ में सूर्य के विविध आख्यानों एवं माहात्म्य की पुष्टि करती है। इस क्षेत्र में सूर्योपासना के जीवन्त रूप का दर्शन आज भी सूर्यपर्व के रूप में दिखता है। भाद्रपद शुक्ल षष्ठी (लोलार्कषष्ठी या ललईछठ) एवं कार्तिक कृष्ण षष्ठी (हलषष्ठी या डालाछठ) के दिन जनमानस नदी एवं सरोवरों में अर्घ देकर पुत्र कामना, पति-पुत्र के दीर्घ जीवन एवं रोगमुक्त हेतु कामना करते हैं।

इसके अतिरिक्त शाक्त सम्प्रदाय का प्रचलन भी क्षेत्र में विशेष लोकप्रिय रहा है। इनमें सौम्य एवं उग्र दोनों रूपों की प्रतिमाएँ क्षेत्र से मिली हैं। मातृदेवी की मूर्तियों में निरन्तर विकास के लक्षण दृष्टिगोचर होती है, जो क्षेत्र के लोगों की इनके प्रति अक्षुण्ण निष्ठा का परिचायक है। प्रारम्भ में देवी की उपासना महीमाता के रूप में अधिक लोकप्रिय थी। संभवतः यही कारण है कि सर्वेक्षण से मातृदेवी की विविध मूर्तियाँ प्राप्त हुयीं। बाद के कालों में मातृकाओं की गोद में बालको को दिखाकर उनके मातृपक्ष को उजागर किया गया। सद्योजात की प्रतिमा इसका सर्वोत्कृष्ठ उदाहरण है (छाया चित्र-34)। कालान्तर में देवियों को उनके वाहन एवं आयुध से संयुक्त कर स्वतन्त्र रूप से प्रतिमाएँ बनायी गयीं।

सर्वेक्षण से उपलब्ध अधिकांश मृण्मूर्तियाँ निजी उपयोग की दृष्टि से उपयोग में लायी गयी है। नैगमेश एवं वज्रयान से संबंधित प्रतिमाएँ स्थानीय स्तर पर लोगों की धार्मिक प्रवृत्ति एवं अभिरुचि को इंगित करती हैं। नैगमेश से संबंधित प्रतिमाएँ

लोक-परम्परा अथवा लोक जीवन को आत्मसात् करने की प्रवृत्ति में दिखती हैं। कुबेर से संबंधित प्रतिमा समकालीन आर्थिक विकास अथवा इस क्षेत्र की समृद्धि के रूप में भी देखी जा सकती है। नैगमेश की प्रतिमाएँ विकसित एवं अर्द्धविकसित धर्म के मध्य कड़ी है। ये प्रतिमाएँ इस क्षेत्र के लोगों की लोकजीवन एवं उसके प्रभाव के महत्त्व के साथ ही वारुणेय अंचल के ग्रामीण परिवेश में व्याप्त धार्मिक-सामाजिक अवस्था को भी दर्शाता है। बच्चों के संरक्षक व संतान प्राप्ति हेतु नैगमेश की उपासना इसी की अभिव्यक्ति है। दार्शनिक संबंधी गूढ़ विचारों को मृण्पट्टिका के प्रतीक रूप में अंकन कला के अन्तरंग संबंधी महत्त्व से अवगत कराता है। साथ ही वारुणेय क्षेत्र में सारनाथ जैसे केन्द्रीय महत्त्व वाले स्थलों के अतिरिक्त ग्रामीण परिवेश वाले सोनबरसा में सामान्य जनजीवन में वज्रयान जैसे स्वतन्त्र तान्त्रिक सम्प्रदायों की गहरी पैठ की पुष्टि करता है। पशु-पक्षियों की मूर्तियाँ एवं अन्य लघु पुरावशेष, कला को सामान्य जन-जीवन के और निकट प्रस्तुत करता है। सराय डीह से प्राप्त भाला लोगों के संघर्ष, सुरक्षा एवं उपयोग की ओर इंगित करता है।

निश्चित ही ये सभी कलाकृतियाँ वारुणेय क्षेत्र में एक धार्मिक, सामाजिक एवं आर्थिक समृद्धि के साथ-साथ सुसंगठित राजनीतिक व्यवस्था की परिणति मानी जानी चाहिए।

संदर्भ

1. यो सौ प्राङ्मण्डल पुण्ये मदंशप्रभवो व्ययः।
   प्रयागे वसते नित्यं योगशायीति विश्रुतः।। 26
   चरणाद् दक्षिणात्तस्य विनिर्याता सरिद्वरा।
   विश्रुता वरणेत्येव सर्व पापहरा शुभा।। 27
   – वामनपुराण, अध्याय 57, श्लोक 26.27
2. नारद पुराण, त्रिस्थली सेतु, पृ. 2160
3. वामन पुराण, 16.51
4. ब्रह्मवैवर्तपुराण, त्रिस्थली सेतु, पृ. 101
5. काशी खण्ड, 61.207-09
   नारायणाः शतं प च शतं च जलाशायिनः।।
   त्रिशक्त महरूपाणि मत्स्य रूपाणि विंशति।।
   गोपालाश्य शतं साष्टं बुद्धा सन्ति सहस्रत्राशः।
   त्रिशतपरशुरामाश्य रामा एकोत्वर शतं।
   विष्णुरूपो स्महंचको मुक्ति मण्डपमध्यत्।।
6. काशीखण्ड, 51.73.75

7. काशीखण्ड, तृतीय भाग, 38.61
8. ब्यास, केदारनाथ, काशीखण्ड के पंचक्रोशात्मक ज्योतिर्लिंग, काशी महात्म्य एवं काशी का प्राचीन इतिहास, वाराणसी, 1987, पृ. 134-136
9. मोतीचन्द, काशी का इतिहास, विश्वविद्यालय प्रकाशन, 1985 (द्वितीय संस्करण), पृ. 95
10. जोशी, नीलकण्ठ पुरुषोत्तम, प्राचीन भारतीय मूर्तिविज्ञान (प्रारम्भ से गुप्तकाल तक की ब्राह्मण बौद्ध एवं जैन धर्मों की प्रमुख मूर्तियों का अध्ययन, बिहार राष्ट्रभाषा परिषद, 1977, चित्र संख्या-48 विष्णु, शंखधर, पृ. 77
11. चन्द्र, प्रमोद, द स्कल्पचर ऑफ इण्डिया (3000 ईसापूर्व - 1300 ईस्वी), नेशनल गैलरी ऑफ आर्ट, वाशिंगटन, 1985, चित्र- 24
12. मत्स्य पुराण, 2.16
13. जोशी, एन. पी., ब्राह्मनिकल स्कल्प्चर इन द स्टेट म्यूजियम लखनऊ, पार्ट II, वाल्यूम - प्रथम, (शिव एण्ड विष्णु), द स्टेट म्यूजियम, लखनऊ, 1989, चित्र- 42.189
14. शैल प्रधान, भारतीय कला में वैष्णव परम्परा, दिल्ली, 1992, पृ. 128
15. तिवारी, मारुतीनन्दन, मध्यकालीन भारतीय प्रतिमा लक्षण, वाराणसी, 1997, पृ. 95
16. त्रिवेदी, एस.डी. (सम्पादक), एसेस ऑन इण्डोलाजी, पोलिटी एण्ड एड्मीनिस्ट्रेशन, आगम कला प्रकाशन, दिल्ली, 1989 (लघु पत्र जोशी, नीलकण्ठ पुरुषोत्तम, वही, मिनिएचर वोटिव टैबलेट्स एण्ड फिगरिंग्स शोविंग ब्राह्मनिकल डिटिस), पृ. 81-89, चित्र- 7-8
17. हार्टेल, एच., एक्सकेवेशन एट शोंख (मथुरा) बुलेटिन ऑफ म्यूजियम आर्कियोलाजी इन यू. पी., लखनऊ, सं. 3, 1969, पृ. 23
18. हाण्डा, देवेन्द्र, वैष्णव, पंजाब, XVI, 2 पृ. 137, चित्र 15
19. हार्टेल, एच., एक्सकेवेशन एट शोंख (मथुरा) बुलेटिन ऑफ म्यूजियम आर्कियोलाजी इन यू. पी., लखनऊ, सं.-3, 1969, पृ.-23
20. बनर्जी, जे. एन., डेवलपमेन्ट ऑफ हिन्दू आईकोनोग्राफी कलकत्ता, 1956, पृ. 446-88
21. रूपमण्डन, 4.92-94
22. काशीखण्ड, अध्याय - 94
23. महाभारत, आदि पर्व, 210, 23-26
24. विष्णुधर्मोत्तर पुराण, 105, 8-10
युग्मं स्त्री पुरुषं कार्य मुमेशौ दिव्य रूपिणौ।
अष्ट वक्त्रं तु देवेशं जटा चन्द्रार्ध योजयेत्।
दक्षिणं तु करं शम्भोरूपपलेन विभूषितम्।।
25. रूपमण्डन, 35, 16.20
26. जोशी, एन.पी., ब्राह्मनिकल स्कल्पचर इन द स्टेट म्यूजियम लखनऊ, पार्ट-II, वाल्यूम-प्रथम, (शिव एण्ड विष्णु), द स्टेट म्यूजियम, लखनऊ, 1989, चित्र संख्या- 34, उमा महेश्वर- 57.302 (64)
27. गुप्ता, रुमी, देवी देवताओं के अस्त्र-शस्त्र, स्वाति पब्लिकेशन, दिल्ली, 2003, पृ. 115

28. मैत्रायणी संहिता, 2.9
29. तैतरीय आरण्यक, 10.1
30. महाभारत, वनपर्व, 229.15-19
31. बृहत्संहिता, 57.41
32. गिरि, कमल, मारुति नन्दन तिवारी एवं विजय प्रकाश सिंह, काशी के मंदिर और मूर्तियाँ, जिला सांस्कृतिक समिति, वाराणसी, 2000 पृ. 85, चित्र-47
33. अग्रवाल, आर. सी., गन्धार स्कन्द विद् फ्लेम, ईस्ट एण्ड वेस्ट, अंक 18, सं. 1.2, पृ. 163
34. राव, टी. ए. गोपीनाथ, एलिमेन्ट्स ऑफ हिन्दू आइकोनोग्राफी, मद्रास, 1914, खण्ड-1, पृ. 35-63
35. अपराजितपृच्छा, 212.35-37
36. रूपमंडन 5.15 दंतश्च परशु पद्मं मोदकं च गजाननः।
गणेशो मूषिकारूढो विभ्राणः सर्व कामदः।।
37. श्रीवास्तव, वी.सी., सन वर्शिप इन एंशियेन्ट इण्डिया, इलाहाबाद, 1972, पृ. 23-30
38. वही, पृ. 35-40
39. ऋग्वेद, 9, 114, 3, 10, 70, 8
40. कीथ, ए.वी., द रिलिजन एण्ड फिलासफी ऑफ द वेद एण्ड उपनिषद् वाल्यूम-II, पृ. 12
41. ऋग्वेद, 7, 63, 2
42. वही, 5, 45, 9
43. पाणिनिकृत अष्टाध्यायी 3.1.114
44. पतंजलिकृत महाभाष्य 2.2.11
45. जर्नल ऑफ दि इण्डियन सोसाइटी ऑफ ओरियण्टल आर्ट, कलकत्ता, वाल्यूम XXV, प्लेट-XIV, 2, मेमोरी ऑफ द आर्कियोलॉजिकल सर्वे ऑफ इण्डिया, नम्बर-16, पृ. 13, प्लेट, XIVa
46. सहाय, शिव स्वरूप, भारतीय पुरालेखों का अध्ययन, मोतीलाल बनारसीदास, वाराणसी, 1993, पृ. 234-249
47. वही, पृ. 224-225
48. उपाध्याय, वासुदेव शरण, प्राचीन भारतीय अभिलेख (भाग-दो), पटना, 1970, द्वितीय संस्करण, पृ. 111
49. गुप्ता, रुमी, देवी-देवताओं के अस्त्र-शस्त्र, स्वाति पब्लिकेशन, दिल्ली, 2003, पृ. 33, (उल्लेखनीय है कि पद्म जीवन की पूर्णता और उल्लास तथा चक्र समय की गतिशीलता का प्रतीक है)
50. गिरि, कमल, मारुति नन्दन एवं अन्य, काशी के मन्दिर एवं मूर्तियाँ जिला सांस्कृतिक समिति, वाराणसी, 1998, पृ. 78
51. बृहत्संहिता, 58,46.48
52. विष्णुधर्मोत्तर पुराण, 67.170

53. अपराजितपृच्छा, 214.11-12
54. रूपमंडन, 2.18-19
55. व्यास, केदारनाथ, पंचक्रोशात्मक ज्योतिर्लिंग, काशी माहात्म्य एवं काशी का प्राचीन इतिहास, वाराणसी, 1987, पृ. 78-81
56. विष्णुधर्मोत्तर पुराण 67, 2-3
रविः कार्यं शुभश्मश्रुः सिन्दूरारुण समप्रभः।
उदीच्यवेशः स्वाकार सर्वाभरण संयुतः।।
चतुर्बाहुर्महाते जाः कवचेनाभि संवृतः।
कर्त्तव्या रचना चास्य यावियांगेति संज्ञिता।।
57. भविष्य पुराण अ., 124, 130
58. चन्द्रा, आर.पी., मेडिवल इण्डियन स्कल्पचर इन ब्रिटिश म्यूजियम, लन्दन, 1937, पृ. 67, Pl.-XX
59. गांगुली, एम, हैण्ड बुक टू द स्कल्पचर इन द म्यूजियम ऑफ द बंगीय साहित्य परिषद्, कलकत्ता, 1922, पृ. 74-77, Pl.-XVI
60. बनर्जी, जे.एन., द डेवलपमेन्ट ऑफ हिन्दू आइकोनोग्राफी, पृ. 439
61. चन्द्र, प्रमोद, स्टोन स्कल्पचर इन द इलाहाबाद म्यूजियम, अमेरिकन इन्स्टीच्यूट ऑफ इण्डिया स्टडीज, 1965, चित्र 20, AM-863
62. विष्णुधर्मोत्तर पुराण 67, 8-11
चत्वारश्चास्म कर्त्तव्या स्तनयास्तस्य पार्श्वयोः।
रेवन्तश्च यमश्वैव मनुद्वितयमेव च।।
ग्रह राजो रविः कार्यो ग्रहैवो परिवारतः।
राज्ञी च निक्षुभा छाया तथा देवी सुवर्चला।
चत्रस्त्रश्चासय कत्तर्व्याः पलयश्च परिपार्श्वयो।।
एक चक्रेथ सप्ताश्वे षड्रेवांके रथोत्तमे।
उपविष्टस्तु कर्त्तव्यां देवो ह्यरुणसारथिः।।
63. भविष्य पुराण, 124, 13-39
64. उपाध्याय, वासुदेव, प्राचीन भारतीय मूर्तिविज्ञान, चौखम्बा संस्कृत सीरीज, वाराणसी 1970, पृ. 170
65. त्रिपाठी, रामप्रताप, मत्स्य पुराण, साहित्य सम्मेलन, प्रयाग, संवत् 2003
66. बाल्मीकि रामायण, उत्तर 13.30 गीता प्रेस, पृ. 1988
67. श्रीवास्तव, रानी, कुषाण प्रस्तर मूर्तियों में समाज एवं धर्म, दिल्ली, 1992, पृ. 246
68. जोशी, एन. पी., लाइफ इन एन्शियंट उत्तरापथ, वाराणसी, 1967, पृ. 121
69. अंगविज्जा, भूमिका, पृ. 81
70. चन्द्र प्रमोद, स्टोन स्कल्पचर्स इन द इलाहाबाद म्यूजियम, अमेरिकन इन्स्टीच्यूट ऑफ इण्डियन स्टडीज, डेकेन कालेज पूना, पब्लिकेशन नं. 2, 1970, पृ. 10, प्लेट- 45
71. खण्डेलवाल, कार्ल (सम्पादक), द गोल्डेन एज गुप्ता आर्ट एण्ड इम्पायर प्रोविन्स एण्ड इन्फ्लूयेंस, मार्क पब्लिकेशन, 1991, नम्बर 46.3232, पृ. 8

72. गिरि, कमल एवं मारुतिनन्दन तिवारी, काशी के मन्दिर और मूर्तियाँ, जिला सांस्कृतिक समिति, वाराणसी, 2000, पृ. 91
73. देव कृष्ण एवं त्रिवेदी, एस.डी. वैल्यूम-II, एंशियन इन्स्टीच्यूट ऑफ इण्डियन स्टडी, नई दिल्ली, 1996, हनुमान, कौशाम्बी, इलाहाबाद जिला, उत्तर प्रदेश 10वीं शताब्दी ईस्वी. AM-1075, छाया चित्र-32
74. मोनीयर, विलियम्स, एम., रिलिजन लाइफ एण्ड थॉट इन इण्डिया, लन्दन, 1883, पृ. 255
75. महाभारत 4, 6, 15
76. वही 6, 23, 8
77. मार्कण्डेय पुराण, अध्याय 79, कल्याण, पाँचवाँ स्कन्ध, अध्याय 4 वर्ष 34, संख्या - 1
78. देवीभागवत पुराण 10.11 / 16-18
79. ब्रह्मपुराण, 34, 29, 75-88; वामन पुराण 19-20
80. मार्कण्डेयपुराण 79, 51, 80, 1, 80, 29, 8
81. मुखोपाध्याय, मिहिर मोहन, स्कल्पचर्स ऑफ गंगा यमुना वैली, अभिनव पब्लिकेशन, न्यू दिल्ली, 1984। चित्र संख्या 45, महिषमर्दिनी, एटा, दसवीं शताब्दी, लखनऊ संग्रहालय।
82. विष्णुधर्मोत्तर पुराण 123, 8-10
    चामुण्ड प्रेतगा रक्ता विकृता स्याहि भूषणा।
    दंष्ट्रोग्रा क्षीणदेहा च गर्ताथ्नी भीम रूपिणी।।
    दिम्बाहुः क्षाम कुक्षिश्च मुसलं कवचं शरम्।
    अंकुश विभ्रती खंग दक्षिणेष्वक्ष वामतः।।
    खेटं पाश धनुर्दण्ड कुठारं चेति विभ्रति।
83. गरुड़ पुराण, 1, 38, 5; अवस्थी, अवध बिहारी लाल, गरुड़ पुराण : एक अध्ययन, पृ. 391
84. अपराजितपृच्छा, पृ. 223
85. रूपमण्डन, 5, 72
    चामुण्ड प्रेतगा रक्ता विकृता स्याहिभूषणा।
    द्विभुजा वा प्रकर्तव्या कार्तिका कार्य मन्निता।।
86. अंशुभद्भेदागम पटल - 47
    चतुर्भुजा त्रिनेत्रा च रक्त वर्गोर्ध्वकेशिका।
    कपाल शूल हस्ता च वरदाभय पाणिनी।।
87. चन्द्र प्रमोद, स्टोन स्कल्पचर्स इन द इलाहाबाद म्यूजियम, ए डिस्क्रिप्टिव कैटलॉग, अमेरिकन इन्स्टीच्यूट ऑफ इण्डियन स्टडीज, 1965, चामुण्डा, बाधोरा, इलाहाबाद, जिला - उत्तर प्रदेश, 11वीं शताब्दी, MA-426, प्लेट-XC
88. जोशी, नीलकण्ठ पुरुषोत्तम, भारतीय मूर्तिशास्त्र (मराठी), महाराष्ट्र विद्यापीठ ग्रंथ मंडल विधि महाविद्यालय परिसर, नागपुर, 1979, चित्र संख्या- 123 देवकी (पान 245) (सद्योजात देवी)
89. अमरकोश, 110, 31-32

90. भागवत पुराण, 8, 214
91. भागवत पुराण, 5, 17.1, विष्णु पुराण 4.4, 13.
92. वायु पुराण, 99, 3
93. स्कन्द पुराण, 73, 34
94. पाण्डेय, श्याम कुमार, दक्षिण कोशल की कला वैभव, प्राच्य प्रतिभा, खण्ड-5, अंक-2, पृ. 131-32, चित्र फलक- 10
95. रूपमण्डन 55.23, वैष्णवी विष्णुसदृशी गरुडोपरि संस्थिता।
चतुर्बाहुश्च वरदा शङ्खचक्रगदाधरा।।
96. देवीपुराण, 8/18-19
97. जोशी, नीलकंठ पुरुषोत्तम, प्राचीन भारतीय मूर्ति विज्ञान (प्रारम्भ से गुप्तकाल तक की ब्राह्मण, बौद्ध एवं जैनधर्म की प्रमुख मूर्तियों का अध्ययन), बिहार राष्ट्र भाषा परिषद्, पटना, 1977, पृ. 6-7
98. ऋग्वेद 1,16,7,8,7,10
99. शतपथ ब्राह्मण 14, 1, 2, 11
100. रामायण 117, 5, 12-31; महाभारत शान्ति 339, 103-104
101. मत्स्य पुराण 47, 234-250, अग्नि पुराण 49, 1-9; वायु पुराण 98, 71-117; ब्रह्मपुराण 180; 18-42; पद्मपुराण 5 अ, 230-252; स्कन्दपुराण, वैष्णव खण्ड वासुदेव महात्म्य 18, 16-45; विष्णुधर्मोत्तर 10; विष्णु 3, 13, 6-44; अहिर्बुध्न संहिता (DHI:391)
102. अवस्थी, रामाश्रय, खजुराहो की देव प्रतिमाएँ, आगरा, 1967, पृ० 95; राव, टी.ए.जी., एलिमेन्ट्स ऑफ हिन्दू आइकोनोग्राफी, वाल्यूम I, पार्ट I, मद्रास, 1914, पृ. 132, 133
103. शिल्परत्न, 2.25, 616; अपराजितपृच्छा 229, 17-34, 25, 7-21, 49, 2-3, 86, 18-19; मानसोल्लास 2, 3, 1, 702-703
104. वही।
105. जायसवाल, सुवीरा, वैष्णव धर्म का उद्भव और विकास, नई दिल्ली, 1996, पृ. 131-132
106. त्रिपाठी, आर.एस., हिस्ट्री ऑफ कन्नौज, दिल्ली 1964, पृ. 247
107. रंगराजन हरप्रिया, पृ. 100-118
108. ब्रह्मपुराण VII, 110, 14-16
109. गोण्डा, जे., एस्पेक्ट्स ऑफ अर्ली वैष्णविज्म, उट्रेच्ट, 1954, पृ. 129-145
110. विष्णुधर्मोत्तर 3.121, 12
111. वही, 3,119,13
112. वही, 3,119,2
113. गोण्डा, जे., एस्पेक्ट्स ऑफ अर्ली वैष्णविज्म, उट्रेच्ट, 1954, पृ. 129-145 .
114. विष्णुधर्मोत्तर पुराण 3.119.6
115. भवानी लाल भारतीय, वैदिक मातृवंदना, पृ. 92
116. पं. सातवलेकर, अथर्ववेद का सुबोध भाष्य 12.1.48
117. गोण्डा, जे., एस्पेक्ट्स ऑफ अर्ली वैष्णविज्म, उट्रेच्ट 1954, पृ. 139-145

118. जोशी, एन.पी., ब्राह्मनिकल स्कल्पचर इन द स्टेट म्यूजियम लखनऊ, पार्ट-II, वाल्यूम-II, (गणपति, स्कन्ध, रेवन्तक, शक्ति इमेजेज एण्ड माइनर डीटिज), द स्टेट म्यूजियम, लखनऊ, 1989, 6.1 शूकरी माता O.267 (171) 6.2 शूकरी माता B. 958 (170)
119. महाभारत, 1, 158, 72-77; कुमारसंभव, 4,33,35,45; वृहस्पति स्मृति, 483-84; व्यास स्मृति, 2.53, बृहत्संहिता 74.16
120. शर्मा, गोपीनाथ, राजस्थान का इतिहास, दिल्ली, 1981, पृ. 601-603
121. वही।
122. प्राग्धारा अंक-12, उत्तर प्रदेश राज्य पुरातत्त्व विभाग की शोध पत्रिका, 2001-2002, पृ. 237-38, शीर्षक : 'चित्तौड़गढ़ स्थित शिव को समर्पित स्मारक' - दिनेश कुमार पृ. 237-238
123. भोज प्रणीत समरांगणसूत्रधार, टी. गणपति शास्त्री (सम्पादक), भाग-I बड़ौदा, 1924, अध्याय- 75
124. ढाकी, एम. ए., द ब्याल फिगर आन द मेडिवल टैम्पल ऑफ इण्डिया, पृथ्वी प्रकाशन, वाराणसी, 1965, पृष्ठ 21

    चित्र - 6, वृक्व्याल पार्श्वनाथ टैम्पल, खुजराहो

    चित्र - 7, वृक्व्याल लक्ष्मण टैम्पल खुजराहो

    चित्र - 8, श्वानव्याल, कालामण्डल टैम्पल, सुहानियाँ

    चित्र - 9, श्वानव्याल, विठोबा टैम्पल, विजयनगर
125. वही, पृ. 16
126. रामायण, स. पं. भगवत्पद, स. श्रीनिवाासकुट्टीमुखोलकर, ओरियण्टल इन्स्टीट्यूट 1916 बड़ौदा, रामायण 2.61.19, बलबानिन शार्दूलो बलधेरभिमर्शनम्।
127. वाजपेयी, कृष्णदत्त, भारतीय वास्तुकला का इतिहास, लखनऊ, 1972, पृ. 5
128. ढाकी, एम. ए., वही, पृ. 15
129. भट्टाचार्या, बेन्योतोश, साधनमाला, ओरियेन्टेड इंस्टीट्यूट, बड़ौदा 1968, अद्वयवज्रसंग्रह, पृ. 23

    दृढं सारसौशीर्यम अच्छेद्याभेलक्षणम्।

    अदाहि अविनाशि च शून्यता वज्रमुच्यते।।
130. भारतीय, धर्मवीर, सिद्ध साहित्य, किताब महल, प्रयाग 1955, पृ. 141-42
131. मित्र, रवीन्द्र नाथ, तन्त्रकला में प्रतीक, राष्ट्रीय कला एवं धर्म शोध संस्थान, वाराणसी 1996, पृ. 35-36; मुकर्जी तथा खन्ना, दी तान्त्रिक वे, विकास पब्लिसिंग हाउस दिल्ली, 1977, पृ. 67
132. तन्त्रकला में प्रतीक, वही, पृ. 64
133. स्त्रीन्द्रियं च यथा पद्मं वज्रं पुंसेन्द्रियं तथा।

    - ज्ञान सिद्धि (सिद्ध इन्द्रभूति), पृ. 42
134. भट्टाचार्या, बेन्योतोष, (सम्पादक), गुह्यसमाज तंत्र एवं तथागत गुह्यिका, ओरिएण्टल इन्स्टीट्यूट, बड़ौदा, 1967, पृ. 120

प्राणिनश्च त्वया घात्या वक्तव्यं च मृषा वचः।
अदत्तं च त्वया ग्राह्यं सेवनं योषिता मपि।।
अनेन वज्रमार्गेण वज्र सत्वान् प्रचोदयेत्। -गुह्यसमाज, पृ. 120

135. मिश्र, जयशंकर, प्राचीन भारत का सामाजिक इतिहास, दिल्ली 1974, पृ. 864-866
136. वही पृ. 885
137. पीयूष भार्गव, पाल शासकों के राजत्व काल में बौद्ध धर्म एवं बौद्ध कला, लखनऊ, 1996, पृ. 57-63
138. गिरि, कमल, तिवारी, मारुतिनन्दन एवं विजय प्रकाश सिंह, काशी के मन्दिर एवं मूर्तियाँ, वाराणसी 2000, पृ. 96
139. कौसल्यायन, भदन्त आनन्द (अनुवाद), जातक, हिन्दी साहित्य सम्मेलन, प्रयाग, संवत् 2008, भाग-4, संख्या 408
140. वपट, पी.वी. (सम्पादक), जगदीश कश्यप, मज्झिम निकाय, पालि (सुत्तपिटक), नालन्दा देवनागरी पालि सीरीज, पालि प्रकाशन बोर्ड बिहार, 1958, भाग-2, 31, पृ. 280
141. दामोदर विचरित उक्तिव्यक्तिप्रकरण, जिनविजय मुनि (सम्पादक), सिन्धी जैन ग्रन्थमाला, ग्रन्थांक नं. 39, सिन्धी जैन शास्त्र शिक्षापीठ, भारतीय विद्याभवन, बम्बई, 1953, 37.24, 44.20
142. क्रैमरिश, स्टेला, इण्डियन टेराकोटाज, जे.आई., एस.ओ.ए., 1939, खण्ड VII , पृ. 89
143. गुप्ता, पी.एल., गंगेटीक वैली टेराकोटा आर्ट, पृथिवी प्रकाशन, वाराणसी, 1972, पृ. 8
144. पूर्वोक्त।
145. सिंह, रामचन्द्र, राजघाट की मृण्मूर्तियाँ, लखनऊ, 1978, पृ. 20
146. नारायण, ए. के. एवं अग्रवाल, पी. के., एक्सकेवेशन एट राजघाट, चतुर्थ भाग, बी.एच.यू., वाराणसी, 1978, प्लेट LV/3
147. उपरोक्त, प्लेट XVI/1
148. देवेन्द्र मुनि (सम्पादक), कल्पसूत्र, तारकगुरु जैन ग्रन्थालय ,जयपुर, 1968 पृ. 74
149. स्मिथ, वी. ए., जैन स्तूप एण्ड अदर एण्टिक्विटीज ऑफ, मथुरा, इलाहाबाद 1901, पृ. 25
150. अग्रवाल, वासुदेव शरण, दि टेराकोटा फिगरिन्स ऑफ अहिच्छत्रा, एंशियेण्ट इण्डिया, नं.-4, पृ. 119
151. सुश्रुतसंहिता, कौमारभृत्य तन्त्र XXVII-3
152. वही XXXVI-9
153. अग्रवाल, वासुदेवशरण, वही।
154. नारायण, ए.के. एवं अग्रवाल पी.के., एक्सकेवेशन एट राजघाट, चतुर्थ भाग, बी.एच.यू., वाराणसी 1978, पृ. 85
155. नारायण व अग्रवाल, वही, प्लेट, LXX/7
156. नारायण ए.के. एवं सिंह, पी., एक्सकेवेशन एट राजघाट, तृतीय भाग, बी.एच.यू., वाराणसी, 1977, प्लेट XVIII/1; सिंह, बीरेन्द्र प्रताप एवं सिंह, अशोक एक्सकेवेशन एट सराय मोहाना (1967-68), बी.एच.यू., भारती- 27, 2002-03, प्लेट-XXVIII A

157. सिंह, बीरेन्द्र प्रताप व सिंह, अशोक, वही, प्लेट XXXIB, काल पंचम्।
158. वही, प्लेट XXXIA
159. नारायण व सिंह - प्लेट XV/B
160. सिन्हा, वी.पी. एवं राय सीताराम, वैशाली एक्सकेवेशन, 1969, पटना, प्लेट XCV/1, 2 काल- द्वितीय।
161. नारायण व सिंह, वही, प्लेट VII/6, द्वितीय काल।
162. नारायण व सिंह, वही, प्लेट VI/4, द्वितीय काल।
163. सिंह, बीरेन्द्र प्रताप एवं सिंह अशोक, एक्सकेवेशन एट सराय मोहाना (1967-68) भारती-27, 2002-03 प्लेट XXVII B/3 द्वितीय काल अन्तिम चरण।
164. काशीखण्ड, 57.59

रेखाचित्र संख्या 1 : तंत्रयान के वज्रयान से सम्बन्धित प्रतिमा, सोनबरसा

अध्याय – 7

समीक्षा एवं उपसंहार

'वारुणेय क्षेत्र का पुरातात्त्विक इतिहास' विषय पर प्रस्तुत ग्रन्थ के प्रणयन द्वारा एक सर्वथा उपेक्षित क्षेत्र का अध्ययन कर भूगर्भ में छिपी प्राचीन संस्कृतियों के अवशेषों को यथासंभव प्रकाश में लाने का प्रयास किया गया है। साथ ही इस क्षेत्र के भौगोलिक एवं ऐतिहासिक महत्त्व को भी जाँचने परखने का प्रयास हुआ है। पारम्परिक इतिहास की परिभाषा में पौराणिक उपाख्यान भी आते हैं। वारुणेय क्षेत्र में आधुनिक वाराणसी, जौनपुर, संत रविदास नगर (भदोही) और इलाहाबाद जिलों के भी कुछ भाग समाहित है। इस समग्र भू-भाग से सम्बद्ध पौराणिक कथाओं तथा उपाख्यानों का अध्ययन कर परम्परा में व्याप्त प्राचीन काशी के ऐतिहासिक स्वरूप को उजागर किया गया है। वारुणेय क्षेत्र विशेषतः काशी के प्रति वैदिक ऋषि कदाचित् अनुदार भाव रखते रहे होंगे जैसा कि अथर्ववेद के पैप्पलाद शाखा के उद्धरण से अनुमान लगाया जाता है।[1] इस दुर्भावना के पीछे कुछ कारण अवश्य रहे होंगे जो प्रश्न बनकर उभरते हैं। क्या किसी युग में काशी क्षेत्र वैदिक मत के विरोध रखता था? क्या वारुणेय क्षेत्र कभी विन्ध्य क्षेत्र के अनार्य मत वाले लोगों के अधीन था? कारण जो भी रहा हो, पुरातात्त्विक साक्ष्य आज इस बात की ओर निश्चित संकेत करते हैं कि विन्ध्य पर्वत के पर्वतीय एवं वन्य क्षेत्र से गंगा के मैदानी भागों के बीच गमनागमन होता था, जिससे आर्थिक, सामाजिक व सांस्कृतिक आदान-प्रदान होता रहा होगा। रज्जु छाप मृद्भाण्ड जो की कोलडिहवा, पंचोह, महगड़ा एवं टोकवा जैसे पुरास्थलों से बहुशः प्राप्त होते हैं, उनका विस्तार राजघाट, प्रह्लादपुर, सराय मोहाना जैसे पुरास्थलों से बढ़ते हुये नरहन संस्कृति के पुरास्थलों और हाल में उत्खनित लहुरादेवा (संत कबीर नगर) तक फैला हुआ दिखलायी देता है। कृषि के प्रारम्भ के साक्ष्य भी इन्हीं पर्वतीय क्षेत्रों से होते हुये नव पाषाणकालीन संस्कृति के प्रचलन के साथ-साथ मैदानों तक पहुँचे होंगे इसमें तनिक संदेह नहीं

है। यह भी उल्लेखनीय है कि मैदानों में पुष्पित पल्लवित हो रही संस्कृतियों की खनिज सम्पदा की पूर्ति भी इन्हीं प्रदेशों से होती रही। इस प्रकार अन्योन्याश्रित संस्कृति संकुल का जन्म विन्ध्य-गांगेय संस्कृति के रूप में होता है। आश्चर्य नहीं कि सारस्वत क्षेत्र के वैदिक आर्यों के साथ एक दीर्घावधि तक इनके संबंध बहुत मधुर न रहे हों। कुछ ऐसी ही परिस्थितियों में उपरोक्त भावों का प्रस्फुटन हुआ होगा।

लोकोक्तियों एवं किंवदन्तियों के अवलोकन से काशी में भर एवं सोइरियों के आधिपत्य की पुष्टि होती है। अनेकानेक किंवदन्तियाँ विभिन्न स्थलों से जुड़ी हुयी वारुणेय क्षेत्र के एक विशिष्ट व्यक्तित्व की ओर इंगित करती है। शैव मत प्रधानता के साथ ही इसका एक वैष्णव चरित्र भी माना जाता है, किन्तु इसके साथ ही साथ लोक धर्म का अपना महत्त्व भी पर्याप्त प्रतीत होता है, जिसकी अभिव्यक्ति लोक कथाओं के साथ-साथ भाँति-भाँति की मृण्मूर्तियों और पट्टिकाओं से होती है, जो हमारे सर्वेक्षण में विभिन्न पुरास्थलों से प्रकाश में आयी है।

काशी जैन एवं बौद्ध धर्मों का एक प्रमुख केन्द्र रहा है, जैसा कि बुद्ध के प्रथम 'धर्मचक्रप्रवर्तन' स्थल सारनाथ तथा तीर्थंकरों के साथ जुड़े विभिन्न उपाख्यानों से होता है। सातवें तीर्थंकर सुपार्श्वनाथ, ग्यारहवें श्रेयांसनाथ एवं तेइसवें पार्श्वनाथ की जन्मस्थली वारुणेय क्षेत्र ही है। महायान और तन्त्रयान के प्रचलन के साथ कुछ नवीन अनुष्ठानों का प्रादुर्भाव भी यहाँ हुआ होगा, जिसकी पुष्टि सर्वेक्षण से अस्तित्व में आये यत्र-तत्र बिखरे साक्ष्यों से होती है। विशेष रूप से उल्लेखनीय पुरावस्तुओं में सात शावकों के साथ शूकरी की प्रस्तर पट्टिका (द्रष्टव्य- छाया चित्र-42) तथा एक अन्य मृत्तपट्टिका, जिस पर दो व्यालों के मध्य में पद्म एवं चक्र तथा नीचे मानव मस्तक का अंकन है (द्रष्टव्य- छाया चित्र-44)। इस तरह के पुरावशेष वारुणेय क्षेत्र की विविधतापूर्ण सामाजिक, धार्मिक स्थिति की गाथा कहते हैं। वारुणेय क्षेत्र में विभिन्न मतों मान्यताओं का आगमन इसके सांस्कृतिक कलेवर को एक नवीन स्वरूप प्रदान करते हैं।

वरुणा नदी लगभग 100 किमी. से भी अधिक लम्बी यात्रा करते हुये काशी में आकर गंगा की गोद में समा जाती है। अपनी इस लम्बी यात्रा में भिन्न-भिन्न सांस्कृतिक अवशेषों को संजोये हुये है। प्रस्तुत ग्रन्थ का लक्ष्य कुछ छोटी-बड़ी ग्राम्य संस्कृतियों को चिन्हित करना, वहाँ से प्राप्त भौतिक जीवन के अवशेषों का अध्ययन कर इस पूरे क्षेत्र के सदियों तक होने वाले सांस्कृतिक परिवर्तनों का विश्लेषण करना रहा है। तथापि यह कार्य सरल नहीं है, जिसकी अनुभूति अध्ययन के दौरान पुरावशेषों के संकलन से लेकर उसके विश्लेषण से हुई। इस कार्य को और भी

कठिन या दुरूह बनाया वरुणा के परिवर्तनशील प्रवाह पथ ने। सौभाग्य से दूर संवेदी मानचित्र की उपलब्धता ने इस कठिनाई को दूर करने में तथा कार्य को विस्तार देने में एक सार्थक भूमिका निभायी। वरुणा के आधुनिक प्रवाह पथ के साथ-साथ प्राचीन प्रवाह पथ क्षेत्र के सर्वेक्षण से भी अनेकानेक पुरास्थलों की खोज की जा सकी, जिनमें अनेई, ताड़ी, कुँआर आदि प्रमुख हैं। इस संदर्भ में सर्वाधिक उल्लेखनीय तथ्य यह प्रकाश में आया कि लगभग 50-60 किमी. लम्बी यह प्राचीन प्रवाह पथ वरुणा नदी के उत्तर दिशा में लगभग 12-15 किमी. की दूरी पर स्थित है। यद्यपि इस दूरी में पश्चिम से पूर्व दिशा की ओर चलने में असमानता आ जाती है तथा यह बीच-बीच में विलुप्त भी हो जाती है तथापि गंगा में इसके समाहित बिन्दु तक इसके किनारे प्राचीन बस्तियों के प्रमाण मिलते हैं।

ब्रह्म पुराण[2] में अरुणा नामक नदी का उल्लेख मिलता है, जिसे वरुणा नदी के समान ही पवित्र एवं पुण्य प्रदान करने वाला वाला कहा गया है तथा दोनों नदियों का संगम गंगा में बतलाया गया है, जहाँ प्रसिद्ध तीर्थस्थल की बात कही गयी है–

अरुणा वरुणा चैव नद्यौ पुण्यतरे शुभे।
तयोश्य संगमः पुण्यो गंगायां मुनिसत्तम।।
तदुत्पत्तिं श्रृणुष्वेह सर्वपाप विनाशिनीम्।
काश्यपस्य सुतो ज्येष्ठ आदित्यो लोकविश्रुतः।।

89/1-2

अरुणा वरुणा नद्योर्गङ्गायां संगमः शुभः।
देवानां पत्र तीर्थानामा गतानां पृथक्पृथक्।।
नवत्रीणि सहस्राणि तीर्थानि गुणवन्ति च।।
तत्र स्नानं च दानं च सर्वमक्षय पुण्यदम्।।

89/45- 46

यहाँ यह ज्ञातव्य है कि वरुणा नदी का संगम राजघाट के समीप गंगा में होता है, जहाँ प्रसिद्ध आदिकेशव तीर्थ है तथा अरुणा-गंगा के संगम स्थल पर भी तीर्थस्थल का उल्लेख ग्रन्थ में सुरक्षित है। तथापि प्राचीन-प्रवाह को गंगा में मिलने से पूर्व देखा

जा सकता है, परन्तु वहाँ पुरातात्त्विक साक्ष्य मौन है। इस प्रवाह-पथ क्षेत्र की संस्कृति की निरन्तरता प्राक् उत्तरी कृष्ण-मार्जित चरण से लेकर पूर्व मध्यकाल तक का प्रतिनिधित्व करती है, जो वरुणा के तटवर्ती क्षेत्रों से प्राप्त संस्कृति के समतुल्य है।

साहित्यिक दृष्टान्तों एवं पुरातात्त्विक साक्ष्यों के तुलनात्मक अध्ययन से यह प्रतीत होता है कि यह प्राचीन प्रवाह पथ विलुप्त अरुणा नदी का ही आदि रूप है। काशी के भौगोलिक पृष्ठभूमि में अरुणा नदी के अस्तित्व को मिथ मानकर उसकी संभावना को खारिज नहीं किया जा सकता है। पौराणिक ऋचाओं में वर्णित पवित्र एवं लोक कल्याणकारी अरुणा नदी निश्चित ही एक समृद्ध सभ्यता की पोषक रही होगी तभी तो इसे वरुणा के समकक्ष रखा गया है। एक विलुप्त जलधारा (अरुणा नदी) के अस्तित्व पर प्रश्न उठाकर भविष्य में इस पर गहन शोध की आवश्यकता है।

दूसरा महत्त्वपूर्ण तथ्य यह कि आधुनिक सारनाथ, वरुणा नदी एवं प्राचीन प्रवाह पथ के बीच क्या अन्तर्संबंध थे। वर्तमान में सारनाथ एक नाले (अकथा) के तट पर स्थित माना जाता है, जो प्राचीन ऋषिपत्तन की कल्पना के सर्वथा विपरीत प्रतीत होता है। यहाँ ऐसी संभावना व्यक्त की जा सकती है कि क्या सारनाथ कभी वरुणा के तट पर स्थित था। इस नदी के धारा परिवर्तन के परिणामस्वरूप वहाँ अस्तित्व में आ गये विभिन्न नाले (अकथा, नरोखर एवं राजपुर आदि) ही वरुणा के प्राचीन प्रवाहपथ हों। दूसरी संभावना की क्या सारनाथ विलुप्त अरुणा के तट पर स्थित था, जिसके जल का अपरहण कर वरुणा अधिक पुष्ट हुयी तथा अरुणा अपना अस्तित्व खो कर नाले के रूप में स्थिर हो गयी। वर्तमान में ये नाले वरुणा से मिलते हुये दिखते हैं। इस विषय पर भी गहन विचार-विमर्श की आवश्यकता है।

वारुणेय क्षेत्र में हुये सर्वेक्षण से द्वितीय सहस्राब्दी ईसा पूर्व के अन्तिम शताब्दी से लेकर पूर्व मध्य युग तक के अवशेष प्रकाश में आये। प्राक् उत्तरी कृष्ण मार्जित मृद्भाण्ड संस्कृति से लेकर जिसका काल आज बहुधा 1200 ईसा पूर्व तक तो माना ही जाता है पूर्व मध्यकालीन मूर्ति शिल्प के भग्नावशेष वरुणा क्षेत्र के इतिहास की एक अनवरत और शताब्दियों तक फैली गाथा कहते हैं। कृष्ण-लोहित मृद्भाण्डयुक्त संस्कृति सामान्यतः सर्वेक्षित पुरास्थलों को प्राचीनतम चरण प्रतीत होता है। इसके पश्चात् उत्तरी कृष्ण मार्जित मृद्भाण्ड संस्कृति का लम्बा काल इस क्षेत्र में अधिकांशतः पुरास्थलों पर स्पष्ट दिखायी देता है। इसके प्रारम्भिक चरण से ही सांस्कृतिक परिष्कार और नगरीकरण से जुड़े उपकरणों के प्रचलन का सूत्रपात होता हुआ दिखता है।

लौह युग का प्रारम्भ तो इस क्षेत्र में मलहर एवं नल के टीले के उत्खनन से दूसरी सहस्राब्दी ई.पू. के पूर्वार्द्ध तक माना जाता है। किन्तु उपकरणों का प्रचलन कृषि, शिल्प एवं विभिन्न औद्योगिक कार्यों के लिये इस युग में बड़े परिमाण में प्रारम्भ हो जाता है। इसका प्रभाव कालान्तर में नगरीकरण के पूर्ण प्रस्फुटन में परिलक्षित होता है।

कुषाणकाल के आते-आते पुरास्थलों की संख्या अत्यधिक बढ़ जाती है। उनका उतार-चढ़ाव भी पहले की तुलना में कहीं अधिक परिवर्द्धित दिखलायी देता है। यद्यपि कुषाणकालीन अवशेष तो मृद्भाण्डों, मृण्मूर्तियों एवं अन्य सांस्कृतिक उपकरणों के रूप में प्राप्त होते हैं, किन्तु अधिकांशतः पुरास्थल जनसंख्या घनत्व की भेट चढ़ चुके हैं। पुरास्थलों की स्थिति के संबंध में दिया गया ग्राफ (अध्याय-4 ग्राफ-1) इस स्थिति को बयान करता है। गुप्तोत्तर युग के प्राप्त पुरास्थल अपने मूल रूप में लगभग नगण्य हैं। इस संदर्भ में उल्लेखनीय है कि अधिकांशतः पुरास्थलों से भग्नमूर्ति अवशेष जिनको सातवीं-आठवीं शताब्दी से लेकर 11वीं-12वीं शताब्दी तक माना जा सकता है, प्राप्त हुयी है। इनके आधार पर इस क्षेत्र में व्याप्त सांस्कृतिक समृद्धि का सहज ही अनुमान लगाया जा सकता है।

धार्मिक दृष्टि से वरुणा का तटवर्ती प्रदेश प्रारम्भ से ही धर्म का प्रचार-प्रसार का केन्द्र रहा है। सर्वेक्षण से वैष्णव, शैव एवं शाक्त धर्मों से संबंधित विभिन्न देवी-देवताओं की मूर्तियाँ प्राप्त हुयी हैं। काशी की ख्याति शैवधर्म के रूप में आज भी है किन्तु आश्चर्यजनक रूप से सर्वेक्षण से विष्णु के विविध स्वरूपों वाली अनेकानेक प्रतिमाएँ बड़ी संख्या में प्राप्त हुयीं, जो पौराणिक मान्यताओं के अनुकूल है। वामन पुराण में तो इस क्षेत्र (काशी) को विष्णु क्षेत्र बतलाते हुये वरुणा की उत्पत्ति विष्णु के दाहिने चरण से बतलायी गयी है। यह भी वारुणेय क्षेत्र की एक अलग विशेषता मानी जा सकती है, जब शैव एवं वैष्णव एक-दूसरे से मिल-जुलकर सह अस्तित्व के उदाहरण के रूप में रहते हुये देखे जा सकते हैं। सातों नामक पुरास्थल से प्राप्त विष्णु स्तम्भ इसलिये महत्त्वपूर्ण है कि यह काशी एवं विदिशा क्षेत्र के अन्तर्संबंधों को इंगित करता है। द्वितीय शताब्दी ईसा पूर्व का हेलियोडोरस का बेसनगर गरुड़ स्तम्भ लेख में राजा भागभद्र का उल्लेख है, जो काशी की महिला का एक पुत्र था (काशीपुत्रस्य)।[3] यह परोक्ष रूप से कालान्तर में भी इन दो क्षेत्रों के विष्णु स्तम्भों के सम्बन्धों की परम्परा को दर्शाता है। इसके अतिरिक्त सूर्य, गणेश, कार्त्तिकेय, कुबेर, हनुमान एवं शक्ति के विविध स्वरूप वाली प्रतिमाएँ जिनमें दुर्गा, वैष्णवी, गंगा, चामुण्डा आदि मिली है, जो वारुणेय क्षेत्र के बहुदेववादी स्वरूप के साथ ही साथ धार्मिक समन्वयवादी प्रवृत्ति का उदाहरण है। वास्तव में वारुणेय क्षेत्र

को बौद्ध, जैन एवं ब्राह्मण धर्मों को आपस में जोड़ने का श्रेय दिया जा सकता है और निश्चित ही ये कलाकृतियाँ इस क्षेत्र के एक समृद्ध सामाजिक, धार्मिक व्यवस्था की परिणति मानी जा सकती है।

वारुणेय क्षेत्र विशेषतः काशी की समृद्धि का महत्त्वपूर्ण कारण उसकी भौगोलिक स्थिति, उद्योग-धन्धे, व्यापार-वाणिज्य तथा यातायात के साधन थे, जिसका उल्लेख ब्राह्मण, बौद्ध एवं जैन ग्रन्थों के विभिन्न उद्धरणों से प्राप्त होता है। साहित्यिक साक्ष्यों की यद्किंचित् पुष्टि इस क्षेत्र के पुरातात्त्विक उत्खननों एवं सर्वेक्षित पुरास्थलों से प्राप्त अवशेषों से होती है। वारुणेय क्षेत्र के सर्वेक्षित पुरास्थलों से सर्वाधिक मात्रा में मृद्भाण्ड के ठीकरे एवं मृण्मूर्तियाँ प्राप्त हुयी हैं। निश्चित रूप से इनका निर्माण बड़े पैमाने पर होता रहा होगा। कुम्भकार जातक[4] एवं घाटिकार सुत्त[5] में काशी जनपद के आसपास कुम्भकारों की बस्तियों का उल्लेख मिलता है, जो मिट्टी के बर्तन एवं मृण्मूर्तियों के निर्माण में निपुण थे। साथ ही इन बर्तनों का निर्यात भी किया जाता था।[6] इसी प्रकार वारुणेय क्षेत्र में अन्य व्यवसायों एवं बस्तियों का प्रमाण मिलता है जिनमें बढ़इयो (बड्ढ़की ग्राम), लुब्धकों (नेवादगाम) लोहार गाम तथा कम्मार गाम के उल्लेख प्रमुख है।

राजघाट एवं अगियाबीर जैसे पुरास्थलों से मनके बनाने के शिल्प केन्द्र प्रकाश में आये हैं, जिसकी प्राचीनतम तिथि लगभग 900-1000 ईसा पूर्व मानी जाती है। इस प्रकार एक समृद्ध शिल्प ग्राम की नींव प्रथम सहस्राब्दी ईसा पूर्व में ही पड़ गयी थी। निश्चित ही पूरा वारुणेय क्षेत्र वाराणसी नगरी के अधीनस्थ शिल्प ग्रामों के रूप में सक्रिय रहा होगा।

वारुणेय क्षेत्र का एक अन्य महत्त्व व्यापारिक कारणों से था, जिसका कारण संभवतः भौगोलिक स्थिति एवं परिवहन आदि जैसे नदी एवं स्थल दोनों ही प्रकार की सुविधाएँ थीं। वरुणा के प्राचीन प्रवाह के आसपास एवं समीपवर्ती भागों में बड़ी संख्या में प्राचीन कुँओं का प्रकाश में आना इस बात की ओर संकेत करता है कि पथिक और व्यापारी इन मार्गों से एक स्थल से दूसरे स्थल तक आते-जाते रहे होंगे। वरुणा क्षेत्र में कुछ बृहदाकार नाले प्रकाश में आये हैं, जो वरुणा एवं गंगा को आपस में जोड़ते हैं, जिनमें मटुका, बहरी खास एवं राजापुर प्रमुख है। ये नाले परिवहन की भूमिका तथा इस क्षेत्र के दूरस्थ प्रदेशों को जोड़ते रहे होंगे। वारुणेय क्षेत्र में प्रस्तर प्रतिमाएँ, देवालयों एवं कोल्हुओं के बहुसंख्यक प्रमाण उपलब्ध हुये है। ये सभी विन्ध्य क्षेत्र के बलुआ पत्थर से निर्मित है। इन्हें संभवतः गंगा नदी से वरुणा के संगम तथा वहाँ से इस क्षेत्र के विभिन्न भागों में पहुँचाया जाता रहा होगा। सारनाथ का विकास भी संभवतः इसी प्रकार हुआ होगा। इस क्षेत्र में नदियों

का बना संजाल स्वतः ही पूरे क्षेत्र को आवागमन के लिये एक-दूसरे को जोड़ता है और परस्पर सम्पर्क का एक सशक्त माध्यम बनाता है।

वारुणेय क्षेत्र के सर्वेक्षित पुरास्थलों के आधार पर यह अनुमान लगाया जा सकता है कि आवासीय संरचना का स्वरूप विभिन्न कालों में भिन्न-भिन्न रहा, जिसमें एक क्रमिक विकास दृष्टिगत होता है। प्राचीन ग्रन्थों में काशी के आवासीय व्यवस्था का वर्णन मुख्यतया बौद्ध ग्रन्थों, विशेष रूप से पालि साहित्य में मिलता है, जिनमें काशी जनपद से आवासीय बस्तियों की इकाइयों में ग्राम, निगम, पत्तन एवं नगर का उल्लेख है।

वारुणेय क्षेत्र के प्रारम्भिक अधिवास का स्वरूप राजघाट के प्राक् उत्तरी कृष्ण मार्जित मृद्भाण्ड सांस्कृतिक चरण से अनुमानित किया जा सकता है जब कृष्ण-लोहित मृद्भाण्ड का प्रयोग करने वाले लोगों ने सर्वप्रथम अपना आवास बनाया। सर्वेक्षण से इस सांस्कृतिक चरण से संबंधित पुरास्थलों की संख्या अत्यन्त नगण्य (6) है तथा वे बड़े आकार एवं बहु संस्कृति से संबंधित थे। इसका कारण यह रहा होगा कि बिखरे आवासीय परिवेश के कारण इनके क्रिया-कलाप के अवशेष कम रहे होंगे जो समय के साथ नष्ट हो गये। स्थायी जीवन अपनाने के साथ धीरे-धीरे सुधार एवं परिणामतः शिल्प-दक्षता दृष्टिगत होती है। इससे समाज में कार्यों की कुशलता के आधार पर बटवारा का सूत्रपात हुआ होगा। इस व्यवस्था ने व्यवसायों में दक्षता वाले जातियों की अलग-अलग शिल्प ग्रामों की नींव डाली। ये शिल्प ग्राम विभिन्न व्यवसायों को स्थानीय रूप से बढ़ाकर कालान्तर में बाह्य व्यापार के रूप में प्रतिष्ठित करने में सफल हुए, जिसके साक्ष्य बौद्ध एवं ब्राह्मण ग्रन्थों में बड़ी मात्रा में प्राप्त होते हैं। साथ ही ये विभिन्न प्रकार के सांस्कृतिक क्रिया-कलापों से भी जुड़े और कालान्तर में इनमें से कई बड़े केन्द्रों (केन्द्रीय स्थल) के रूप में स्थापित हुये।

केन्द्रीय पुरास्थल के बसाव के संदर्भ में कुछ महत्त्वपूर्ण तथ्य उल्लेखनीय है। प्रारम्भिक काल में ये बस्तियाँ नदी, तटों एवं दो नदियों के संगम पर बसी जैसे कोचारी। किन्तु कालान्तर में धारा परिवर्तन के कारण ये नदी की मुख्य धारा से दूर हट गये तथा बदली हुयी प्राचीन धारा झील, तालाब अथवा नाले के रूप में सीमित हो गई, जिससे जलापूर्ति की सुविधा बनी रही। साथ ही विकसित तकनीकी कारणों ने भी इनके अस्तित्व को बनाये रखा। वारुणेय क्षेत्र में इस प्रकार से संबंधित पुरास्थलों में निगोह एवं सोनबरसा आदि उल्लेखनीय है।

वारुणेय क्षेत्र में बड़े स्थलों के अलावा आधिकृत कुछ छोटे लेकिन महत्त्वपूर्ण पुरास्थल प्रकाश में आये हैं। जहाँ उत्तरी कृष्ण मार्जित मृद्भाण्ड संस्कृति से लेकर कुषाण-गुप्त या उसके बाद तक के कालों का प्रमाण मिलता है। इसका बसाव नदी तट पर, उससे 2-4 किमी. दूर तथा प्राचीन नालों के किनारे स्थित मिलता है। इन पुरास्थलों के संदर्भ में यह अनुमान लगाया जा सकता है कि इनका बसाव ऐसे व्यापारिक मार्गों पर पड़ाव वाले स्थल के रूप में हुआ होगा जहाँ सुरक्षा एवं सुख सुविधा दिखी। ऐसे पुरास्थलों में अनेई, फिफिऔना एवं लवायनडीह प्रमुख हैं।

दूसरा महत्त्वपूर्ण तथ्य यह कि ये पुरास्थल विभिन्न व्यवसायों, उद्योगों एवं जातियों से सम्बद्ध रही होंगी जो बड़े-बड़े पुरास्थलों के सहायक के रूप में आपूर्ति करते थे। बौद्ध ग्रन्थों में ऐसे शिल्प ग्रामों की एक लम्बी सूची मिलती है जिनमें बढ़इयों (बड्ढ़कीगाव)[7] कुम्भकारों[8], लुब्धको[9], लोहार ग्राम[10] के साथ ही विभिन्न उद्योग-धन्धों जिनमें वस्त्र उद्योग[11], काशिक चन्दन[12], हस्तिदन्त[13], स्वर्णकारी[14], रथकारी[15], बाँस का कार्य[16], लौह कार्य[17] तथा चमड़े के कार्य आदि का उल्लेख मिलता है, जिसके लिये यह क्षेत्र प्रसिद्ध था।

वारुणेय क्षेत्र के सर्वेक्षण में सर्वाधिक मात्रा में छोटे आकार के पुरास्थल प्रकाश में आये। ये पुरास्थल ग्राम्य संस्कृति का प्रतिनिधित्व करते हैं। वारुणेय क्षेत्र में नदियों का संजाल (गंगा, वरुणा, बसुही, मोरवा एवं नन्द नदी) इस क्षेत्र को स्वतः ही उर्वरा भूमि के रूप में परिवर्तित करते हैं, जो कृषि के लिये सर्वाधिक उपयोगी सिद्ध हुये। संभवतः ये पुरास्थल साधारण लोगों के गाँव रहे होंगे जो कृषि कार्य में संलग्न थे तथा जिनके द्वारा अनुत्पादक श्रेणियों या नगरों के नागरिकों का भरण-पोषण होता रहा होगा।

इस प्रकार काशी जनपद के निर्माण में वारुणेय क्षेत्र के आवासीय स्वरूपों की महत्ता को नकारा नहीं जा सकता है। इनका निर्माण व्यावसायिक उद्देश्यों की पूर्ति को ध्यान में रखकर की गयी थी। जिसमें यहाँ की भौगोलिक स्थिति की उपयुक्तता एवं सहजतां ने इसको पोषित किया, जिससे काशी जनपद के रूप में स्थापित हुआ। कालान्तर में नदियों के सामाजिक, आर्थिक महत्त्व को दृष्टिगत करते हुये समाज ने उनको आदर सम्मान का स्थान दिया। नदी तटों के महत्त्वपूर्ण स्थलों पर पूर्व मध्य युग में प्रस्तर शिल्प के विकास के साथ देवालयों की स्थापना हुयी। इसी प्रक्रिया में नदी विशेषतः संगम के स्थल, तीर्थों के रूप में मान्य हुये होंगे ऐसा अनुमान करना तर्कसंगत प्रतीत होता है। वरुणा और गंगा के संगम स्थल पर बसी काशी इसका एक प्रमुख उदाहरण मानी जा सकती है। इसी तरह के अन्य उदाहरणों में कोचारी का उल्लेख किया जा सकता है। वारुणेय क्षेत्र के अन्य

सर्वेक्षित महत्त्वपूर्ण पुरास्थल भी प्रकाश में आयें हैं, जो भविष्य में होने वाले उत्खननों से इस क्षेत्र की महत्ता पर प्रकाश डालेंगे। काशी एवं अन्य तटवर्ती पुरास्थलों के विकास में वरुणा का गहरा योगदान रहा होगा इसमें तनिक भी संदेह नहीं। परम्परा में जुड़ा वरुणा का आदि गंगा नाम इस क्षेत्र के संदर्भ में महत्त्वपूर्ण है। आज जनसंख्या घनत्त्व, प्रदूषण, तथाकथित विकास कार्यों एवं मानव की इस जीवनदायिनी नदी के प्रति उपेक्षा भाव चिन्तनीय है। वर्तमान परिस्थितियों में वरुणा के मूल स्वरूप एवं संरक्षण के लिये प्रबुद्ध नागरिकों, चिन्तकों, पर्यावरणविदों एवं जनसेवकों को आगे आना होगा। वारुणेय क्षेत्र के भौतिक एवं आध्यात्मिक गरिमा को नया आलोक प्रदान करने वाली *'आदि गंगा-वरुणा'* भले ही आज अपने अस्तित्व के साथ संघर्ष कर रही हो लेकिन अपनी मधुर स्मृतियों की कथा अपने अंतःस्थल में समेटे कल-कल ध्वनि करती हुयी बहती चली जा रही है, मानो वह सृष्टि की उत्पत्ति की कथा की पुस्तक का स्वयं एक पृष्ठ हो।

सन्दर्भ

1. अथर्ववेद, पैप्पलाद शाखा, 5.12.14
2. तरिणी, झा (सम्पादक), ब्रह्मपुराण, हिन्दी साहित्य सम्मेलन, प्रयाग, 1976, 89/1–2, 45–46
3. आर्कियोलॉजिकल सर्वे ऑफ इण्डिया, रिपोर्ट I, 1913–14, द्वितीय खण्ड, पृ. 190
4. जातक भाग–4 संख्या 408
5. मज्झिम निकाय भाग–2, 31, पृ. 280
6. धम्म. भाग–1, पृ. 224
7. जातक, भाग–2, संख्या 156; जातक, भाग–3, संख्या 283
8. मज्झिम निकाय (पालि), भाग–2, पृ. 280; महावग्ग (पालि), पृ. 373.24–25; जातक, भाग–4, संख्या 408
9. जातक, भाग–2, संख्या 159, पृ. 202; भाग–6, संख्या 540, पृ. 82
10. जातक, भाग–3, संख्या 387, पृ. 435
11. जातक, भाग–6, संख्या 539 (महाजनक जातक); पेटवत्थु (खुद्दक निकाय, भाग–2), पृ. 103, 147, 125, 149; जातक, भाग–6, संख्या 547 (महावेसन्तर जातक)
12. जातक, भाग–1, संख्या 80, पृ. 505; ''कासिक वत्थं निवासेन्ति, कासिक विलेपनं।''
13. जातक, भाग–1, संख्या 72, पृ. 462; जातक, भाग–2, संख्या 221, पृ. 221
14. जातक, भाग–6, संख्या 536, पृ. 515; उक्ति व्यक्ति प्रकरण, 38.24–'उनाड चूड़ा सोनार'।
15. अंगुत्तर निकाय, भाग–1, पृ. 102/3–11
16. जातक, भाग–4, संख्या 48, पृ. 454
17. जातक, भाग–3, संख्या 387, पृ. 435

संदर्भिका

मौलिक ग्रन्थ

संस्कृत साहित्य

अथर्ववेद संहिता : सातवलेकर वसन्तश्रीपाद, भारत मुद्रणालय, बम्बई, 1943

अर्थशास्त्र : कौटिल्य, गैरोला वाचस्पति (सम्पादक), चौखम्भा विद्याभवन, वाराणसी, 2004 (चतुर्थ संस्करण)।

अग्निपुराण : मूल संस्कृत, खेमराज श्रीकृष्णदासजी, वेंकटेश्वर स्टीम मुद्रणालय, बम्बई।

अपराजितपृच्छा : भुवनकृत, गायकवाड़ ओरियण्टल सीरीज–115, बड़ौदा, 1950

अमरकोश : अमर सिंह विरचित, चौखम्भा संस्कृत सीरीज आफिस, वाराणसी, 1957

अंशुभद्भेदागम् : आनन्दाश्रम संस्कृत सीरीज, पूना, 1900

अष्टाध्यायी : पाणिनी विरचित, भाग 1, 2 अंग्रेजी अनुवाद, एस. सी. बसु, मोतीलाल बनारसीदास, वाराणसी, 1962 (पुनर्मुद्रित)।

आपस्तम्ब श्रोत सूत्र : रिचर्ड गार्वे (सम्पादक), 3 वाल्यूम, कलकत्ता, 1882–1902

आश्वलायन गृह्य सूत्र : ए. श्रीनिवासाचार्य (सम्पादक) मैसूर, 1917

अहिर्बुध्न्य संहिता : एम. डी. रामानुजाचार्य (सम्पादक) मद्रास, 1966

काशी खण्ड (स्कन्द पुराण) : मूल संस्कृत, खेमराज श्रीकृष्ण दास, वेंकटेश्वर स्टीम मुद्रणालय, बम्बई, 1908

कुट्टनीमत : दामोदर गुप्त विचरित, अनुवादक जगन्नाथ पाठक, डाल्टेनगंज, पलामू, 1961

कुमारसंभव	:	कालिदास विरचित, निर्णय सागर प्रेस, बम्बई, 1927
कूर्मपुराण	:	आनन्द स्वरूप गुप्त (सम्पादक) सर्वभारतीय काशी राज न्यास, रामनगर, वाराणसी, 1917
कृत्यकल्पतरु (तीर्थ विवेचन कांड)	:	लक्ष्मीधर विरचित, गायकवाड़ ओरियण्टल सीरीज, बड़ौदा, 1906
गरुड़ पुराण	:	खेमराज श्रीकृष्ण दास, बम्बई, 1906
जैमिनि उपनिषद्	:	रामदेव (संकलन), लाहौर, 1921
तीर्थ चिन्तामणि	:	वाचस्पति मिश्र विरचित, बिब्लियौथिका इण्डिका एशियाटिक सोसायटी ऑफ बंगाल, न्यू सीरीज नं. 1256, 1912
तैत्तिरीय आरण्यक	:	पूना, 1935
त्रिस्थली सेतु	:	नारायण भट्ट विरचित, आनन्दाश्रम संस्कृत ग्रन्थावली, ग्रन्थांक 78, 1915
देवीभागवत् पुराण	:	वेंकटेश्वर स्टीम प्रेस, बम्बई, 1982
पद्म पुराण	:	भट्ट नारायण, आनन्दाश्रम संस्कृत ग्रन्थावलि, ग्रन्थांक (त्रिस्थली सेतु) 78, 1915
ब्रह्मपुराण	:	तारिणीश झा (सम्पादक), हिन्दी साहित्य सम्मेलन प्रयाग, 1976
ब्रह्मवैवर्त पुराण	:	तारिणीश झा (सम्पादक), हिन्दी साहित्य सम्मेलन (त्रिस्थली सेतु) प्रयाग, 1981
बृहत्संहिता	:	वराहमिहिरकृत, सुधाकर द्विवेदी (सम्पादक) बनारस, 1987
भविष्य पुराण	:	वेंकटेश्वर प्रेस, बम्बई, 1912
भागवत पुराण	:	श्रीधर टीका सहित, कलकत्ता।
मत्स्य पुराण	:	(मूल) श्री जीवानन्द विद्यासागर भट्टाचार्य, संस्कृत प्रकाशन, कलकत्ता, 1876
	:	हिन्दी अनुवाद पं. रामप्रताप त्रिपाठी साहित्य सम्मेलन, प्रयाग, संवत् 2003
मनुस्मृति	:	कुल्लूक भट्ट की टीका सहित, बम्बई, 1946
मानसोल्लास	:	सोमेश्वरकृत, गायकवाड़ ओरियण्टल सीरीज, बड़ौदा, 1939

महाभारत : आलोचनात्मक संस्करण, भण्डारकर ओरियण्टल रिसर्च इन्स्टीट्यूट, पूना, 1966

मैत्रायणी संहिता : (यजुर्वेदीय मैत्रायणी संहिता) श्रीपाद दा. सातवलेकर, 1942

रूपमण्डन : बलराम श्रीवास्तव (सम्पादक), वि.स. 2021

रामायण : सं.पं. भगवत्तद, सं श्रीनिवास कुट्टी मुखोलकर ओरियण्टल- इन्स्टीट्यूट, बड़ौदा, 1916

लिंगपुराण : जीवानन्द विद्यासागर भट्टाचार्य, संस्कृत प्रकाशन कलकत्ता, 1885

वामन पुराण : आनन्द स्वरूप गुप्त (सम्पादक), सर्वभारतीय काशीराज व्यास, दूर्ग रामनगर, वाराणसी, 1968

वायुपुराण : मूल संस्कृत, गंगा विष्णु श्रीकृष्णदास लक्ष्मी वेंकटेश्वर स्टीम प्रेस कल्याण, बम्बई, 1933

विष्णुधर्मोत्तर पुराण : प्रियबाला शाह (सम्पादक), बड़ौदा, 1931

विष्णु पुराण : मुनिलाल, गुप्त, मोतीलाल जालान, गीता प्रेस, गोरखपुर, षष्ठ संस्करण, सं. 2024

समरांगणसूत्रधार : भोज प्रणीत, टी. गणपति शास्त्री (सम्पादक), भाग–1, बड़ौदा, 1924

शतपथ ब्राह्मण : स्वामी सत्यप्रकाश सरस्वती (सम्पादक), चौखम्भा संस्कृत सीरीज, वाराणसी, 1964

शिल्परत्न : श्रीकुमारकृत, त्रिवेन्द्रम संस्कृत सीरीज, त्रिवेन्द्रम, 1922

स्कन्दपुराण : वेंकटेश्वर स्टीम प्रेस (नौ खण्ड) बम्बई वि.सं. 1986, सं. ए.वी.एल. अवस्थी, लखनऊ, 1976

हरिवंश पुराण : मूल, गंगा विष्णु श्रीकृष्णदास लक्ष्मी, वेंकटेश्वर स्टीम मुद्रणालय, कल्याण, बम्बई, संवत् 2011

जैन साहित्य

अंगविज्जा : मुनि श्री पुन्य विजयजी (संकलन), वाराणसी, 1957

अन्तगड़दसाओं : पी.एल. वैद्य (सम्पादक), पूना, 1932

आचारांग सूत्र : अनुवाद, जेकोबी, सेक्रेड बुक्स ऑफ द ईस्ट, 22 आक्सफोर्ड, 1884

आवश्यकसूत्रचूर्णि : जिनदास विचरित, भाग–2 ऋषभदेवजी केशरीमलजी श्वेताम्बर संस्था, रतलाम, 1929

आवश्यक नियुक्ति दीपिका : भद्रबाहु विरचित, भाग–2 नियुक्तिमाणिक्य, शेखर सूरी आचार्य श्रीमद् विजयदान सुरीश्वरजी, जैन ग्रन्थमाला–16, गोपीपुर, सूरत, 1939

उक्तिव्यक्तिप्रकरण : दामोदर गुप्त विरचित, जिनविजय मुनि (सम्पादक), सिन्धी जैन ग्रन्थमाला ग्रन्थांक नं. 39, सिन्धी जैनशास्त्र शिक्षापीठ भारतीय विद्याभवन, बम्बई, 1953

उत्तराध्ययन सूत्र : साध्वी वन्दना (सम्पादक), संमति ज्ञानपीठ जैन भवन, लोहामंडी, आगरा, 1972

उवासगदसाओ : पी. एल. वैद्य (सम्पादक), पूना, 1930

निर्यावलियाओ : पी. एल. वैद्य (सम्पादक), पूना, 1932 (तृतीय संस्करण)

पउमचरियं : आचार्य विमल सूरी कृत, जैकोबी हर्मन, (सम्पादक) हिन्दी अनुवाद शान्तिलाल बोरा, प्राकृत ग्रन्थ परिषद्, अहमदाबाद, 1968

विशेषावश्यक भाष्य : आचार्य जिनभद्र, भाग–2 दलसुख मालवाणिया, लालभाई दलपतभाई (सम्पादक), भारतीय संस्कृति विद्यामन्दिर, अहमदाबाद, 1968

विविधतीर्थकल्प : जिन प्रभसूरि विचरित, जिन विजय (सम्पादक), सिंधी जैन ज्ञानपीठ शान्ति निकेतन, 1934

बौद्ध साहित्य

अवदान–शतक : पी. एल. वैद्य (सम्पादक), बौद्ध संस्कृत ग्रन्थ नं.19, मिथिला इंस्टीट्यूट, दरभंगा, बिहार, 1958

जातक : भाग–1, हिन्दी अनुवाद, भदन्त आनन्द कौसल्यायन, हिन्दी साहित्य सम्मेलन, प्रयाग, संवत् 2013

: भाग–2, हिन्दी अनुवाद, भदन्त आनन्द कौसल्यायन, हिन्दी साहित्य सम्मेलन, प्रयाग, सं. 2014

: भाग–3, हिन्दी अनुवाद, भदन्त आनन्द कौसल्यायन, हिन्दी साहित्य सम्मेलन, प्रयाग, सं. 1946

: भाग–4, हिन्दी अनुवाद, भदन्त आनन्द कौसल्यायन, हिन्दी साहित्य सम्मेलन, प्रयाग, सं. 2008

: भाग–5, हिन्दी अनुवाद, भदन्त आनन्द कौसल्यायन, हिन्दी साहित्य सम्मेलन, प्रयाग, सं. 2011

: भाग–6, हिन्दी अनुवाद, भदन्त आनन्द कौसल्यायन, हिन्दी साहित्य सम्मेलन, प्रयाग, सं. 2013

दिव्यावदान : पी.एल. वैद्य (सम्पादक), बौद्ध संस्कृत ग्रन्थ माला नं. 20 मिथिला इंस्टीच्यूट, दरभंगा, बिहार, 1959

धम्मपद्दठकथा : अंग्रेजी अनुवाद, ई. डब्लू. बरलिंगम, भाग 1–3, पालिटेक्स सोसायटी, लुजाक एण्ड कम्पनी लिमिटेड, लन्दन, 1969

बुद्धचरित : अश्वघोष विरचित, भाग 1, 2 रामचन्द्र दास शास्त्री (रचनाकार एवं व्याख्याकार), चौखम्भा विद्याभवन, वाराणसी, 1963

मज्झिम निकाय : पालि (सुत्तपिटक), भाग 1–3, पी.वी. वपट, (सम्पादक) भिक्षु जगदीश कश्यप, नालन्दा देव नागरी पालि सीरीज, पालि प्रकाशन बोर्ड, बिहार, 1958

महावग्ग : पालि (विनय पिटक) सह सम्पादक, भिक्षु जगदीश कश्यप, नालन्दा देवनागरी पालि सीरीज, पालि प्रकाशन बोर्ड, बिहार, 1959

महावस्तु : जे.जे. जॉन, (अंग्रेजी अनुवाद) भाग 1–3, सेक्रेड बुक ऑफ द बुद्धिस्ट, भाग 16, 18, 19, लुजाक एण्ड कम्पनी लिमिटेड, लन्दन, 1949

महावस्तु अवदान : राधागोविन्द बसाक (सम्पादक), भाग–1, 2, कलकत्ता संस्कृत कालेज सीरीज रिसर्च नं. 21, टेक्स–12, 1963

संयुक्त निकाय : पालि (सुत्तपिटक) सह सम्पादक भिक्षु जगदीश कश्यप, भाग 1–4, नालन्दा देवनागरी पालि सीरीज, पालि प्रकाशन बोर्ड, बिहार, 1959

आधुनिक ग्रन्थ

अग्रवाल, वासुदेव शरण : पाणिनिकालीन भारत वर्ष (अष्टाध्यायी का सांस्कृतिक अध्ययन), चौखम्भा विद्याभवन, वाराणसी, 1969

	:	सारनाथ, भारतीय पुरातत्त्व विभाग, दिल्ली, 1958
	:	भारतीय कला, पृथिवी प्रकाशन, वाराणसी, 1965
अग्रवाल, आर. सी.	:	गान्धार स्कन्द विद प्लेम ईस्ट एण्ड वेस्ट, अंक 18, सं.1, 2
अवस्थी, रामाश्रय	:	खुजराहो की देव प्रतिमाएँ, आगरा, 1967
आस्ट्रीया लोवर एवं बिसेकट्रीक्स	:	इनसाइक्लोपीडिया ब्रिटेनिका वाल्यूम–3, संस्करण–II, द इनसाइक्लोपीडिया ब्रिटेनिका कम्पनी, न्यूयार्क, 1910
इन डाइना, एल.	:	बनारस : सिटी ऑफ लाइट, एल्फ्रेड ए. नोफ, न्यूयार्क, 1882
उपाध्याय, भरतसिंह	:	बुद्धकालीन भारतीय भूगोल, हिन्दी साहित्य सम्मेलन, प्रयाग, 1961
उपाध्याय, वासुदेव	:	प्राचीन भारतीय मूर्तिविज्ञान चौखम्भा संस्कृत सीरीज, वाराणसी, 1970
	:	प्राचीन भारतीय अभिलेख (भाग–2), पटना, 1970
	:	प्राचीन भारतीय स्तूप, गुहा एवं मन्दिर विहार, हिन्दी ग्रन्थ अकादमी, पटना, 1972
उपाध्याय, भगवतशरण	:	भारतीय कला की भूमिका, नई दिल्ली, 1977
कश्यप, राजेन्द्र प्रसाद	:	अथर्ववेदकालीन भारत का भौगोलिक अध्ययन, अप्रकाशित शोध प्रबन्ध, संस्कृत विभाग, काशी हिन्दू विश्वविद्यालय, वाराणसी, 1983
कनिंघम, ए.	:	द एंशियंट जियोग्राफी ऑफ इण्डिया, इन्डोलॉजिकल बुक हाउस, वाराणसी, 1963
कीथ, ए.बी.	:	द रिलीजन एण्ड फिलासफी ऑफ द वेद एण्ड उपनिषद्, वाल्यूम–द्वितीय।
किशोरी सरित	:	वाराणसी के स्थानमानों का सांस्कृतिक अध्ययन, विश्वविद्यालय प्रकाशन, वाराणसी, 1995
कुमार, रवीन्द्र	:	आर्कियोलॉजी ऑफ मिडिल गोमती बेसिन विद स्पेशल रेफेरेंस टू सुल्तानपुर डिस्ट्रिक्ट, यू.पी. अप्रकाशित शोध प्रबन्ध, प्राचीन भारतीय इतिहास, संस्कृति एवं पुरातत्त्व विभाग, बी.एच.यू., वाराणसी, 1990
कोरोत्स्काया, अ.	:	भारत के नगर, दिल्ली, 1984

कुमार, संतोष : ए स्टडी ऑफ ड्रैनेड पैटर्न इन एंशियंट इण्डिया इन मिडिल गंगैटिक प्लेन : इट्स कल्चरल कोरिलेशन, अप्रकाशित शोध प्रबन्ध, प्राचीन भारतीय इतिहास संस्कृति एवं पुरातत्त्व विभाग, बी.एच.यू., वाराणसी, 1999

क्रूक, डब्ल्यू. खण्डेलवाल, : ट्राइब्स एण्ड कास्ट ऑफ द नार्थ वेस्टर्न प्राविंसेज एण्ड अवध, वॉल्यूम–द्वितीय।

कार्न (सम्पादक) : द गोल्डन एज गुप्त आर्ट एण्ड इम्पायर प्रोविंश एण्ड इन्फ्लूयेंस, मार्क पब्लिकेशन, 1991

गांगुली, एम. : हैंडबुक टू द स्कल्पचर इन द म्यूजियम ऑफ द बंगीय साहित्य परिषद्, कलकत्ता, 1922

गुप्त, परमेश्वरी लाल : भारतीय वास्तुकला, वाराणसी, 1977

गुप्ता, रुमी : देवी–देवताओं के अस्त्र–शस्त्र, स्वाति पब्लिकेशन दिल्ली, 2003

गिल्स, एच.ए. : द ट्रेवेल्स ऑफ फाहियान, रौथलेग एण्ड केगर पाउल लिमिटेड, लन्दन, 1956, (द्वितीय संस्करण)।

गिरि कमल, तिवारी तिवारी, मारुतिनन्दन एवं सिंह, विजय प्रकाश : काशी के मन्दिर और मूर्तियाँ, वाराणसी, 2000,

गोण्डा जे. : एस्पेक्ट्स ऑफ अर्ली वैष्णविज्म, उट्रेच्ट, 1954

घोष, ए. : द सिटी इन द अर्ली हिस्टोरिकल इण्डिया, शिमला, 1973

: (सम्पादक) एन इनसाइक्लोपीडिया ऑफ इण्डियन आर्कियोलॉजी 2 वाल्यूम, मुंशीराम मनोहर लाल, नई दिल्ली, 1989

चक्रवर्ती, डी.के. : द क्वार्टरी जर्नल ऑफ दि जियोलाजिकल माइनिंग एण्ड मेटलर्जी साइंस ऑफ इण्डिया, वाल्यूम 3, नं. 3 कलकत्ता, 1931

चन्द्र, प्रमोद : स्टोन स्कल्पचर्स इन द इलाहाबाद म्यूजियम, ए डिस्क्रिप्टिव कैटलाग, अमेरिकन इन्स्टीच्यूट ऑफ इण्डियन स्टडीज डेकेन कॉलेज, पूना, 1965

चन्द्र, मोती : काशी का इतिहास, विश्वविद्यालय प्रकाशन, वाराणसी, 1985 (द्वितीय संस्करण)

चन्द्रा, आर.पी. : मेडिवल इण्डियन स्कल्पचर इन ब्रिटिश म्यूजियम, लन्दन, 1937

चटर्जी, सीताराम : दी कैपिटल ऑफ बुद्धिज्म सारनाथ, ओरियन्टल पब्लिशर्स, वाराणसी, 1968

जायसवाल, के.पी. : हिस्ट्री ऑफ इण्डिया, मोतीलाल बनारसीदास, पंजाब बुक संस्कृति डिपार्टमेन्ट, लाहौर, 1932

जोशी, नील कण्ठ पुरुषोत्तम : ब्राह्मनिकल स्कल्पचर इन द स्टेट म्यूजियम लखनऊ, पार्ट–द्वितीय, वाल्यूम– प्रथम (शिव एवं विष्णु), द स्टेट म्यूजियम लखनऊ, 1989

: प्राचीन भारतीय मूर्ति विज्ञान, बिहार राष्ट्रभाषा परिषद्, पटना, 1977

: भारतीय मूर्तिशास्त्र (मराठी), महाराष्ट्र विद्यापीठ ग्रन्थ मंडल विधि महाविद्यालय परिसर, नागपुर, 1979

: लाइफ इन एंशियंट उत्तरापथ, वाराणसी, 1967

: ब्राह्मनिकल स्कल्पचर इन द स्टेट म्यूज़ियम लखनऊ, पार्ट–द्वितीय, वाल्यूम–द्वितीय (गणपति, स्कन्ध, रेवन्तक, शक्ति इमेजेज एण्ड माइनर डीटिज), द स्टेट म्यूजियम, लखनऊ, 1989

जोशी, ई.बी. : उत्तर प्रदेश डिस्ट्रिक्ट गजेटियर, वाराणसी, 1965

जायसवाल, विदुला : फ्रॉम स्टोन क्वेरी टू स्कल्पचरिंग वर्कशाप (चुनार, वाराणसी, सारनाथ), अगम कला प्रकाशन, दिल्ली, 1998

: अकथा : एक सेटेलाइट सेटलमेन्ट ऑफ सारनाथ, वाराणसी (2000–2002), भारती–26, बुलेटिन ऑफ द डिपार्टमेन्ट ऑफ ए.आई.एच.सी. एण्ड आर्कियोलॉजी, बी.एच.यू.।

जायसवाल, सुवीरा : वैष्णव धर्म का उद्‌भव और विकास, नई दिल्ली, 1996

ढाकी, एम.ए. : द व्याल फिगर ऑन द मेडिकल टैम्पल ऑफ इण्डिया, पृथिवी प्रकाशन, वाराणसी, 1965

तिवारी, मारुतिनन्दन : मध्यकालीन भारतीय प्रतिमा लक्षण, वाराणसी, 1997

त्रिपाठी, आर.एस. : हिस्ट्री ऑफ कन्नौज, दिल्ली, 1964

त्रिपाठी, विभा एवं सिंह, संतोष : एक्सकेवेशन एट खैराडीह (1996–97), 2003–2004, भारती–28 बुलेटिन ऑफ दि डिपार्टमेन्ट ऑफ ए.आई.एच.सी. एण्ड आर्कियोलॉजी, बी.एच.यू.।

त्रिवेदी, एस.डी. (सम्पादक) : एसेस ऑन इन्डोलॉजी, पोलिटी एण्ड एडमीनिस्ट्रेशन, आगम कला प्रकाशन, दिल्ली, 1989

देव कृष्ण एवं त्रिवेदी, एस.डी. : स्टोन स्कल्पचर इन द इलाहाबाद म्यूजियम वॉल्यूम– द्वितीय, एशियन इन्स्टिच्यूट ऑफ इण्डियन स्टडी, नई दिल्ली, 1996

नारायण, ए.के. एवं सिंह, पुरुषोत्तम : एक्सकवेशन ऐट राजघाट, (1957–58, 1960–65) (द कटिंग, स्ट्रेटीफिकेशन ऐण्ड स्ट्रक्चर) प्रथम भाग बी.एच.यू., 1976

: एक्सकेवेशन एट राजघाट, (1957–58, 1960–65) (द पाट्री) द्वितीय भाग बी.एच.यू., 1977

नारायण, ए.के. एवं सिंह, पुरुषोत्तम : एक्सकवेशन ऐट राजघाट, (1957–58, 1960–65) (स्माल फाइन्ड्स) द्वितीय भाग बी.एच.यू., 1977

नारायण, ए.के. एवं अग्रवाल, पी.के. : एक्सकेवेशन एट राजघाट, (1957–58, 1960–65) (टेराकोटा ह्यूमन फिगिरिंग्स) चतुर्थ भाग (A.B.) बी.एच.यू., 1977

नागर, एम.एम. : सारनाथ का संक्षिप्त परिचय, मैनेजर ऑफ पब्लिकेशन्स, दिल्ली, 1941

पाण्डेय, जयनारायण : पुरातत्त्व विमर्श, विद्यासागर इलाहाबाद, 1991, तृतीय संस्करण।

पाण्डेय, पी.सी. : रुरल–अरबन सिम्बोसिस इन वाराणसी डिस्ट्रिक्ट (यू.पी.) : ए जियोफिजिकल एनालिसिस, अप्रकाशित शोध प्रबन्ध, भूगोल विभाग, बी.एच.यू., 1992

पाण्डेय, श्याम कुमार : दक्षिण कोशल की कला वैभव, प्राच्य प्रतिभा, खण्ड–5, अंक–2

पार्जिटर, एफ. ई. : एंशियेन्ट इण्डियन हिस्टोरिकल ट्रेडिशंस, लन्दन, 1922

पीयूष भार्गव : पाल शासकों के राजत्वकाल में बौद्ध धर्म एवं कला, लखनऊ, 1996

फिशर, एफ.एच. एवं हेवेट, जे.पी. : स्टैटिस्टिकल डिस्ट्रिप्टिव एण्ड हिस्टोरिकल ऑफ दि नार्थ वेस्टर्न प्राविंसेज ऑफ इण्डिया, वाल्यूम–XIV, पार्ट–I बनारस, 1884

बनर्जी, जे.एन. : द डेवलपमेन्ट ऑफ हिन्दू आइकोनोग्राफी, कलकत्ता, 1956

बील, ए. : बुद्धिस्ट रिकार्ड ऑफ द वेस्टर्न वर्ल्ड, वाल्यूम–II

: ट्रेवल्स ऑफ ह्वेनसांग, वाल्यूम–तृतीय, सुशील गुप्ता लिमिटेड, कलकत्ता, 1958

भट्टाचार्य, बी. : सारनाथ का इतिहास, बनारस, 1921

भिक्षु, धर्मरक्षित : सारनाथ का इतिहास, नन्द किशोर एण्ड ब्रदर्स, वाराणसी, 1961

भट्टाचार्य, बी.सी. : हिस्ट्री ऑफ सारनाथ ऑन द क्रेडिल ऑफ बुद्धिज्म, वाराणसी, 1924

भट्टाचार्य, बेन्योतोश : साधन माला, ओरियेन्टेड इंस्टीट्यूट बड़ौदा, 1968

भट्टाचार्य बन्योतोश (सम्पा.) : गुह्य समाज तन्त्र एवं तथागत गुह्यिका, ओरिएण्टल इन्स्टीच्यूट, बड़ौदा, 1967

भवानी लाल : भारतीय वैदिक मातृवन्दना।

भारतीय, धर्मवीर : सिद्ध साहित्य किताब महल, प्रयाग, 1955

मजुमदार, आर. सी. एवं पुसालकर, ए.डी. : द हिस्ट्री ऐण्ड कल्चर ऑफ इण्डियन पिपुल वाल्यूम–II, 1965

मजुमदार, बी. ए. : गाइड टू सारनाथ, हिन्दी ग्रन्थ रत्नाकर, बम्बई, 1947

मेहता, सी.एल. : ए रिपोर्ट ऑन आर्कियोलॉजिकल एक्सप्लोरेशन इन द वाराणसी डिस्ट्रीक्ट, सब्मीट इन एम.ए. फाइनल कोर्स, 1964, ए.आई.एच.सी. एण्ड आर्कियोलॉजी, बी.एच.यू.

मुखर्जी, विश्वनाथ (सम्पा.) : यह बनारस है, वाराणसी, 1968

मुखर्जी एवं खन्ना : दी तान्त्रिक वे, विकास पब्लिसिंग हाउस, दिल्ली, 1977

मुखोपाध्याय, मिहिर मोहन : स्कल्पचर्स ऑफ गंगा वैली, अभिनव प्रकाशन न्यू दिल्ली, 1984

मिश्र, रवीन्द्र नाथ : तन्त्रकला में प्रतीक, राष्ट्रीय कला एवं धर्म शोध संस्थान, वाराणसी, 1996

मिश्र, जयशंकर : प्राचीन भारत का सामाजिक इतिहास, दिल्ली, 1974

यादव, रुदल प्रसाद : प्राचीन भारतीय कला, वाराणसी, 1965

रंगराजन, हरिप्रिया : वराह इमेजेज इन मध्यप्रदेश : सिम्बोलस एण्ड आइकोनोग्राफी, जर्नल ऑफ एशियाटिक सोसाइटी ऑफ बम्बई, वाल्यूम–72

राय, गोविन्द चन्द्र : प्राचीन भारतीय मिट्टी के बर्तन, चौखम्भा विद्याभवन, वाराणसी, 1960

राय, टी. एन. : द गंगेज सिविलाइजेशन, रामानन्द विद्या भवन, नई दिल्ली, 1983

: ए स्टडी ऑफ नार्दर्न ब्लैक पालिस्ड वेयर कल्चर, नई दिल्ली, 1986

राय, अर्धेन्दू शेखर : क्राफ्ट्स एण्ड टेक्नोलाजी इन एंशियेंट इण्डिया, दिल्ली, 1998

राय, टी.ए.जी. : एलिमेन्ट ऑफ हिन्दू आइकोनोग्राफी, वाल्यूम–I, मद्रास, 1914

राय, एच.सी., : डाइनेस्टिक हिस्ट्री ऑफ नार्दन इण्डिया, वाल्यूम–I कलकत्ता 1936

रायचौधरी, हेम चन्द्र : पोलिटिकल हिस्ट्री ऑफ एंशियेन्ट इण्डिया, कलकत्ता, 1932

राव, टी.ए. गोपीनाथ : एलिमेन्ट्स ऑफ हिन्दू आइकोनोग्राफी, मद्रास, 1914

लाहा, विमलचन्द्र : हिस्टोरिकल ज्योग्राफी ऑफ एंशिएंट इण्डिया, एशियाटिक डी पेरिस, फ्रांस, 1954

: इण्डिया इज डिस्क्राइब्ड इन अर्ली टैक्स ऑफ बुद्धिज्म एण्ड जैनिज्म, लुजाक एण्ड कम्पनी, लन्दन, 1941

लाल, मक्खन : सेटलमेंट हिस्ट्री एण्ड राइज ऑफ सिविलाइजेशन इन गंगा–यमुना दोआब फ्रॉम 1500 BC – 300 AD, बी. आर. पब्लिशिंग हाऊस, दिल्ली, 1984

वाटर्स, टी. : आन युवानच्वांग ट्रैवल्स इन इण्डिया, मुंशीराम मनोहर लाल, दिल्ली, 1961

व्यास, केदारनाथ : पंचक्रोशात्मक ज्योतिर्लिंग काशी माहात्म्य एवं काशी का प्राचीन इतिहास, वाराणसी, 1987

विलियम्स, मोनीयर : रिलिजन लाइफ एण्ड थॉट इन इण्डिया, लंदन, 1883

शर्मा, जी.आर. : एक्सकेवेशन एट कौशाम्बी, (1949–50) मोमोरिज ऑफ द आर्कियोलॉजिकल सर्वे ऑफ इण्डिया, नम्बर 74, दिल्ली, 1969

शर्मा, गोपीनाथ : राजस्थान का इतिहास, दिल्ली, 1981

शर्मा, विजेन्द्रनाथ : जैन प्रतिमाएँ, दिल्ली, 1979

शर्मा, रामशरण : मध्यगंगा क्षेत्र में राज्य की संरचना, नई दिल्ली, 1998

शालीग्राम, पी.के. : डिक्शनरी ऑफ आर्कियोलॉजी (इंगलिश, हिन्दी), दिल्ली, 1980

शेरिंग, एम.ए. : द सिक्रेड सिटी ऑफ दि हिन्दूज, एन एकाउण्ट ऑफ बनारस, लन्दन, 1868

शुक्ला, द्विजेन्द्रनाथ : भारतीय स्थापत्य कला, लखनऊ, 1964

शैल प्रधान : भारतीय कला में वैष्णव परम्परा, दिल्ली, 1992

सरकार, डी.सी. : सेलेक्ट इन्स्क्रीप्सन्श वीयरिंग आन इण्डियन हिस्ट्री एण्ड सिविलाइजेशन, कलकत्ता, 1942

सरकार, एच.बी. : स्टडीज इन अर्ली बुद्धिस्ट आर्किटेक्चर, न्यू दिल्ली, 1966

साहनी, डी.आर. : रुइन्स एट सारनाथ, पंचम संस्करण, दिल्ली, 1933

साहबी, डी.आर. एवं जे. वी. बागले : कैटलाग ऑफ दि म्यूजियम ऑफ आर्कियोलॉजी एट सारनाथ, कलकत्ता, 1914

सिंह, आर.एल. : बनारस, ए स्टडी ऑफ अरबन जियोग्राफी, बनारस, 1955

सिंह, बीरेन्द्र प्रताप : लाइफ इन एन्शियन्ट, वाराणसी : एन एकाउन्ट बेस्ड ऑन आर्कियोलॉजिकल एविडेन्स, संदीप प्रकाशन, दिल्ली, 1985

सिंह, भूपेन्द्र पाल : ऑस्टियो आर्कियोलॉजिकल इन्वेस्टीगेशन एट राजघाट, डिपार्टमेन्ट ऑफ ए.आ.एच.सी. एण्ड आर्कियोलाजी, बी. एच.यू., वाराणसी, 2001

सिंह, बीरेन्द्र प्रताप एवं सिंह, अशोक कुमार : एक्सकेवेशन एट सरायमोहाना (1967–68) भारती–27, 2002–03, बुलेटिन ऑफ दि डिपार्टमेन्ट ऑफ ए.आई.एच.सी. एण्ड आर्कियोलॉजी, बी.एच.यू., वाराणसी।

सिंह, पुरुषोत्तम : एक्सकेवेशन एट नरहन (1984–89), बी.एच.यू., वाराणसी, 1994

सिन्हा, के.के. : एक्सकेवेशन एट श्रावस्ती (1959), बी.एच.यू., वाराणसी, 1967

सिन्हा, बी.पी. (सम्पादक) : पॉटरिज इन एंशियन्ट इण्डिया, डिपार्टमेन्ट ऑफ एंशियंट इण्डियन हिस्ट्री एण्ड आर्कियोलॉजी, पटना यूनिवर्सिटी, पटना, 1969

सिन्हा, बी. पी. एवं सी. राय : वैशाली एक्सकेवेशन (1958–1962), पटना, 1969

स्मिथ, वी.एस. : हिस्ट्री ऑफ फाइन आर्ट इण्डिया एण्ड सिलोन, आक्सफोर्ड, 1890

श्रीवास्तव, रानी : कुषाणकालीन प्रस्तर प्रतिमाओं में समाज एवं धर्म, दिल्ली, 1992

श्रीवास्तव, बी.सी. : सन वर्शिप इन एंशियंट इण्डिया, इलाहाबाद, 1972

हार्टेल, एच. : एक्सकेवेशन एट सोंख (मथुरा) बुलेटिन ऑफ म्यूजियम आर्कियोलॉजी इन यू.पी., लखनऊ, 1969

हाण्डा, देवेन्द्र : वैष्णव आइकंस फ्रॉम हरियाणा, पंजाब यूनिवर्सिटी रिसर्च बुलेटिन, आर्ट्स, XVI, No. 2, 1985

हेवल, ई.बी. : बनारस द सेक्रेड सिटी, कलकत्ता रिप्रीन्ट, 1968

शोध पत्र

अग्रवाल, वासुदेव शरण : क्ले सिलिंग फ्रॉम राजघाट, जर्नल ऑफ न्यूमिस्मेटिक सोसाइटी ऑफ इण्डिया, वाल्यूम XXIII, 1961

अल्तेकर, अनन्त सदाशिव : हिस्ट्री ऑफ बनारस, जर्नल ऑफ बनारस हिन्दू यूनिवर्सिटी, वाल्यूम I, वाराणसी, 1937

एर्दोसी, जॉर्ज : सेटलमेन्ट आर्कियोलॉजी ऑफ द कौशाम्बी रीजन, मैन एण्ड इनवायरनमेन्ट, वाल्यूम IX, 1995, इण्डियन सोसाइटी फॉर प्री हिस्ट्री एण्ड क्वार्टेनरी स्टडीज डकन कालेज, पूना।

बनर्जी, इद्रीस : रेयर एण्ड यूनिक एन्टिक्वीटिज फ्रॉम राजघाट, जर्नल ऑफ एशियाटिक सोसाइटी, वाल्यूम VII, नम्बर, 1, 2, 1965

चन्द्रा, आर.वी.आर.पी. : एक्सकेवेशन एट सारनाथ, आर्कियोलॉजिक सर्वे ऑफ इण्डिया, एनुअल रिपोर्ट, 1927–28

छाबरा, बी.सी. : राजघाट डबल सिल, जर्नल ऑफ न्यूमिसमेटिक सोसाइटी ऑफ इण्डिया वाल्यूम XLVI, पार्ट I, 1968

देव, कृष्ण : क्वाइन डिवाइसेस ऑन राजघाट सिल्स, जर्नल ऑफ न्यूमिसमेटिक सोसाइटी ऑफ इण्डिया III,

: एक्सकेवेशन एट राजघाट, एनुअल बिबिलिओग्राफी इण्डियन हिस्ट्री एण्ड आर्कियोलोजी, वाल्यूम III, 1940

हारग्रीव्स, एच. : एक्सकेवेशन एट सारनाथ, आर्कियोलॉजिकल सर्वे ऑफ इण्डिया, एनुअल रिपोर्ट, 1914–15

मार्शल, जे. : एक्सकेवेशन एट, सारनाथ, आर्कियोलॉजिकल सर्वे ऑफ इण्डिया एनुअल रिपोर्ट, पार्ट II, 1914–15

मार्शल जे. एवं स्टेनकोनो : एक्सकेवेशन एट सारनाथ, आर्कियोलॉजिकल सर्वे ऑफ इण्डिया, एनुअल रिपोर्ट, 1907–8

आर्टल, एफ.ओ. : एक्सकेवेशन एट सारनाथ, आर्कियोलॉजिकल सर्वे ऑफ इण्डिया, एनुअल रिपोर्ट, 1904–5

पाठक, वी.एस. : रिलिजियस सिलिंग फ्रॉम राजघाट जर्नल ऑफ न्यूमिसमेटिक्स सोसाइटी ऑफ इण्डिया, वाल्यूम XXX एवं XX पार्ट II, 1958–59

साहनी, डी.आर. : एक्सकेवेशन एण्ड एक्सफ्लोरेशन ऑफ सारनाथ, आर्कियोलॉजिकल सर्वे ऑफ इण्डिया, अनुअल रिपोर्ट, 1921–22

: एक्सकेवेशन एट सारनाथ, आर्कियोलॉजिकल सर्वे ऑफ इण्डिया, एनुअल रिपोर्ट, 1919–20

थपलियाल, के.के. : ग्रीक डिवाइसेस ऑन सम राजघाट सिलिंग्स– ए रिव्यू, जर्नल ऑफ न्यूमिसमेटिक्स सोसाइटी ऑफ इण्डिया, वाल्यूम XXXI, पार्ट II, 1969

अग्रवाल, वासुदेव शरण : राजघाट के खिलौने का एक अध्ययन, नागरी प्रचारिणी पत्रिका, भाग 2, वर्ष 45, 1940

दास, रायकृष्ण : काशी, राजघाट की खुदाई, नागरी प्रचारिणी पत्रिका, भाग 3, वर्ष 45, 1940

सिंह, पुरुषोत्तम : राजघाट का पुरातात्त्विक उत्खनन उत्तर प्रदेश (पुरातत्त्व विशेषांक), 1981

शोध पत्र पत्रिकाएँ एवं आवधिक

आर्कियोलॉजिकल सर्वे ऑफ इण्डिया, एनुअल रिपोर्ट, न्यू दिल्ली।

आर्कियोलॉजिकल सर्वे ऑफ इण्डिया, रिपोर्ट।

भारती (बुलेटिन ऑफ दि डिपार्टमेन्ट ऑफ एन्शियन्ट इण्डियन हिस्ट्री कल्चर एण्ड आर्कियोलॉजी, बी.एच.यू.)

बुलेटिन ऑफ डक्कन कालेज रिसर्च इन्स्टीच्यूट, पूना।

इपिग्राफिया इण्डिका, दिल्ली।

इण्डियन आर्कियोलॉजी – ए रिव्यू, न्यू दिल्ली।

जर्नल ऑफ द एशियाटिक सोसाइटी ऑफ बंगाल, कलकत्ता।

जर्नल ऑफ रॉयल एशियाटिक सोसाइटी ऑफ ग्रेट ब्रिटेन एण्ड आयरलैण्ड, लन्दन।

जर्नल ऑफ उत्तर प्रदेश हिस्टोरिकल सोसाइटी, यूनाइटेड प्रोविन्सेस।

जर्नल ऑफ दि इण्डियन सोसाइटी ऑफ ओरियण्टल, आर्ट, कलकत्ता।

उत्तर प्रदेश डिस्ट्रिक्ट गजेटियर, वाराणसी, लखनऊ, 1965

जर्नल ऑफ एशियाटिक, सोसाइटी ऑफ बम्बई।

जर्नल ऑफ द न्यूमिस्मेटिक सोसाइटी ऑफ इण्डिया, वाराणसी।

जर्नल ऑफ यूनाइटेड प्रोविन्सेस हिस्टोरिकल सोसाइटी, लखनऊ।

नागरी प्राचारिणी पत्रिका।

प्राग्धारा, उत्तर प्रदेश पुरातत्त्व विभाग की शोध पत्रिका, उत्तर प्रदेश राज्य पुरातत्त्व विभाग, लखनऊ।

पुरातत्त्व, इण्डियन आर्कियोलॉजिकल सोसाइटी, नई दिल्ली।

मैन एण्ड इन्वायर्नमेन्ट, इण्डियन स्टडीज फॉर प्रीहिस्ट्री एण्ड क्वार्टेनरी स्टडीज, पूना।

भारतीय इतिहास संकलन समिति, पत्रिका, नं. 4 युग–युगों में काशी, वाराणसी, 1984

दोनों वाराह प्रतिमाएँ प्रस्तर खण्ड पर उकेर कर बनायी गयी है, जिसका पृष्ठ भाग सपाट है।

प्राचीन भारतीय साहित्य में वाराह की महत्ता ऋग्वैदिक[98] काल से ही मिलनी प्रारम्भ हो जाती है। जिसकी निरन्तरता ब्राह्मण ग्रन्थों[99], महाकाव्यों[100], पुराणों[101] एवं आगमों ग्रन्थों आदि में मिलता है। पुरातात्त्विक साक्ष्यों से भी वाराह से संबंधित प्रतिमाओं का वर्णन मिलता है जिसे शिल्पशास्त्रीय ग्रन्थों के अनुरूप दो रूपों में प्रकट किया गया है। यज्ञ वाराह (पूर्ण पशुरूप) एवं नृवाराह (मानव-पशु रूप)। नृवाराह को भू-वाराह अथवा आदि वाराह आदि नामों से भी जाना जाता है।[102] [illegible]

यज्ञ वाराह के रूप में वाराह के [illegible] अंगों का [illegible] में वर्णन [illegible] [illegible] तथा [illegible] मूर्ति प्रकरण में भी मिलता है।[103] [illegible] में यह निर्देश है कि वाराह [illegible] दाढ़ों, आदि स्कन्ध तथा [illegible] [illegible] की भांति निर्मित होना चाहिये।[104] अभिलेखों में भी वाराह [illegible] के [illegible] मिलते हैं। कुमारगुप्त के समय के एक अभिलेख में कोकामुख स्वामिन और [illegible] स्वामिन नामक दो देवताओं का उल्लेख है।[105] यशोवर्मन् का [illegible] [illegible] तथा गुर्जर शासक मिहिरभोज का आदि वाराह उपाधि धारण करना तथा [illegible] [illegible] पर वाराह प्रतिमा का अंकन भी [illegible] शती में वाराह[illegible] के [illegible] को प्रदर्शित करता है।[106]

वाराह मूर्तियों के निर्माण का आरम्भ कुषाणकाल से ही मिलना प्रारम्भ हो जाता है। यद्यपि इस काल की यज्ञ वाराह प्रतिमा अभी तक अज्ञात है। गुप्तकाल [illegible] आते आते इनकी संख्या में पर्याप्त वृद्धि हो जाती है। गुप्तकाल में शिल्पियों द्वारा [illegible] उदयगिरि (विदिशा, म. प्र.) की नृवाराह मूर्ति तथा एरण (सागर, म. प्र.) से प्राप्त यज्ञ वाराह प्रतिमा विशेष रूप से उल्लेखनीय है।

पूर्व मध्य एवं मध्यकालीन अनेक विशाल आकार वाली यज्ञवाराह मूर्तियाँ मध्य प्रदेश, उत्तर प्रदेश, राजस्थान, गुजरात और बिहार आदि विभिन्न प्रान्तों से प्राप्त हुई है।[107]

[illegible]

छायाचित्र संख्या 3.1 : मैलहन ताल (वरुणा नदी का उद्गम स्थल)

छायाचित्र संख्या 3.2 : ताल से निकलती वरुणा

छायाचित्र संख्या 4.1 : अनेई टीला

छायाचित्र संख्या 4.2 : उत्खनित खातें

छायाचित्र संख्या 4.3 : तृतीय काल से संबंधित चूल्हे

छायाचित्र संख्या 4.4 : द्वितीय काल से संबंधित चूल्हे

छायाचित्र संख्या 4.5 : आवासीय संरचना

छायाचित्र संख्या 4.6 : भट्ठा

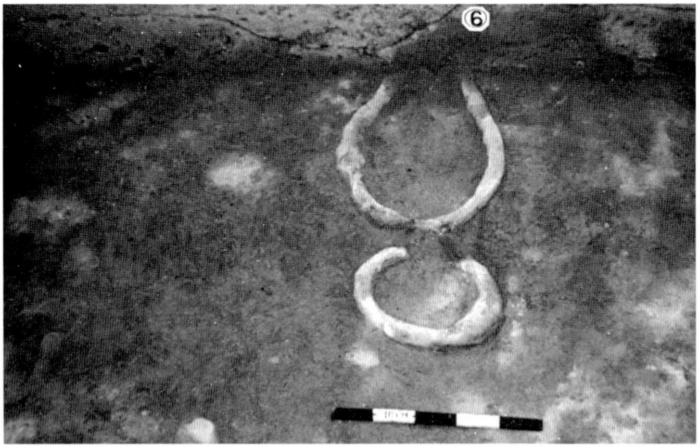

छायाचित्र संख्या 4.7 : चूल्हा

छायाचित्र संख्या 4.8 : अवठ कूप

छायाचित्र संख्या 4.9 : विष्णु के
दशावतार की खण्डित प्रतिमा

छायाचित्र संख्या 5.1 : अनेई से सम्बन्धित आवाँ

छायाचित्र संख्या 5.2 : अवठ कूप, निगोह

छायाचित्र संख्या 6.1 :
विष्णु स्तम्भ (सातों डीह)

छायाचित्र संख्या 6.2 : विष्णु स्तम्भ
एवं उसमें प्रदर्शित विष्णु (सातों डीह)

छायाचित्र संख्या 6.3 : विष्णु (मुड़ाँव)

छायाचित्र संख्या 6.4 : विष्णु (लवायनडीह)

छायाचित्र संख्या 6.5 :
विष्णु (हीरापट्टी)

छायाचित्र संख्या 6.6 : विष्णु
की दशावतार प्रतिमा (सुरेरीडीह)

छायाचित्र संख्या 6.7 : विष्णु की दशावतार से सम्बन्धित दो प्रतिमाएँ (सुरेरीडीह)

छायाचित्र संख्या 6.15 :
बलराम (बाराडीह)

छाया़चित्र संख्या 6.16 : बैकुण्ठ (आनन्दडीह एवं लवायनडीह)

छायाचित्र संख्या 6.17 : शिवलिंग (डीहकोइरान)

छायाचित्र संख्या 6.18 : चतुर्मुख शिवलिंग (दिलावलपुर)

छायाचित्र संख्या 6.19 : खण्डित उमामहेश्वर में महेश्वर (नहवानीपुर)

छायाचित्र संख्या 6.20 : कार्तिकेय (हीरापट्टी)

छायाचित्र संख्या 6.21 : कार्तिकेय (हीरापट्टी)

छायाचित्र संख्या 6.22 : गणेश (गहरपुर)

छायाचित्र संख्या 6.23 : सूर्य (रशूलगढ़)

छायाचित्र संख्या 6.24 : सूर्य (कमरुद्दीनपुर)

छायाचित्र संख्या 6.25 :
सूर्य (घोसिला)

छायाचित्र संख्या 6.26 : सूर्य प्रतिमा में
अंकित अश्विनी कुमार (घोसिला)

छायाचित्र संख्या 6.27 : कुबेर एवं देवी (शेरपुर)

छायाचित्र संख्या 6.28 : कुबेर (नहवानीपुर)

छायाचित्र संख्या 6.29 : कुबेर (हीरापट्टी)

छायाचित्र संख्या 6.30 : हनुमान
(सुरेरीडीह)

छायाचित्र संख्या 6.31 : विष्णु एवं
हनुमान (मुड़ाँव)

छायाचित्र संख्या 6.32 : महिषासुर मर्दिनी दुर्गा (बरदहां)

छायाचित्र संख्या 6.33 : चामुण्डा (रशूलगढ़)

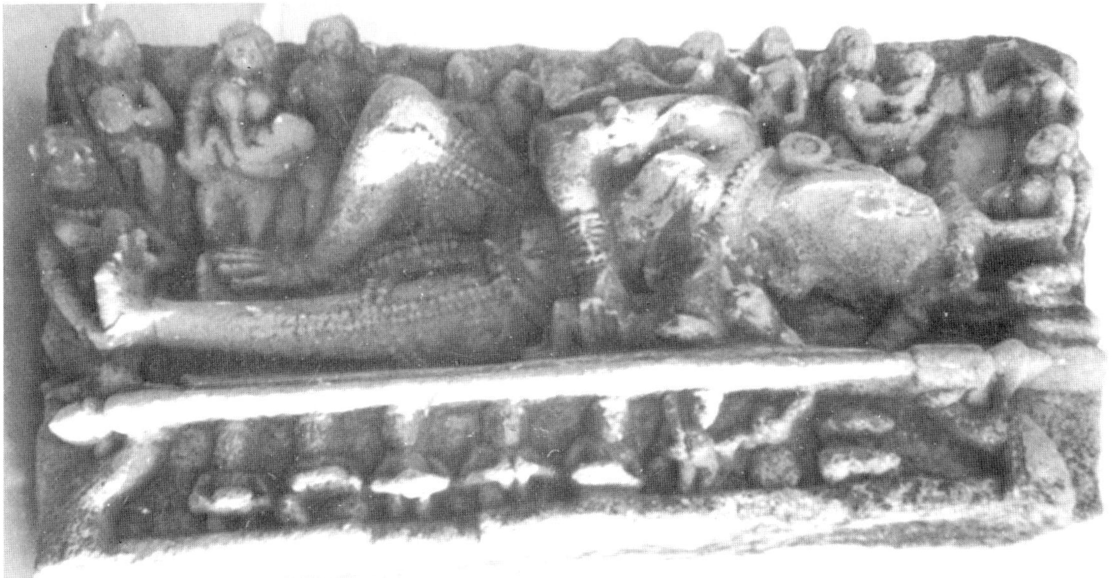

छायाचित्र संख्या 6.34 : सद्योजात देवी (हीरापट्टी)

छायाचित्र संख्या 6.35 :
गंगा-यमुना (घोसिला)

छायाचित्र संख्या 6.36 :
वैष्णवी (पुरेडीह)

छायाचित्र संख्या 6.37 : देवी (कुरुँ)

छायाचित्र संख्या 6.38 : देवी (गहरपुर)

छायाचित्र संख्या 6.39 : दो देवीयाँ (मझगवाँ एवं गहरपुर)

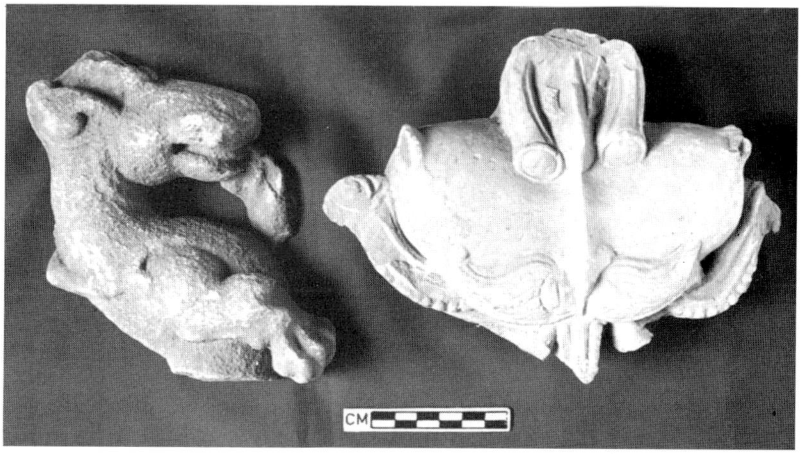

छायाचित्र संख्या 6.40 : ब्याल एवं कीर्तिमुख (सुरेरीडीह एवं डीहकोइरान)

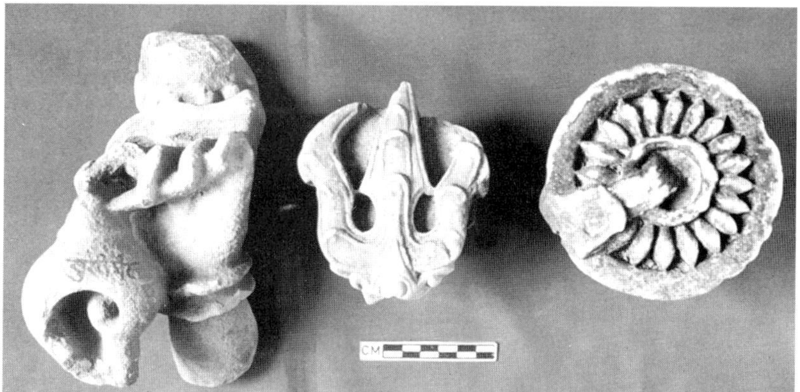

छायाचित्र संख्या 6.41 : शंख, त्रिशूल एवं चक्र (सुरेरीडीह)

छायाचित्र संख्या 6.42 : वराह (डीहकोइरान एवं फिफिऔना)

छायाचित्र संख्या 6.43 :
सतीपट्ट (फिफिऔनां)

छायाचित्र संख्या 6.44 : वज्रयान से
सम्बन्धित प्रतिमा (सोनबरसा)

छायाचित्र संख्या 6.45 : मातृदेवी की मृण्मूर्ति (खमौना एवं सोनबरसा)

छायाचित्र संख्या 6.46 : मातृदेवी की मृण्मूर्ति (कुरुँ एवं कोचारी)

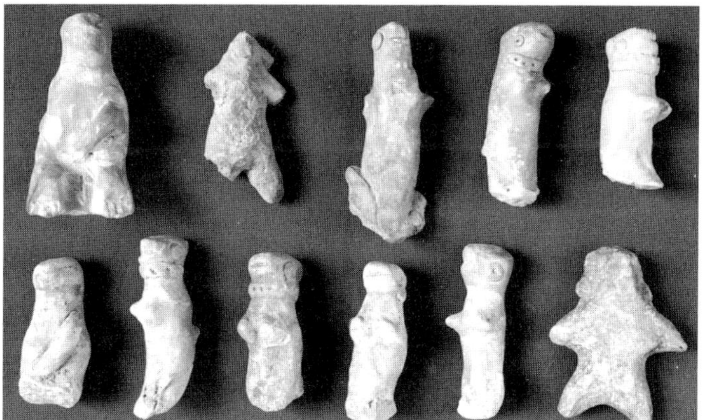

छायाचित्र संख्या 6.47 : नैगमेश (कुरुँ)

छायाचित्र संख्या 6.53 : पुरावशेष

छायाचित्र संख्या 6.54 : भाला (सरायडीह)

छायाचित्र संख्या 6.55 : प्राचीन सिक्के (अग्रभाग)

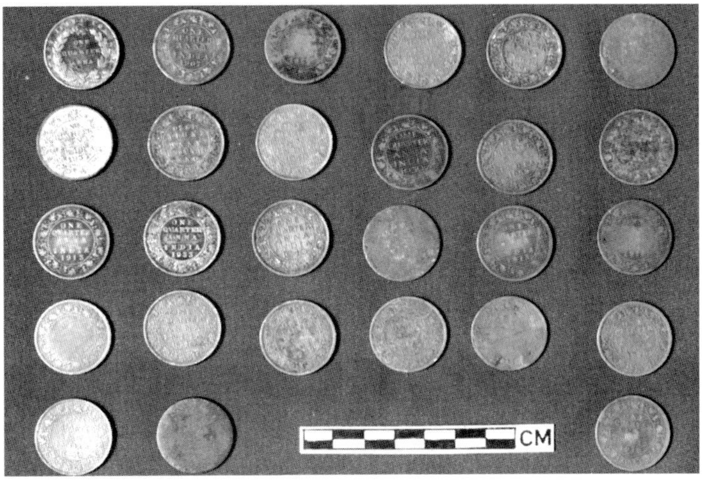

छायाचित्र संख्या 6.56 : ब्रिटिश कालीन भारतीय सिक्के (अग्रभाग)

छायाचित्र संख्या 6.57 : प्राचीन सिक्के (पूरोभाग)

छायाचित्र संख्या 6.58 : ब्रिटिश कालीन भारतीय सिक्के (पूरोभाग)

छायाचित्र संख्या 6.59 : कोल्हू (मलेथू)

छायाचित्र संख्या 6.60 : अभिलेखित कोल्हू (मलेथू)